2nd Edition

FINANCIAL INSTITUTIONS MANAGEMENT

금융기관론

이의경

명경사
MYUNGKYUNGSA

머리말

'금융이 실물경제의 윤활유 역할을 한다'는 말은 금융의 역할을 과소평가하는 해묵은 말이다. 현대에 와서 금융은 실물경제를 뒷받침하는 종속적 위치에 있는 것이 아니라 오히려 실물경제를 움직이는 주도적 위치에 있기 때문이다. 이미 수차례의 금융위기에서 이러한 금융의 중요성이 확인되고 있다. 우리나라의 경우에는 삼성, LG, 현대 등 세계적인 기업들이 있는데도 이에 걸맞은 금융기관이 없다는 점을 안타까워하는 사람들이 많다. 또한 국가경쟁력을 평가하는 국제기구들은 공통적으로 한국경제의 취약 분야로 금융을 지적하는 보고서를 매년 내고 있다. 우리나라 금융의 객관적인 현실이다.

필자는 금융전공자로서 우리나라가 금융선진국이 되기 위해서는 금융전문가를 양성하는 것과 함께 보통사람들의 금융지식도 높여야 한다고 생각해왔다. 이러한 배경에서 필자가 대학과 실무에서 금융기관론을 강의하면서 준비했던 원고에 살을 입혀서 책으로 선보이게 되었다. 그동안 시중의 금융기관론 교재들을 살펴보면 대부분 분량이 많고 어떤 내용은 과하게 전문적인 수준까지 다루고 있다는 생각이 들었다. 그렇다보니 강의교재로 사용하면서 학생들이 크게 부담스러워하는 모습을 자주 보게 되었다. 또한 금융실무 종사자들의 경우에도 경제학·경영학을 전공하지 않은 사람들이 많다보니 이들도 공부에 적잖이 힘들어 하는 것 같았다.

그래서 이 책은 금융기관론을 처음 공부하는 독자들을 염두에 두고 다음과 같은 특징을 갖도록 준비하였다.

첫째, 이 책은 모두 3부로 구성되어 있다. 제1부는 금융시장의 이해, 제2부는 금융기관의 업무, 제3부는 금융기관의 경영이다. 처음 금융기관론을 접하는 학생들이 한 학기에 마칠 수 있도록 꼭 필요한 내용만으로 구성하였다. 학기를 마치면서 가르치고 배우는 입장에서 모두 성취감을 가질 수 있으면 좋겠다는 바람이다.

둘째, 이 책은 금융시장뿐만 아니라 금융기관을 이해하는 데 필요한 내용을 비중 있게 다루었다. 특히 금융기관을 은행, 증권회사, 보험회사로 구분하고 이들의 재무제표를 중심으로 관련 업무를 이해할 수 있도록 설명하였다. 이러한 접근방식은 이 책에서 처음으로 시도한 것으로서 기존의 다른 교재들과 큰 차별점이라고 할 수 있겠다.

셋째, 이 책은 금융기관의 경영기법을 개별적인 관리기법에서 시작하여 종합적인 위험관리기법으로 확대하면서 소개하였다. 특히 경영기법을 설명하면서 실생활에서 자주 접하는 LTV비율, DTI비율, 금융위기, 바젤협약, BSI 자기자본비율 등을 소개하여 좀 더 현장감을 느낄 수 있도록 하였다.

책을 쓰면서 갖는 설렘 뒤에는 항상 불안감도 따른다. 오류가 있다면 필자의 부족함에서 비롯된 것이니 수시로 체크하여 바로잡을 것을 다짐한다. 독자들이 큰 부담을 느끼지 않고 이 책을 통해서 금융시장과 금융기관을 이해하고 위험관리의 차원에서 금융기관의 경영기법까지 함께 이해할 수 있기를 기대한다.

책을 낼 때마다 힘이 되어주는 가족들이 떠오른다. 원고마다 첫 번째 독자가 되어주는 아내, 믿음직하게 제 몫을 하는 진희, 그리고 가족의 의미를 깨우쳐준 승희에게 고마움을 전하며 항상 건강하기를 빈다. 또한 출간에 애써준 명경사에 진심으로 감사함을 전한다.

2022년 1월
이 의 경

주요 차례

제 1 부 금융시장의 이해 1

제1장 금융시장 ······ 3
제2장 금리지표 ······ 17
제3장 금리구조 ······ 43
제4장 금융기관의 기능 ······ 63

제 2 부 금융기관의 업무 87

제5장 은 행 ······ 89
제6장 증권회사 ······ 113
제7장 보험회사 ······ 137
제8장 부외업무 ······ 157

제 3 부 금융기관의 경영 181

제9장 자산관리 ······ 183
제10장 부채 및 자본관리 ······ 209
제11장 듀레이션 ······ 235
제12장 자산부채종합관리 I ······ 263
제13장 자산부채종합관리 II ······ 283
제14장 금융규제와 금융변화 ······ 305

차 례

제 1 부 금융시장의 이해

제1장 금융시장

제 1 절 금융과 금융시장 ······ 4

1. 금융과 금융시장 4
2. 금융기관과 금융상품 4
3. 금리 또는 이자율 5

제 2 절 금융시장의 분류 ······ 6

1. 직접금융시장과 간접금융시장 6
2. 한국은행의 분류 7
3. 본서의 분류 9

제 3 절 금융시장의 구성 ······ 11

1. 자금공급자와 자금수요자 11
2. 금융기관 12
3. 중앙은행과 금융감독기관 13

- 주요용어 15
- 연습문제 15

제2장 금리지표

제 1 절 통화량과 금리 ·· 18

1. 통화량과 금리의 관계 18
2. 중앙은행의 통화정책 19

제 2 절 통화지표 ·· 21

1. 통화지표의 체계 21
2. 통화지표의 예시 22

제 3 절 금리결정이론 ·· 23

1. 대부자금설 23
2. 채권시장의 수요와 공급 25
3. 금리의 변동 26

제 4 절 금리지표 ·· 29

1. 금리지표의 예시 29
2. 금리지표의 해설 30
3. 금리지표의 특징 32
4. 기준금리 34

제 5 절 다양한 금리개념 ·· 36

1. 단순금리와 할인금리 36
2. 표시금리와 실효금리 37
3. 꺾기가 있는 경우 39

- 주요용어 41
- 연습문제 41

제3장 금리구조

제 1 절 채권평가모형 ·· 44

1. 채권의 의의 및 유형 44
2. 시장금리 및 만기와 채권가격 45

제 2 절 채권수익률 ······ 47

1. 채권수익률의 추산 47
2. 채권수익률의 결정요인 48

제 3 절 금리의 기간구조 ······ 51

1. 수익률곡선 51
2. 현물금리와 선도금리 52
3. 금리의 기간구조이론 55

제 4 절 금리의 위험구조 ······ 59

1. 채권평정 59
2. 채권평정의 유용성 60
3. 채권등급의 내용 60

- 주요용어 62
- 연습문제 62

제4장 금융기관의 기능

제 1 절 금융기관의 존립근거 ······ 64

제 2 절 거래비용의 절감 ······ 65

1. 의 의 65
2. 거래비용 65
3. 분석모형 67

제 3 절 정보비대칭의 해소 ······ 69

1. 정보비대칭 69
2. 금융시장 70
3. 금융기관의 역할 71

제 4 절 자산의 변환 ······ 73

1. 의 의 73
2. 자산변환의 유형 74

3. 자산변환의 효과 75

제 5 절 부의 기간 간 이전 효과 76

1. 금융기관이 없는 경우 77
2. 금융기관이 있는 경우 79

제 6 절 지급결제기능 84

1. 의 의 84
2. 지급결제의 단계 84

- 주요용어 86
- 연습문제 86

제 2 부 금융기관의 업무

제5장 은 행

제 1 절 기초개념 90

1. 은 행 90
2. 은행의 분류 90
3. 비은행예금기관 91

제 2 절 은행의 업무 92

1. 일반은행의 역할 92
2. 고유업무 92
3. 부수업무 93
4. 겸영업무 95

제 3 절 재무상태표 96

1. 재무상태표의 예시 96
2. 자산의 구성 98
3. 부채의 구성 101

4. 자본의 구성 102

제 4 절 손익계산서 ······ 103

1. 손익계산서의 예시 103
2. 영업수익 105
3. 영업비용 106
4. 영업외수익과 비용 107
5. 수익성지표 108

■ 주요용어 111
■ 연습문제 111

第6장 증권회사

제 1 절 기초개념 ······ 114

1. 증권회사 114
2. 자본시장법 114

제 2 절 증권회사의 업무 ······ 116

1. 고유업무 116
2. 부수업무 117
3. 겸영업무 118

제 3 절 재무상태표 ······ 119

1. 재무상태표의 예시 119
2. 자산의 구성 121
3. 부채의 구성 122
4. 자본의 구성 123

제 4 절 손익계산서 ······ 125

1. 손익계산서의 예시 125
2. 영업수익 127
3. 영업비용 129
4. 영업외수익과 비용 131

제 5 절 기타 금융투자회사 ······ 131

1. 투자신탁과 자산운용회사 131
2. 투자자문회사 133

- 주요용어 135
- 연습문제 135

제7장 보험회사

제 1 절 기초개념 ······ 138

1. 보험의 기능 138
2. 보험관련용어 139
3. 사회보험과 민영보험 141

제 2 절 보험회사의 업무 ······ 142

1. 고유업무 142
2. 부수업무 143
3. 겸영업무 143

제 3 절 보험회사의 유형 ······ 144

1. 생명보험회사 144
2. 손해보험회사 145

제 4 절 재무상태표 ······ 147

1. 재무상태표의 예시 147
2. 자산의 구성 148
3. 부채와 자본의 구성 150
4. 지급여력비율 151

제 5 절 손익계산서 ······ 152

1. 손익계산서의 예시 152
2. 영업수익 153
3. 영업비용 154
4. 영업외수익과 비용 155

■ 주요용어 156
■ 연습문제 156

제8장 부외업무

제 1 절 기초개념 ………… 158

1. 부외업무의 의의 158
2. 부외업무의 특성 158

제 2 절 부외거래의 유형 ………… 160

1. 보 증 160
2. 대출약정 162
3. 대출채권 매각 163
4. 트레이딩 164

제 3 절 신용장 ………… 165

1. 신용장 165
2. 보증신용장 168

제 4 절 파생금융상품의 거래 ………… 169

1. 파생금융상품 169
2. 거래유형 171

제 5 절 방카슈랑스 ………… 176

1. 의의와 역사 176
2. 장단점 177
3. 겸업주의와 전업주의 177

■ 주요용어 180
■ 연습문제 180

제 3 부 금융기관의 경영

제9장 자산관리

제 1 절 기초개념 ······ 184

1. 금융기관의 재무상태표 184
2. 금융기관의 관리기법 186

제 2 절 대출관리 ······ 187

1. 대출이란 187
2. 대출과정 188
3. 신용분석 191
4. 대출금리의 결정 196

제 3 절 대출규제 ······ 198

1. 정부의 대출규제 198
2. 주택자금 대출 199
3. 증권회사 대출 201

제 4 절 대출의 유동화 ······ 202

1. 의의와 필요성 202
2. 대출채권의 매각 203
3. 대출채권의 유동화 205

- 주요용어 208
- 연습문제 208

제10장 부채 및 자본관리

제 1 절 유동성관리 ······ 210

1. 은행의 자금조달 210
2. 유동성위험 210

3. 유동성관리 212

제 2 절 예금관리 ············ 216

1. 예금의 특성 216
2. 요구불예금과 정기예금 218
3. CD, RP 219
4. 다양한 예금상품의 개발 220

제 3 절 자본관리 ············ 221

1. 금융기관의 자본 221
2. 재무적 곤경 222

제 4 절 국제결제은행과 바젤합의 ············ 224

1. 국제결제은행 224
2. 바젤합의 225

제 5 절 BIS 자기자본비율 ············ 226

1. 부채비율과 자기자본비율 226
2. BIS비율 227
3. BIS비율 제고방안 230

- 주요용어 232
- 연습문제 232

제11장 듀레이션

제 1 절 금리와 채권가치 ············ 236

1. 금융기관의 경영원리 236
2. 채권평가모형 236
3. 금리변동에 따른 채권가치변화 238

제 2 절 듀레이션 ············ 243

1. 듀레이션이란 243
2. 듀레이션의 결정요인 246

제 3 절 듀레이션의 유용성 248

1. 면역효과 248
2. 듀레이션과 채권가격의 변화 251
3. 볼록성과 채권가격의 변화 254

제 4 절 듀레이션의 이용전략 255

1. 면역전략 255
2. 자산과 부채의 대응전략 257
3. 채권스왑 258

- 주요용어 260
- 연습문제 260

제12장 자산부채종합관리(Ⅰ)

제 1 절 은행경영기법의 변천 264

1. 자산관리시대 264
2. 부채관리시대 265
3. 자산부채종합관리시대 266

제 2 절 금융위험 268

1. 금융기관의 위험 268
2. 시장위험의 측정 269
3. 위험관리 272

제 3 절 금리변화와 은행가치변화 274

1. 기본원리 274
2. 금리변화에 따른 은행가치변화 276

- 주요용어 282
- 연습문제 282

제13장 자산부채종합관리(II)

제 1 절 이자마진분석 ······ 284

1. 이자마진이란? 284
2. 분석 내용 284
3. 한계점 286

제 2 절 자금갭 관리 ······ 287

1. 자금갭 관리란? 287
2. 자금갭의 개념 288
3. 자금갭 전략 290

제 3 절 만기갭 관리 ······ 291

1. 만기갭 관리란? 291
2. 만기갭과 은행가치변화 292
3. 만기갭의 유형과 전략 295

제 4 절 듀레이션갭 관리 ······ 297

1. 듀레이션갭 관리란? 297
2. 은행가치변화의 측정 298
3. 듀레이션 전략 300

- 주요용어 303
- 연습문제 303

제14장 금융규제와 금융변화

제 1 절 기초개념 ······ 306

제 2 절 금융규제 ······ 307

1. 규제의 필요성 307
2. 예금보험 308

제 3 절 기타의 규제 ······ 310

1. 재무건전성 규제 310

2. 정보비대칭 규제 313

제 4 절 금융위기와 금융규제 ······ 315

1. 대공황과 금융규제 316
2. 글로벌 금융위기와 금융규제 317

제 5 절 금융환경의 변화 ······ 318

1. 금융기관의 대형화 318
2. 금융의 증권화 320
3. 정보통신의 발달 321

- 주요용어 324
- 연습문제 324

부 록 325

연습문제 해답 381

찾아보기 407

Index 412

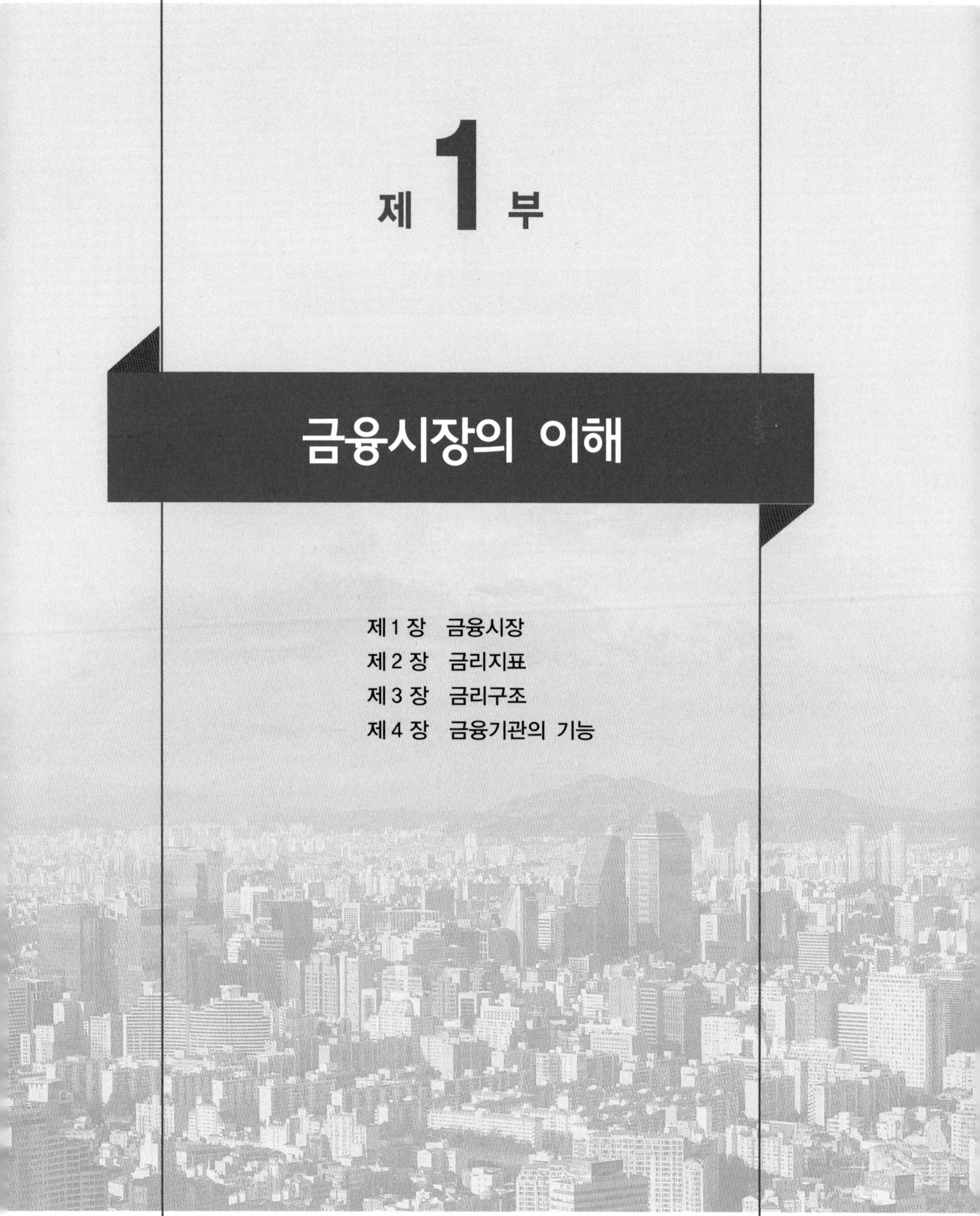

제 1 부

금융시장의 이해

제 1 장 금융시장
제 2 장 금리지표
제 3 장 금리구조
제 4 장 금융기관의 기능

제 1 부 금융시장의 이해

제 1 장 금융시장
제 2 장 금리지표
제 3 장 금리구조
제 4 장 금융기관의 기능

제 2 부 금융기관의 업무

제 5 장 은 행
제 6 장 증권회사
제 7 장 보험회사
제 8 장 부외업무

제 3 부 금융기관의 경영

제 9 장 자산관리
제10장 부채 및 자본관리
제11장 듀레이션
제12장 자산부채종합관리 I
제13장 자산부채종합관리 II
제14장 금융규제와 금융변화

제 1 장

금융시장

제 1 절 금융과 금융시장

제 2 절 금융시장의 분류

제 3 절 금융시장의 구성

1. 본 장에서는 금융에 대한 기초개념을 간단하게 살펴본다. 금융이란 무엇인지, 그리고 금융시장은 무엇인지를 살펴보고 금융시장의 지표인 금리의 의미를 설명한다.
2. 금융시장을 구분하는 방법은 분류기준에 따라 다양한 방법이 있다. 자금공급자와 수요자 사이에 금융기관의 존재여부를 기준으로 구분할 수도 있고 거래자금의 성격에 따라서 구분하기도 한다. 그렇지만 본서에는 간단하게 자금시장과 자본시장으로 구분해서 설명한다.
3. 그리고 금융시장을 구성하는 중요한 경제주체들에 대해서 그 역할을 중심으로 설명하겠다.

제 1 절 금융과 금융시장

1. 금융과 금융시장

(1) 금융이란?

우리는 주변에서 금융이라는 말을 많이 듣고 또 많이 사용하고 있다. 금융이란 무엇일까를 생각해보자. 금융을 한자로 보면 金融인데 이를 풀어서 정의하면 돈(金錢)을 융통(融通)하는 것이다. 영어로는 finance 또는 banking이라고 하는데 쉽게 말하면 돈을 빌려 주거나 빌려 쓰는 것을 말한다.

(2) 금융시장

금융의 정의를 살펴보면 금융시장도 쉽게 정의할 수 있다. 즉, 금융시장(financial market)이란 돈을 빌려 주는 사람들(자금공급자)과 돈을 빌려 쓰는 사람들(자금수요자)이 만나는 장소를 말한다. 특정한 지역이나 건물과 같은 구체적인 공간뿐만 아니라 추상적 공간까지 포함한다.

일반적으로 기업들은 사업자금이 필요하기 때문에 자금수요자가 되고 가계는 여유자금을 갖고 있기 때문에 자금공급자가 되는 경우가 많다.

2. 금융기관과 금융상품

(1) 금융기관

금융시장에서는 자금수요자가 자금공급자로부터 직접 돈을 조달할 수도 있지만 일반적으로 가계는 은행에 예금의 형태로 저축을 하고 기업은 은행으로부터 대출의 형태로 돈을 빌려 쓰는 구조를 갖는 경우가 많다. 이렇게 은행과 같이 금융시장에서 공급자와 수요자 사이에서 자금중개기능을 담당하는 것이 금융기관(financial institutions)이다.

은행을 대표적인 금융기관으로 가장 먼저 떠올리지만 은행이외에도 증권회사, 보험회사 등과 같이 금융중개기능을 수행하는 다양한 금융기관들이 존재한다.

(2) 금융상품

또한 금융시장에서는 자금이 공급자로부터 수요자에게 원활하게 이전될 수 있도록 여러 가지 형태의 매개수단들이 이용된다. 예를 들어서 주식과 채권, 각종 예금상품, 대출상품 등이 모두 원활한 금융거래를 위해서 이용되는 수단들이라고 할 수 있다. 이러한 매개수단을 금융상품(financial instruments)이라고 한다. 즉, 투자자의 입장에서 금융상품을 매입하면 그 매입자금이 금융상품을 발행한 기업이 사용하는 자금이 되는 것이다.

3. 금리 또는 이자율

(1) 의미와 표시

금융시장에서 돈을 빌려주거나 빌려 쓸 때에는 그 대가를 받거나 주어야 한다. 빌려 주는 사람은 대가를 받을 것이고 빌려 쓰는 사람은 대가를 주어야 할 것이다. 이때 그 대가를 바로 이자(interest)라고 한다.

이자는 돈의 사용대가인데 그 가격표시를 %로 나타내고 금리 또는 이자율(interest rate)이라고 한다. 금리는 대개 연 단위 %로 표시하는데 만약 연 5%라고 하면 100만원을 1년 동안 사용하는 대가가 5만원이라는 것이다.

(2) 수익률과 자본비용

금리, 이자율의 용어와 함께 수익률, 자본비용 등의 용어도 함께 자주 사용되기 때문에 다소 혼란스러운 면이 있다. 자금공급자의 입장에서 빌려주는 대가로 받는 금리는 수익률(rate of return)이라고 한다. 이와는 반대로 자금수요자의 입장에서 돈을 빌려 쓰는 대가로 지급하는 금리는 자본비용(cost of capital)이라고 한다. 즉, 누구의 입장에서 보느냐에 따라서 수익률이 되기도 하고 자본비용이 되기도 하는 것이다. 만약 삼성전자가 연 5%의 금리로 발행한 회사채를 내가 샀다면 나는 연 5%의 수익률을 얻는 것이고 삼성전자는 연 5%의 자본비용을 부담하는 것이다. 그래서 수익률과 자본비용은 동전의 앞뒷면과 같은 관계라고 할 수 있다.

제 2 절 금융시장의 분류

1. 직접금융시장과 간접금융시장

(1) 직접금융시장

금융거래에서 자금공급자와 자금수요자가 직접 만나느냐 아니면 이 둘 사이에 금융기관이 개입하느냐에 따라서 금융시장을 직접금융시장과 간접금융시장으로 구분하기도 한다. 기업이 주식이나 채권을 발행하고 여유자금을 가진 개인(또는 기관)들이 이를 구입한다면 이러한 시장은 직접금융시장이 된다.

(2) 간접금융시장

그런데 여유자금을 가진 개인들이 은행에 예금을 하고 은행은 이 돈을 사업자금이 필요한 기업에게 빌려 준다면 이는 간접금융시장이 된다. 자금공급자와 자금수요자 사이에 은행이라는 금융기관이 개입되어 있기 때문이다. 여기서 은행은 대출을 받은 기업으로부터 높은 이자를 받고 예금을 맡긴 고객에게는 낮은 이자를 주면서 이자차익을 얻는데 이것이 금융기관의 가장 중요한 수입원이다. 금융기관은 대출이외에도 다양한 금융상품을 판매함으로써 자금을 조달하고 이 자금을 기업에게 빌려주면서 수익을 올린다. 그리고 각종 금융서비스를 통해서도 수수료를 받는다.

그림 1-1 직접금융시장과 간접금융시장

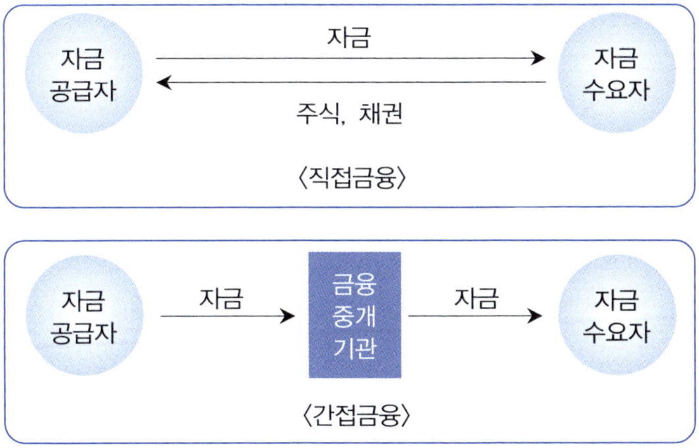

2. 한국은행의 분류

(1) 예대시장

한국은행은 은행을 중심으로 예금과 대출이 이루어지는 시장을 예대시장이라고 해서 간접금융시장에 포함시키고 있다. 이외에도 우리가 펀드에 가입해서 투자하는 경우 또는 보험상품에 가입하는 경우도 증권회사와 보험회사가 이를 다른 사람들에게 대출을 해서 자금을 운용하므로 간접금융시장으로 보고 있다.

(2) 전통적 금융시장

한편 직접금융시장은 전통적 금융시장, 외환시장, 파생금융상품시장으로 분류하고 있다. 그리고 전통적 금융시장을 거래되는 금융상품의 만기를 기준으로 다시 자금시장과 자본시장으로 분류하고 있다. 자금시장은 만기가 1년 이내의 자금이 거래되는 시장인데 여기에는 콜시장, 환매조건부채권시장, 양도성예금증서시장, 기업어음시장이 포함된다. 그리고 자본시장은 만기가 1년 이상의 자금이 거래되는 시장인데 여기에는 주식시장, 채권시장, 통화안정증권시장이 포함된다.

(3) 외환시장

외환시장(foreign exchange market)은 서로 다른 국가의 통화가 교환되는 시장이다. 은행과 고객 사이에서 외환거래를 하는 시장은 대고객시장이라고 하고 은행들끼리 외환거래를 하는 시장은 은행간시장이라고 한다. 대고객시장은 우리가 해외여행을 나갈 때 은행에 가서 여행국의 통화를 구입하는 것과 같은 거래시장인데 거래규모가 작은 소매시장의 성격을 갖는다. 그렇지만 은행간시장은 금융기관, 정부 등이 대량으로 거래를 하기 때문에 도매시장의 성격을 갖는다. 일반적으로 외환시장이라고 하면 은행간시장을 말한다.

(4) 파생금융상품시장

파생금융상품(derivatives)은 주식, 채권, 외국통화 등과 같은 전통적 금융상품으로부터 파생되어 만들어진 금융상품이다. 선물(futures)과 옵션(options)이 대표적인 파생금융상품인데 이들은 주식, 채권, 외국통화의 가격이 변동함에 따라서 함께 그 가치가 변동하는 특징을 갖는다. 이때 파생금융상품의 가치를 변동하게 하는 주식, 채권, 외국통화를 기초자산(underlying assets)이라고 한다. 우리나라에서는 1996년에 주가지수선물의 도입을 시작으로 해서 주가지수옵션, 금리선물, 달러선물 등이 계속적으로 추가 도입되면서 거래규모가 비약적으로 증가하여 왔다.

3. 본서의 분류

(1) 자금시장

금융시장을 분류하는 기준으로 많이 사용하는 것은 자금을 빌려 주고 빌려 쓰는 기간(만기, maturity)이다. 만기가 1년 이내의 자금이 거래되는 시장은 자금시장(money market) 또는 화폐시장이라고 한다. 특히 기간의 개념을 강조해서 자금시장을 단기금융시장(short-term financial market)이라고도 부른다. 여기에서 조달되는 자금은 주로 기업들의 운전자금으로 사용된다.

(2) 자본시장

금융시장 중에서 만기가 1년 이상인 자금이 거래되는 시장은 자본시장(capital market)이라고 한다. 이 역시 기간의 개념을 반영해서 장기금융시장(long-term financial market)이라고 한다. 기업이 채권이나 주식을 발행해서 자금을 조달하는 증권시장(security market)이 대표적인 자본시장이다.

자본시장은 거래되는 금융상품을 기준으로 주식시장(stock market)과 채권시장(bond market)으로 분류할 수 있다. 또는 거래되는 단계를 기준으로 발행시장과 유통시장으로 구분하기도 한다. 자본시장에서 조달되는 자금은 주로 기업의 설비자금으로 사용되며 자금공급자들도 비교적 장기적 관점에서 자금을 운용한다.

대개의 교재들이 이와 같이 만기를 기준으로 해서 금융시장을 자금시장과 자본시장으로 구분하므로 본서도 이러한 기준을 따른다. 따라서 대출시장도 만기가 1년 이내인 단기대출시장은 자금시장에 포함시키고 만기가 1년 이상인 장기대출시장은 자본시장으로 분류한다.

그림 1-2 금융시장의 구조

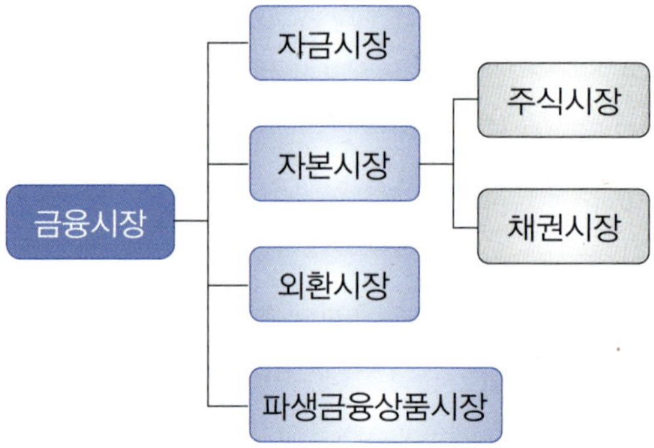

우리나라의 금융시장을 이렇게 자금시장과 자본시장으로 구분하고 금융시장과 GDP의 비율을 산출한 자료가 다음의 [표 1-1]에 제시되어 있다. 표에 제시된 자료를 살펴보면 금융시장의 규모가 전체적으로 커지고 있으며 특히 자본시장의 규모가 크게 확대되는 것을 확인할 수 있다.

표 1-1 한국의 금융시장 규모 추이

(단위 : 조원, %)

시장구분	1990년		2000년		2010년		2016년	
	금액	구성비	금액	구성비	금액	구성비	금액	구성비
자금시장	44	28%	139	18%	265	10%	397	12%
자본시장	114	72%	639	82%	2,353	90%	2,997	88%
금융시장	158	100%	778	100%	2,618	100%	3,393	100%
GDP	191		625		1,265		1,606	
금융시장/GDP	0.83		1.25		2.07		2.11	

이외에 외환시장은 국제재무관리, 외환론 등의 과목에서 주로 다루고 있으며 파생금융상품시장은 선물과 옵션, 파생금융상품론 등의 과목에서 별도로 다루고 있는 내용이므로 여기에서는 이들 시장에 대해서는 본격적으로 다루지는 않겠다.

제 3 절 금융시장의 구성

1. 자금공급자와 자금수요자

(1) 개인과 가계

일반적으로 개인 또는 가계는 벌어들이는 소득 중 일부를 소비하고 나머지는 저축을 한다. 이렇게 여유자금이 있는 개인과 가계를 흑자주체라고 하는데 이들이 금융시장에서 자금공급자가 된다.

그러나 개인과 가계가 항상 흑자주체인 것은 아니다. 예를 들어 아파트를 구입하면서 구입자금을 빌려 쓴다거나 학자금을 대출받는다고 하면 이 경우에는 적자주체가 되면서 자금수요자가 될 것이다.

(2) 기 업

기업은 설비투자를 하면서 설비자금을 필요로 한다. 그리고 제품을 생산하고 판매하는 과정에서는 운전자금을 필요로 한다. 기업이 보유하는 자금이 충분하면 보유자금으로 이를 모두 커버할 수 있겠지만 대부분의 경우 기업이 성장하면서 필요자금이 더 늘어나기 때문에 기업은 적자주체가 된다. 따라서 기업은 금융시장에서 대표적인 자금수요자가 되는 것이다.

그러나 기업도 항상 적자주체인 것인 아니다. 영업성과가 크게 좋아서 보유자금이 많은 경우에는 이를 금융기관에 예치할 수도 있는데 이런 경우에는 자금공급자가 될 것이다.

(3) 정 부

가계, 기업과 더불어 정부도 금융시장의 중요한 구성원이다. 정부는 세금을 거둬서 그 돈으로 각종 정책을 수행한다. 거둔 세금이 적으면 국공채를 발행해서 부족한 자금을 충당해야 하므로 금융시장에서 자금수요자가 될 것이다. 이와는 반대로 세입(세금수입)이 세출(세금지출)보다 많으면 자금공급자가 될 수도 있다.

2. 금융기관

(1) 은 행

은행은 금융시장에서 대표적인 금융기관이다. 고객이 예금으로 맡긴 돈을 자금수요자에게 빌려주는 금융중개기능이 은행의 가장 중요한 기능이라고 할 수 있다. 대출로부터 받은 수입이자에서 예금에 지급한 이자를 차감한 것을 이자마진 또는 예대마진이라고 한다. 대출이자율이 항상 예금이자율보다 높기 때문에 이자마진은 양(+)의 값을 갖는데 이것이 은행의 주된 수입원이 된다. 은행이외에 상호저축은행이나 신용조합 등도 예금취급기관에 해당된다.

(2) 증권회사

증권회사는 대표적인 투자관련 금융기관이라고 할 수 있다. 증권회사는 투자자들이 증권거래를 하는 과정에서 투자자들이 맡긴 돈을 운용하고 투자자들에게 돈이나 주식을 빌려주면서 수익을 올린다. 또 기업의 증권발행에 조언을 하고 이들이 발행한 주식을 매입한 후 시장에 재판매하여 이익을 내며 특히 합병시장에서 M&A를 성사시켜주고 큰 돈을 벌기도 한다. 그리고 자산운용회사는 소액투자자의 돈을 모아 펀드를 만들어 투자하는 투자신탁업을 수행하는데 증권회사와 함께 중요한 투자관련 금융기관에 해당된다.

(3) 보험회사

보험회사는 계약에 근거하여 금융중개업무를 수행하는 계약형 저축기관이라고 할 수 있다. 보험회사는 보험고객이 납부하는 보험료를 받아 이 돈을 운용해서 수익을 올린다.

보험회사는 생명보험회사와 손해보험회사로 구분되는데 생명보험회사는 사망, 질병 등의 위험에 대비한 보험을 취급하고 손해보험회사는 화재, 도난, 사고 등에 대비한 보험을 취급한다.

은행은 수시로 예금이 인출될 수 있지만 보험회사의 경우에는 자금소요에 대한 예측이 가능하기 때문에 고객의 돈을 장기적 관점에서 운용하는 편이다.

표 1-2 금융기관의 유형

금융기관의 유형	해당금융기관
예금취급기관	- 은행 - 비은행 : 상호저축은행, 신용조합
투자관련 금융기관	- 증권회사 및 선물회사 - 자산운용회사
계약형 저축기관	- 생명보험회사 - 손해보험회사

3. 중앙은행과 금융감독기관

(1) 중앙은행

중앙은행은 통화정책을 수립하고 집행하면서 물가를 안정시키고 금융시장의 안정을 도모하는 것을 목표로 한다. 우리나라에서는 한국은행(Bank of Korea)이 그 역할을 맡고 있다. 미국의 경우에는 연방준비제도(Federal Reserve System)가 그 역할을 담당하며 유럽의 경우에는 유럽중앙은행(European

Central Bank)이 그 역할을 담당한다.

이들 중앙은행들은 현금을 발행하고 지급결제제도를 운영하고 관리함으로써 신용경제를 유지하는 한편 최종대출자의 기능과 정부재정의 대행기관으로서 국고금의 출납업무를 수행한다.

(2) 금융감독기관

1997년 말 외환위기를 맞기 이전에는 금융기관에 대한 감독권한이 분산되어 있었다. 은행은 한국은행이, 증권회사는 증권감독원이, 그리고 보험회사는 보험감독원이 감독권한을 갖고 있었다. 그러나 외환위기를 겪으면서 그 원인이 금융기관을 제대로 감독하지 못했기 때문이라고 보고 이듬해인 1998년 별도의 통합된 금융감독기구를 설립하였다. 금융위원회와 금융감독원이 그것인데 금융위원회는 금융감독을 위한 각종 정책수립과 관련된 의사결정을 담당하고 금융감독원은 감독업무를 집행하는 역할을 담당하고 있다.

주요 용어

- 금융
- 금융시장
- 금융기관
- 금융상품
- 금리
- 이자율
- 수익률
- 자본비용
- 직접금융시장
- 간접금융시장
- 예대시장
- 전통적 금융시장
- 자금시장
- 자본시장
- 외환시장
- 파생금융상품시장
- 흑자주체
- 적자주체
- 중앙은행
- 한국은행
- 연방준비제도
- 유럽중앙은행
- 금융감독원

연습 문제

1 금융기관을 기준으로 금융시장을 분류하고 그 내용을 간단하게 설명하시오.

2 금리, 수익률, 자본비용의 관계를 설명하시오.

3 금융시장을 다양한 관점에서 분류하고 그 내용을 설명하시오.

4 우리나라를 포함해서 주요 국가들의 다음 자료에 대한 시계열 추이를 비교해보시오.

(1) 금융시장의 구성비율
(2) 금융시장의 규모와 GDP의 비율

5 금융기관을 유형별로 구분해서 실제로 어떤 금융기관이 이에 해당하는지 열거해 보시오.

제 2 장

금리지표

제 1 절 통화량과 금리
제 2 절 통화지표
제 3 절 금리결정이론
제 4 절 금리지표
제 5 절 다양한 금리개념

1. 앞 장에서 금리는 % 단위로 나타내는 돈의 가격이라고 했다. 그리고 시중에 있는 돈의 양을 통화량이라고 한다. 본 장에서는 통화량과 금리의 관계, 그리고 중앙은행의 통화조절방법에 대해서 먼저 설명한다.
2. 그리고 통화량을 측정하는 네 가지 지표들을 제시할 것이다. 또한 대부자금설을 이용해서 금리수준이 어떻게 결정되는가를 살펴보고 이 내용을 채권시장의 수급관계에서도 확인할 것이다.
3. 금리지표는 단 하나만 있는 것이 아니다. 다양한 금리지표들을 금융상품별로 제시하고 이 지표들 사이의 관계를 살펴볼 것이다. 끝으로 한국은행의 기준금리에 대해서 설명한다.

제 1 절 통화량과 금리

1. 통화량과 금리의 관계

(1) 통화량이란?

모든 경제주체는 경제활동을 하면서 돈을 주고 받는다. 기업은 물건을 판매하고 판매의 대가로 돈을 받고, 가계는 물건을 사면서 매입의 대가로 돈을 준다. 이렇게 경제주체들이 경제활동을 하면서 교환의 매개수단으로 돈을 주고 받는데 이 돈을 화폐 또는 통화라고 한다. 그리고 이렇게 경제 내에서 유통되는 화폐의 양을 통화량(money supply, money stock)이라고 정의한다.

(2) 통화량과 금리의 역관계

금리는 이자율이라고도 하는데 그 의미는 돈을 빌려 주거나 빌려 쓰는 대가라고 할 수 있다. 금리가 연 5%라고 하면 100만원을 1년 간 빌려 쓰는 대가로 5만원을 주어야 한다는 것이다. 이러한 금리는 돈의 가격이라고 할 수 있는데 돈도 다른 물건과 마찬가지로 공급이 많으면 가격이 내리고 공

그림 2-1 통화량과 금리의 관계

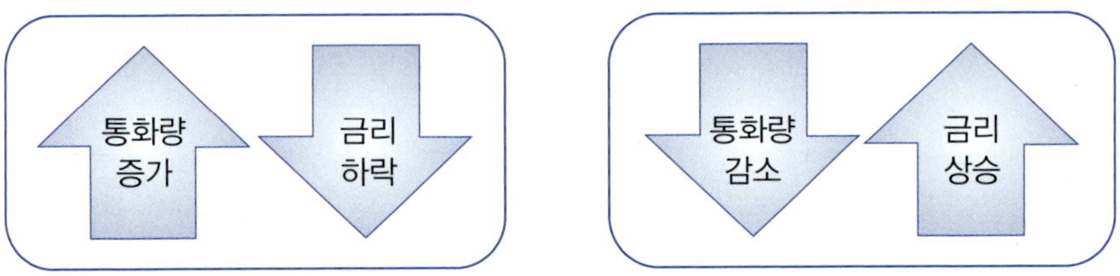

급이 적으면 가격이 오른다. 따라서 시중에 통화량이 많아지면 금리는 내리고 통화량이 줄어들면 금리는 오르게 된다.

2. 중앙은행의 통화정책

중앙은행은 물가안정과 경제성장 등을 고려하면서 통화량을 조절하는데 이를 통화정책이라고 한다. 중앙은행이 수행하는 통화정책으로는 다음과 같이 공개시장조작, 지급준비제도, 여수신제도 등의 방법이 있다.

(1) 공개시장조작

중앙은행이 일반 공개시장을 대상으로 유가증권을 매매하는 것을 공개시장조작(open market operation)이라고 한다. 만약 중앙은행이 증권을 발행해서 시장에 매각하면 시중의 통화량이 중앙은행으로 흘러들어가게 된다. 그러면 시중의 통화량을 줄어들 것이고 금리는 오르게 된다. 이와 반대로 중앙은행이 시중에서 거래되는 증권을 매입하면 중앙은행의 돈이 시중으로 흘러나와 시중 통화량은 늘고 금리는 낮아진다.

(2) 지급준비제도

금융기관은 고객이 맡긴 예금 중 일정비율 이상을 중앙은행에 예치해야 하는데 이러한 제도를 지급준비제도(reserve requirement system)라고 한다. 이는 고객의 갑작스러운 인출요구에 대비하기 위함이다. 이때 중앙은행에 예치해야 하는 비율을 지급준비율이라고 한다. 이 지급준비율은 중앙은행이 정하는데 만약 중앙은행이 지급준비율을 높이면 예치금액이 많아져서 시중통화량은 줄게 된다. 반대로 지급준비율을 낮추면 예치금액이 적어지고 시중통화량은 늘어나게 된다.

(3) 여수신제도

중앙은행은 대출과 예금관련 정책을 조정함으로써 통화량을 조절할 수 있다. 구체적으로 대출한도를 조정하거나 특별대출제도를 운용할 수도 있고 예금정책을 변경하는 방법으로 통화량을 조절할 수도 있다. 예를 들어 부동산 경기가 과열조짐이 있으면 주택대출한도를 축소하는 정책을 쓰는 것이다.

그림 2-2 중앙은행의 통화정책

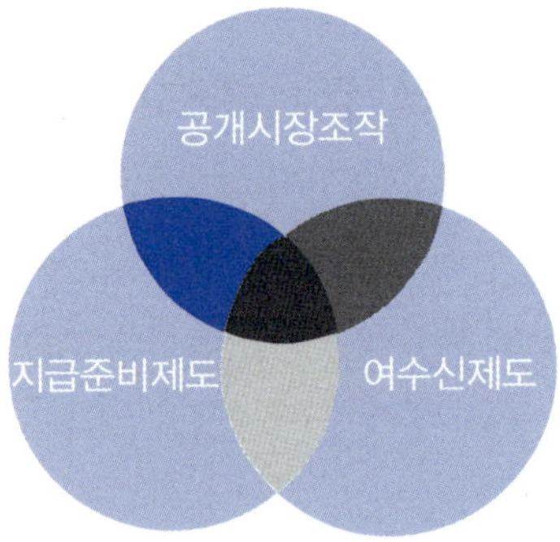

(4) 양적완화

우리나라에서는 한국은행이 중앙은행으로서 통화정책을 수행하고 있다. 만약 시중의 통화량을 늘리려고 한다면 국공채나 통화안정증권을 사들이거나 지급준비율을 낮추거나 대출한도를 늘리는 등의 방법을 쓸 수 있을 것이다. 이들 방법 중에서 공개시장조작이 주로 이용된다.

특히 침체된 경기를 부양시키려면 금리가 낮아져야 하는데 이를 위해서 돈을 찍어 시중의 증권을 사들이는 등 여러 가지 방법으로 통화량을 늘릴 수 있다. 이러한 정책을 양적완화(quantitative easing)정책이라고 한다. 2008년 국제금융위기 이후 미국과 일본 등 많은 나라들이 양적완화정책으로 경기부양을 도모하여 상당한 효과를 올리기도 했다.

제 2 절 통화지표

1. 통화지표의 체계

한국은행에서는 통화지표를 M1(협의통화), M2(광의통화), Lf(금융기관유동성), L(광의유동성), 네 가지로 구분해서 발표하고 있다. 이들 지표의 내용은 다음과 같다.

(1) M1 (협의통화)

M1은 가장 현금성이 높은 통화를 나타내는 지표로서 협의통화라고 부른다. 이는 시중에 유통되고 있는 현금과 결제성예금을 더한 개념이다. 보통예금, 당좌예금과 같은 요구불예금은 물론이고 저축성 예금 중에서도 수시입출식 예금은 결제성 예금에 포함된다. 이들은 모두 쉽게 인출되어 현금처럼 사용될 수 있는 단기금융자산이다.

(2) M2 (광의통화)

M2는 광의통화라고 부르며 M1보다 넓은 의미의 통화지표이다. M1에다가 저축성예금, 시장형 금융상품, 실적배당형 금융상품, 금융채 및 기타예금을 더한 개념이다. 저축성예금에는 정기예금 또는 정기적금 등이 포함되는데 이들은 주로 이자수익을 통해서 재산을 증식하고자 하는 목적의 예금이다. 그렇지만 이자수익을 포기하면 만기 이전에라도 현금화할 수 있는 예금이기 때문에 M2에 포함시키는 것이다. 그렇지만 금융상품 중에서도 만기가 2년 이상의 금융상품은 유동성이 낮다고 보아 M2에서 제외한다.

(3) Lf (금융기관유동성)

이제부터 소개되는 Lf(금융기관유동성)와 L(광의유동성)은 앞서 설명한 통화지표(M1 및 M2)와는 구별해서 유동성지표라고 한다.

Lf는 M2에다 만기 2년 이상의 정기예적금 및 장기금융상품을 더하고 보험회사의 준비금이나 증권금융회사의 예치금 등 유동성이 낮은 금융상품까지 포함하는 개념이다.

(4) L (광의유동성)

L(광의유동성)은 모든 금융상품을 포함하는 개념으로 한 경제가 보유하고 있는 전체 유동성을 측정하는 지표이다. 그래서 L은 Lf에 기업이 발행하는 기업어음과 회사채는 물론이고 정부가 발행하는 국채, 지자체가 발행하는 지방채까지 더하여 측정한다.

2. 통화지표의 예시

(1) 통화지표의 예시

한국은행에서 발표하는 통화지표를 예로 제시하면 [표 2-1]과 같다. 제시된 표는 2017년 11월말 기준으로 작성된 것인데 표에서 보듯이 통화의 범위가 M1에서 M2, Lf, L로 확대되면서 금액이 더 커지고 있다. 금액은 커지지만 유동성은 낮아진다고 할 수 있겠다.

표 2-1 통화지표

(2017년 11월말 현재)

통화의 종류	금 액
협의통화 M1	817.6조 원
광의통화 M2	2,521.8조 원
금융기관유동성 Lf	3,521.1조 원
광의유동성 L	4,492.4조 원

(2) 통화지표의 체계

[표 2-1]을 앞서 설명한 통화지표의 내용에 따라서 그림으로 단순화시키면 다음과 같다.

그림 2-3 통화지표의 체계

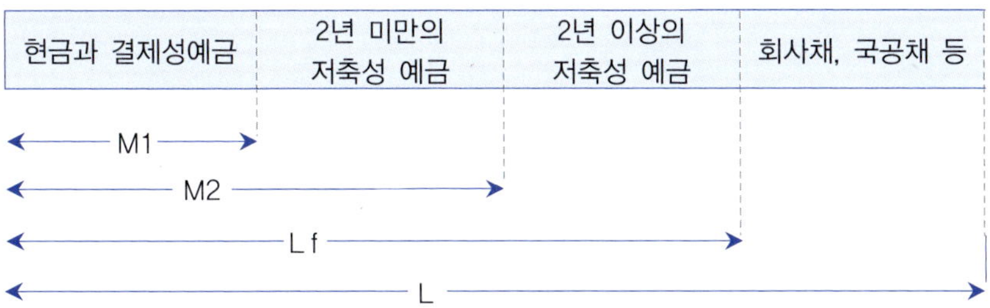

제 3 절 금리결정이론

1. 대부자금설

경제학에서는 거의 모든 가격을 수요와 공급의 관계에서 설명한다. 고

전학파 경제학자들은 이러한 논리에 따라서 금리는 돈의 가격이므로 대부자금의 공급과 수요가 일치하는 수준에서 금리가 결정된다고 본다. 대부자금의 수요자는 주로 투자자금이 필요한 기업들이고 대부자금의 공급자는 주로 여유자금을 가진 가계들이다.

금리가 높아지면 빌려 주려는 돈의 공급이 늘어날 것이고 이와 반대로 금리가 낮아지면 돈의 공급이 줄어들 것이다. 한편 금리가 높아지면 돈의 수요가 줄어들고 금리가 낮아지면 돈의 수요는 늘어날 것이다. 이러한 관계를 그림으로 나타내면 [그림 2-4]와 같다.

그림 2-4 대부자금설에 의한 금리결정

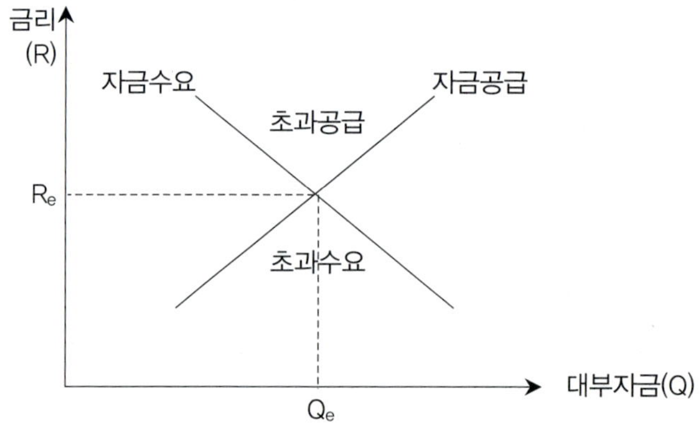

[그림 2-4]에서 보면 금리가 높아지면 대부자금의 공급이 늘고 수요는 줄어든다. 반대로 금리가 낮아지면 대부자금의 수요가 늘고 공급은 줄어든다. 여기에서 만약 금리가 R_e보다 높은 수준에 있다면 자금의 초과공급이 존재하여 금리가 낮아질 것이다. 그리고 금리가 R_e보다 낮은 수준에 있다면 자금의 초과수요가 존재하여 금리가 높아질 것이다. 그러므로 결국에는 자금의 수요와 공급이 과부족이 없는 R_e수준에서 금리가 결정된다. 결국 이렇게 공급곡선과 수요곡선이 만나는 점에서 대부자금의 금리수준과 거래량이 결정된다고 보는 것이다. 이는 금리가 자금의 수요와 공급을 일치시켜

주는 가격으로서의 기능을 담당한다는 의미이다.

2. 채권시장의 수요와 공급

대부자금설에 의한 금리결정원리는 채권시장의 수요공급곡선으로도 설명이 가능하다. 다음의 [그림 2-5]는 채권시장에서 채권에 대한 수요곡선과 공급곡선, 그리고 이 둘에 의해서 결정되는 채권거래량, 채권가격을 나타낸 것이다.

그림 2-5 채권시장의 금리결정

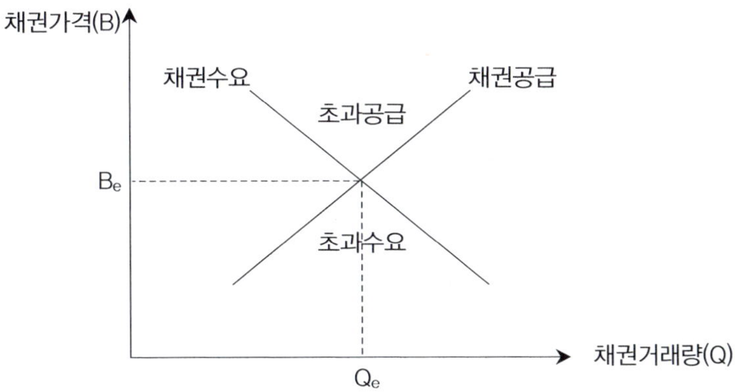

[그림 2-5]에서 Y축은 채권가격을 나타내고 X축은 채권거래량을 나타낸다. 채권가격은 금리와 역관계에 있으므로 채권가격이 높다는 것은 금리가 낮다는 것을 의미한다. 따라서 위 그림에서 Y축의 높은 값은 [그림 2-4]에서 Y축의 낮은 값과 대응되는 것이다.

그리고 채권은 기업이 자금이 필요해서 발행하는 것이므로 채권시장의 공급곡선은 자금시장의 수요곡선이 된다. 그리고 투자자들은 자금을 운용하기 위해서 채권을 사는 것이므로 채권시장의 수요곡선은 자금시장의 공금곡선이 된다.

채권가격이 B_e보다 높으면 초과공급으로 인해서 채권가격이 하락하는데 이것은 자금시장에서 금리가 낮아서 자금의 초과수요로 금리가 상승한다는 것과 같은 의미이다. 또한 채권가격이 B_e보다 낮으면 초과수요로 인해서 채권가격이 상승하는데 이것은 금리가 높으면 자금의 초과공급으로 금리가 하락한다는 것과 같은 의미이다. 따라서 채권시장에서의 거래량은 Q_e가 되고 채권가격은 B_e에서 형성된다. 여기서 채권가격 B_e에 대응되는 금리가 [그림 2-4]에서의 R_e인 것이다.

표 2-2 자금시장과 채권시장의 비교

	자금시장	채권시장
X축	자금거래규모	채권거래규모
Y축	금리	채권가격
수급곡선	자금의 수요곡선 자금의 공급곡선	채권의 공급곡선 채권의 수요곡선
초과수급	초과수요 초과공급	초과공급 초과수요

3. 금리의 변동

(1) 곡선의 이동

[그림 2-4]로 나타나는 자금시장이나 [그림 2-5]로 나타나는 채권시장에서 결정되는 금리(채권가격)와 자금거래량(채권거래량)은 모두 '다른 조건이 동일하다면(ceteris paribus)'이라는 가정을 전제로 한 것이다. 즉, 다른 경제변수들이 변화하지 않는 상태에서 금리수준의 변화에 따른 수요와 공급의 변화를 다룬 것이다. 이러한 수요(공급)의 변화는 수요(공급) 곡선상의 변화로 '곡선상의 움직임(movement along the curve)'이라고 한다.

그런데 금리이외의 다른 경제변수가 변화하는 경우에는 수요(공급) 곡선 자체가 이동하게 되는데 이것은 '곡선의 이동(shift in the curve)'라고 부른다. 곡선이 이동하면 금리가 변동하게 된다. 따라서 어떤 요인들이 곡선의 이동을 가져오는지, 그리고 금리는 어떻게 변동하는지를 살펴본다.

(2) 채권수요곡선의 이동

채권수요곡선을 이동시키는 중요한 요인으로는 소득(재산), 예상되는 미래금리와 물가상승률 등을 들 수 있다. 경기가 좋아지면서 소득(재산)이 증가하면 동일한 채권가격수준(금리수준)에서 채권수요가 늘어나면서 수요곡선이 오른쪽으로 이동한다. 그리고 앞으로 금리가 높아질 것으로 예상되면 채권가격은 하락할 것이므로 채권에 대한 수요가 감소하면서 수요곡선이 왼쪽으로 이동한다. 물가상승률이 높게 예상되면 채권에서 기대되는 수익률이 낮아지므로 역시 수요가 감소하여 수요곡선이 왼쪽으로 이동한다. 이러한 내용을 [그림 2-6]으로 나타낼 수 있다.

그림 2-6 채권수요곡선의 이동

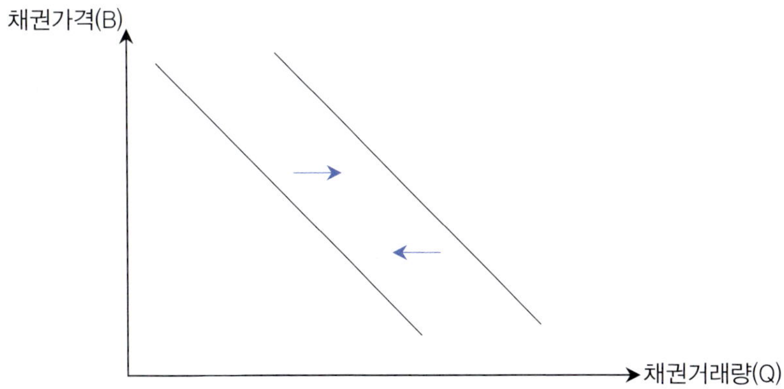

(3) 채권공급곡선의 이동

채권공급곡선을 이동시키는 중요한 요인으로는 실물투자수익률, 물가상승률, 정부의 재정상태 등을 들 수 있다. 경기가 좋아지면서 기업의 공장 및 설비투자로 얻게 되는 실물투자수익률이 높아지면 기업은 적극적으로 자금을 조달하려고 채권을 발행할 것이므로 채권공급이 늘어나면서 공급곡선은 오른쪽으로 이동한다. 예상되는 물가상승률이 높아지면 같은 금리수준에서 기업이 부담하는 자본비용은 낮아지는 것이기 때문에 기업은 적극적으로 자본을 조달하기 위해 채권을 발행할 것이다. 정부의 재정상태가 좋지 않아서 재정적자가 확대되면 부족한 세수를 채우기 위해서 채권을 발행하므로 공급곡선이 오른쪽으로 이동한다. 이러한 내용을 [그림 2-7]로 나타낼 수 있다.

그림 2-7 채권공급곡선의 이동

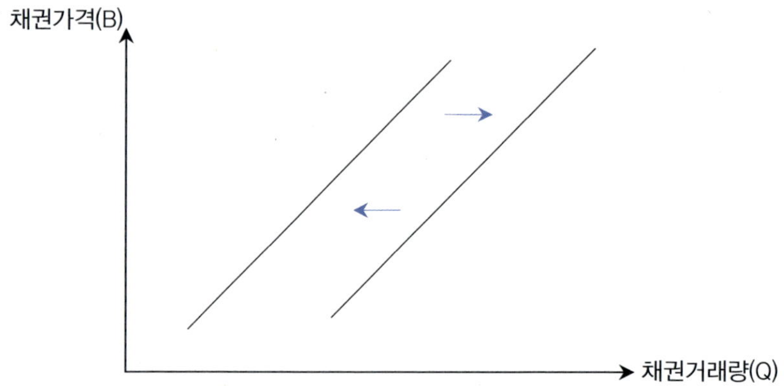

제 4 절 금리지표

1. 금리지표의 예시

(1) 다양한 금리지표

대부자금설은 시장에서 금리가 결정되는 기본원리를 보여주고 있다. 개념적으로는 자금의 수요와 공급이 만나는 점에서 단일의 금리가 존재하는 것으로 보이지만 현실에서는 그렇게 단순하지 않다. 자금의 수요와 공급을 매개하는 금융상품도 다양하게 존재하고 세금, 거래비용 등의 시장불완전 요인들도 있기 때문에 현실적으로는 자금의 성격에 따라서 다양한 금리가 존재하게 된다.

금리지표들은 금융상품별로 공시되는데 우리나라에서 대표적으로 많이 이용되는 지표들이 [표 2-3]에 제시되어 있다. 이들 금리지표는 모두 연 단위 %를 나타낸 것이다. 이 값은 금융상품에 돈을 예치해서 얻는 수익률이므로 표에서 보듯이 수익률이라는 용어로 대신 사용하는 경우도 많다.

표 2-3 다양한 금리지표

(2018년 2월8일 현재)

금리지표	만기	수익률
콜금리	1일	1.47%
CD수익률	91일	1.65%
통안증권수익률	364일	1.85%
예금은행 수신금리	1년	1.81%
예금은행 대출금리	1년	3.62%
국고채수익률	3년	2.27%
국고채수익률	5년	2.52%
회사채수익률(AA-)	3년	2.80%

(2) 대표금리

[표 2-3]에서 제시된 8개 지표 중에서는 CD수익률, 국고채수익률(3년), 회사채수익률(3년)이 많이 이용된다. 특히 이 중에서도 하나의 대표금리를 사용한다면 국고채수익률(3년)을 사용한다. 종전에는 회사채수익률(3년)이 대표금리로 사용되었지만 1998년 외환위기 당시에 많은 회사들이 파산하면서 회사채보다 상대적으로 위험이 적은 국고채에 대한 거래가 많아지면서 국고채수익률(3년)이 대표금리가 된 것이다.

2. 금리지표의 해설

(1) 콜금리

금융기관 사이에서 초단기 자금의 과부족을 해결하기 위해서 형성된 시장을 콜시장(call market)이라고 한다. 그리고 여기에서 결정된 금리를 콜금리라고 한다.

콜금리는 1일물 금리(만기가 하루인 경우에 적용되는 금리)를 말하는데 콜시장에서 금융기관 단기자금의 수요와 공급에 의해서 결정된다. 이러한 단기자금을 빌려주는 입장에서는 콜론(call loan)라고 부르고 빌려 쓰는 경우에는 콜머니(call money)라고 부른다.

(2) CD수익률

CD란 양도성예금증서(negotiable certificate of deposit)를 줄여서 부르는 이름이다. 이는 은행이 발행하는 정기예금증서로서 무기명으로 거래되며 만기이전에 양도할 수 있다는 점이 특징이다. 1천만 원 액면금액 CD의 이자가 20만 원이라면 980만 원에 매입했다가 1년 후에 가서 1천만 원을 받는다. 이 경우 CD수익률은 다음과 같이 2.04%가 된다.

$$980 \times (1 + R) = 1{,}000 \;\rightarrow\; R = 2.04\%$$

CD는 보통 만기가 3개월(91일)짜리가 많이 거래되는데 환매조건부채권(RP), 기업어음(CP)와 함께 우리나라의 대표적 단기금융상품이다.

(3) 통안증권수익률

통안증권이란 통화안정증권(monetary stabilization bond)의 줄임말로 통화안정채권 또는 통안채라고도 한다. 이것은 한국은행이 시중통화량을 조절할 목적으로 발행하는 채권이다. 시중금리가 정부의 정책금리에서 크게 벗어나지 않게 하기 위해서 통안증권을 발행하거나 환수하는 방식으로 공개시장조작을 하게 된다. 이 증권의 수익률을 통안증권수익률이라고 하며 만기는 364일짜리가 많이 거래된다.

(4) 예금은행의 수신금리, 대출금리

고객이 은행에 예금을 할 때 적용되는 금리가 수신금리이고 대출을 받을 때 적용되는 금리가 대출금리이다. 은행은 대표적인 간접금융기관으로 고객에게 낮은 금리로 자금을 조달해서 기업에 높은 금리로 대출해서 이익을 올린다. 그래서 대출금리와 수신금리의 차이를 예대마진이라고 하는데 이는 은행수익의 가장 중요한 원천이다.

(5) 국고채수익률

국고채(government bond)는 정부가 발행하는 채권이다. 이자와 원금회수가 확실하기 때문에 위험이 없는 대표적인 무위험채권이라고 할 수 있다. 만기가 1년, 3년, 5년인 국고채가 발행되지만 이 중에서 3년 만기 국고채가 가장 활발히 유통되고 있다. 따라서 3년 만기 국고채수익률이 우리나라 대표적인 금리지표로 사용되고 있다.

(6) 회사채수익률

회사채(corporate bond)란 주식회사가 자금조달을 위해 직접 발행하는 채권으로 사채라고도 한다. 만기는 3년, 이자는 3개월마다 후불로 하며 만기가 되면 액면금액을 지급받는 형태가 일반적이다.

회사채의 원리금에 대해 금융기관이 지급보증을 한 것은 보증사채라고 하고, 그렇지 않은 것은 무보증사채라고 한다. 또한 담보의 설정 여부에 따라서 무담보사채와 담보부사채로 구분하기도 한다. 회사채는 기업사정에 따라 원리금을 상환하지 못할 수도 있다. 이러한 위험 때문에 항상 회사채수익률은 정부가 발행하는 국고채의 수익률보다 높게 형성된다.

금리와 채권가격은 역관계에 있으므로 이렇게 회사채수익률이 국고채수익률보다 더 높다면 액면금액이 같은 경우 회사채가 국고채보다 더 싸게 거래된다는 것이다.

3. 금리지표의 특징

(1) 구조적 특징

[표 2-3]에서 마지막에 있는 세 개의 지표를 보자. 3년 만기 국고채수익률, 5년 만기 국고채수익률, 그리고 3년 만기 회사채수익률인데 이들 값을 통해서 중요한 특징을 살펴보고자 한다. 그래서 이 부분만 따로 떼어내서 [표 2-4]로 제시하였다.

표 2-4 세 개의 금리지표

(2018년 2월8일 현재)

금리지표	만기	수익률
국고채수익률	3년	2.27%
국고채수익률	5년	2.52%
회사채수익률(AA-)	3년	2.80%

이렇게 세 개의 지표를 비교함으로써 다음과 같은 두 가지 특징을 확인할 수 있다.

첫째, 5년 만기 국고채수익률은 2.52%로서 3년 만기 국고채수익률 2.27%보다 더 높게 형성되어 있다. 이는 둘 다 똑같이 정부가 발행한 국고채이므로 이러한 수익률의 차이는 곧 만기가 다르기 때문에 생긴 것이라고 볼 수 있다.

둘째, 3년 만기 회사채수익률은 2.80%인데 이는 3년 만기 국고채수익률 2.27%보다 더 높게 형성되어 있다. 이들 채권은 둘 다 만기가 3년으로 똑같은데 하나는 정부가 발행한 것이고 다른 하나는 일반기업이 발행한 것이므로 발행주체가 다르기 때문에 수익률에서 차이가 난 것이라고 할 수 있다.

이러한 특징은 다음 장에서 금리구조를 설명하면서 자주 언급될 것이니 여기서 미리 관심 있게 기억해 둘 필요가 있다.

(2) 표시상 특징

금리를 표시할 때에는 최소단위(기본단위)를 0.01%까지 나타낸다. 예를 들어 3년 만기 국고채수익률이 2.27%라는 것은 현재의 채권가격으로 구입하여 만기까지 보유하는 경우 3년 동안의 연평균수익률이라는 뜻이다.[1] 그런데 이렇게 산출한 연평균수익률을 소수점 이하 둘째자리까지만 나타내서 2.27%로 표시한다는 것이다. 이렇게 금리를 나타내는 최소단위를 베이시스포인트(basis point: bp)라고 한다.

그러니까 1bp는 0.01%이고 1%는 100bp가 된다. 따라서 금리가 2.27%에서 2.31%로 상승하였다면 4bp 상승하였다고 표현한다. 이렇게 표시하는 이유는 금리변동이 보통 조금씩 변하기 때문에 0.04% 상승하였다면 매우 작은 것 같지만 금융시장에서 대규모자금이 거래되는 점을 고려하면 그 효과가 과소평가되어 보이기 때문이 아닌가 싶다. 그래서 0.01%라도 더 높은 수익률을 올리려는 경쟁을 bp전쟁이라고도 한다.

---

1) 이는 앞으로 3년 동안 들어올 이자와 원금의 현재가치를 현재의 채권가격과 일치시켜주는 할인율이라는 뜻과 같은 것이다.

4. 기준금리

기준금리는 중앙은행인 한국은행이 시중의 통화량을 조절하기 위해 인위적으로 결정하는 금리다. 이렇게 결정되는 기준금리는 앞서 제시한 여러 가지 시장금리의 나침반 역할을 한다. 한국은행이 기준금리를 인상하면 시중은행의 금리도 함께 오르고, 기준금리를 인하하면 시중은행의 금리도 함께 내린다.

(1) RP금리의 이용

한국은행은 종전에는 콜금리를 기준금리로 사용했었다. 그리고 금융기관들은 매달 한국은행이 정하는 콜금리 목표치를 기준으로 여수신금리를 정해왔다. 그러다가 한국은행은 2008년부터 기준금리를 RP금리로 바꿔서 사용해오고 있다.[2)]

여기서 RP란 환매조건부채권(repurchase agreement: RP)을 말하는데 금융기간이 일정 기간 후에 금리를 더해 다시 사들일 것(환매)을 조건으로 판매하는 채권을 말한다. 한국은행이 기준금리로 사용하는 RP금리는 정확하게는 '7일물 환매조건부채권(RP)의 금리'이다.

(2) RP의 유형

RP에는 은행이나 증권회사 등 금융기관이 수신 금융상품의 하나로 고객에게 직접 판매하는 것이 있고, 한국은행과 시중은행 사이의 유동성을 조절하는 수단으로 활용하는 것이 있다.

기준금리는 이 중에서 후자와 연계되어 있어서 한국은행이 시중은행과 돈을 거래할 때 적용한다. 한국은행은 시중에 풀린 통화량과 금리를 조절하거나 시중은행의 유동성 과부족을 막기 위해 RP를 수시로 발행하고 있다. 다음의 RP금리가 이용되는 사례를 보자.

---

2) 이렇게 바꾼 이유는 하루 단위의 콜금리가 중앙은행의 통제를 받다 보니 콜시장의 신호전달과 자금배분 기능이 약화되면서 시중 자금사정을 제대로 반영하지 못하기 때문이라고 한다.

예제 2-1

한국은행은 기준금리를 3%로 결정하였다. 이 때에 시중은행은 만기 1년인 1,000만원 액면의 환매채를 한국은행으로부터 얼마에 매입할 수 있는가?

[풀이]

현재의 매입금액을 X라고 하면 1년 후 1,000만원에 되팔아서 3%의 수익률을 올릴 수 있다. 따라서 다음 식이 성립한다.

$$X(1+0.03)=1{,}000 \rightarrow X=970.87(\text{만원})$$

(3) 기준금리의 결정과 변화추이

한국은행의 기준금리는 금융통화위원회(금통위)가 매월 두 번째 목요일에 결정해서 발표한다. 금융통화위원회는 한국은행의 통화신용정책에 관한 주요사항을 심의·의결하는 정책결정기구로 한국은행 총재와 부총재를 포함해 총 7명의 위원으로 구성된다.

그림 2-8 기준금리의 변화추이

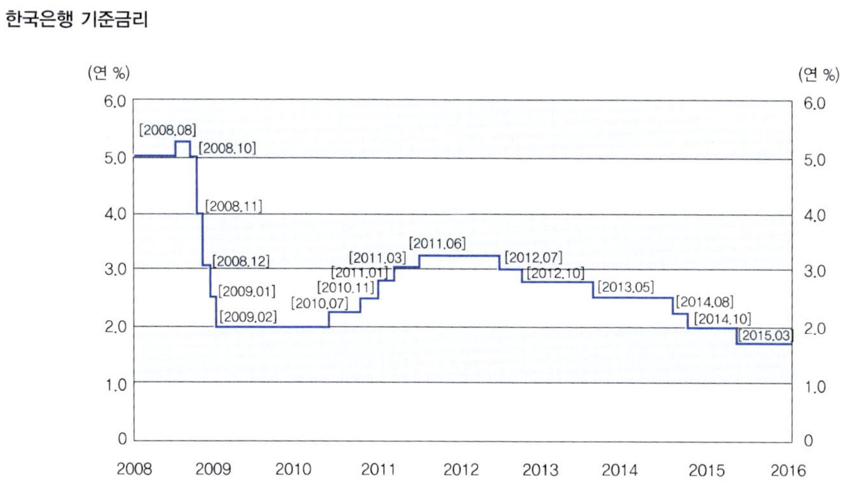

2008년 이후 기준금리의 변화추이를 그림으로 나타내면 [그림 2-8]과 같다.

제 5 절 다양한 금리개념

금리는 다양한 개념과 여러 용어로 표현되기 때문에 혼동하기 쉽다. 상황에 따른 금리개념과 산출방법을 설명한다. 여기서는 차입자를 기준으로 설명하지만 대출자를 기준으로 해도 동일한 논리가 성립한다.

1. 단순금리와 할인금리

(1) 단순금리

만기일에 원금과 이자를 함께 지급하는 조건, 즉 이자의 후납조건에서 차입할 경우의 금리수준은 단순히 이자비용을 차입금액으로 나누어 계산하는데 이를 단순금리라고 한다. 가장 흔하게 사용되는 이자율개념이다.

$$\text{단순금리} = \frac{\text{이자금액}}{\text{차입금액}} \qquad \text{[식 2-1]}$$

(2) 할인금리

그러나 이자를 차입시점에서 지급하는 조건, 즉 이자의 선납조건에서 차입할 경우에는 기업이 실제로 사용하는 금액이 대출금액에서 이자금액을 차감한 금액이 된다. 이때에 기업이 실제로 부담하는 금리는 단순금리보다 더 높은 수준이 되는데 이를 할인금리라고 한다. 대표적인 예가 어음을 할인할 때에 부담하는 금리가 이에 해당한다.

$$\text{할인금리} = \frac{\text{이자금액}}{\text{차입금액} - \text{이자금액}} \qquad \text{[식 2-2]}$$

예제 2-2

이자는 12만원을 지급하는 조건으로 1년간 100만원을 차입할 예정이다.
(1) 이자를 1년 후 원금을 상환하면서 지급하는 경우 차입자가 부담하는 금리수준은?
(2) 이자를 차입시점에서 지급하는 경우 차입자가 부담하는 금리수준은 얼마인가?

[풀이]

(1) 이자후납조건의 경우는 단순금리로서 다음과 같이 산출한다.

$$\frac{12\text{만원}}{100\text{만원}} = 12\%$$

(2) 그런데 이자선납조건의 경우 차입자가 부담하는 금리수준은 다음과 같다.

$$\frac{12\text{만원}}{100\text{만원} - 12\text{만원}} = 13.64\%$$

2. 표시금리와 실효금리

(1) 표시금리

표시금리(stated interest rate)란 차입자가 표면상 부담하는 약정이자율을 말한다. 그런데 이 때의 이자율은 차입금에 대한 이자를 연 1회에 전액 지급하는 경우를 기준으로 산출된 것이다. 즉, 금리가 12%라고 한다면 이는 만기에 가서 원금의 12%에 해당하는 이자를 한 번에 지급하는 것이다. 이 때의 금리가 표시금리인 것이다.

(2) 실효금리

현실적으로는 이자를 1년에 한 번 지급하는 경우보다 월별 또는 분기별로 나누어서 지급하는 경우가 더 많다. 만약 연 12%의 이자를 분기마다 3%씩 지급하거나 매월 1%씩 지급한다면 이는 12%보다 높은 금리를 부담하는 것이 된다. 이렇게 1년 내에 이자의 지급회수가 늘어나게 되면 이에 따른 효과를 금리에 반영해야 하는데 이렇게 산출된 금리를 실효금리(effective interest rate)라고 한다. 1년에 m회 이자를 지급한다고 할 때에 실효금리는 다음과 같은 산식으로 산출된다.

$$\text{실효금리} = \left(1 + \frac{\text{명목금리}}{m}\right)^m - 1 \qquad \text{[식 2-3]}$$

예제 2-3

(1) 1년 후 이자와 원금 112만원을 상환하는 조건으로 현시점에서 100만원을 차입할 경우의 금리는 얼마인가?
(2) 만약 이 때에 반년 후 6만원을 지급하고 나머지 이자는 1년 후 원금을 상환하면서 지급한다면 차입자가 부담하는 금리수준은?
(3) 이자 12만원을 분기로 나누어서 3개월마다 3만원씩 지급한다면 차입자가 부담하게 되는 금리수준은?

[풀이]

(1) 이자후납조건이면서 표시금리이다. 다음과 같이 산출한다.

$$\frac{12\text{만원}}{100\text{만원}} = 12\%$$

(2) 반년마다 6만원씩 지급하면 연 2회의 이자지급조건이고 실효금리는 다음과 같다.

$$\left(1 + \frac{0.12}{2}\right)^2 - 1 = 0.1236 \quad (12.36\%)$$

(3) 분기마다 3만원씩 지급하면 연 4회의 이자지급조건이고 실효금리는 다음과 같다.

$$\left(1 + \frac{0.12}{4}\right)^4 - 1 = 0.1255 \quad (12.55\%)$$

여기서 보듯이 이자지급회수가 늘어날수록 부담하게 되는 실효금리수준은 더 높아진다.

3. 꺾기가 있는 경우

(1) 규제금리와 실세금리

규제금리는 금융기관의 대출금리로서 감독기관으로부터 규제를 받는 금리수준을 말한다. 이를 공금리라고도 하는데 이 금리수준은 대개 정책적인 차원에서 결정되기 때문에 비교적 낮은 수준이다. 그러나 자금시장에서는 이러한 규제와 무관하게 자금에 대한 수요와 공급에 의해서 시장금리가 형성되는데 이를 실세금리라고 말한다.

(2) 꺾기란?

대출을 받으면서 금융기관으로부터 일정한 금액의 예금을 요구받는 경우가 있다. 이를 '꺾기'라고 하고 이때에 요구하는 예금을 보상예금(compensating balance)이라고 한다. 물론 이러한 예금에 적용되는 금리는 대출금리보다 훨씬 낮다. 그래서 금융기관들은 꺾기를 통해서 표면상으로는 규제금리를 지키는 것처럼 하면서 실제로는 대출금리를 실세금리에 맞출 수 있는 것이다.

꺾기가 있는 경우 부담하게 되는 금리수준은 다음과 같이 산출한다. 이때에 수입이자는 보상예금에서 발생하는 것을 말한다.

$$\text{부담금리} = \frac{\text{순이자지급액}}{\text{순차입금액}} = \frac{\text{지급이자} - \text{수입이자}}{\text{차입금액} - \text{보상예금}} \qquad [\text{식}2\text{-}4]$$

예제 2-4

100만원의 자금이 필요해서 차입금을 조달하는데 은행에서는 연 12%를 적용하되 차입금의 20%에 해당하는 예금을 요구하고 있다.

(1) 얼마의 금액을 차입해야 필요한 자금을 조달할 수 있는가?

(2) 예금이자율은 4%라고 하면 실제로 부담하게 되는 금리수준은 얼마인가?.

[풀이]

(1) 20%의 예금후 순차입금액이 100만원이 되어야 하므로 차입금액을 B라고 하면 다음이 성립되어야 한다.

$$(1-0.2) \times B = 100\text{만원} \qquad \therefore \text{차입금액 } B = 125\text{만원}$$

(2) 125만원을 차입하지만 25만원은 다시 예금해야 하므로 순차입금액은 100만원이 된다. 그리고 1년간 이자지급액은 125만원×12%=15만원이지만 보상예금에서의 수입이자 25만원×4%=1만원을 차감한 14만원이 순이자지급액이다. 따라서 실제 부담금리는 다음과 같이 산출된 14%가 된다.

$$\frac{15\text{만원} - 1\text{만원}}{125\text{만원} - 25\text{만원}} = \frac{14\text{만원}}{100\text{만원}} = 14\%$$

주요 용어

· 통화량	· 공개시장조작	· 지급준비제도	· 양적완화
· 통화지표	· M1	· M2	· Lf
· L	· 대부자금설	· 곡선상의 움직임	· 곡선의 이동
· 금리지표	· 대표금리	· 콜금리	· CD수익률
· 통안증권수익률	· 수신금리	· 대출금리	· 국고채수익률
· 회사채수익률	· 베이시스포인트	· 기준금리	· 꺾기
· RP(환매조건부채권)금리		· 실효금리	

연습 문제

1 통화량과 금리의 관계를 간단하게 설명하시오.

2 중앙은행의 통화량을 조절하는 방법들을 제시하시오.

3 통화지표 네 가지를 제시하고 그 안에 포함되는 통화의 내용을 설명하시오.

4 다음과 같은 두 가지 경우를 구별해서 채권시장의 수요곡선과 공급곡선으로 보이시오.

(1) 곡선상의 움직임(movement along the curve)

(2) 곡선의 이동(shift in the curve)

5 3개월 만기 양도성예금증서(CD)의 액면금액이 1천만 원이다. 이 CD가 현재 992만원에 거래된다고 하면 CD수익률(연 단위)은 얼마인가?

제 3 장

금리구조

제 1 절　채권평가모형

제 2 절　채권수익률

제 3 절　금리의 기간구조

제 4 절　금리의 위험구조

1. 제 2 장에서 채권가격과 금리는 역관계에 있다고 했다. 즉, 금리가 오르면 채권가격은 떨어지고 금리가 내리면 채권가격이 오르는데 이러한 관계를 채권평가모형에서 확인한다.
2. 채권평가모형에서의 할인율이 곧 채권수익률임을 이해하고 채권수익률로부터 금리의 구조적 특징을 기간구조와 위험구조 두 가지로 구분해서 살펴보도록 한다.
3. 금리의 기간구조는 채권의 만기와 관련된 것이고 금리의 위험구조는 채권발행주체와 관련된 것임을 설명하겠다.

제 1 절 채권평가모형

1. 채권의 의의 및 유형

(1) 이자부채권

채권이란 미리 약정된 이자율에 따라 일정기간 동안 이자를 지급하고 만기에 가서 원금을 상환할 것을 약속한 증서이다. 따라서 채권을 보유함으로써 얻게 되는 미래의 현금흐름은 이자와 원금, 두 가지이다. 그래서 채권의 가격은 이자와 원금, 이 두 가지 현금흐름을 시장이자율(할인율)로 할인한 현재가치로 계산되며 다음과 같은 식으로 나타낼 수 있다.

$$B_0 = \frac{C}{(1+R)} + \frac{C}{(1+R)^2} + \cdot\cdot\cdot + \frac{C}{(1+R)^n} + \frac{F}{(1+R)^n} \qquad \text{[식 3-1]}$$

이때 이자현금흐름(C)은 액면가액(Face Value: 만기상환원금)에 약정이자율(coupon rate)을 곱하여 산출한다. 이와 같이 일정기간동안 이자를 지급하다가 만기에 원금을 상환하는 채권이 가장 일반적인 형태의 채권인데 이를 이자부채권(coupon bonds)이라고 한다.

(2) 할인채와 영구채

한편 이와는 다른 특수한 형태의 현금흐름을 갖는 채권도 있다. 첫 번째는 할인채권(discount bonds)으로서 이는 이자지급은 없이 만기에 액면가액만 상환하는 형태의 무이자부채권으로서 현금흐름은 만기에 단 1회 이루어지므로 그 평가식은 다음과 같다.

$$B_0 = \frac{F}{(1+R)^n} \qquad [식\ 3\text{-}2]$$

이를 [식 3-1]과 비교해보면 이자부분이 없는 것임을 알 수 있다.

두 번째 형태의 채권은 만기가 없고 따라서 원금상환은 이루어지지 않은 채 영원히 이자만 지급하는 채권인데 이를 영구채권(perpetuty bonds 또는 consols)이라고 한다. 이의 평가식은 다음과 같다.

$$B_0 = \frac{C}{(1+R)} + \frac{C}{(1+R)^2} + \cdot\cdot\cdot + \frac{C}{(1+R)^\infty} = \frac{C}{R} \qquad [식\ 3\text{-}3]$$

이는 [식 3-1]에서 원금부분이 없는 대신 만기가 무한대임을 알 수 있다.

2. 시장금리 및 만기와 채권가격

(1) 시장금리와 채권가격

채권가격의 결정식 [식 3-1]에서 보면 채권가격은 시장금리와 역의 관계에 있음을 알 수 있다. 즉, 시장금리가 높으면 채권가격은 낮아지고 시장금리가 낮으면 채권가격은 높아진다. 이러한 시장금리와 채권가격사이의 관계를 그림으로 나타내면 [그림 3-1]이 된다.

그림은 시장금리를 X축에 나타내고 액면금액 100만원, 액면금리 8%, 만기 3년인 채권의 가격을 Y축에 나타낸 것이다.

이때 채권가격이 액면가액보다 높게 형성되면 할증(premium) 거래된다고 하고 액면가액보다 낮게 형성되면 할인(discount) 거래된다고 하는데 이는 액면이자율과 시장이자율의 크기에 따라 결정된다. 즉, 시장이자율이 액면이자율보다 크면 할인거래되고 액면이자율보다 작으면 할증거래되는 것이다.

그림 3-1 채권가격과 시장이자율의 관계

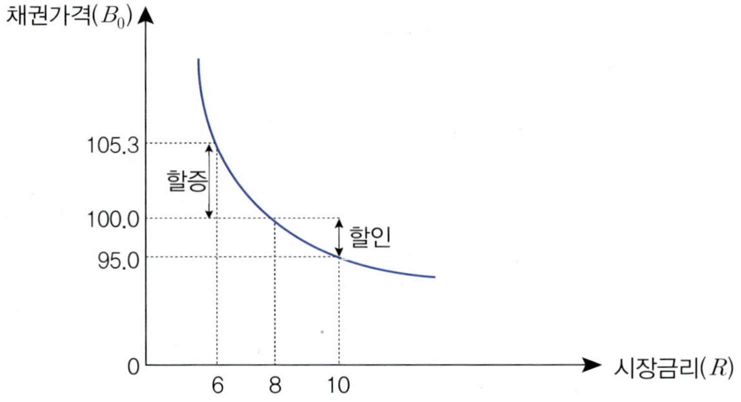

(2) 만기와 채권가격

채권가격의 변동은 시장금리에 의해서뿐만 아니라 만기에 의해서도 영향을 받는다. 즉, 채권가격의 결정식을 살펴보면 시장금리가 동일한 크기로

그림 3-2 채권가격과 만기의 관계

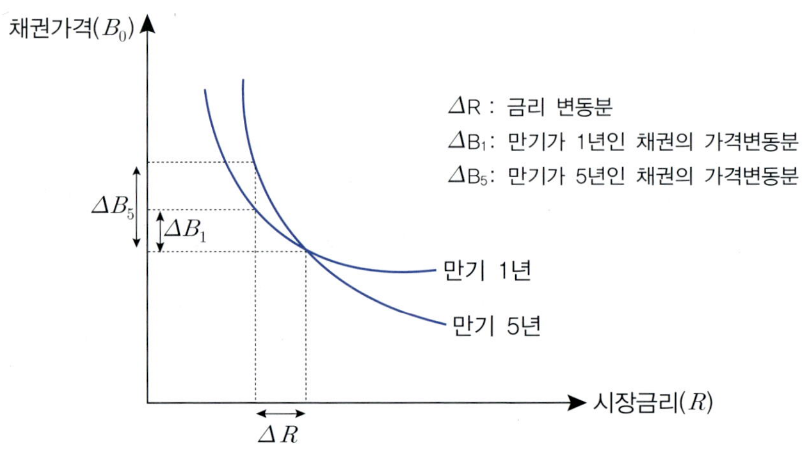

변동할 때에 만기가 긴 채권의 가격은 만기가 짧은 채권의 가격보다 더 큰 폭으로 변동하는 것을 확인할 수 있다. 만기가 1년인 채권과 5년인 채권의 가격을 시장금리와의 관계를 그림으로 나타내면 [그림 3-2]가 된다. 그림에서 보듯이 만기가 긴 채권일수록 금리 변동에 의해 그 가격이 크게 변동하게 되어 위험이 더 크다고 할 수 있다. 그래서 다른 조건이 똑같을 때에는 만기가 길수록 위험에 대한 보상으로 더 높은 금리가 요구되는 것이다.

제 2 절 채권수익률

1. 채권수익률의 추산

채권평가식 [식 3-1]을 다시 살펴보자. 이 식에서 액면이자(C)와 만기(n)에 상환되는 원금(F) 및 만기는 채권을 발행할 때 계약에 의해 확정되는 요인들이다. 그렇지만 할인율(R)은 시장 상황에 따라서 변동하는 금리이고 그렇기 때문에 금리에 따라 채권가격도 변하게 된다. 따라서 시장금리를 알면 채권가격을 산출할 수 있는데 이는 역으로 채권의 현재 거래가격을 알면 시장금리(할인율)를 산출할 수 있다는 의미이기도 하다. 그리고 이 시장금리란 현재 거래가격으로 채권을 구입하여 만기까지 보유할 경우에 얻게 되는 수익률과 같은 것이기 때문에 채권수익률 또는 만기수익률(yield to maturity : YTM)이라고도 한다.

그런데 시장에서 자금수요와 공급의 상황이 달라지면서 채권가격은 수시로 변동하고 이에 따라 채권수익률도 달라지기 때문에 채권수익률을 산출할 때에도 채권평가식이 그대로 이용된다. 다만, 채권가격을 결정할 때에는 할인율(시장금리)이 주어진 값이지만 채권수익률을 산출할 때에는 채권가격이 주어진 값이 된다. 따라서 채권가격(B_0)이 주어진 상황에서 채권평가식으로부터 미지수인 R을 구하면 이 값이 채권수익률이 되는 것이다. 이

때 R은 만기(n)에 의해 결정되는 n차 방정식의 해가 되는데 방정식을 풀기 가 어렵기 때문에 대개 시행착오(trial and error)를 반복해서 그 값을 구한다.

2. 채권수익률의 결정요인

채권수익률은 채권가격이 주어지면 추산할 수 있다. 그러나 논리적인 순서는 이론적인 채권수익률(금리)이 먼저 결정되고 이를 이용해서 채권의 현금흐름을 할인하면 채권가격이 결정되는 것이다.[1] 따라서 채권수익률을 결정하는 요인들을 살펴볼 필요가 있다.

채권수익률을 결정하는 요인으로서 다음과 같이 네 가지 요인을 들 수 있다. 이들 네 요인을 차례로 살펴보면서 채권수익률이 결정되어가는 과정을 설명하겠다.

$$R = f(\text{MPC, inflation, maturity, default risk})$$

(1) 자본의 한계생산성과 물가상승률

첫 번째 요인인 자본의 한계생산성(marginal productivity of capital : MPC)은 1단위 자본을 이용한 실물투자의 수익률을 의미한다. 이는 균형상태에서 실질이자율(r)과 같은 값을 갖는다. 따라서 경제 전반적으로 성장추세에 있다면 자본의 한계생산성이 높고 이에 따라 실질금리도 높게 형성된다.

그리고 두 번째 요인은 물가상승률(inflation)인데 실질금리에 물가상승률을 반영하면 다음과 같이 명목금리(R_f)이 도출된다.

$$1 + R_f = (1+r)(1+inf)$$

$$\text{이로부터} \quad R_f = (1+r)(1+inf) - 1 \qquad [식\ 3\text{-}4]$$

1) 이론적인 금리수준이 결정되고 이를 이용해서 산출한 채권가격이 균형가격이다. 실제 시장의 수급관계에서 결정된 채권가격은 시장가격인데 시장가격이 균형가격과 같으면 시장은 균형상태라고 하고, 같지 않으면 불균형상태라고 한다. 불균형상태는 차익거래를 통해서 결국 균형상태로 된다고 보기 때문에 여기서는 균형상태를 전제로 설명하겠다.

위 식을 피셔의 공식(Fisher's formula)이라고 하는데 이처럼 예상물가상승률까지 반영된 명목금리에는 아무런 위험도 포함되어있지 않기 때문에 이를 무위험금리(risk-free interest rate)라고 한다.

(2) 만기와 채무불이행

세 번째 요인은 채권의 만기(maturity 또는 term)이다. 앞서 채권가격과 만기와의 관계에서 살펴보았듯이 만기가 길수록 채권가격의 변동가능성이 높기 때문에 이러한 위험에 대한 보상으로 더 높은 수익률을 요구하게 된다.

끝으로 채무불이행위험(default risk)인데 이는 채권의 발행주체의 성격에 기인한 것이다. 즉, 국가가 발행하는 국고채보다 기업이 발행하는 회사채의 경우 채권수익률이 더 높은데 이는 국가보다는 기업이 파산하여 채무를 상환하지 못할 가능성이 더 높기 때문에 이에 대한 보상이 반영된 것이다.

이들 네 가지 요인 중 앞의 두 가지 요인, 즉 자본의 한계생산성과 예상물가상승률은 거시경제적 요인으로서 채권외적인 요인이지만 뒤에 제시한 두 가지 요인, 만기와 채무불이행가능성은 채권내적인 요인들이다.

이러한 내용을 반영하면 채권수익률의 결정식은 다음과 같이 무위험이자율에 위험프리미엄(risk premium)을 더하는 구조로 갖는다.

$$R = R_f + \text{위험프리미엄} \qquad [\text{식 } 3\text{-}5]$$

그런데 여기서 위험프리미엄은 만기위험프리미엄(maturity risk premium)과 채무불이행위험프리미엄(default risk premium)으로 구성되므로 이 내용을 그림으로 정리하면 다음과 같다.

그림 3-3 채권수익률의 구조

채 권 수 익 률			
무위험금리 (명목금리)		위험프리미엄	
자본한계생산성 (실질이자율)	예상물가상승률	만기위험프리미엄 (유동성프리미엄)	채무불이행위험 프리미엄

정부가 발행하는 국고채는 위험이 없는 채권이라고 할 수 있으므로 1년 만기 국고채 수익률은 [식 3-4]에서의 R_f, [그림 3-3]에서 무위험금리(명목금리)에 해당된다. 그리고 3년 만기 국고채 수익률은 R_f에 만기위험프리미엄을 더한 값이 되며 3년 만기 회사채 수익률은 [식 3-5]의 R, [그림 3-3]에서의 채권수익률에 해당된다.

예제 3-1

액면가액이 10,000원이고 액면금리가 연 12%, 만기가 3년인 채권이 시장에서 9,400원에 거래되고 있다.

(1) 채권수익률(만기수익률)을 구하시오.

(2) 위에서 산출한 채권수익률에는 자본한계생산성 7%와 채권의 만기 및 채무불이행위험에 대한 프리미엄이 각각 2%씩 포함되어 있다. 물가상승률은 얼마로 예상되고 있는 것인가?

[풀이]

(1) 이표채 채권평가식을 이용하면 다음 식이 성립한다.

$$9{,}400 = \frac{1{,}200}{(1+R)} + \frac{1{,}200}{(1+R)^2} + \frac{11{,}200}{(1+R)^3}$$

위 식을 시행착오법으로 풀면 R=14.61%를 구할 수 있다.

(2) 채권수익률 14.61%에서 만기프리미엄 2%, 채무불이행프리미엄 2%를 차감하면 무위험이자율(명목금리) $R_f = 10.61\%$가 된다. 피셔공식을 이용하면 $(1+R_f) = (1+r)(1+inf)$ 에서 (1 + 0.106) = (1 + 0.07)(1 + inf) 이므로 물가상승률(inf) =3.37%로 예상되고 있다.

제 3 절 금리의 기간구조

1. 수익률곡선

(1) 수익률곡선이란

지금까지 설명한 채권수익률은 현재 시장에서 거래되고 있는 채권가격과 그 채권에서 얻게 되는 미래 현금흐름의 현재가치를 같게 하여 구해낸 것이다. 그런데 앞 장에서 소개한 금리지표를 보면 3년 만기 국고채 수익률도 있고 5년 만기 국고채 수익률도 있는데 이처럼 만기가 다른 채권들의 채권수익률을 보면 서로 다른 값을 갖는 것이 일반적인 현상이다. 만약 다른 조건이 동일하다면 이러한 차이는 만기가 다르기 때문에 나타난 것으로 볼 수 있다. 이때 각 만기와 이에 대응하는 채권수익률의 관계를 그림으로 나타낼 수가 있는데 이를 수익률곡선(yield curve)이라고 한다.

(2) 수익률곡선의 형태

만기별로 채권수익률을 대응시켜서 수익률곡선을 그리면 작성시점에 따라서 [그림 3-4]와 같이 세 가지 형태로 나타날 수 있다.

①과 같이 우상향하는 형태는 만기가 긴 채권의 수익률이 만기가 짧은 채권의 수익률보다 높게 형성된 것이고 ②와 같이 우하향하는 형태는 만기가 긴 채권의 수익률이 만기가 짧은 채권의 수익률보다 낮게 형성된 것이다. ③은 단기채권과 장기채권에 적용되는 이자율이 모두 동일하다는 가정을 전제로 그린 것이다. 대체로 수익률곡선은 ①과 같이 우상향하는 형태가 일반적이다. 이와 같이 만기와 금리수준의 관계를 금리의 기간구조(term structure)라고 하며 이를 설명하고자 많은 연구가 이루어졌는데 기대이론, 유동성선호이론, 시장분할가설 등이 대표적인 것이다.

그림 3-4 수익률곡선

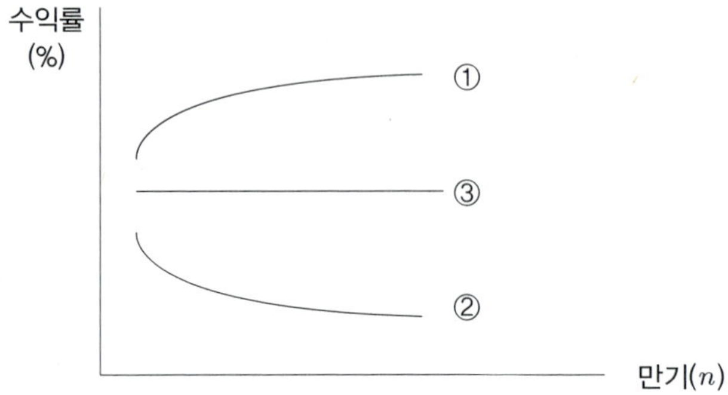

2. 현물금리와 선도금리

(1) 현물금리

금리의 기간구조이론을 이해하기 위해서 다음과 같은 두 가지 개념의 금리을 먼저 알아야 한다.

첫 번째 설명할 금리는 현물금리(spot rate)이다. 이는 현재시점을 기준으로 본 일정기간 동안의 연평균 금리이다. 그래서 현재시점을 기준으로 앞으로 1년 동안의 현물금리는 ${}_0R_1$, 2년 동안의 금리는 ${}_0R_2$, 그리고 n년 동안의 현물금리는 ${}_0R_n$이라고 표기한다. 이들 현물금리는 1년 만기 채권수익률, 2년 만기 채권수익률, 그리고 n년 만기 채권수익률로서 수익률곡선에서 y축에 표시되는 금리이다.

(2) 선도금리

다음으로 설명할 이자율은 선도금리(forward rate)이다. 이는 현재시점에서 결정되는 미래 일정기간 동안의 금리이다. 그래서 현재시점에서 결정된 2번째 기간의 선도금리는 ${}_1f_2$, 3번째 기간의 선도금리는 ${}_2f_3$, 그리고 n번째 기간의 선도금리는 $_{n-1}f_n$으로 표기한다. 이러한 선도금리는 현물금리와의 관계를 이해하면 쉽게 구할 수 있다. 이를 위해 앞의 예에서 구한 현물금리 $_0R_1$, $_0R_2$를 다음과 같이 그림으로 나타내자.

그림 3-5 현물금리와 선도금리

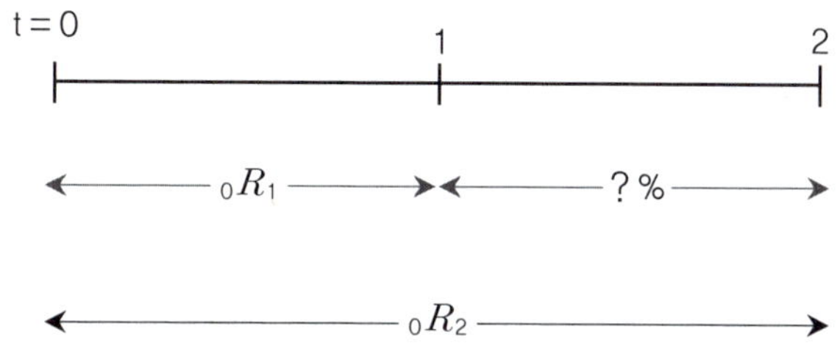

그림에서 보듯이 1년간 현물금리가 $_0R_1$이고 2년간 현물금리가 $_0R_2$일 때, 2번째 기간의 이자율은 얼마가 되어야 하는가? 여기서 말하는 2번째 기간의 이자율이 선도금리 $_1f_2$이다. 2년간 현물금리란 각 년도에 평균적으로 적용되는 이자율로서 2개년 각 년도 이자율에 대한 기하평균으로 산출된다.[2)] 따라서 이들 간에는 다음과 같은 관계식이 성립한다.

$$(1+{}_0R_1)\ (1+{}_1f_2) = (1+{}_0R_2)^2$$

$$\text{여기에서}\quad {}_1f_2 = \frac{(1+{}_0R_2)^2}{(1+{}_0R_1)} - 1$$

이러한 관계를 일반화시켜서 현물금리와 선도금리에 대해 각각 정리하면 다음과 같은 식을 구할 수 있다.

$$(1+{}_0R_n)^n = (1+{}_0R_1)(1+{}_1f_2)(1+{}_2f_3)\ \cdots\ (1+{}_{n-1}f_n)\text{에서}$$

---

2) 이처럼 기하평균을 적용해야 하는 경우로는 위와 같은 금리이외에도 경제성장률 및 인구증가율 등이 있는데 이 모두 미래일정시점의 값을 복리계산과정으로 산출하는 지수함수 형태를 갖기 때문이다.

$$ {}_0R_n = [(1 + {}_0R_1)(1 + {}_1f_2)(1 + {}_2f_3) \cdot \cdot \cdot (1 + {}_{n\text{-}1}f_n)]^{\frac{1}{n}} - 1 \qquad [식\ 3\text{-}6] $$

그리고 이로부터 특정기간의 선도금리를 구하는 다음 식을 구할 수 있다.

$$ {}_{n\text{-}1}f_n = \frac{(1 + {}_0R_n)^n}{(1 + {}_0R_{n\text{-}1})^{n\text{-}1}} - 1 \qquad [식\ 3\text{-}7] $$

예제 3-2

현재 채권시장에서 액면금액이 10,000원인 할인채권이 1년 만기짜리는 9,091원에 거래되고 2년 만기짜리는 7,831원에 거래되고 있다.

(1) 현물금리와 선도금리를 구하시오.

(2) 위의 결과를 이용하여 수익률곡선을 그리시오.

[풀이]

(1) 현물금리는 다음과 같이 할인채권의 평가식으로 구한다.

$$ 9{,}091 = \frac{10{,}000}{(1 + {}_0R_1)} \quad \therefore {}_0R_1 = 10\% $$

$$ 7{,}831 = \frac{10{,}000}{(1 + {}_0R_2)^2} \quad \therefore {}_0R_2 = 13\% $$

이로부터 선도금리는 다음과 같이 구할 수 있다.

$$ (1+0.13)^2 = (1+0.1)(1+f) \quad \therefore f = 16.08\% $$

(2) 수익률곡선은 만기와 현물금리의 관계를 나타내는 것이므로 다음과 같이 그릴 수 있다.

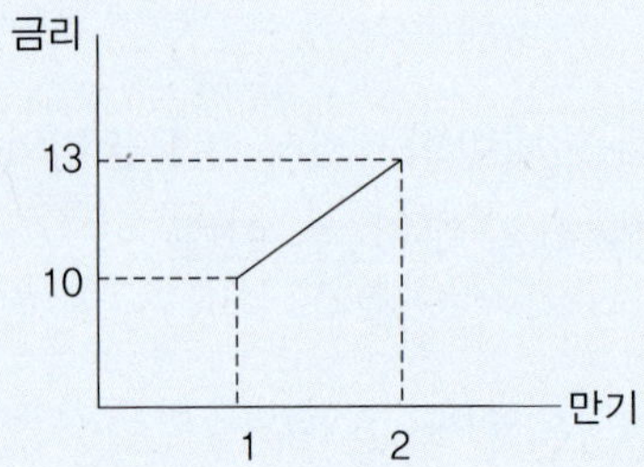

3. 금리의 기간구조이론

(1) 기대이론

이제 이와 같은 금리의 개념들을 이용하여 금리의 기간구조를 설명하는 이론들을 살펴보자. 먼저 기대이론은 현재 시점에서 미래 일정기간의 예상이자율인 선도금리가 미래에 발생할 실제이자율과 일치한다고 가정하는 이론이다. 그래서 이를 불편기대가설이라고도 하는데 이는 다음과 같이 수식화할 수 있다.

$$_{n\text{-}1}f_n = E(_{n\text{-}1}R_n) = {_{n\text{-}1}R_n}$$

따라서 현물금리의 결정식 [식 3-6]은 다음과 같이 표현된다.

$$_0R_n = [(1 + {_0R_1})(1 + {_1R_2})(1 + {_2R_3}) \cdot \cdot \cdot (1 + {_{n\text{-}1}R_n})]^{\frac{1}{n}} - 1$$

위 식의 구조를 보면 알 수 있듯이 미래기간의 이자율이 높아질 것으로 예상하면 선물금리가 점점 더 커져서 현물금리는 기간에 따라 증가하여 [그림 3-4]의 ①과 같은 수익률곡선이 형성된다. 반대로 ②는 미래이자율이 점점 낮아질 것으로 예상할 때의 수익률곡선이다. 이처럼 투자자들이 예상하는 선도금리가 현재의 만기별 현물금리를 결정하는 것이다. 즉, 만기별 현물금리를 통해서 선도금리를 추산할 수 있지만 논리적인 순서는 투자자들이 예상하는 선도금리가 먼저 결정되고 이것이 만기별 현물금리에 반영되는 것이다. 만약 선도금리가 미래로 갈수록 더욱 높아질 것으로 투자자들이 예상한다고 할 때에는 이에 따라서 현물금리도 높아지게 되는데 이러한 관계를 그림으로 나타내면 다음의 [그림 3-6]이 된다.

그림 3-6 선도금리와 현물금리의 관계

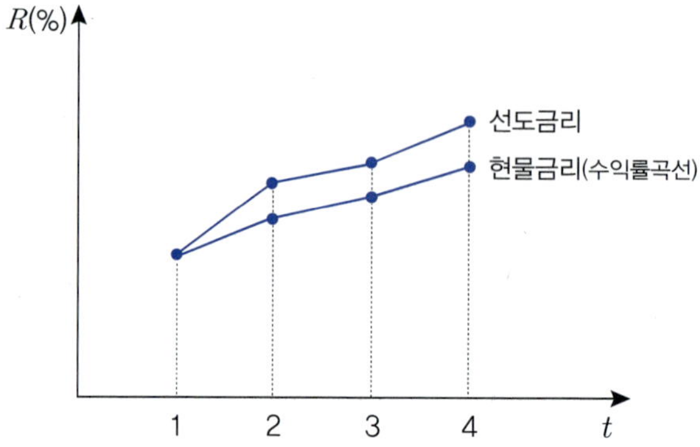

(2) 유동성선호이론

유동성선호이론은 앞서 만기와 채권가격의 관계에서 살펴본 바와 같이 만기가 길수록 예상치 못한 이자율 변동으로 채권가격이 더 크게 변동할 가능성이 있어서 이러한 위험에 대해 더 많은 보상이 요구된다는 것이다. 이때의 보상을 유동성 프리미엄(liquidity premium)이라고도 하는데 이를 반영하는 선도금리는 다음과 같이 표현된다.

$$ {}_{n\text{-}1}f_n = E({}_{n\text{-}1}R_n) + L_n $$

단, L_n: n기간에 대한 유동성프리미엄

이처럼 유동성선호이론에서의 선도금리는 기대현물금리에 유동성프리미엄까지 포함되기 때문에 이를 그림으로 나타내면 [그림 3-7]과 같이 항상 기대이론에 따른 수익률곡선보다 높게 형성된다.

그림 3-7 유동성선호이론

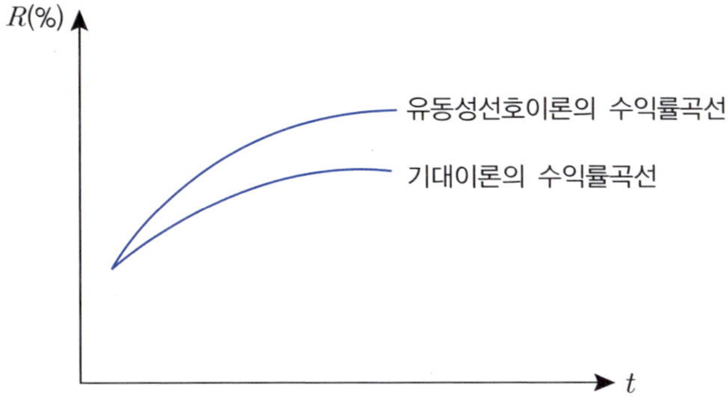

(3) 시장분할가설

끝으로 시장분할가설을 살펴보자. 이는 채권만기에 대한 선호가 서로 다른 투자자들이 각자의 시장을 형성하여 각 시장에서의 수요와 공급에 의해 개별적인 이자율이 결정된다는 가설이다. 이를 그림으로 나타내면 다음의 [그림 3-8]과 같다. 그러나 각 경계점에서 수익률이 낮은 b를 매각하고 높은 수익률의 a를 취득하는 재정거래로 인해 이러한 불연속점이 존재할 수 없기 때문에 수용하기 어려운 가설이다.

그림 3-8 시장분할가설

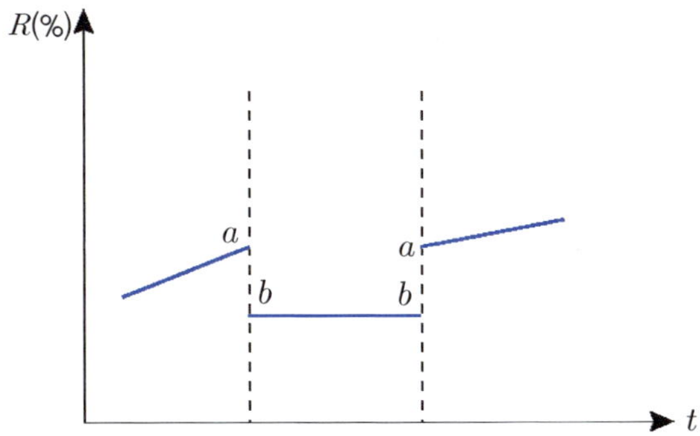

예제 3-3

현재 채권시장에서 거래되고 있는 세 가지 할인채권의 만기수익률은 다음과 같다.

만기까지의 연수	수익률
1	4.0 %
2	5.0 %
3	6.0 %

(1) 기대이론이 성립할 때 각 기간의 선도금리(forward rate)를 계산하시오.
(2) 투자자들이 1년 후의 유동성에 대해 0.5%의 유동성 프리미엄을 요구하고 2년 후에 대해서는 0.6%를 요구할 때 유동성선호이론이 성립한다고 가정하여 위의 세 가지 할인채권의 만기수익률을 다시 산출하시오.
(3) (1), (2)의 결과를 수익률곡선 (yield curve)으로 나타내시오.

[풀이]

(1) ${}_0R_2$: 2년간 현물금리, ${}_1f_2$: 제2기 선도금리라고 하면 다음과 같이 선도금리 ${}_1f_2$를 구할 수 있다.

$$(1+{}_0R_2)^2=(1+{}_0R_1)\times(1+{}_1f_2)$$

$$\rightarrow\ {}_1f_2=\frac{(1+{}_0R_2)^2}{(1+{}_0R_1)}-1=\frac{1.05^2}{1.04}-1=0.06\,(6\%)$$

같은 방법으로 선도금리 ${}_2f_3$는 다음과 같다.

$$\rightarrow\ {}_2f_3=\frac{1.06^3}{1.05^2}-1=0.08(8\%)$$

(2) 유동성프리미엄이론에서는 ${}_1f_2=E({}_1R_2)+L_1$ 이므로

$${}_1f_2=0.06+0.005=0.065$$

$${}_2f_3=0.08+0.006=0.086$$

따라서

$${}_0R_1=4\%$$

$${}_0R_2=[(1+{}_0R_1)(1+{}_1f_2)]^{\frac{1}{2}}-1$$

$$=(1.04\times1.065)^{\frac{1}{2}}-1=0.0524\,(5.24\%)$$

$${}_0R_3=(1.04\times1.065\times1.086)^{\frac{1}{3}}-1=0.0635\,(6.35\%)$$

(3) 위의 (1), (2)에 따른 수익률곡선은 다음과 같다.

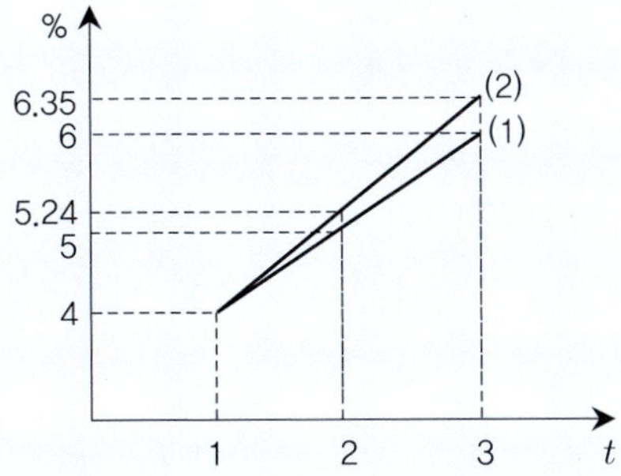

제 4 절 금리의 위험구조

1. 채권평정

채권수익률을 결정하는 또 하나의 요인은 채권을 발행한 주체가 채무를 상환하지 못하게 될 가능성, 즉 채무불이행위험(default risk)이다. 채무불이행위험이 높은 채권은 사람들이 투자를 꺼리기 때문에 채권가격은 낮게 형성된다. 채권가격이 낮다는 것은 할인율이 높다는 것인데 할인율이 곧 채권수익률이므로 채권수익률이 높은 것이다.

그런데 지금까지 설명한 금리 중에서 무위험수익률은 실현되는 값이지만 채권수익률은 위험이 포함된 기대값이기 때문에 미래에 실현되지 않을 수 있는 값이다. 따라서 채권수익률이 높은 채권이 무작정 좋은 것은 아니라는 뜻이다.

그러면 어떤 채권이 어느 정도로 채무불이행위험을 갖고 있는 것일까. 신용평가회사들이 이를 평가해서 채권등급을 매기는데 이를 채권평정(bond rating)이라고 한다.

2. 채권평정의 유용성

투자자는 불확실한 상황에서 투자결정을 할 때에 위험과 수익, 두 가지 요인을 고려한다. 채권을 선택할 때에도 마찬가지인데 투자자가 채권발행 주체의 채무불이행위험과 관련된 정보를 직접 구하려면 많은 비용이 소요될 것이다. 채권등급평가에서 산출된 신용등급을 참조하면 이러한 비용들을 절감할 수 있다.

또한 정부는 어떤 정책을 수행할 때에 일정한 신용등급 이상의 기업만을 참가시킨다거나 또는 연기금을 관리할 때에 투자대상으로 일정한 신용등급 이상의 채권만으로 제한하여 안정성을 도모할 수 있다.

채권발행자의 입장에서도 좋은 등급으로 평가받으면 발행채권을 높은 가격으로 매각할 수 있기 때문에 자본조달비용을 낮출 수 있다.

이외에도 등급평가제도는 올바른 정보를 전달함으로써 자본시장의 건전한 발전을 가져와서 효율적 자원배분을 가능하게 한다.

3. 채권등급의 내용

채권등급을 평가하는 신용평가기관은 많다. 세계 3대 신용평가기관으로는 무디스(Moody's), 스탠다드앤푸어스(Standard and Poor's), 피치(Fitch) 등이 있고 우리나라의 경우에는 한국신용평가와 한국기업평가, 나이스신용평가 등이 채권등급을 수행하고 있다.

1990년대 말 외환위기 이후 무디스와 스탠다드앤푸어스에 대해 특히 많이 듣게 되었는데 이들은 채권등급뿐만 아니라 국가신용등급까지 평가하고 있기 때문이다. 이들의 평가결과에 따라서 외국인의 국내투자가 크게 영향을 받게 되므로 평가결과에 민감할 수밖에 없다.

이들의 평가등급의 내용을 살펴보면 표와 같다. 여기서 특히 채무불이행 위험이 높은 채권의 경우(무디스의 Ba1, 스탠다드앤푸어스의 BB+ 이하등급)에는 투기적 성격이 높은 채권으로서 정크본드(junk bond)라고 한다.

표 3-1 채권의 등급

평가기관명 / 등급의 내용	무디스	스탠다드 푸어스
안전성이 가장 높다. 위험은 거의 없다. 어떠한 상황변화가 발생하여도 원리금지급은 문제없다.	*Aaa*	*AAA*
안전성은 높다. 최상급채권보다 위험은 약간 높지만 문제는 없다.	*Aa 1* *Aa 2* *Aa 3*	AA^+ *AA* AA^-
안전성은 상위이다. 원리금지급은 문제없지만 장래에는 현재보다 나빠지기 쉬운 평가요소가 있다.	*A 1* *A 2* *A 3*	A^+ *A* A^-
안전성은 중간 정도이다. 현재의 안전성·수익성은 문제가 없으나 불황 때에는 유의할 필요가 있다.	*Baa 1* *Baa 2* *Baa 3*	BBB^+ *BBB* BBB^-
투기적 요소가 있다. 장래의 안전성은 보증되지 않는다. 예상되는 영업성과가 불확실하다.	*Ba 1* *Ba 2* *Ba 3*	BB^+ *BB* BB^-
투자대상으로서의 적격성은 없다. 원리금지급의 안전성이나 계약조건의 유지가 불확실하다.	*B 1* *B 2* *B 3*	B^+ *B* B^-
안전성은 극히 낮다. 원금과 이자가 지급불능이 될 가능성이 높다.	*Caa*	*CCC*
극히 투기적이다. 현재 채무불이행상태에 있거나 중대한 문제가 발생하고 있다.	*Ca*	*CC*
최하위등급의 채권이다. 채무불이행주의 채권으로 아무런 장래성도 없다.	*C*	*C*

주요 용어

- 채권평가모형
- 채권수익률
- 만기수익률(YTM)
- 명목금리
- 자본의 한계생산성(MPC)
- 실질금리
- 수익률곡선
- 피셔의 공식
- 무위험금리
- 채무불이행위험
- 기대이론
- 현물금리
- 선도금리
- 금리의 기간구조
- 채권평정
- 유동성선호이론
- 시장분할가설
- 금리의 위험구조
- 신용평가
- 정크본드

연습 문제

01 채권을 이표채, 할인채, 영구채로 구분해서 평가모형을 제시해보시오.

02 만기가 긴 채권과 만기가 짧은 채권이 있다고 가정해서 다음 물음에 답하시오.

(1) 시장금리의 변동이 두 개의 채권가격에 어떻게 영향을 주는지 비교해서 설명하시오.

(2) 금리가 하락할 것으로 예상된다면 어떤 채권에 투자하는 것이 좋은가 설명하시오.

03 채권수익률의 결정요인을 네 가지로 제시하시오.

04 피셔의 공식(Fisher's formula)을 설명해보시오.

05 자본의 한계생산성(MPC)이 연 5%이고 물가상승률은 3%로 예상된다. 3년 만기 국고채금리는 10.3%라고 가정하여 다음 물음에 답하시오.

(1) 무위험금리는 얼마인가?

(2) 3년 만기 국고채 금리에서 만기위험 프리미엄을 구하시오.

(3) 3년 만기 회사채의 채무불이행위험에 대한 프리미엄이 2.7%라면 3년 만기 회사채 금리는 얼마인가?

(4) 수익률곡선을 제시하시오.

제 4 장

금융기관의 기능

제 1 절 금융기관의 존립근거

제 2 절 거래비용의 절감

제 3 절 정보비대칭의 해소

제 4 절 자산의 변환

제 5 절 부의 기간 간 이전 효과

제 6 절 지급결제기능

1. 경제주체들이 서로 돈이 필요하거나 여유 있을 때에 직접 돈을 빌려주고 빌려쓰면 될 텐데 왜 금융기관이 별도로 존재해야 할까? 본 장에서는 이 질문에 대한 답으로 금융기관의 존재이유를 살펴볼 것이다.
2. 금융기관의 기능을 이해하면 금융기관의 존재이유도 알 수 있다. 금융기관의 4대 기능으로는 거래비용절감기능, 정보비대칭제거기능, 자산변환기능, 지급결제기능을 들 수 있다. 이러한 기능들을 살펴보면 금융기관이 사회전체의 효용을 높인다는 것을 알 수 있다.
3. 이 중 자산변환기능은 부의 기간 간 이전을 가능하게 함으로써 소비자의 효용을 높이는데 중요한 역할을 하므로 좀 더 자세하게 살펴본다.

제 1 절 금융기관의 존립근거

우리는 이미 금융기관이 존재하는 환경에서 경제생활을 시작하였기 때문에 금융기관의 존재를 당연하게 받아들이고 있다. 즉, 금융기관의 금융중개기능에 익숙해서 이러한 기능이 없는 상황을 생각하기 어렵다. 그렇지만 금융기관이 존재하지 않는 상황을 떠올려서 현재의 상황과 비교하면 금융기관의 존립근거를 생각해 볼 수 있을 것이다.

한 경제 안에는 언제나 돈이 부족한 사람도 있고 여윳돈을 갖고 있는 사람도 있다. 기업이나 정부, 공공기관 같은 조직도 마찬가지이다. 이런 상황에서 자금수요자와 공급자가 직접 서로 돈을 빌려주고 빌려쓰면 되지 않을까? 그러면 금융기관이 필요 없을 텐데 왜 금융기관이 따로 존재하고 있을까? 이 질문에 대한 답을 생각해보면 금융기관의 기능과 함께 금융기관의 존립근거도 알게 될 것이다.

금융기관이 별도로 존재하는 근거로는 다음과 같은 것들이 있다.

첫 번째 근거로 운용상의 관점에서 거래비용의 절감기능을 들 수 있다. 즉, 금융기관이 존재하면 자금수요자와 공급자가 직접 금융거래를 하는 것보다 비용이 절감된다는 것이다.

두 번째로는 정보적인 관점에서 정보비대칭의 제거기능을 들 수 있다. 즉, 정보비대칭이 존재하면 금융시장이 제 기능을 하지 못하게 되는데 금융기관이 이러한 문제를 해결한다는 것이다.

세 번째는 금융기관의 자산변환기능을 중요한 근거로 삼는다. 즉, 고객이 맡긴 돈을 다른 형태의 자산으로 변환시켜서 운용함으로써 자금수요자와 공급자의 다양한 요구를 맞춰준다는 것이다.

네 번째는 지급결제기능이다. 현금 이외의 수표, 어음, 카드 등을 사용하여 대금을 지급하는 경우 금융기관이 거래 당사자들 사이의 채권과 채무를 해소하는 지급결제의 기능을 담당하고 있는 것이다.

그림 4-1 금융기관의 기능

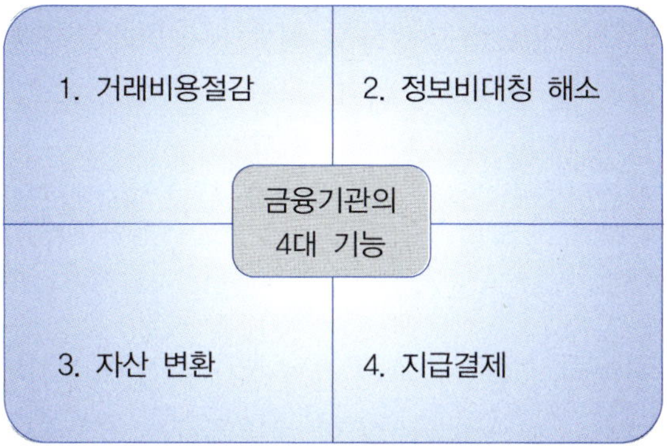

제 2 절 거래비용의 절감

1. 의 의

금융기관은 예금과 대출, 투자, 신용분석 등과 관련한 많은 전문 인력과 경험을 바탕으로 해서 자금의 공급자와 수요자가 보다 적은 비용으로 금융거래를 할 수 있도록 해준다. 이를 금융기관의 거래비용 절감기능이라고 한다.

2. 거래비용

(1) 거래비용

차입자와 대출자가 다수인 경우에 이들이 서로에 대해서 돈을 빌려주고 빌려 쓰려면 제일 먼저 상대방의 신용을 알아야 할 것이다. 알지 못하는 사람과 돈 거래를 할 수 없기 때문이다. 따라서 상대방에 대해서 신용평가 또는 신용분석을 하기 위한 비용을 지출해서 이와 관련된 정보를 취득하였다고 하자. 이렇게 정보를 얻었다고 해도 자금거래를 위한 계약을 체결하려면 법적 비용이 또 발생하게 된다. 이렇게 돈을 빌려주고 빌려 쓰는 과정에서 발생되는 모든 비용을 총칭해서 거래비용(trading cost)이라고 한다.

(2) 브로커

이러한 상황에서 금융기관이 존재해서 차입자와 대출자를 평가하고 이 정보를 활용할 수 있다면 차입자와 대출자가 직접 만나서 자금거래를 하는 것보다 거래비용을 크게 절감할 수 있다. 이러한 기능은 금융기관이 브로커로서 짝을 맺어주는 것이기 때문에 브로커 기능(brokerage function)이라고 한다. 차입자와 대출자가 모두 브로커를 통해서 자금거래를 하면 거래횟수를 크게 줄일 수 있다. 그리고 이는 경제 전체의 관점에서 이익을 증대시키는 효과를 가져온다.

(3) 규모의 경제

개인 또는 기업 등 각 경제주체가 개별적으로 자금거래를 하면 매번 계약서를 쓰고 변호사를 고용해야 하는 등의 비용이 적지 않게 발생한다. 따라서 소액거래의 경우라면 거래의 효익보다 거래비용이 더 커서 거래가 성사되지 않을 수도 있다. 그러나 금융기관이 계속적인 업무를 수행하면서 전문성을 갖고 규모의 경제(economies of scale)를 실현하게 되면 거래비용을 크게 낮출 수 있다. 따라서 각 경제주체들도 금융기관을 이용할 유인이 존재하는 것이다.

(4) 범위의 경제

사업들을 개별적으로 수행할 때 발생하는 비용보다 함께 수행할 때 발생하는 비용이 더 작으면 범위의 경제(economies of scope) 효과가 있다고 한다. 즉, 사업1, 사업2의 발생비용을 C(1), C(2)라고 하고 사업1과 2를 동시에 수행할 때의 발생비용을 C(1 + 2)라고 하면 C(1) + C(2) > C(1 + 2)가 성립하는 것을 범위의 경제라고 한다.

금융기관은 고객에 대해서 여러 가지 유형의 금융서비스를 제공하면서 동일한 정보를 활용함으로써 범위의 경제효과로 정보생산비용을 낮출 수 있다. 예를 들면 금융기관은 특정 기업에 대출을 하면서 해당기업에 대해서 신용분석을 하게 되는데 그 분석결과를 이용하면 그 기업이 회사채를 발행할 때 채권등급 평가도 쉽게 할 수 있다.

3. 분석모형

브로커기능을 담당하는 금융기관이 존재함으로써 어느 정도의 거래비용이 절감되는지 확인해보자. 우선 차입자가 m명, 대출자가 n명이고 거래단위당 비용이 c라고 하자.

금융기관이 없는 경우에는 각 주체가 상대방을 평가하고 거래하는 건수는 다음과 같이 산출된다.

$$ {}_{m}C_{1} \times {}_{n}C_{1} = m \times n \qquad \text{[식 4-1]} $$

따라서 이러한 상황에서 발생하는 총거래비용은 $TC_1 = m \times n \times c$ 가 된다.

그런데 금융기관이 존재한다면 금융기관이 차입자와 대출자를 평가하고 차입자와 대출자들은 모두 금융기관과 한 번씩만 거래를 하면 되므로 거래하는 횟수가 다음과 같이 산출된다.

$$ {}_{(m+n)}C_{1} = m + n \qquad \text{[식 4-2]} $$

이 경우 발생하는 총거래비용은 $TC_2 = (m+n) \times c$ 가 된다. 따라서 거래비용의 절감액($S = TC_1 - TC_2$)은 다음과 같이 표현할 수 있다.

$$S = [mn - (m+n)]c \qquad \text{[식 4-3]}$$

간단한 예로 대출자는 2명이고 차입자가 3명인 경우의 금융시장을 가정해보자. 금융기관이 없는 경우에 이들이 서로 직접 거래하는 건수와 금융기관이 1개 있는 경우에 금융기관을 통해서 거래하는 건수를 [그림 4-2]에서 비교하였다.

그림 4-2 금융거래건수의 비교

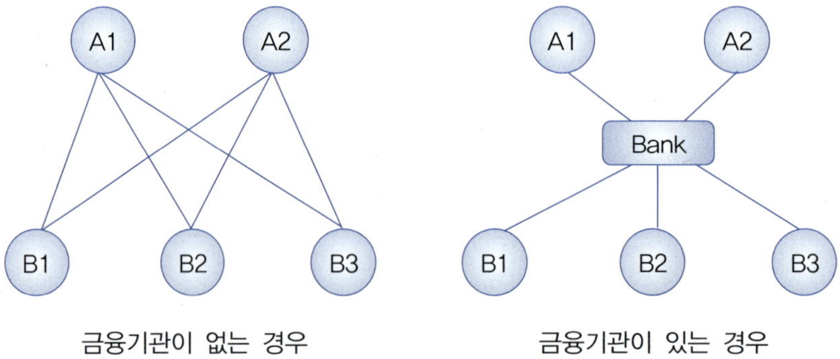

[그림 4-2]에서 보면 금융기관이 없는 경우는 6건의 거래가 필요하지만 금융기관이 존재하여 5건의 거래만 필요한 것을 확인할 수 있다. 단순한 사례이기 때문에 1건만 감소하였지만 현실적으로 수많은 차입자와 대출자의 수를 생각하면 거래건수는 매우 많이 감소할 것이라는 것을 짐작할 수 있다.

예제 4-1

예를 들어 차입자와 대출자가 100명씩 있고 상대방을 평가하고 대차계약을 체결하는데 5,000원씩 든다고 하자. 이러한 상황에서 금융기관이 1개 존재하는 경우를 가정하여 다음 물음에 답하라.

(1) 거래비용은 얼마나 절감되는가?

(2) 만약 규모의 경제로 금융기관은 거래비용을 40% 수준으로 낮출 수 있다면 거래비용은 얼마가 절감되는가?

[풀이]

(1) 차입자와 대출자들이 서로를 만나서 정보를 얻고 대차관계를 맺는데 드는 총비용은 다음과 같다.

$$100 \times 100 \times 5{,}000 = 5{,}000\text{만원}$$

그러나 1개의 금융기관을 통해서 대차관계를 맺는데 드는 총비용은 다음과 같다.

$$(100 + 100) \times 5{,}000 = 100\text{만원}$$

여기서 차입자와 대출자가 금융기관을 통해서 자금거래를 한다면 거래비용은 4,900만원이 절감된다.

(2) 금융기관을 이용하는 경우의 1회의 거래비용은 2,000원이 된다. 거래횟수는 200회이므로 거래비용은 40만원이다. 따라서 비용의 절감액은 4,960만원이 된다.

제 3 절 정보비대칭의 해소

1. 정보비대칭

(1) 정보비대칭이란

정보비대칭(information asymmetry)이란 정보열등자와 정보우월자가 공존하는 상태를 말한다. 경제학을 공부하는 기초단계에서는 시장참가자들이 모든 정보를 똑같이 공유한다고 가정해서 이론을 전개하지만 현실은 그렇지 않다. 왜냐하면 현실세계에서는 어떤 투자안에 대해서 정보를 잘 모르는 사람도 있지만 정보를 잘 아는 사람도 있기 때문이다. 이러한 상황을 정보비대칭이라고 하고 이로 인해서 생기는 문제점을 인식하고 해결하려는 학문이 정보경제학(information economics)이다.

(2) 시장실패

미국 버클리대 아컬로프(G. Akerlof)교수는 정보비대칭 때문에 시장실패(market failure)가 초래된다는 것을 보였다.[1] 구체적으로 그는 중고차시장(lemon car market)에서 성능이 좋은 차와 형편없는 차를 구별하지 못하는 구매자(정보열등자)와 이를 잘 구별하는 판매자(정보우월자) 사이의 정보비대칭문제를 다루었다. 간단히 말하면 다음과 같다. 즉, 정보비대칭이 존재하는 중고차 시장에서 구매자가 지불하는 가격은 중고차들의 평균성능을 반영해서 결정된다. 그런데 평균가격 수준에서라면 형편없는 차를 가진 판매자는 적극적으로 팔려고 하지만 성능 좋은 차를 가진 판매자는 자기 차를 시장에 매물로 내놓지 않는다는 것이다. 결국 매매가 이루어지지 않아서 시장은 제대로 작동할 수 없게 된다는 결론이다.

2. 금융시장

(1) 역선택

금융시장에서 돈을 빌려 쓰는 차입자는 자신이 수행하는 투자안에 대한 기대수익률이나 위험과 같은 정보를 잘 알고 있다. 그렇지만 돈을 빌려주는 대부자는 이러한 정보를 차입자보다 모르기 때문에 차입자와 대부자 사이에는 정보비대칭이 존재하게 된다.

금융시장에서 정보비대칭으로 인한 시장실패는 역선택과 도덕적 위험 두 가지 유형을 들 수 있다. 대부자가 돈을 빌려주려고 하는 경우에는 차입자 중에서도 특히 신용이 불량한 차입자가 신용이 좋은 차입자보다 더 적극적으로 돈을 빌리려고 할 것이다. 신용이 좋은 차입자를 제치고 신용이

---

1) 아컬로프는 정보경제학의 발전에 이바지한 공로를 인정받아서 2001년에 노벨경제학상을 수상하였다.

나쁜 차입자가 돈을 빌리게 되는 것이 금융시장에서의 역선택(adverse selection)이다. 역선택의 결과로 대부자가 손실을 입게 되면 결국에는 신용이 좋은 차입자도 돈을 빌릴 수 없는 시장실패가 초래된다.

(2) 도덕적 위험

일단 차입자가 돈을 빌렸다고 하자. 돈을 빌린 후에 이 돈을 어디에 사용하는지에 대해서 대부자는 알 수가 없기 때문에 정보비대칭이 존재한다. 대부자의 입장에서는 차입자가 안전한 투자를 해서 그 수익금으로 빌려간 돈을 갚기 원할 것이다. 따라서 차입자는 대부자를 안심시키기 위해서 안전한 투자를 하겠다고 약속하고 돈을 빌려 갈 것이다. 그렇지만 돈을 빌려간 후에는 차입자가 마음을 바꿔 무리하게 위험한 투자를 할 수 있다. 예를 들면 곧 갚겠다고 약속하고 돈을 빌려가서 그 돈으로 도박을 하는 것이다. 이렇게 정보비대칭을 이용해서 처음의 약속을 위반하며 자기의 이익을 추구하면서 대부자에게 손해를 끼치는 것을 도덕적 위험(moral hazard)이라고 한다. 만약 이렇게 무리한 투자로 돈을 날린다면 대부자는 돈을 회수할 수 없게 될 것이고 이러한 가능성 때문에 나중에는 대출을 하지 않기로 결정할 수도 있다. 이러한 가능성도 역시 금융시장의 실패를 초래하는 요인이 된다.

3. 금융기관의 역할

(1) 정보의 생산

금융기관은 차입자(주로 기업)에 대한 정보를 분석해서 신용위험을 평가하는 역할을 담당한다. 즉, 기업을 분석하고 평가함으로써 우량기업과 부실기업을 구별할 수 있다. 그래야만 예금자로부터 받은 돈을 우량기업에 빌려줄 수 있고 우량기업에 대출을 해야 안정적이면서도 높은 이자를 받을 수 있기 때문이다. 이렇게 받은 수입이자에서 고객의 예금에 대한 지급이

자를 차감한 것이 은행의 이익이 된다. 이러한 이익구조는 은행이 더 정확한 정보를 생산하게끔 하는 유인이 된다.

금융기관이 이렇게 정보생산활동을 함으로써 대부자와 차입자 사이의 정보비대칭이 제거되고 역선택의 문제가 해결된다. 그래서 이 둘 사이의 금융거래가 금융기관을 통해서 가능하게 되는 것이다.

(2) 채무계약과 감시

역선택은 돈을 빌리기 전 단계의 정보비대칭문제이고 도덕적 위험은 돈을 빌린 후의 정보비대칭문제이다. 도덕적 위험의 문제는 금융기관이 차입자에게 돈을 빌려 줄 때 채무계약(debt covenant)을 통해서 해결할 수 있다. 즉, 채무계약에서 빌려준 돈의 사용 용도를 차입자가 맘대로 하지 못하도록 미리 그 용도범위를 제한하는 것이다.

금융기관은 이외에도 돈을 빌려주고 난 후 기업활동에 대한 감시(monitoring)를 통해서도 차입자의 도덕적 위험을 해결할 수 있다. 예를 들어 기업에 대한 회계감사보고서를 요구하거나 또는 자금집행내역에 대한 감시를 한다거나 하는 등의 방법이 이에 해당된다고 볼 수 있다.

(3) 담 보

금융기관은 담보(collateral)를 통해서 역선택의 문제와 도덕적 위험의 문제를 함께 해결할 수 있다. 담보란 채무자가 채무를 상환하지 못할 경우 대부자에게 넘겨주기로 약속한 재산이다. 차입자가 대출금을 상환하지 못하면 대부자는 담보를 매각하여 대출금을 회수함으로써 손실을 줄일 수 있다. 대표적인 예로 차입자가 모기지(mortgage)를 상환하지 못하면 해당 주택을 경매처분해서 은행이 대출금을 회수하는 것이다.[2)]

금융기관이 담보를 제공하는 차입자에게는 낮은 금리를 적용해주는 제

2) 모기지(mortgage) 혹은 모기지 론(mortgage loan)이란 금융기관이 주택 등 부동산을 담보로 잡고 장기저리로 대출해주는 것이다. 금융기관은 이들 부동산을 담보로 주택저당채권(MBO, mortgage backed securities)을 발행하여 판매함으로써 대출금을 조기에 회수하고 이를 다시 대출에 활용할 수 있다.

도를 운용한다고 하자. 그러면 우량채무자들은 부채를 무난히 갚을 것이므로 자신의 담보자산을 뺏길 일이 없기 때문에 기꺼이 담보를 제공할 것이다. 그렇지만 불량채무자들은 자칫하면 담보자산을 뺏길 수도 있기 때문에 이러한 저금리조건을 사용하지 못할 것이다. 이러한 상황이라면 담보는 역선택의 문제를 해결하는 방법이 될 수 있다.

담보는 도덕적 위험의 문제를 해결하는 역할도 수행한다. 차입자가 담보로 내놓은 자산의 가치가 큰 경우에는 차입자가 잃을 수 있는 금액이 큰 것이다. 이러한 경우에 차입자는 대부자에게 손해를 초래할 무리한 투자를 감행하지 않을 것이다. 따라서 도덕적 위험의 문제가 어느 정도 해소될 수 있다.

표 4-1 정보비대칭과 금융기관

정보비대칭의 문제	금융기관의 해결방법
역선택	- 정보생산 - 담보
도덕적 위험	- 채무계약 - 감시 - 담보

제 4 절 자산의 변환

1. 의 의

금융기관은 간접금융시장에서 금융중개기관으로서 자산변환(asset transformation)의 기능을 수행한다. 이를테면 은행이 개인고객으로부터 예금을 단기로 받아서 모인 자금을 기업에게 장기로 대출을 해주는 것을 들 수 있다. 이는 단기성 자금을 장기성 자금으로 변환시킨 것이다.

금융기관은 자산변환을 통해서 상이한 금융수요를 갖는 차입자와 대부자의 필요를 충족시켜줌으로써 효용을 증대시켜주는 역할을 담당한다. 이러한 과정에서 금융기관이 받게 되는 예대마진은 자산변환에 따른 위험을 부담하면서 그 대가를 받은 것이라고 할 수 있다.

2. 자산변환의 유형

(1) 만기의 변환

금융시장에서 자금수요자가 돈을 빌려 쓰려는 기간이 자금공급자가 빌려주려는 기간과 다르다면 이들이 직접 만난다고 해도 금융거래가 성립하기는 어려울 것이다. 그런데 금융기관이 개입하면 이렇게 서로 다른 만기를 갖는 다양한 성격의 예금을 새로운 형태의 대출로 변형시켜서 금융거래를 가능케 한다.

예를 들어 A고객에게서 2년 만기의 예금을 받았다고 하자. 그러면 이 예금으로 자금이 1년 동안 필요한 고객 B에게 대출해주었다가 회수한 후 다시 이 돈을 1년 동안 돈이 필요한 또 다른 고객 C에게 대출해줄 수 있다. 이렇게 2년 동안 운용한 후 만기가 된 시점에서 A고객에게 만기 원리금을 돌려주면 될 것이다.

(2) 규모의 변환

자금공급자와 자금수요자가 서로 원하는 거래자금의 규모가 다른 경우도 있다. 이러한 경우에도 이들 사이에서 직접적인 금융거래는 성립하기 어려울 것이다. 그러나 금융기관이 개입하면 이렇게 자금규모가 달라서 발생하는 문제도 쉽게 해결할 수 있다.

간단한 예로 개인고객 5명이 6천만 원씩 예금을 가입하여 3억 원의 대출자금이 확보되었다고 하자. 그러면 은행은 고객 5명의 돈 3억 원을 어떤 기업에게 한 건의 대출금으로 운용할 수 있다. 이와 비슷한 사례는 투자신탁회사가 소액의 개인자금을 모아서 거액의 자금으로 운용하는 간접투자방식의 펀드에서도 쉽게 볼 수 있다. 물론 이와 반대의 사례도 있을 수 있다. 은행이 거액의 자금을 조달해서 소액대출로 운용하는 것이다. 거액의 자금을 조달할 때에는 낮은 자본비용으로 조달할 수 있고 소액대출에서 높은 금리를 받을 수 있기 때문에 이익을 올릴 수 있는 것이다.

3. 자산변환의 효과

(1) 부의 기간 간 이전

금융기관이 자산변환이라는 기능을 수행하기 때문에 개별 경제주체들은 부의 기간 간 이전이 가능해진다. 부의 기간 간 이전이 가능하면 다음과 같이 두 가지 유형의 소비가 가능해진다.

첫 번째는 저축형 소비로서 현재의 소득을 미래에 가서 쓸 수 있다. 구체적으로 설명하면 현재의 여윳돈을 예금으로 맡겼다가 미래에 가서 원리금을 찾아서 소비할 수 있다. 물론 금융기관에 맡기지 않고 현재의 돈을 보관했다가 미래에 가서 쓸 수도 있다. 그렇지만 이 경우에는 금융기관에 맡겼을 때 생기는 이자수익도 없을 뿐더러 보관비용까지 발생하기 때문에 미래에 가서 소비할 수 있는 금액이 줄어들게 되므로 합리적 소비자라면 당연히 금융기관을 이용할 것이다.

두 번째는 차입형 소비로서 미래의 소득을 현재에서 미리 사용할 수 있다. 즉, 현재의 소득이 없더라도 미래의 소득이 예정되어 있다면 은행에서 돈을 빌려서 먼저 소비할 수 있다. 여기서 돈을 빌릴 때는 만기를 미래 소득이 들어오는 시점으로 하고 예정된 소득이 들어오면 그 돈으로 원리금을 갚으면 되기 때문이다.

(2) 위험관리

앞서 자산변환의 대표적 유형으로 만기의 변환, 규모의 변환, 두 가지를 살펴보았다. 그런데 이러한 변환과정에서 위험이 변화되는 효과가 나타난다. 위험(risk)이란 투자자산으로부터 얻을 수 있는 수익의 불확실성을 말한다.

금융기관은 소액의 예금들이 합쳐진 큰 자금을 갖고서 소액으로는 이용할 수 없었던 위험관리를 수행한다. 즉, 고가 우량주식에 투자하거나 포트폴리오를 구성해서 분산투자효과도 얻을 수 있다. 또한 금융기관의 전문인력들이 선물과 옵션 등 파생금융상품을 이용해서 위험관리를 할 수 있기 때문에 일반 개인들로서는 누릴 수 없는 투자효과를 얻을 수 있다. 결론적으로 금융기관은 새로운 리스크관리 기법과 분산투자 등을 통해 리스크를 축소하거나 분산함으로써 자금을 보다 안정적으로 운용할 수 있는 것이다.

그림 4-3 자산의 변환

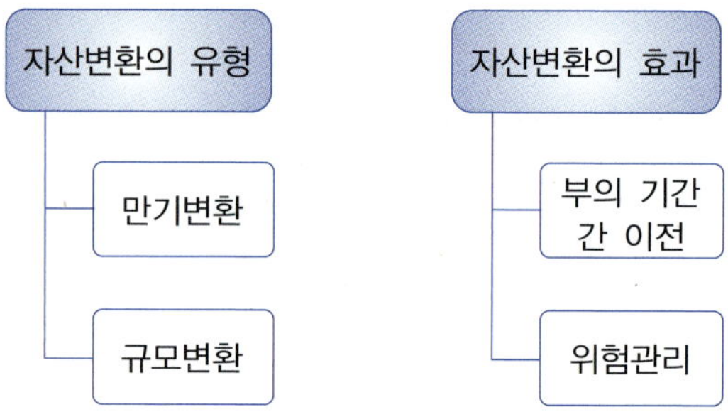

제 5 절 부의 기간 간 이전 효과

자산변환의 효과 중 하나로서 부의 기간 간 이전이 가능하다면 소비자에게 어떤 점이 좋은지 효용의 관점에서 살펴보겠다. 이를 위해서 금융기관이 없어 부의 기간 간 이전이 불가능한 경우의 소비자의 효용수준을 파악해보자. 그리고 금융기관을 통해서 부의 기간 간 이전이 가능한 경우의 소비자의 효용수준과 비교해보자. 물론 금융기관이 있는 경우의 효용수준이 더 커야 금융기관이 의미 있는 존재라고 할 수 있을 것이다.

1. 금융기관이 없는 경우

(1) 효용수준과 무차별곡선

두 가지 소비재가 있다고 하자. 예를 들면 빵과 우유를 X재와 Y재로 나타내고 이를 소비함으로써 얻게 되는 효용(만족도, utility)의 수준을 다음과 같은 함수로 나타낼 수 있다.

$$U = f(X,\ Y) \qquad \text{[식 4-4]}$$

이를 효용함수라고 하는데 여기서 U는 효용수준이고 X, Y는 각각 X소비량, Y소비량을 의미한다. 그런데 이를 그림으로 나타내면 다음과 같다.

그림 4-4 무차별곡선

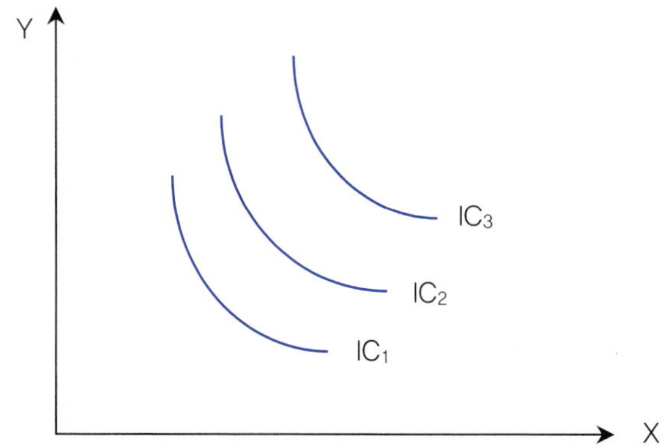

이러한 효용곡선을 무차별곡선(indifference curve: IC)이라고 하는데 이는 동일한 효용수준을 제공하는 X재, Y재의 소비조합을 연결한 선이다. 무차별이라는 이름이 붙은 것은 이 곡선 상의 모든 소비조합이 가져다주는 효용이 다 같은 값이기 때문이다. 무차별곡선은 우상향으로($IC_1 \rightarrow IC_2 \rightarrow IC_3$) 이동할수록 더 높은 효용수준을 나타내는데 이는 불포화성 때문이다. 그리고 원점에 대해서는 볼록(convex)한 형태를 갖는데 이것은 한계효용체감의 가정때문이다.

(2) 현재소비와 미래소비에 대한 의사결정

우리는 이제 현재소비(C_0)와 미래소비(C_1)를 적절하게 결정해서 효용을 극대화 할 수 있는가를 살펴볼 것이므로 위에서 언급된 X재와 Y재 대신 현재소비(C_0)와 미래소비(C_1)로 대체하면 위와 같은 무차별곡선을 그대로 이용할 수 있다.

여기서 금융기관이 없다면 소비자는 자신의 소득흐름대로 소비를 해야 한다. 따라서 현재 소득 100만원만 있고 내년 소득은 0인 사람의 경우 소비결정이 다음과 같게 된다.

> 현재소득 100을 현재 시점에서 모두 소비하고
> 내년소득은 없으므로 내년에는 소비금액이 0이다.

그러면 이러한 소비결정이 가져다 주는 효용수준은 다음과 같이 표현된다.

$$U = f(X,\ Y) = f(100,\ 0)$$

그리고 이 효용수준에 맞는 무차별곡선을 다음과 같이 나타낼 수 있다. X축은 현재소득(현재소비), Y축은 내년소득(내년소비)이다.

그림 4-5 소득대로 소비하는 경우 효용수준

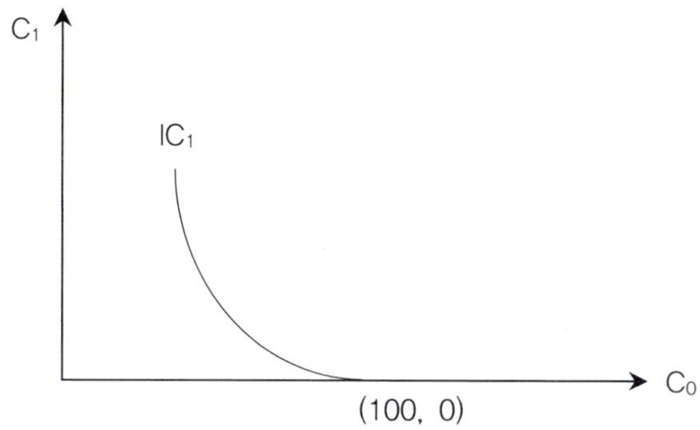

2. 금융기관이 있는 경우

(1) 시장기회선

금융기관이 존재하면 일정한 금리에 따라서 저축도 할 수 있고 차입도 할 수 있다. 저축은 현재소득을 미래로 가져가는 것이고 차입은 미래소득을 현재로 가져오는 것이다. 그러므로 금융기관이 존재하면 부의 기간 간 이전이 가능해지는 것이다.

금리가 10%라고 가정해서 현재소득 100만 원만 있는 사람이 저축할 때 저축금액별로 부의 기간 간 이전을 살펴보자. 만약 이 사람이 현재 소득 100만 원을 모두 저축하면 현재소득은 0원, 내년소득은 110만 원(= 100 × 1.1)이 될 것이다. 그런데 현재 소득 100만 원 중에서 70만 원을 저축하면 현재소득은 30만 원, 내년소득은 77만 원(= 70 × 1.1)이 될 것이다. 그리고 저축을 하지 않으면 현재소득은 100만 원, 내년소득은 0원이 된다. 이러한 내용을 표로 나타내면 다음과 같다.

표 4-2 부의 기간 간 이전

저축액	현재소득	미래소득
100	0	110
70	30	77
50	50	55
30	70	33
0	100	0

위 표의 내용을 그림으로 나타내보겠다. X축을 현재소득이라고 하고 Y축을 미래소득이라고 하면 표의 내용은 다음과 같은 직선으로 나타낼 수 있다.

그림 4-6 시장기회선

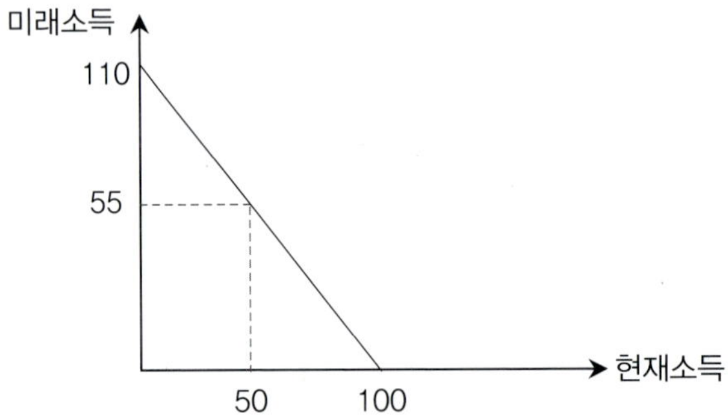

이 그림에서 현재소득을 나타내는 X축 절편은 100이고 내년 소득을 나타내는 Y축 절편은 110이 된다. 위의 직선은 두 점(100, 0)과 (0, 110)을 통과하므로 다음과 같은 식으로 나타낼 수 있다.

$$Y = -1.1X + 110 \quad \text{[식 4-5]}$$

이 직선을 시장기회선(market opportunity line : MOL)이라고 부른다. 이 시

장기회선이 의미하는 것은 금융기관을 통하여 저축(또는 차입)을 해서 얻을 수 있는 현재와 미래의 소득조합들이라고 할 수 있다.

그런데 여기에서 시장기회선의 기울기는 $-(1+0.1)$인데 이 중 0.1은 10%의 금리수준을 나타내는 것이다. 만약 금리를 R로 표시하면 시장기회선의 기울기는 $-(1+R)$로 일반화시킬 수 있다.[3]

식의 구조를 보면 알겠지만 시장기회선은 금리가 높을수록 더 가파른 형태를 갖는다. 그리고 시장금리선에서 X축 절편은 모든 소득을 현재소득으로 만든 금액이고 Y축 절편은 모든 소득을 미래소득으로 만든 금액이다. 그러므로 금리가 높을수록 시장기회선은 가파른 형태가 되고 Y축 절편은 더 커지는 것이다.

(3) 저축형 소비결정

합리적인 소비자라면 현재소비와 미래소비를 적절히 조합하여 효용을 극대화하는 것을 목표로 한다. 본인의 소득흐름이 있고 여기에 금리가 주어진다면 이에 따라서 시장기회선이 만들어진다. 소비자의 입장에서는 이 시장기회선이 현재소비와 미래소비의 조합을 만들 수 있는 것이면서 동시에 예산제약조건이 되는 것이다. 이러한 상황에서 현재소비와 미래소비의 조합으로 결정되는 효용수준을 극대화하려면 무차별곡선이 최대한 우상향에 위치하도록(원점에서 멀도록) 해야 한다. 따라서 시장기회선과 가장 우상향에 위치하는 무차별곡선이 만나는 접점이 최적소비조합이 되는 것이다.

[그림 4-7]에서 접점의 X값이 70이라면 현재 소득 100중에서 30을 저축하고 현재에 70을 소비한다는 것이다. 그리고 여기서 현재 30을 저축하면 내년 소득(원리금)은 33($=30\times1.1$)이므로 접점의 Y값은 33이 된다. 즉, 내년에는 올해 저축한 30의 원리금을 찾아서 33을 소비한다는 것이다

그림에서 IC_1은 소득대로 소비하는 경우의 효용수준이다. 그리고 금융기관을 통해서 저축과 차입이 가능한 경우 최적소비에 따른 효용수준은

3) 만약 금융기관이 없는 상황에서 보관(storage)이 가능하다면, 즉 현재소득을 보관하였다가 똑같은 금액으로 내년에 소비할 수 있다면 R=0이 되고 기울기는 -1이 될 것이다.

그림 4-7 최적소비결정

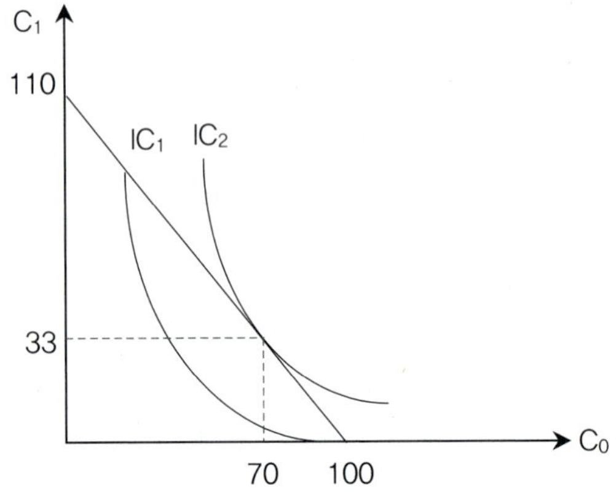

IC_2이다. 즉, 금융기관이 존재하여 효용수준은 IC_1에서 IC_2로 증가한 것이고 효용수준의 증가는(IC_2-IC_1)이다. 그런데 이 크기는 금리수준에 따라서 달라지게 된다. 왜냐하면 금리가 높으면 시장기회선이 더 가파르게 되는데 이로 인해서 예산제약의 범위가 넓어지고 이와 접하는 무차별곡선이 원점에서 더 멀어지기 때문이다.

예제 4-2

현재소득만 100만원을 가진 소비자가 금리 10%에서 효용수준을 극대화하는 결정을 한 결과 60만원을 저축하기로 했다. 현재소비와 미래소비는 얼마가 되는가?

[풀이]

현재소비 = 100 − 60 = 40만원

내년소비 = 60 × (1 + 0.1) = 66만원

(4) 차입형 소비결정

위에서 다룬 소비결정의 내용은 저축형 소비자의 경우를 다룬 것이다.

이러한 논리는 차입형 소비자의 경우에도 그대로 적용된다. 차입형 소비자는 미래의 소득을 감안하여 현재시점에서 차입금을 조달해서 소비하는 사람이다. 그리고 미래소득이 들어오면 차입금의 원리금으로 상환하게 된다. 다음의 예제로 차입형 소비자의 의사결정과정을 살펴보고 저축형 소비자의 의사결정과 비교해보자.

예제 4-3

현재소득은 없지만 내년에 200만원의 소득이 생길 소비자가 있다. 금리 10%에서 효용수준을 극대화하는 결정을 한 결과 현재소비를 100만원으로 결정했다. 이 소비자의 금융의사결정의 내용을 설명하라.

[풀이]

현재소비가 100이면 일단 은행에서 100만원을 대출받아서 소비한다.

그리고 금리 10%를 적용해서 내년에 생기는 소득 200만원에서 110만원(= 100×1.1)으로 대출금을 갚는다. 그리고 남는 돈 90만원(= 200 − 110)을 내년에 소비한다.

이러한 과정을 그림으로 나타내면 다음과 같다.

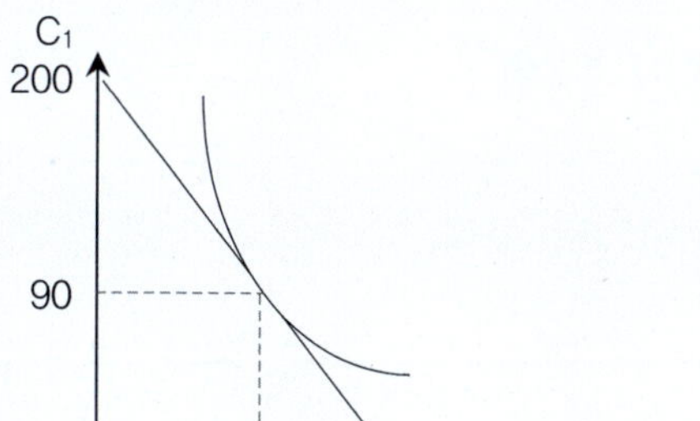

제 6 절 지급결제기능

1. 의 의

우리가 물건을 구입하고 그 값을 치를 때 현금, 수표, 신용카드 등의 지급수단을 이용한다. 현금으로 대금을 지급하면 그 자체로 지급결제가 종료된다. 그러나 수표, 어음, 신용카드, 계좌이체 등을 이용하면 이것은 자신의 거래은행에게 맡겨놓은 돈을 상대방에게 지급해달라는 요청을 한 것이 된다. 이러한 요청을 수행해주는 것이 금융기관의 지급결제기능이다. 현대 경제사회에서는 현금뿐만 아니라 수표, 어음, 신용카드, 체크카드, 선불카드 등 다양한 지급수단이 이용되고 그 거래규모도 급속히 증가하고 있기 때문에 금융기관의 지급결제기능은 매우 중요한 기능이 되고 있다.

2. 지급결제의 단계

(1) 세 단계로 구성

지급결제는 구체적으로 지급, 청산, 결제의 세 단계로 구성된다.

첫 번째 단계인 지급은 경제주체들 사이에서 채권과 채무관계를 해소하기 위해서 대금을 지불하는 것이다. 이때 현금을 지급하면 지급과 동시에 결제가 완료되지만 어음, 수표, 카드, 계좌이체 등으로 대금을 지급하면 두 번째 단계인 청산의 단계를 밟게 된다. 청산이란 현금 이외의 수단으로 지급이 이루어진 경우 금융기관들이 서로 주고받을 금액을 계산하는 것을 말한다. 청산과정을 거쳐서 주고받아야 할 금액이 확정되면 각 금융기관들은 중앙은행에 개설해놓은 당좌예금계정에서 자금이체를 통해서 서로 주고받음으로써 채권채무관계를 해소하는데 이것이 세 번째 단계인 결제단계가

그림 4-8 지급결제의 3단계

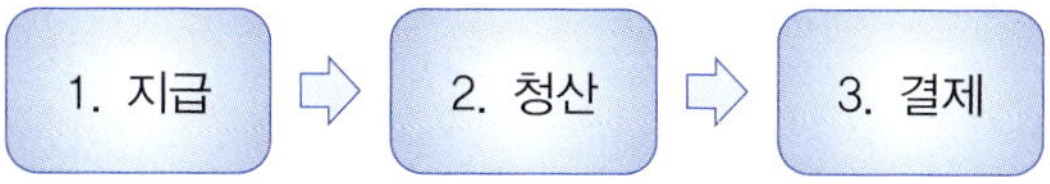

된다.

(2) 결제방식

결제되는 자금의 규모에 따라서 결제방식은 거액결제와 소액결제, 두 가지 방식으로 구분된다.

거액결제는 건당 금액이 큰 결제로서 주로 금융기관 사이의 자금거래에서 발생하는데 거래가 이루어지는 즉시 건별로 서로 주고받는 결제방식이다.

소액결제의 경우는 건당 금액은 작으면서도 건수가 매우 많기 때문에 일정기간(보통 1일) 동안 발생한 모든 거래를 합해서 금융기관별로 주고받을 금액을 상계한 후 차액만을 결제하는 방식이다.

주요 용어

- 거래비용
- 브로커
- 규모의 경제
- 범위의 경제
- 정보비대칭
- 시장실패
- 역선택
- 도덕적 위험
- 채무계약
- 감시
- 담보
- 자산의 변환
- 만기변환
- 규모변환
- 부의 기간 간 이전
- 시장기회선
- 지급결제

연습문제

01 금융기관의 4대 기능을 제시하고 간단하게 설명하시오.

02 금융기관이 거래비용을 절감하는 과정에서 규모의 경제와 범위의 경제가 어떻게 기능을 할 수 있는가를 설명하시오.

03 금융기관이 담보를 통해서 정보비대칭의 문제를 어떻게 해결할 수 있는가를 간단하게 설명하시오.

04 금융기관의 자산변환기능과 부의 기간 간 이전 효과가 어떻게 연관될 수 있는가를 설명하시오.

05 현재소득만 100만 원을 가진 소비자가 있다고 하자. 다음 각 경우의 무차별곡선을 나타내어 효용수준을 비교해 보시오.

(1) 부의 기간 간 이전이 불가능한 경우
(2) 저장(storage)이 가능한 경우
(3) 금리가 5%인 경우
(4) 금리가 10%인 경우

06 현재소득만 100만 원을 가진 갑돌이와 미래(1년 후)소득만 100만원을 가진 을순이의 효용수준이 금리상승으로 반대의 영향을 받음을 그림으로 보이시오.

제 2 부

금융기관의 업무

제 5 장　은 행
제 6 장　증권회사
제 7 장　보험회사
제 8 장　부외업무

제 1 부 금융시장의 이해

제 1 장 금융시장
제 2 장 금리지표
제 3 장 금리구조
제 4 장 금융기관의 기능

제 2 부 금융기관의 업무

제 5 장 은 행
제 6 장 증권회사
제 7 장 보험회사
제 8 장 부외업무

제 3 부 금융기관의 경영

제 9 장 자산관리
제10장 부채 및 자본관리
제11장 듀레이션
제12장 자산부채종합관리 I
제13장 자산부채종합관리 II
제14장 금융규제와 금융변화

제 5 장

은 행

제 1 절　기초개념
제 2 절　은행의 업무
제 3 절　재무상태표
제 4 절　손익계산서

1. 은행은 금융시장에서 가장 중요한 금융기관이다. 은행은 여러 가지 유형으로 구분할 수 있지만 본장에서는 금융시장의 가장 핵심적 역할을 수행하는 일반은행에 대해서 설명할 것이다.
2. 먼저 은행의 재무상태표를 중심으로 차변에서는 은행의 자금운용내역을 살펴보고 대변에서는 은행의 자금조달내역을 살펴보도록 한다. 이어서 재무건전성을 측정하는 비율을 설명한다.
3. 그리고 은행의 손익계산서를 중심으로 은행의 수익과 비용, 이익의 내역을 살펴본다. 또 이와 관련하여 은행의 수익성을 측정하는 비율들을 설명하겠다.

제 1 절 기초개념

1. 은 행

은행은 간접금융시장에서 자금공급자의 예금을 받아서 자금수요자에게 대출해주는 역할을 담당하는 대표적인 금융기관이다. 이때 개인, 가계, 기업, 정부 등 다양한 경제주체들이 상황에 따라서 자금공급자가 될 수도 있고 자금수요자가 될 수도 있다.

은행은 자금공급자에게는 낮은 이자를 주고 자금수요자에게는 높은 이자를 받아서 그 차이에 해당하는 이자마진을 기본적인 수익원으로 하고 있다. 그렇지만 최근에는 은행의 영업활동이 다양해지면서 수익원도 다양화되고 있는 추세이다.

2. 은행의 분류

미국에서는 은행을 상업은행(commercial bank)과 투자은행(investment bank)으로 분류하고 있다. 우리나라에서 보통 은행이라고 하면 미국의 상업은행에 해당된다. 그리고 우리나라의 증권회사가 미국의 투자은행에 해당된다고 볼 수 있다.

우리나라에서는 은행을 설립근거가 되는 법을 기준으로 중앙은행, 특수은행, 일반은행으로 분류한다. 중앙은행은 한국은행을 말하는데 우리나라의 통화정책을 수립하고 집행하는 기능을 담당한다. 특수은행은 특수한 목적을 위해서 설립된 은행으로 한국산업은행, 한국수출입은행, 중소기업은행, 농협중앙회 등이 이에 해당된다. 그리고 일반은행은 시중은행, 지방은행, 외국은행 국내지점으로 분류된다. 시중은행은 전국을 영업구역으로 하고 지방은행은 지방을 영업구역으로 한다는 점에서 차이가 있지만 실질적인 기능은 동일하다.

3. 비은행예금기관

법적으로 은행은 아니지만 예금 및 대출업무를 주로 영위하는 소규모 금융기관들이 있다. 이들 금융기관들은 은행을 이용하기 어려운 서민들, 영세자영업자, 농어민들이 소액자금을 쉽게 대출받을 수 있도록 정책적으로 운영하는 상호금융형태의 지역 금융기관들이다. 주로 도시지역에서 영업하는 상호저축은행, 신용협동조합, 새마을금고와 농어촌지역에서 영업하는 단위농협, 수협 등이 이에 해당한다.

이들 비은행예금기관은 예금과 대출업무 등을 수행하지만 외국환업무나 신용카드업무 등은 하지 않아 일반은행과 차이가 있다. 그리고 은행의 감독기준보다 느슨한 감독기준을 적용받는다.

표 5-1 우리나라 은행의 구분

은행의 구분	분류		해당기관
은행	중앙은행		한국은행
	특수은행		산업은행, 수출입은행, 중소기업은행, 농협중앙회 등
	일반은행	시중은행	국민은행, 신한은행, 우리은행, 하나은행 등
		지방은행	대구은행, 부산은행, 광주은행, 전북은행 등
비은행예금기관	상호저축은행		
	상호금융기관		신협, 농협, 새마을금고 등

제 2 절 은행의 업무

1. 일반은행의 역할

우리가 이 장에서 분석대상으로 하고 있는 은행은 일반은행이다. 일반은행은 다음과 같은 업무를 수행하면서 금융시장의 가장 중추적인 역할을 담당하고 있다.

① 개인과 기업들이 여유자금을 은행에 예치하여 재산을 증식한다.
② 은행은 개인에게는 생활자금을 대출해주고 기업에게는 운전자금과 시설자금을 대출해준다.
③ 개인과 기업들은 은행의 신용카드나 수표를 통해서 대금결제를 한다.
④ 은행은 개인과 기업에게 재무정보를 제공하여 재무계획에 조언한다.
⑤ 은행은 중앙은행에 지급준비금을 예치하고 공개시장조작에 참여하여 통화정책의 통로가 된다.

2. 고유업무

일반은행의 업무는 크게 고유업무, 부수업무, 그리고 겸영업무로 구분된다. 고유업무란 은행의 본질적 기능에서 출발한 업무를 말한다. 구체적으로 예금업무, 대출업무, 지급결제업무가 이에 해당된다.

(1) 예금업무

예금업무는 고객들로부터 예금이나 적금을 받는 것을 말한다. 예금과 적금은 수시입출금이 가능한 요구불예금과 예금기간이 미리 정해져 있는 저축성예금으로 구분된다. 아무래도 저축성예금이 은행의 입장에서는 장기적으로 운용할 수 있으므로 더 높은 이자를 지급한다. 이뿐만 아니라 유가증권을 발행하거나 은행채 등 채무증서를 발행해서 자금을 조성하는 것도 예금업무에 포함된다.

(2) 대출업무

대출업무는 예금업무에서 조성한 자금을 자금수요자에게 빌려주는 업무로서 은행이 자금을 운용하는 방법 중 가장 기본적 형태이다. 여기에는 단순히 자금을 빌려주는 것뿐만 아니라 기업이 취득한 어음을 할인해주는 것까지 포함된다. 예를 들어 은행이 만기가 3개월 남은 액면금액 1억원의 어음을 9,900만원에 매입하는 것이 어음할인인데 이 경우 기업은 9,900만원을 3개월 동안 빌려 쓰고 1억원을 갚는 것이므로 대출과 같은 경제적 효과가 있는 것이다.

(3) 지급결제업무

경제적 거래에서 당사자들은 직접 현금을 주고받지 않고 은행을 매개로 해서 채권 또는 채무결제를 할 수 있다. 은행이 이러한 결제를 처리해주는 것을 지급결제업무라고 한다. 국내의 지급결제업무는 내국환업무라고 하고 국가 간 결제는 외국환업무라고 구별해서 부른다. 은행은 이러한 지급결제업무를 수행해주고 그 대가로 수수료를 받는다.

3. 부수업무

은행의 부수업무란 고유업무를 영위하는데 부수적으로 필요하여 수행하게 되는 업무를 말한다. 은행의 사회경제적 기능을 충분히 발휘하는데 필요한 업무라고 할 수 있는데 감독당국에 사전신고를 원칙으로 한다. 그러나 다음의 업무는 신고 없이 수행할 수 있다.

(1) 지급보증업무

채무에 대한 지급보증은 기업이 회사채를 발행할 때 이를 인수하는 제3자에게 회사채에 대한 원리금보증을 약정하는 것이다. 물론 기업이 아닌 기관이 발행하는 다른 형태의 채무에 대해서도 지급보증을 할 수 있다. 이러한 지급보증을 통해서 기업들은 쉽게 자금을 조달할 수 있고 은행은 지급보증의 대가로 수수료를 받는다.

1990년대 말 외환위기 이전에는 지급보증 회사채의 거래가 활발했으나 당시 은행들마저 파산하는 상황이 되면서 지급보증 회사채의 거래규모가 크게 축소되고 대신 국고채의 거래가 활발해지게 되었다.

(2) 상호부금업무

상호부금은 전통적인 계를 제도화한 것이라고 할 수 있다. 즉, 일정기간을 정하여 부금을 납입해서 요건에 충족되면 중도 또는 만기에 대출을 받을 수 있는 자격이 부여되는 저축이다. 주로 개인이나 소상공인이 대출을 받기 위해서 가입했던 상품이었는데 최근에는 다양한 대출상품을 이용할 수 있기 때문에 이용 빈도가 과거에 비해서 크게 낮아진 편이다.

(3) 팩토링업무

은행이 기업의 매출채권을 사들여서 이를 회수하는 업무를 팩토링(factoring)이라고 한다. 팩토링을 하면 기업은 매출채권을 회수하기 위한 별도의 조직이나 관리비용을 지출하지 않아도 되어 판매에 더 전념할 수 있다. 은행은 전문적인 채권회수업자로서 채권에 내재된 위험(채무불이행가능성)을 고려해서 할인율, 수수료율을 결정한다.

(4) 기타의 부수업무

위에서 설명한 업무이외에도 다양한 부수업무가 있다. 보호예수업무는 고객의 귀중품이나 유가증권을 수수료를 받고 보관해주는 업무이다.

이외에도 상호부금, 수납 및 지급대행, 지방자치단체의 금고대행, 전자상거래와 관련된 지급대행, 은행관련 전산시스템의 판매 및 대여, 금융관련 연수 도서 및 간행물 출판업무, 금융관련조사 및 연구업무 등이 있다.

4. 겸영업무

은행은 은행업이 아닌 업무로서 직접 운영할 수 있는 업무를 겸영업무라고 한다. 중요한 업무로는 유가증권업무, 보험업무, 신용카드업무를 들 수 있겠다.

(1) 유가증권업무

기업이 증권을 발행할 때에 투자자에게 다시 팔 목적으로 증권을 사들이는 인수업무를 수행하고 이를 투자자에게 매출하는 업무를 수행할 수 있다. 그리고 단순히 투자자를 연결해주고 수수료를 받는 주선업무도 수행할 수 있다.

또한 은행은 조달한 자금을 다양하게 운용하기 위해서 여러 종류의 증권에 투자하기도 하는데 주식, 회사채, 국고채, 통화안정증권 등에 투자할 수 있는 유가증권투자업무도 이에 해당된다.

겸영업무로 주식, 채권과 같은 전통적인 유가증권이외에 파생상품의 매매나 중개도 할 수 있다. 또한 환매조건부 채권(RP)의 매매업무도 있는데 이는 일정한 기간 후에 동일한 채권을 되팔거나 되사는 조건으로 매매를 하는 것으로 은행의 단기자금의 조달과 운용에 중요한 업무라고 할 수 있다.

(2) 기타의 겸영업무

유가증권과 관련된 겸영업무는 주로 자본시장법에 따른 업무들이다. 그렇지만 은행은 보험업법 상의 보험대리점업무도 가능하기 때문에 보험상품도 판매할 수 있다. 이를 흔히 방카슈랑스라고 한다. 또한 여신전문금융업법 상의 신용카드업도 가능하여 은행들은 신용카드업무를 함께 영위하거나 별도의 회사로 운영하기도 한다.

표 5-2 은행의 업무

고유업무	부수업무	겸영업무
1. 예금업무 2. 대출업무 3. 지급결제업무	1. 지급보증업무 2. 상호부금업무 3. 팩토링업무 4. 보호예수업무	1. 유가증권업무 2. 보험업무 3. 신용카드업무

제 3 절 재무상태표

1. 재무상태표의 예시

(1) 은행 재무상태표

지금까지 설명한 은행의 업무를 은행의 재무제표와 연관시켜서 살펴보겠다. 우선 시중은행을 사례로 해서 재무상태표를 [표 5-3]에 제시하였다. 실제 계정과목들은 이보다 훨씬 복잡하고 많지만 여기서는 내용이 눈에 잘 들어오도록 중요한 계정을 중심으로 간단하게 만들었다.

표 5-3 은행의 재무상태표

재무상태표

××년 12월 31일 현재

가나은행(주) (단위: 천억 원)

계정과목		금 액	계정과목		금 액
1. 현금		20	1. 예금		2,177
2. 예치금		201	요구불예금	836	
3. 금융자산		750	저축성예금	1,341	
4. 대출채권		2,460	2. 차입금		831
신용카드채권	178		3. 기타부채		389
대출금	2,231				
기 타	51		1. 자본금		26
5. 유형자산		148	2. 자본잉여금		105
6. 기타자산		126	3. 이익잉여금		177
자산합계		3,705	부채와 자본합계		3,705

(2) 은행 재무상태표의 특징

우리가 자주 접하는 재무제표는 주로 제조기업의 재무제표이다. 은행의 재무상태표는 제조기업의 그것과는 크게 다른 점이 있으므로 [표 5-3]으로 제시된 은행의 재무상태표에 나타난 특징을 제조기업의 재무상태표와 비교해보겠다.

첫째, 자산 쪽을 보자. 제조기업의 경우에는 원재료, 재공품, 제품 등의 재고자산이 있지만 은행의 경우는 금융중개서비스가 주 업무이므로 재고자산이 없다. 그리고 제조기업은 제품을 만드는 생산설비가 매출수익을 창출하는 주된 자산이지만 은행은 이자수익을 창출하는 대출채권이 가장 큰 비중을 차지한다.

둘째, 부채 쪽을 보자. 제조기업의 경우에는 원재료 등 매입과 관련된 매입채무가 중요한 영업부채가 된다. 이에 비해서 은행은 대출자금의 원천이 되는 고객의 예금이 가장 중요한 부채항목이 된다.

셋째, 자본 쪽을 보자. 표에서 제시한 사례은행의 경우 부채규모가 3,397 (= 예금 2,177 + 차입금 831 + 기타부채 389)인데 비해서 자본규모는 308 (=자본금 26 + 자본잉여금 105 + 이익잉여금 177)이다. 자본규모가 부채규모에 비해서 매우 작아서 부채비율이 1,100%를 넘는다. 이는 제조기업에서는 볼 수 없는 높은 값이다.

이와 같은 특징은 [표 5-3]의 사례은행만의 특징이 아니라 금융중개업무를 수행하는 대부분의 금융기관들이 갖는 특징이라고 할 수 있다.

2. 자산의 구성

(1) 현금과 예치금

표로 제시된 우리나라 은행의 재무상태표를 보면 주요한 자산항목은 현금, 예치금, 금융자산, 그리고 대출채권 등이다. 현금은 은행이 영업목적으로 보유하고 있는 현금으로서 구체적으로는 은행의 금고에 보관되어 있는 시재금을 말한다. 이는 은행에 예금을 맡긴 고객이 인출을 요구할 때를 대비해서 보관하고 있는 것이다.

예치금은 대부분이 지급준비예치금이다. 은행들은 고객들로부터 받은 예금의 일정 비율을 중앙은행에 맡겨 두어야 하는데 이를 지급준비예치금이라고 한다. 지급준비예치금도 본래 취지는 예금자들의 갑작스런 인출요구에 대응하는 '비상금'이지만, 실제로는 중앙은행의 통화조절수단으로서 중요한 의미를 갖는다. 다음의 예제를 통해서 지급준비예치금이 통화량에 미치는 효과를 살펴보자.

예제 5-1

(1) 중앙은행이 지급준비율을 10%에서 5%로 낮출 때 예상되는 통화량과 금리의 변화를 설명하라.
(2) (1)과 반대로 지급준비율을 5%에서 10%로 높인다면 어떠한가?

[풀이]

(1) 100억원 예금을 받은 은행이 예치해야 지급준비금은 10억원에서 5억원으로 감소한다. 은행은 5억원의 자금여유가 생긴 만큼, 기업이나 개인에게 더 대출을 해줄 수 있다. 대출이 증가하면 시중에 돈이 늘어나고 금리는 하락한다.

(2) 은행은 대출해줬던 5억원을 회수해 중앙은행에 추가로 예치해야 한다. 시중 통화량도 그만큼 줄어들고 금리는 상승한다.

(2) 금융자산

은행이 보유하고 있는 금융자산은 유가증권을 말한다. 은행은 이들 유가증권을 두 가지 목적에서 보유한다.

첫째, 고객이 맡긴 예금을 인출하거나 또는 지급준비금을 예치하는데 필요한 유동성을 확보하기 위해서이다. 이 경우의 금융자산은 준비금성격을 가지며 현금화가 쉬운 단기성 금융자산으로 구성된다.

둘째, 은행은 고객의 예금을 운용해서 수익을 올려야 한다. 그래야 고객에게 이자를 줄 수 있기 때문이다. 그런데 은행이 수익을 올릴 수 있는 중요한 두 가지 방법은 금융자산(유가증권)과 대출이다. 대표적인 금융자산으로 주식과 채권 등을 들 수 있는데 주식은 위험이 크다보니까 보수적인 은행의 특성상 주로 채권에 투자한다. 그리고 주식에 투자한다고 해도 위험관리차원에서 개별 주식보다는 자산운용회사가 발행하는 수익증권(집합투자증권)에 투자함으로써 분산투자효과를 도모하는 경우가 많다.

(3) 대출채권

대출채권은 은행의 자산 중 50%를 넘는 가장 큰 비중을 차지하는 항목이다. 규모도 가장 크지만 은행의 고유업무가 고객에게 예금을 조달해서 기업에게 빌려주는 금융중개업이므로 대출채권이 자산 중 가장 중요한 항목이기도 하다.

대출채권을 세분하면 콜론(call loan), 환매채(RP)매수, 대출금 등으로 구분할 수 있다. 콜론은 은행 간 초단기대출이다. 금융기관들이 일시적으로 자금 과부족이 생길때 서로 초단기로 빌려주거나 빌려오는 시장이 콜시장이다. 콜시장은 1일물 거래가 대부분인데 여기서 돈을 빌려주면 콜론이라고 하고 빌려오면 콜머니(call money)라고 한다. RP매수는 한국은행이나 다른 금융기관이 발행하는 환매채를 매입하여 보유한 것인데 콜론보다는 장기대출이라고 할 수 있다.

그러나 금액적으로 대출채권의 대부분을 구성하는 항목은 신용카드채권과 대출금이다. 은행이 신용카드업무도 함께 영위하다 보니까 신용카드를 사용하거나 신용카드를 통한 대출도 중요한 항목이 되고 있다.

그리고 은행의 본원적이고 금액적으로도 가장 중요한 자금운용수단은 대출금이다. 대출금은 차주를 기준으로 개인대출, 기업대출로 구분할 수 있고 자금용도의 제한여부에 따라서 일반대출과 정책대출(정책금융)으로 구분할 수도 있다. 일반대출은 은행의 판단으로 이루어지는 대출인데 비해서 정책금융은 특별한 목적에만 대출해주는 것이다. 대표적인 예로서 무역금융, 중소기업지원금융, 주택금융, 농업자금 등이 이에 해당된다. 정책금융은 나름대로 경제성장에 도움이 된 면도 있지만 관치금융으로서 금융자율성을 제한하여 자금배분을 왜곡함으로써 금융산업의 발전을 저해하는 부작용을 낳기도 한다.

(4) 유형자산 등

은행도 제조기업, 유통기업 등과 마찬가지로 영업장인 건물과 토지 등 고정자산이 필요하다. 제조기업은 제품을 생산해야 하므로 공장, 생산설비 등을 갖고 있지만 금융서비스를 제공하는 은행은 이런 것이 필요 없다. 그러나 본점, 지점, 연수원 등의 부동산이나 영업활동을 위한 차량, 비품 등은 갖고 있는데 이들이 유형자산에 포함되어 있다. 그리고 영업권이나 산업재산권 등은 무형자산에 포함된다. 기타자산에는 미수금, 미수수익, 선급금, 선급비용, 보증금 등이 있는데 이들 항목은 제조기업과 비교해서 특별히 다를 것이 없다.

3. 부채의 구성

(1) 예 금

은행의 재무상태표에서 부채구성을 보면 예금이 가장 큰 비중을 차지하고 있음을 알 수 있다. 자산에서 대출채권이 50% 이상을 차지하고 있는 것과 같이 부채에서 예금이 차지하는 비중도 50%를 넘어서 은행의 가장 중요한 자금조달원천이라고 할 수 있다.

예금은 은행이 고객으로부터 예치받은 돈인데 크게 요구불 예금과 저축성 예금으로 구분된다. 요구불 예금은 고객이 수시로 인출할 수 있는 것으로서 당좌예금, 보통예금 등이 있다. 저축성 예금은 계약기간과 계약금액을 정하고 만기일에 높은 이자를 지급하는 것으로서 정기예금, 정기적금 등이 대표적이다.

일반적으로 저축성 예금의 규모가 요구불 예금보다 더 크다. [표 5-3]에 제시된 사례은행의 경우에도 예금 구성내역을 보면 저축성 예금은 1,341로서 요구불 예금 836에 비해서 훨씬 더 큰 비중을 차지하는 것을 확인할 수 있다.

(2) 차입금

은행의 자금조달원천 중 예금 다음으로 높은 비중을 차지하는 것이 차입금이다. 차입금 중에는 은행이 장기적 자금을 조달하기 위하여 금융채를 발행해서 조달하는 금액이 가장 큰 비중을 차지한다. 이외에 원화차입금과 외화차입금이 있는데 원화차입금은 한국은행으로부터 차입하는 한은차입금과 정부로부터 정책금융을 취급하기 위해서 차입하는 정부차입금 등으로 구성된다. 그리고 외화차입금은 외화로 조달한 차입금인데 이는 경상수지 적자를 메우는 효과도 갖는다.

앞서 대출채권을 설명하면서 콜론과 RP매수가 대출채권을 구성한다고 하였다. 이와 반대의 입장에서 콜머니와 RP발행(매도)은 차입금을 구성한다. 그런데 선진외국의 은행들이 RP, CD 발행 등 단기금융수단을 활발하게 이용해서 자금을 효과적으로 조달하는 데 비하여 우리나라 은행들은 이들을 통한 자금조달기능이 취약한 편이다.

4. 자본의 구성

(1) 자본금

은행의 자본계정은 자본금과 잉여금의 합으로 구성된다. 자본계정은 법적으로 주주의 잔여청구권을 의미한다. 즉, 채권자의 부채를 상환한 후 주주에게 귀속되는 경제적 가치이다. 자본계정 중에서 자본금은 발행주식수에 1주당 액면금액을 곱한 금액이다. 예를 들어 액면금액 5천 원짜리 주식을 1억 주 발행하였다면 자본금은 5천억 원이 된다. 그런데 액면금액이 5천원이어도 실제는 이보다 높은 금액으로 발행하는 경우가 많은데 액면금액을 초과하는 금액은 자본잉여금이 된다. 예를 들어 액면금액이 5천원이지만 발행금액은 7천원이라면 2천원이 자본잉여금이 되는 것이다. 보통주도 발행하고 우선주도 발행하였다면 이 둘을 합한 금액이 자본금이 된다.

(2) 잉여금

잉여금은 자본잉여금과 이익잉여금으로 구성된다. 자본금을 설명할 때 예를 든 것과 같이 액면을 초과해서 발행한 금액(주식발행초과금)이 대표적인 자본잉여금이다. 자본잉여금은 주식발행과 같은 자본거래에서 발생하지만 이익잉여금은 은행의 정상적인 영업거래에서 발생한다. 이익잉여금은 매년 순이익에서 배당하고 남은 유보이익이 쌓여진 것이므로 안정적인 영업성과를 올리는 은행이라면 이익잉여금이 자본잉여금보다 더 큰 비중을 차지한다.

(3) BIS자기자본비율

은행의 자본계정은 손실발생시 예금주를 보호하는 역할을 한다. 그런데 일반 기업과 비교해보면 은행의 경우에는 총자산 중에서 차지하는 자본의 비중이 매우 작은 편이다. 즉, 부채비율이 매우 높은 편이다. 이러한 취약점은 은행이 본질적으로 예금을 받아 대출로 운용하는 구조적 특성에 기인한 것이다.

이러한 배경에서 금융당국은 은행의 자본계정을 이용하여 재무건전성을 확인하고 이 결과를 근거로 영업활동을 규제하는 것이다. 우리나라뿐만 아니라 전세계적으로 은행의 재무건전성을 측정하는 대표적인 지표로 'BIS 자기자본비율'이 사용되고 있다. 이는 국제결제은행(Bank for International Settlements : BIS)이 제시한 방법을 적용해서 산출하는 자기자본비율인데 기본적인 구조는 자기자본을 위험자산으로 나누는 방식이다.

$$BIS\text{ 자기자본비율}(\%) = \frac{\text{자기자본}}{\text{위험조정자산}} \times 100 \qquad [\text{식 5-1}]$$

여기서 위험조정자산은 은행이 보유하고 있는 자산을 신용위험노출도에 따라서 위험가중치를 곱해서 더한 합계금액이다. BIS자기자본비율이 8% 이상이 되면 위험에 대처할 능력이 된다고 인정한다. 더 자세한 내용은 뒤에서 다루게 될 것이다.

제 4 절 손익계산서

1. 손익계산서의 예시

(1) 은행 손익계산서

이번에는 은행의 업무와 연관시키면서 은행의 손익계산서를 살펴보겠다. 은행의 손익계산서를 [표 5-4]에 제시하였다. 은행의 손익계산서 계정

표 5-4 은행의 손익계산서

손익계산서

××년 1월 1일부터 ××년 12월 31일까지

가나은행(주) (단위: 천억 원)

계정과목		금 액	
Ⅰ. 영업수익			
1. 이자수익			
예치금이자	3	111	
유가증권이자	17		
대출채권이자	91		
2. 수수료수익		39	
3. 금융상품(자산)관련이익		10	160
Ⅱ. 영업비용			
1. 이자비용		44	
예수금이자	29		
차입금이자	15		
2. 수수료비용		25	
3. 대출채권 평가 및 처분손실		15	
4. 판매비와 일반관리비		47	131
Ⅲ. 영업이익			29
Ⅳ. 영업외수익			3
Ⅴ. 영업외비용			1
Ⅵ. 법인세차감전순이익			31
Ⅶ. 법인세			7
Ⅷ. 당기순이익			24

과목들은 복잡하고 많지만 여기서는 중요한 계정을 중심으로 간단하게 나타냈다.

(2) 은행 손익계산서의 특징

표로 제시된 은행의 손익계산서를 제조기업의 손익계산서와 비교하면서 그 특징을 설명하겠다.

첫째, 제조기업의 경우에는 제품을 판매한 금액, 즉 매출액이 단일항목으로 영업수익을 구성한다. 이에 비해서 은행의 영업수익은 이자수익과 비이자수익으로 구성된다. 금액적으로는 이자수익이 비이자수익보다 훨씬 크다. 그리고 비이자수익에서 대표적인 항목은 수수료수익이다.

둘째, 제조기업의 경우 영업비용은 매출원가, 판매비와 일반관리비로 구성된다. 이에 비해서 은행의 영업비용은 이자비용과 비이자비용, 그리고 판매비와 일반관리비이다. 이자비용은 제조기업의 경우에는 영업외비용이지만 은행은 이자수익이 영업수익이므로 이에 대응하는 이자비용은 영업비용이 되는 것이다. 이 점이 제조기업과 가장 큰 차이점이라고 할 수 있다.

셋째, 영업수익에서 영업비용을 차감하여 영업이익을 제시하기도 하지만 이자부문, 수수료부문으로 구분해서 순이자이익, 순수수료이익 등과 같이 영업활동별로 순이익을 산출하고 판매비와 관리비를 차감한 후 영업이익을 제시하는 형태로 손익계산서를 작성하기도 한다.

2. 영업수익

(1) 이자수익

이자수익은 예치금이자, 금융자산(유가증권)이자, 대출채권이자로 구성된다. 이는 재무상태표의 예치금, 금융자산, 대출채권계정과 대응되는 수익항목이다. 예치금이자수익은 주로 은행이 한국은행에 예치하고 있는 법정지급준비금과 같은 예치금에서 발생하는 것이고 금융자산(유가증권)이자는 은행이 보유하고 있는 국채, 지방채, 공채, 금융채 등에서 발생하는 것이다. 은행의 가장 중요한 수익은 단연 대출채권에서 발생하는 이자수익이다. 재무상태표 차변항목 중에서 대출채권 금액이 가장 크므로 이로부터 발생되는 대출채권 이자수익 금액도 영업이익에서 가장 큰 비중을 차지한다.

(2) 수수료수익

은행의 영업수익은 이자수익과 비이자수익으로 양분할 수 있다. 그리고 비이자수익의 대표적인 항목은 수수료수익이다. 수수료수익에는 전통적으로 신용카드와 관련된 수입수수료, 송금 및 추심수수료, 지급보증에 따른 수입수수료, 외환업무와 관련해서 발생하는 수입수수료 등이 주류를 이룬다. 그렇지만 최근에는 은행의 보험상품 및 펀드 판매가 허용되고 또 활발해지면서 방카슈랑스, 수익증권, 퇴직연금 등과 관련된 수수료수익의 비중이 높아지고 있다.

이자수익이 재무상태표의 특정계정(예치금, 유가증권, 대출채권 등)의 금액과 대응해서 발생하는데 비해서 수수료수익은 장부에 나타나지 않는 부외업무(송금, 지급보증, 보험판매 등)에서 발생하는 경우가 많다.

3. 영업비용

(1) 이자비용

이자비용은 예금을 맡긴 고객에게 지급하는 예수금 이자와 차입금을 빌려 온 채권자에게 지급하는 차입금 이자로 구성된다. 이는 재무상태표의 부채항목인 예금, 차입금과 대응되는 비용항목이다. 재무상태표 대변에서 예금 금액이 가장 크기 때문에 이에 대해서 지급되는 예수금 이자금액이 영업비용 중에서 가장 큰 비중을 차지한다.

(2) 금융상품과 대출채권 관련 손실

금융상품관련손실은 은행이 보유하는 유가증권의 가치하락으로 발생하는 손실을 말한다. 그리고 대출채권과 관련해서는 대출채권을 평가하거나 처분하면서 손실이 발생할 수 있다. 돈을 빌려간 기업이 부실해져서 대출채권을 회수하지 못해서 발생하는 손실(대손)이 중요한 항목이다. 그런데 이러한 손실은 이번 기간에 발생한 것이라기보다는 앞으로 발생할 손실을 추정해서 비용(대손충당금전입액)으로 인식하는 것이다.

대손충당금전입액이란 대출채권 중에서 회수가 어려운 금액을 추정해서 미리 비용으로 계상하는 것을 말한다. 대출채권은 정상여신, 요주의여신, 고정여신, 회수의문, 추정손실과 같이 5가지로 분류되는데 이들 채권에서 대손이 발생할 확률이 서로 다르므로 이를 감안해서 대손충당금전입액을 계상하면 된다. 그리고 이렇게 전입되어 쌓인 금액이 대손충당금이 되는데 대출채권에서 이 금액만큼을 차감한 금액이 재무상태표에 표시된다.[1)]

(3) 판매비와 일반관리비

판매비와 일반관리비는 예금의 유치, 금융상품의 판매, 대출금의 관리 등 정상적인 영업활동을 수행하는 과정에서 발생하는 비용이다. 이는 비용의 성격에 따라서 인건비와 물건비로 구분할 수 있다.

일반적으로 인건비의 비중이 물건비보다 더 높은데 인건비의 구체적인 내용은 임직원에게 지급되는 급여와 복리후생비가 주를 이룬다. 물건비는 건물, 차량 등 각종 자산을 유지하고 보수하는 과정에서 발생되는 비용인데 특히 은행의 성격상 전산시스템의 관리비가 큰 비중을 차지한다.

4. 영업외수익과 비용

영업외수익과 비용은 은행의 정상적인 영업과는 무관하지만 경상적으로 발생할 수 있는 손익항목들이다. 대표적인 예를 들면 은행이 보유하던 건물, 차량과 같은 유형고정자산을 처분하는 과정에서 발생하는 손실 또는 이익을 들 수 있다. 그리고 종속기업 및 관계기업에 투자한 경우 해당기업의 경영성과로 나타나는 투자손익도 중요한 항목이다.

---

1) 대출채권총액에서 대손충당금을 차감하는 형식으로 재무상태표에 나타낼 수도 있고 대손충당금을 차감한 순액을 재무상태표에 나타내고 주석으로 대손충당금의 내역을 나타낼 수도 있다.

5. 수익성지표

(1) 예대마진과 순이자마진

은행의 이자수익을 분석할 때에 대표적으로 사용되는 지표로 예대마진과 순이자마진을 들 수 있다. 예대마진(interest margin)은 대출금리에서 예금금리를 차감한 값이기 때문에 예대금리차(interest spread)라고도 한다. 만약 대출금리가 10%이고 예금금리가 6%이면 예대마진은 4%가 된다. 이는 은행 수익의 가장 중요한 원천인데 미국의 경우 예대마진이 순이익에서 차지하는 비중이 63% 정도인데 우리나라의 경우는 90%를 넘고 있다(2014년 기준). 따라서 한국의 은행들이 다양한 수익원을 개발하지 못하고 고객들의 이자수입에만 몰두한다는 비난을 받기도 한다.

표 5-5 한 · 미 은행 간 이익규모와 구성요소

비교항목	한국	미국
이익규모	38.4조 원	616.4 십억 달러
이자수익	90.9%	63.0%
비이자수익	9.1%	37.0%

주: 미국상업은행(5,605개), 국내은행(17개), 2014년 기준

순이자마진(net interest margin : NIM)은 자금운용수익에서 자금조달비용을 차감한 금액(이자마진)을 운용자산 총액으로 나눈 값이다. 예대마진을 산출할 때에는 대출과 예금만을 대상으로 산출하지만 순이자마진은 채권 등 유가증권, 외화자금에서 발생하는 이자도 포함하여 산출한다.[2] 따라서 그 의미는 운용자산의 단위당 금액이 얼마의 이익을 올리고 있는지 나타내는 비율(%)이라고 할 수 있는데 2014년 국내은행의 경우 1.79%를 기록하고 있다. NIM은 경기침체와 저금리 상황에서 작아지는데 국내은행의 NIM 추세를 보면 계속 낮아지고 있는 것을 확인할 수 있다.

2) 그렇지만 유가증권 평가이익이나 매매이익은 포함되지 않는다.

(2) ROA과 ROE

은행의 경영성과를 측정하는 대표적 지표로 총자산순이익률, 자기자본순이익률도 많이 이용된다. 총자산순이익률(return on asset : ROA)는 당기순이익을 총자산으로 나눈 값이다. 은행의 당기순이익은 이자마진과 인건비뿐만 아니라 부외업무의 성과까지 반영된 것이므로 은행의 전체 경영성과를 나타내는 것이다. 따라서 ROA는 은행자산의 전반적인 운용실적을 보여주는 중요한 지표라고 할 수 있다.

그리고 자기자본순이익률(return on equity : ROE)은 당기순이익을 자기자본으로 나눈 값이므로 주주의 입장에서 산출한 수익성지표라고 할 수 있다. 그런데 ROA와 ROE 사이에는 다음과 같은 관계식이 성립한다.

$$ROE = \frac{\text{순이익}}{\text{자기자본}} = \frac{\text{순이익}}{\text{총자본}} \times \frac{\text{총자본}}{\text{자기자본}} = ROA \times \frac{\text{총자본}}{\text{자기자본}}$$

$$= ROA \times \left(\frac{\text{자기자본} + \text{부채}}{\text{자기자본}}\right) = ROA \times (1 + \text{부채비율}) \qquad \text{[식 5-2]}$$

국내은행의 경우에는 미국, 유럽 등 금융선진국들의 은행들에 비해서 ROA와 ROE가 전반적으로 낮은 편이다. 그렇지만 [표 5-6]을 보면 ROE는 ROA만큼 낮지 않을 뿐 아니라 어떤 해에는 더 높은 경우도 있다.

표 5-6 한국과 미국은행의 수익률 비교

1994년

	한국	미국
ROA	0.42 %	1.17 %
ROE	6.09	14.90

2005년 기준

	한국	미국
ROA	1.26 %	1.31 %
ROE	19.2	13.1

이는 국내은행의 부채비율이 더 높기 때문에 나타나는 현상이다. 위 식에서 보듯이 부채비율이 높으면 ROE의 변동성이 더 커지는 것을 확인할 수 있다.

주요 용어

- 중앙은행
- 특수은행
- 일반은행
- 시중은행
- 지방은행
- 비은행예금기관
- 고유업무
- 부수업무
- 겸영업무
- 지급결제업무
- 지급보증업무
- 상호부금업무
- 팩토링업무
- 지급준비예치금
- BIS자기자본비율
- 대손충당금
- 대손충당금전입액
- 예대마진
- 순이자마진(NIM)
- 총자산순이익률(ROA)
- 자기자본순이익률(ROE)

연습 문제

1 우리나라의 은행분류체계를 설명하시오.

2 은행의 고유업무, 부수업무, 겸영업무에 포함되는 내용들을 열거하고 이 업무들의 특징을 비교해서 설명하시오.

3 은행의 재무상태표가 갖는 특징을 제조업의 재무상태표와 비교해서 제시하시오.

4 은행의 손익계산서가 갖는 특징을 제조업의 손익계산서와 비교해서 제시하시오.

5 가나은행의 대출채권평균금리는 10%, 예금평균금리는 6%이다. 그리고 이자순수익 60억 원(이 중 20억원은 외화자금과 유가증권에서 발생한 것임)이며 이자수익자산의 연초 금액은 2,200억 원, 연말 금액은 2,800억원이다. 이들 자료를 이용해서 가나은행의 수익성을 측정하는 다음의 값을 산출하시오.

(1) 예대마진

(2) 순이자마진

6 가나은행과 ABC은행의 수익자료가 다음과 같다.

	가나	ABC
ROA	0.42 %	1.17 %
ROE	6.09	5.20

ROA는 가나은행이 더 낮은데도 ROE가 더 높게 나타난 원인을 설명하시오.

제 6 장

증권회사

제 1 절 기초개념
제 2 절 증권회사의 업무
제 3 절 재무상태표
제 4 절 손익계산서
제 5 절 기타 금융투자회사

---

1. 증권회사는 자본시장에서 가장 중요한 역할을 담당하는 금융기관이다. 미국에서는 투자은행이라고 하는데 위탁매매업무, 자기매매업무, 인수 및 주선업무 등을 고유업무로 수행한다.
2. 은행은 자산 중 대출금이 가장 큰 비중을 차지하지만 증권회사는 금융자산(유가증권)이 가장 큰 비중을 차지한다. 증권회사의 재무건전성을 체크하는 비율로 순영업자본비율이라는 것이 이용된다.
3. 증권회사이외에 자본시장의 중요한 구성원인 기타 금융투자회사로서 투자신탁회사, 투자자문회사 등에 대해서도 살펴보겠다.

제 1 절 기초개념

1. 증권회사

증권회사란 기업이 증권시장에서 증권을 발행해서 자금을 조달하는 경우 기업과 투자자를 연결시켜주고, 투자자들이 시장에서 증권을 매매하고자 하는 경우 이를 대신해서 매매해 주는 업무를 수행하는 회사이다. 이외에 증권회사는 자신의 자본금으로 증권을 사고파는 업무도 수행한다. 증권회사는 증권매매가 주된 업무이지만 그 외에도 다양한 업무를 수행하면서 수많은 금융상품을 취급하기 때문에 투자백화점이라고 불린다.

미국에서는 은행을 상업은행(commercial bank)과 투자은행(investment bank)으로 분류하는데 우리나라의 일반은행은 미국의 상업은행에 해당되고 증권회사는 미국의 투자은행에 해당된다고 볼 수 있다.[1] 그래서 최근에는 우리나라에서도 세계적인 규모의 IB(investment bank)를 만들어야 한다는 주장을 자주 듣곤 한다.

2. 자본시장법

우리나라에서 증권거래와 관련해서 가장 중요한 법은 '자본시장과 금융투자업에 관한 법률(약칭: 자본시장법)'이다. 자본시장법에서는 금융투자상품을 증권과 파생상품으로 구분하고 있다. 여기서 증권은 주식, 채권, 수익증권 등을 포함하고 파생상품은 선물과 옵션 등을 포함한다. 또한 자본시장법은 금융투자업을 다음과 같이 6개의 영업으로 열거하고 있다.

1) 좀 더 정확하게 말하면 투자은행은 우리나라의 증권회사보다 더 넓은 영역의 업무를 수행하기 때문에 증권회사뿐만 아니라 자산운용회사, 선물회사 등을 포함하는 금융기관이라고 할 수 있다.

① 투자매매업
② 투자중개업
③ 집합투자업
④ 투자자문업
⑤ 투자일임업
⑥ 신탁업

여기서 투자매매업은 자기의 계산으로 금융투자상품의 매도·매수와 증권의 발행·인수 또는 그 청약의 권유 등을 영업으로 하는 것이다. 그리고 투자중개업은 이러한 영업을 타인의 계산으로 하는 것이다. 또 집합투자업은 펀드의 모집·운영과 같은 집합투자를 영업으로 하는 것이다. 투자자문업은 투자자들의 금융투자상품에 대한 투자판단에 관한 자문을 해주는 것이고 투자일임업은 투자자로부터 투자판단을 일임받아 금융투자상품을 취득·처분하는 등의 운용을 직접 수행하는 것이다. 신탁업이란 신탁을 영업으로 하는 것이다. 여기서 신탁이란 금융기관이 남의 재산을 위탁받아 운용하여 수익을 올리는 것을 말한다.

자본시장법은 이러한 6개의 금융투자업 중 어느 하나 또는 그 이상의 업무를 수행하는 회사를 금융투자회사라고 정의하고 있다. 그래서 최근에는 증권회사라는 이름 대신 금융투자회사(또는 투자금융회사)라는 이름을 사용하기도 한다.

금융투자회사에는 증권회사, 선물회사, 자산운용회사, 신탁회사, 투자자문회사 등 다양한 회사들이 포함되고 있다. 그런데 자본시장법에서는 은행과 보험회사 등도 겸영투자업자로 분류하여 이들도 겸영업무로 금융투자업을 할 수 있게 하고 있다. 그렇지만 이들 중 자본시장에서 가장 중추적 역할을 담당하고 우리가 쉽게 접할 수 있는 대표적인 금융투자회사는 증권회사이다.

제 2 절 증권회사의 업무

1. 고유업무

증권회사의 업무는 크게 고유업무, 부수업무, 그리고 겸영업무로 구분된다. 고유업무란 증권회사의 본질적 기능에서 출발한 업무를 말한다. 구체적으로 위탁매매업무, 자기매매업무, 인수 및 주선업무가 이에 해당된다.

(1) 위탁매매업무

증권거래소에서는 회원으로 등록된 증권회사들만이 거래를 할 수 있다. 따라서 일반투자자들은 이들 증권회사를 통해서만 증권을 사고 팔 수 있는 것이다. 증권회사가 고객의 주문을 받아서 주문내용에 따라서 매매를 대신해주는 업무를 위탁매매업무라고 한다. 증권회사가 브로커로서의 역할을 하는 것이므로 브로커업무(brokering)이라고도 한다.

증권회사는 이러한 업무를 수행하는 대가로 고객으로부터 위탁수수료를 받는다. 위탁매매의 경우 고객은 매매손실을 입을 수 있지만 증권회사는 위탁수수료만 받기 때문에 손실은 없고 이익만 발생한다.

(2) 자기매매업무

자기매매업무는 증권회사가 자기자금으로 직접 증권을 사고파는 행위를 말하는데 이를 딜러업무(dealing)라고도 한다. 위탁매매의 경우에는 매매차익이 고객의 것이고 증권회사는 수수료를 받지만 자기매매의 경우에는 매매차익이 증권회사에게 귀속된다. 따라서 자기매매에서는 증권회사도 손실을 볼 수 있다.

(3) 인수주선업무

기업이 증권을 발행할 때 증권회사는 이를 사들였다가 투자자들에게 다시 팔아서 차익을 얻는 업무도 한다. 이러한 목적으로 기업의 발행증권을 사들이는 것을 인수(underwriting)라고 한다. 그리고 기업이 발행하는 증권을 증권회사가 자신의 영업망을 통해서 투자자들이 살 수 있도록 주선해주기만 하는 업무도 수행한다. 주선에서는 수수료를 받으므로 이익만 발생하지만 인수의 경우에는 상황에 따라서는 매입가격보다 낮은 가격으로 매도할 수 있으므로 손실도 발생할 수 있다.

이들 세 가지 고유업무를 기능별 시장과 계산의 주체를 기준으로 다음과 같이 분류할 수 있다.

표 6-1 증권회사의 업무

기능별시장	고유업무	자본시장법의 업무
유통시장	위탁매매업무	투자중개업
	자기매매업무	투자매매업
발행시장	인수주선업무	

위탁매매업무나 자기매매업무는 이미 발행된 증권이 거래되는 유통시장과 관련된 업무인데 비해서 인수주선업무는 최초로 증권이 만들어져서 투자자에게 팔리는 발행시장과 관련된 업무이다. 한편 자본시장법에서는 자기계산으로 하는 투자매매업과 타인계산으로 하는 투자중개업으로 구분하기 때문에 자기매매업무와 인수주선업무는 투자매매업에 포함되고 위탁매매업무는 투자중개업에 해당된다.

2. 부수업무

증권회사의 부수업무란 고유업무를 영위하는데 부수적으로 필요하여 수행하게 되는 업무를 말한다. 다음과 같은 신용공여업무, 증권저축업무가 대표적인 업무들이다.

(1) 신용공여업무

신용공여란 투자자들에게 증권을 매입하기 위한 자금을 빌려주거나 또는 증권현물을 빌려주는 신용거래를 말한다. 자금을 빌려주는 것을 증권회사의 입장에서는 신용융자라고 하고 투자자 입장에서는 돈을 빌려 주식을 매수하는 것이므로 신용매수라고 한다. 신용융자(신용매수)는 주가상승이 예상될 때 이루어진다. 그렇지만 주가하락이 예상되면 투자자들은 주식을 빌려서 현재 주가에 매도하고 나중에 떨어진 주가에 다시 매수해서 주식을 갚음으로써 이익을 올릴 수 있는데 이를 공매도라고 한다. 이때 증권회사가 주식을 빌려주는 것을 대주라고 한다.

(2) 증권저축업무

증권저축이란 증권회사가 소액투자자들로부터 매월 일정한 금액을 받아서 이에 해당하는 증권을 매입해가는 저축제도를 말한다. 증권저축에 가입하면 공모주식의 일정비율을 우선적으로 배정받거나 세제상의 혜택을 받을 수 있다. 이는 증권을 통해서 소액투자자들이 재산을 형성할 수 있도록 하는 것이다.

증권저축업무는 신용공여업무와 마찬가지로 투자자들의 증권거래를 촉진하는 데에 그 목적이 있기 때문에 부수업무가 된다.

3. 겸영업무

증권회사가 증권업이 아닌 업무로서 직접 운영할 수 있는 업무를 겸영업무라고 한다. 기본적으로 겸영업무는 고객의 이익을 해치지 않는 업무로서 감독당국의 승인을 받아서 수행할 수 있다. 양도성예금증서(CD) 또는 기업어음(CP)을 매매하거나 중개하는 업무, 회사채에 대한 지급보증업무, 합병시장에서 M&A를 주선하는 업무, 증권회사의 부동산을 임대해서 수익을 올리는 업무 등이 이에 해당된다.

표 6-2 증권회사의 업무

고유업무	부수업무	겸영업무
1. 위탁매매업무 2. 자기매매업무 3. 인수주선업무	1. 신용공여업무 2. 증권저축업무 3. 해외증권업무	1. CD, CP 매매업무 2. 회사채지급보증업무 3. 주식지분평가업무 4. 부동산임대업무

제 3 절 재무상태표

1. 재무상태표의 예시

(1) 증권회사 재무상태표

지금까지 설명한 증권회사의 업무를 은행의 재무제표와 연관시켜서 살펴보겠다. 실제로 존재하는 증권회사를 사례로 해서 재무상태표를 [표 6-3]에 제시하였다. 계정과목들은 이보다 훨씬 복잡하고 많지만 여기서는 중요한 계정을 중심으로 간단하게 만들었다.

표 6-3 증권회사의 재무상태표

재무상태표

××년 12월 31일 현재

가나증권(주) (단위: 백억 원)

계정과목	금 액	계정과목	금 액
1. 현금	70	1. 예수금	170
2. 예치금	270	2. 차입금	710
3. 금융자산	870	3. 기타부채	770
4. 대출채권	340	1. 자본금	40
5. 유형자산	40	2. 자본잉여금	70
6. 기타자산	230	3. 이익잉여금	60
자산합계	1,820	부채와 자본합계	1,820

(2) 증권회사 재무상태표의 특징

우리가 자주 접하는 재무제표는 제조기업의 재무제표이므로 [표 6-3]으로 제시된 증권회사의 재무상태표에 나타난 특징을 제조기업의 재무상태표와 비교해보겠다.

첫째, 자산 쪽을 보자. 제조기업의 경우에는 원재료, 재공품, 제품 등의 재고자산이 있지만 증권회사는 증권매매와 중개가 주 업무이므로 재고자산이 없다. 그리고 제조업은 생산설비가 매출수익을 창출하는 주된 자산이지만 증권회사는 금융자산(유가증권)이 가장 큰 비중을 차지한다.

둘째, 부채 쪽을 보자. 제조업의 경우에는 원재료 등 매입과 관련된 매입채무가 중요한 영업부채가 된다. 이에 비해서 증권회사는 고객으로부터 조달한 예수금과 다른 금융기관으로부터 빌린 차입금이 중요한 부채항목이 된다.

셋째, 자본 쪽을 보자. 앞 장에서 제시한 은행의 경우에도 그렇지만 증권회사도 자본의 규모에 비해서 부채규모가 매우 큰 편이다. 따라서 일반기업에 비해서 부채비율이 높게 나타난다.

2. 자산의 구성

(1) 현금과 예치금

증권회사의 재무상태표를 보면 주요한 자산항목은 현금, 예치금, 금융자산, 그리고 대출채권 등으로 은행의 재무상태표와 유사한 구성을 보이고 있다. 현금은 영업목적으로 보유하고 있는 현금으로 고객이 인출을 요구할 때를 대비해서 보관하고 있는 것이다.

은행이 고객예금의 일정 비율을 중앙은행에 맡겨 두어야 하는 것처럼 증권회사는 고객이 맡긴 예수금에 대해서 일정한 비율을 지급준비금으로 한국증권금융회사에 예치해야 하는데 이를 투자자예탁금별도예치금이라고 한다. 이러한 투자자예탁금별도예치금이 예치금에서 가장 큰 비중을 차지한다. 그리고 선물이나 옵션과 같은 파생상품을 거래하기 위한 거래예치금 및 매매증거금도 예치금에 포함된다.

(2) 금융자산

증권회사는 다양한 영업활동과정에서 유가증권을 취득하고 보유하게 되는데 재무상태표의 금융자산은 이를 말한다. 은행은 예금을 받아서 대출해주는 것이 주된 업무이기 때문에 은행의 재무상태표의 자산 중에서는 대출채권이 가장 큰 비중을 차지한다. 이에 비해서 증권회사는 증권거래를 주된 업무로 하는 회사이기 때문에 재무상태표의 자산 중에서 유가증권이 차지하는 비중이 가장 크다.

이러한 유가증권은 보유목적에 따라서 단기매매를 목적으로 보유하는 증권, 장기간 보유하거나 또는 만기까지 보유할 목적으로 보유하는 증권(채권) 등으로 구분할 수 있다. 증권종류에 따라서 주식, 채권, 수익증권, 파생증권 등으로 구분할 수도 있다. 또한 소유권을 기준으로 상품유가증권과 보관유가증권으로 구분할 수도 있는데 상품유가증권은 증권사 소유의 유가증권이고 보관유가증권은 위탁자 소유의 유가증권이다.

(3) 대출채권

대출업무가 증권회사의 고유업무는 아니지만 고유업무를 원활하게 하기 위해서 수행하는 부수업무이다. 따라서 증권회사는 증권거래와 관련된 업무를 수행하는 과정에서 대출업무도 수행하게 된다. 대출채권은 콜론, 신용공여, 환매채매수, 대출금 등으로 구분할 수 있다. 이 중 증권회사에서 가장 중요한 항목은 신용공여이다. 신용공여는 고객에서 돈이나 주식을 빌려주는 것이다. 돈을 빌려주는 경우에는 신용융자, 주식을 빌려주는 경우에는 대주라고 한다고 했다. 이러한 신용공여금은 증권회사의 대출채권의 대부분을 구성한다.

신용공여에 비하면 상대적으로 적은 금액이지만 은행과 마찬가지로 콜론, 환매채매수도 대출채권을 구성하며 신용공여외의 기타 대출금도 대출채권에 포함된다.

(4) 유형자산 등

증권회사도 일반기업과 마찬가지로 영업장인 건물과 토지 등 고정자산이 필요하다. 그리고 지점, 연수원과 같은 부동산이나 영업활동을 위한 차량, 기계설비 등은 갖고 있는데 이들이 유형자산에 포함되어 있다. 그리고 영업권이나 산업재산권 등은 무형자산에 포함되고 기타자산에는 미수금, 미수수익, 선급금, 선급비용, 보증금 등이 포함된다. 이들 항목에 대한 설명은 은행에서 설명한 것과 같다.

3. 부채의 구성

(1) 예수금

고객으로부터 자금을 받아서 이를 운용하고 관리하는 경우 예수금이라고 한다. 증권계좌에 입금되어 관리되는 투자자예수금이 대표적인 것이다.

단순히 주식을 사고파는 투자자뿐만 아니라 공모주를 청약하면서 고객이 맡긴 청약자예수금, 증권저축가입자가 맡긴 저축자예수금 등도 예수금에 포함된다.

증권회사는 이 금액에 대하여 일정한 예탁금이용료를 고객에게 지급해야 한다. 이것은 은행이 고객의 예금에 대하여 이자를 지급하는 것과 동일한 성격이다. 따라서 이렇게 지급된 예탁금이용료는 이자비용으로 처리한다. 그리고 은행과 마찬가지로 증권회사도 고객의 인출요구에 대응하기 위하여 투자자예수금 중 일정금액을 증권금융회사나 금융기관에 예치해야 한다.

(2) 차입금

차입금은 증권회사가 자금을 조달하는 중요한 원천이다. 일반기업처럼 다른 금융기관으로부터 조달하는 차입금도 있고 사채를 발행해서 장기자금을 조달하는 것도 차입금에 해당된다. 또한 은행과 마찬가지로 콜머니와 RP발행(매도)이 차입금을 구성한다.

증권회사에만 있는 독특한 차입금으로 증권금융회사로부터 받는 증권유통금융차입금이 있다. 이는 유통시장에서 거래가 원활하게 이루어질 수 있도록 증권금융회사가 증권회사에게 제공하는 금융이다. 고객의 주식매매를 위한 신용공여에 관련된 자금이나 증권을 빌려주는 것인데 융자와 대주가 이에 해당된다. 물론 증권금융회사로부터 유통금융차입금을 조달하지 않고 증권회사가 보유한 자금과 증권을 빌려줄 수도 있는데 이 경우에는 자기신용이라고 한다.

4. 자본의 구성

(1) 자 본

증권회사의 자본구성은 은행이나 다른 일반기업과 크게 다를 것은 없다. 자본금은 발행주식수에 1주당 액면금액을 곱한 금액이며 잉여금은 자본거래에서 발생한 자본잉여금과 영업거래에서 발생한 이익잉여금으로 구성된다.

다른 금융기관과 같이 증권회사도 부채비율이 매우높은 편이다. [표 6-3]의 사례기업의 경우에도 부채는 1,650(=170+710+770)이고 자본은 170(=40+70+60)이어서 부채비율이 970%(=1,650/170)에 달하고 있다.

(2) 영업용 순자본

증권회사도 은행과 마찬가지로 자산규모에 비해서 자본의 비중이 매우 작기 때문에 자칫 재무건전성이 취약해질 가능성이 높다. 그래서 금융당국은 영업용 순자본(net capital : NC)이라는 개념을 이용해서 재무건전성을 체크한다. 영업용순자본이란 자기자본에서 부동산같이 유동성이 없는 고정자산을 차감한 금액으로서 증권회사가 보유한 자산 중 신속하게 현금화할 수 있는 것을 말한다.

증권회사의 자금조달 구조를 보면 만기 1년 이내인 고객예수금, 단기차입금, 콜머니 등과 같은 유동부채의 비중이 높다. 따라서 유동성 측면에서 여유가 있도록 자산을 운용해야 위기에 대비할 수 있기 때문에 영업용순자본을 관리지표로 사용하게 된 것이다.

(2) 영업용 순자본비율

은행의 BIS자기자본비율과 유사한 개념으로 증권회사의 평가에서는 영업용순자본비율(net capital ratio : NCR)이라는 지표를 이용하고 있다. 증권회사들이 자금의 조달 및 운용에서 어느 정도 재무건전성을 확보하고 있는지 비교・평가하기 위해 도입한 지표인데 기본적인 구조는 다음과 같이 영업용순자본을 총위험액으로 나누어 구한다.

$$\text{영업용순자본비율}(\%) = \frac{\text{영업용순자본}}{\text{총위험액}} \times 100 \qquad \text{[식 6-1]}$$

위 식에서 총위험액이란 자산 및 부채에 내재하거나 업무에 수반되어 나타날 수 있는 손실과 비용을 말하는데 시장위험액과 기초위험액으로 구성된다. 여기서 시장위험액이란 보유자산의 가격변동이나 거래자의 파산으로 생길 수 있는 손실을 의미하고 기초위험액은 고정적으로 발생하는 비용들을 합계해서 산출한다.

따라서 자기자본의 금액이 크고 위험가중치가 낮은 자산을 중심으로 보수적 영업을 하는 증권회사들은 이 비율이 높게 나타난다. 자본시장법에서는 영업용순자본비율을 100%이상을 요구하고 있지만 감독당국에서는 150% 이상으로 유지할 것을 권고한다. 이 비율이 150% 미만이 되면 즉시 감독당국에 보고하도록 하고 있다.

제 4 절 손익계산서

1. 손익계산서의 예시

(1) 증권회사 손익계산서

이번에는 증권회사의 업무와 연관시키면서 증권회사의 손익계산서를 살펴보겠다. 증권회사의 손익계산서는 [표 6-4]에 제시하였다. 실제로는 증권회사의 손익계산서 계정과목들은 복잡하고 많지만 여기서는 중요한 계정을 중심으로 간단하게 만들어 제시하였다.

(2) 증권회사 손익계산서의 특징

[표 6-4]로 제시된 증권회사의 손익계산서를 제조기업의 손익계산서와 비교하면서 그 특징을 설명하겠다.

첫째, 제조기업의 경우에는 제품을 판매한 금액, 즉 매출액이 단일항목

표 6-4 증권회사의 손익계산서

손익계산서

××년 1월 1일부터 ××년 12월 31일까지

가나증권(주) (단위: 백억 원)

계정과목		금액	
Ⅰ. 영업수익			
1. 수수료수익			
수탁수수료	29		
인수주선수수료	10		
기타	5	44	
2. 이자수익		12	
3. 금융상품(자산)관련이익		4	60
Ⅱ. 영업비용			
1. 수수료비용		3	
2. 이자비용		11	
3. 대출채권 평가 및 처분손실		6	
4. 판매비와 관리비		28	48
Ⅲ. 영업이익			12
Ⅳ. 영업외수익			2
Ⅴ. 영업외비용			1
Ⅵ. 법인세차감전순이익			13
Ⅶ. 법인세			3
Ⅷ. 당기순이익			10

으로 영업수익을 구성한다. 이에 비해서 증권회사의 영업수익은 수수료수익과 이자수익이 대부분을 차지한다. 은행의 경우에는 이자수익이 더 크지만 증권회사는 수수료수익이 더 큰데 이는 두 금융기관의 주 업무를 생각해보면 자연스러운 결과임을 알 수 있을 것이다.

둘째, 제조기업의 경우 영업비용은 매출원가, 판매비와 일반관리비로 구성된다. 이에 비해서 증권회사의 영업비용은 수수료비용과 이자비용, 그리고 판매비와 일반관리비이다. 이자비용은 제조기업의 경우에는 영업외비용이지만 증권회사는 이자수익이 영업수익이므로 이에 대응하는 이자비용은 영업비용이 되는 것이다. 이 점은 은행과 마찬가지이다.

셋째, 영업수익에서 영업비용을 차감하여 영업이익을 제시하기도 하지만 수수료부문, 이자부문으로 구분해서 순이자이익, 순수수료이익 등과 같이 영업활동별로 순이익을 산출하고 판매비와 관리비를 차감한 후 영업이익을 제시하는 형태로 손익계산서를 작성하기도 한다.

2. 영업수익

(1) 수수료수익

증권회사의 고유업무는 앞서 제시한 바와 같이 자기매매업무, 위탁매매업무, 인수주선업무이다. 이 중 위탁매매업무의 대가로 발생하는 수입이 수탁수수료인데 우리나라 증권회사의 가장 중요한 수익원이라고 할 수 있다. 좀 더 정확하게 말하면 수탁수수료는 증권의 위탁매매, 중개 또는 대리, 증권의 매매거래에 관한 위탁의 중개·주선 또는 대리를 행함으로써 위탁자에게 받는 수수료이다. 그런데 이 중 대부분의 금액이 위탁매매에서 발생한다.

그리고 인수주선업무에서도 증권의 발행과 인수, 또는 그 청약의 권유, 청약, 청약의 승낙을 영업으로 할 수 있으며 이러한 영업의 결과로 수수료수익이 발생하는데 이는 인수주선수수료가 된다. 이외에도 펀드를 판매하면서 판매수수료수익이 생기고, 펀드를 운용할 때에 는 운용수수료수익이 생긴다. 그리고 투자자문과 투자일임업무를 수행하면서는 자산관리수수료수수료가 생긴다.

우리나라 증권회사들의 수익구조가 위탁매매수수료 수입에 지나치게 의존하고 있다는 비판이 많다. 2016년 우리나라 증권회사 수익구조의 현황이 다음 [그림 6-1]에 제시되어 있다.

그림 6-1 우리나라 증권회사의 수익구조

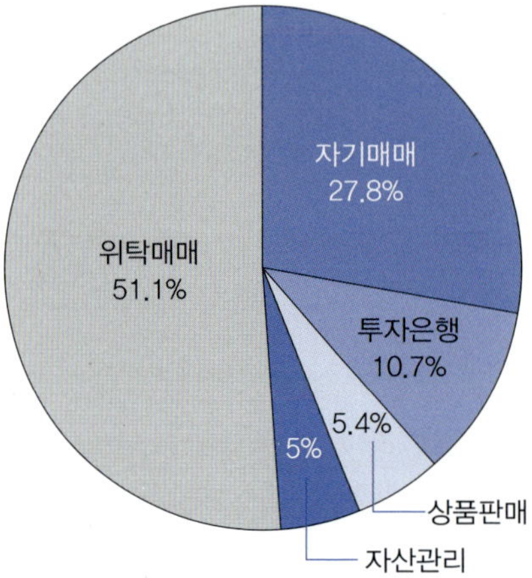

그림을 보면 전체 수익의 51.1%로서 반 이상의 비중을 차지하고 있다. 그런데 이러한 위탁매매의 비중을 금융선진국인 미국과 일본의 증권회사와 비교해보자. 비교한 결과를 표로 제시하면 다음과 같다.

표 6-5 국가별 위탁매매비중의 비교

국 가	한 국	미 국	일 본
전체수익 중 위탁매매비중	51.1%	13.7%	16.8%

위와 같은 결과를 보면 우리나라 증권회사의 수익구조를 다변화시킬 필요가 있다는 것을 알 수 있다. 즉, 우리나라 증권회사들도 골드만삭스나 메릴린치와 같은 글로벌 투자은행(investment bank : IB)들처럼 IB로서의 기능을 강화해서 그로부터 수익을 높여야 한다는 것이다. 그리고 이를 위해서 자본규모가 큰 대형증권사를 육성해야 한다는 주장이 대두되고 있다.

(2) 이자수익

이자수익에서는 신용공여금에 대한 수입이자가 중요하다. 신용공여이자는 신용공여금의 성격에 따라서 신용거래융자이자, 주식청약자금대출이자, 증권매입자금대출이자 등으로 구분된다. 그리고 증권회사가 보유하고 있는 유가증권 중에는 채권도 있을 것인데 이러한 채권에서 발생하는 것은 채권이자수익이 된다.

증권금융회사에 맡긴 예치금에서도 이자수익이 발생하고 콜론, 양도성예금증서, 환매조건부매수에서도 이자수익이 발생한다.

3. 영업비용

(1) 수수료비용

증권회사가 위탁매매를 하면서 수탁수수료를 받는데 이 때에는 수탁수수료수익과 대응해서 거래대금의 일정비율을 증권거래소와 예탁결제원에 매매수수료로 내야 한다. 이와 관련한 수수료는 거래시장이나 증권종류에 따라서 각각 다르지만 모두 수탁수수료수익에 대응되는 수수료비용이 된다.

그리고 투자자문이나 투자일임업을 수행하면서 투자자문을 구하는 대가로 수수료를 지급하거나 투자상담사에게 비용을 지급하는 경우에 수수료비용으로 인식해야 한다.

(2) 이자비용

증권회사가 외부로부터 자금을 차입하고 이에 대해서 이자를 지급하는 차입금이자는 대표적인 이자비용이다. 그리고 은행이 예금을 맡긴 고객에게 이자를 지급하는 것처럼 증권회사도 투자자들이 예치한 예탁금에 대해서 이용료를 지급해야 한다. 이러한 예탁금이용료는 증권회사에만 있는 이자비용이라고 할 수 있다.

콜머니, 양도성예금증서, 환매조건부매도에서도 지급이자가 발생하는데 이들도 이자비용계정에 포함된다.

(3) 금융상품과 대출채권 관련 손실

금융상품관련손실은 증권회사가 보유하는 유가증권의 가치하락으로 발생하는 손실을 말한다. 그리고 대출채권과 관련해서는 대출채권을 평가하거나 처분하면서 손실이 발생할 수 있다. 돈을 빌려간 고객으로부터 대출채권을 회수하지 못해서 발생하는 손실(대손)이 중요한 항목이다. 그런데 이러한 손실은 이번 기간에 대손이 발생한 것이라기보다는 앞으로 발생할 손실을 추정해서 비용(대손충당금전입액)으로 인식하는 것이 대부분이다.

앞서 설명하였듯이 대손충당금전입액이란 대출채권 중에서 회수가 어려운 금액을 추정해서 미리 비용으로 계상하는 것인데 대출채권에서 대손이 발생할 가능성을 감안해서 대손충당금전입액을 계상하면 된다. 그리고 이렇게 전입되어 쌓인 금액이 대손충당금이 되며 대출채권에서 이 금액만큼을 차감한 금액이 재무상태표에 표시된다.

(4) 판매비와 관리비

판매비와 관리비는 증권회사의 상품과 용역을 판매하거나 관리 또는 유지하는 데에 발생하는 비용이다. 판매비와 관리비에는 급여, 복리후생비, 감가상각비 등이 포함되는데 이들이 증권회사의 영업에 필수적으로 발생하는 비용이기는 하지만 증권회사에서만 발생하는 특유한 비용은 아니다. 일반회사들에게서 발생하는 것과 동일한 항목들이다. 다만 전산시스템의 운영비 비중이 높은 점은 금융회사의 특성을 반영하고 있는 것이라고 볼 수 있다.

4. 영업외수익과 비용

영업외수익과 비용의 경우 증권회사의 정상적인 영업목적과는 직접적으로 관련이 적은 거래로 발생하는 손익항목들이다. 유형자산의 처분에 따른 손익, 부동산 등을 임대해서 받는 임대료, 그리고 종속기업 및 관계기업에 투자한 경우 해당기업의 경영성과로 나타나는 투자손익도 중요한 항목이다.

제 5 절 기타 금융투자회사

1. 투자신탁과 자산운용회사

(1) 투자신탁이란?

투자와 관련된 전문지식과 시간적 여유가 없거나 투자규모가 소액인 경우에는 자신이 원하는 형태의 투자활동을 자유롭게 하기 어렵다. 투자신탁이란 이러한 일반 투자자들로부터 자금을 모아 큰 규모를 만들어서 여러 증권에 분산투자하고 이로부터 얻은 수익을 투자자들에게 분배해주는 제도를 말한다. 그리고 이러한 기능을 수행하는 회사를 투자신탁회사라고 하는데 우리나라에서는 자산운용회사가 이러한 기능을 담당한다.

투자신탁은 자본시장법상 금융투자업 중에서 집합투자업에 해당되는데 투자신탁이 갖는 특징을 열거하면 다음과 같다.

① 경영참여가 아닌 수익성 추구가 목적이다.
② 위험을 줄이기 위한 분산투자가 원칙이다.
③ 전문적 분석업무로 투자를 대행하고 수수료를 받는 간접투자방식이다.
④ 증권시장의 안정적 발전에 기여한다.

(2) 계약형 투자신탁

투자신탁의 유형은 계약형 투자신탁과 회사형 투자신탁으로 구분할 수 있다. IMF 외환위기 이전에 우리나라 투자신탁은 모두 계약형 투자신탁이었다. 그러나 외환위기를 거치면서 회사형 투자신탁이 등장하여 큰 인기를 얻으면서 대세를 이루고 있다.

계약형 투자신탁은 영국에서 발달된 투자신탁으로서 위탁자, 수익자, 그리고 수탁자 사이의 계약으로 형성된다. 투자신탁회사(위탁자)가 고객(수익자)의 돈을 맡아서 운용하는데 투자결정은 투자신탁회사가 하고 그에 따른 부수업무는 수탁자인 은행이 수행하는 구조이다. 위탁자는 펀드의 지분을 나타내는 수익증권을 발행해서 고객에게 주고 고객은 이를 근거로 투자수익을 받게 된다.

그림 6-2 계약형 투자신탁

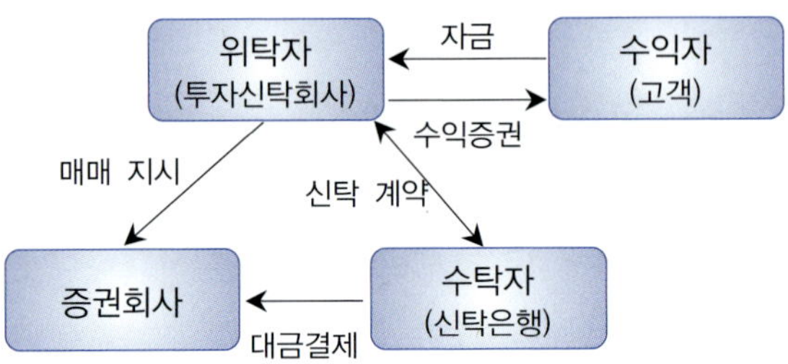

(3) 회사형 투자신탁

회사형 투자신탁은 미국에서 발달된 형태인데 증권투자를 목적으로 하는 주식회사를 설립하고 이 회사를 통해서 투자업무를 하는 형태이다. 계약형 투자신탁에서는 고객이 수익증권을 받지만 회사형 투자신탁에 투자하는 고객은 이 투자회사의 주식을 취득하면서 주주가 되는 것이다.

회사형 투자신탁은 투자자가 투자원금을 회수하는 방법에 따라서 개방형과 폐쇄형으로 구분된다. 개방형에서는 투자자가 직접 투자회사에게 환불을 요구하면 이 투자자의 보유주식을 투자회사가 매입하는 방식으로 투자자는 투자원금과 이익을 회수한다. 반대로 더 투자하고 싶으면 추가로 발행하는 주식을 매입한다. 이러한 개방형 투자신탁은 뮤추얼펀드(mutual fund)라고 한다. 반면에 폐쇄형에서는 투자회사의 주식을 증권시장에 상장시킨다. 따라서 투자이익이 많으면 주가가 높게 형성되어 있을 것이므로 투자자가 투자액을 회수하고 싶으면 주가가 높을 때 보유주식을 매각하면 된다. 우리나라의 회사형 투자신탁은 폐쇄형이 허용되어 증권시장에서 거래되고 있다.

표 6-6 회사형 투자신탁

비교항목	개방형	폐쇄형
투자자의 지위	주주	주주
추가 투자방식	추가입금	주식의 매수
수익의 회수방식	회사에 요구	주식의 매각

2. 투자자문회사

(1) 투자자문회사란?

투자자문회사란 고객의 자산운용에 대한 조언과 관리를 해주고 보수를 받는 회사를 말한다. 투자자문회사가 처음 도입될 때에는 주로 금융기관의 자회사형태로 운용되었으나 요즈음에는 별도의 독립된 회사형태로 운용되는 추세이다.

(2) 투자자문업과 투자일임업

투자자문업의 가장 초보적인 단계는 투자정보를 제공하고 고객으로부터 수수료를 받는 형태이다. 이는 종목분석을 통해서 기업정보를 제공하고 이의 대가를 받는 것이다. 이보다 발전된 단계는 고객의 자산규모와 투자성향을 고려해서 맞춤형 자문서비스를 제공하는 것이다. 즉, 포트폴리오의 구성과 운용에 대해서 조언하고 수수료를 받는 형태이다. 그렇지만 여기까지의 단계에서 최종적인 투자결정은 고객자신이 하게 된다.

이와 같이 투자자문업은 자문서비스를 제공하고 투자결정은 고객이 하는 것인데 비해서 투자일임업은 투자결정까지 대행한다는 점에서 큰 차이가 있다. 즉, 고객의 재산을 직접 관리하고 운용하는 형태이다. 증권회사들이 운용하는 랩어카운트(Wrap Account)가 투자일임업에 해당하는 상품이다. 이후 은행들도 개인종합자산관리계좌(individual savings account : ISA)를 경쟁적으로 출시하여 투자일임업을 수행하고 있다.

그림 6-3 투자자문업과 투자일임업

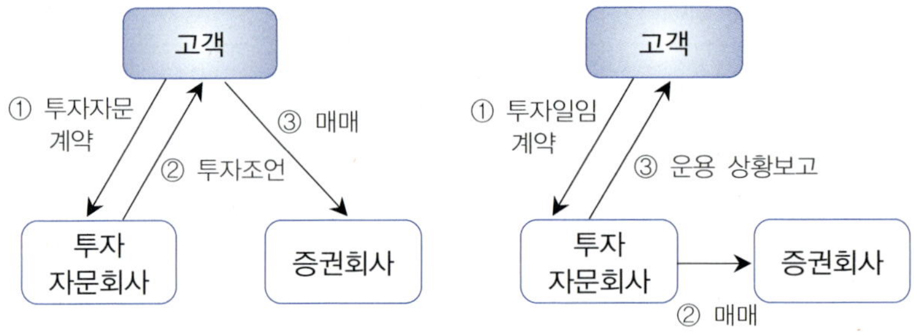

주요 용어

- 투자은행
- 자본시장법
- 투자매매업
- 투자중개업
- 집합투자업
- 투자자문업
- 투자일임업
- 신탁업
- 브로커업무
- 딜러업무
- 인수주선업무
- 신용공여업무
- 신용매수
- 공매도
- 증권저축업무
- 한국증권금융회사
- 예치금
- 상품유가증권
- 보관유가증권
- 영업용순자본
- 영업용순자본비율
- 수탁수수료
- 계약형 투자신탁
- 회사형 투자신탁
- 개방형
- 폐쇄형
- 뮤추얼펀드

연습 문제

1 자본시장법에서의 금융투자업을 6개의 영업으로 열거하시오.

2 증권회사의 고유업무, 부수업무, 겸영업무에 포함되는 내용들을 열거하고 이 업무들의 특징을 비교해서 설명하시오.

3 증권회사 재무상태표에 있는 예치금을 은행의 예치금과 비교해서 설명하시오.

4 증권회사의 대출채권과 은행의 대출채권의 내용을 비교해서 설명하시오.

5 영업용순자본(NC)의 개념을 설명하고 영업용순자본비율(NCR)을 산출하는 식을 제시하시오. 그리고 이 비율이 어느 정도의 값이 되어야 하는가를 설명하시오.

6 다음의 투자신탁에 대한 질문에 답하시오.

(1) 계약형 투자신탁과 회사형 투자신탁을 비교하시오.
(2) 회사형 투자신탁 중 개방형과 폐쇄형의 차이를 열거하시오.

제 7 장

보험회사

제 1 절 기초개념
제 2 절 보험회사의 업무
제 3 절 보험회사의 유형
제 4 절 재무상태표
제 5 절 손익계산서

1. 은행, 증권회사에 이어 보험회사도 금융시장을 구성하는 중요한 금융기관이다. 보험의 기능을 먼저 설명하고 보험과 관련된 기초개념을 살펴본다.
2. 그리고 보험회사의 고유업무, 부수업무, 겸영업무에 대해서 설명하고 보험회사의 유형을 생명보험회사와 손해보험회사로 구분해서 두 회사의 특징을 비교하도록 한다.
3. 보험회사의 재무상태표와 손익계산서를 제시하고 보험회사의 업무를 이와 연관해서 살펴보고 보험회사의 재무건전성을 나타내는 지급여력비율을 설명하겠다.

제 1 절 기초개념

1. 보험의 기능

현대 사회는 사회현상이 복잡하고 다양한 위험요소가 상존하기 때문에 각종 사고와 재난이 누구에게나 닥쳐 올 수 있다. 그러므로 경제규모가 커지고 사회가 복잡해질수록 사고와 재난으로 발생하는 손실을 커버해주는 보험의 효용은 더욱 커지게 된다.

(1) 긍정적 기능

보험의 주된 기능은 여러 유형의 사고와 재난에 대비하게 함으로써 보험가입자를 경제적 곤경으로부터 보호하고 안전성을 부여하는 것이다. 이는 위험발생에 대한 불안을 제거해 줌으로써 경제적으로나 정신적으로 안정감을 주어 각 주체의 경제활동을 촉진시키는 결과를 가져 온다.

또 다른 측면에서 보험은 투자기능도 담당한다. 보험은 거대한 자금이 적립될 수 있도록 한다. 왜냐하면 보험가입자에게서 받는 보험료는 선납적인 성격이 있는 반면, 상당한 기간이 지난 후에 보험사고가 발생하므로 이에 대한 보험금은 후납적인 성격이 있기 때문이다. 따라서 축적된 보험료는 매우 큰 자본을 형성하여 금융시장에서 큰 비중을 차지하고 국가 경제활동을 촉진하는 투자에 기여하게 된다.

(2) 부정적 기능

그러나 보험은 의도치 않은 사회적 비용을 초래하기도 한다. 보험을 이용한 사기와 범죄가 발생하고 보험금의 과다청구가 심각한 문제가 되기도 한다. 이러한 이유로 보험회사는 추가적인 보험금을 지급하고 손익을 맞추기 위해서 보험료를 인상하게 된다. 그 결과 선의의 보험가입자들에게 피해를 주게 된다.

2. 보험관련용어

보험관계를 정확하게 이해하기 위해서는 먼저 보험과 관련된 다음의 용어들을 알아 둘 필요가 있다.

(1) 보험상품

보험상품이란 위험보장을 목적으로 우연한 사건 발생에 대해서 약정한 금액을 지급할 것을 약정하고 대가를 수수하는 계약을 말한다. 이러한 보험상품에는 크게 생명보험상품과 손해보험상품, 두 종류가 있다. 이 중 생명보험상품은 사람의 생존 또는 사망에 대해서 약정한 금액을 지급할 것을 약속하는 것이고 손해보험상품은 우연한 사건으로 발생하는 손해에 대해서 약정금액을 지급할 것을 약속하는 계약이다.

(2) 보험회사

보험회사는 보험자 또는 보험업자라고도 한다. 보험회사는 보험상품을 판매하고 이를 구입한 다수의 보험계약자로부터 보험료를 받는다. 그리고 이를 대출, 유가증권, 부동산 등에 투자하여 수익을 올리고 보험 계약자의 노후, 사망, 질병, 사고가 발생한 경우에 보험금을 지급하는 업무를 영위한다. 판매하는 보험상품의 종류에 따라서 생명보험회사, 손해보험회사로 구분된다.

(3) 보험계약자, 피보험자, 보험수익자

① 보험계약자

보험계약자란 자기의 이름으로 보험회사와 보험계약을 맺은 사람을 말한다. 보험계약자는 계약당사자로서 보험료납입의무, 고지의무를 부담하는 한편, 보험금청구권, 계약해지권 등의 권리도 갖는다.

② 피보험자

피보험자는 생명보험과 손해보험에서 그 의미가 다르다. 생명보험에서 피보험자는 보험사고 발생의 객체로서 생명 또는 신체에 관해 보험이 붙어진 사람을 말한다. 그리고 손해보험에서 피보험자란 보험사고로 피해를 입게 되면 손해의 보상을 받는 사람을 말한다.

③ 보험수익자

보험수익자란 보험회사로부터 보험금을 받게 되는 사람으로서 보험계약자가 지정한 사람을 말한다. 손해보험에서는 피보험자가 곧 보험수익자가 되지만 생명보험에서는 피보험자와 보험수익자가 다를 수도 있다.

(4) 보험금과 보험료

① 보험금

보험사고가 발생한 경우 보험회사가 피보험자 또는 보험수익자에게 지급하기로 약정한 금액을 보험금이라고 한다.

② 보험료

그리고 보험회사가 보험금의 지급책임을 부담하는 대가로 보험계약자가 납부하는 금액을 보험료라고 한다. 보험료는 순보험료와 부가보험료로 구성된다. 여기서 순보험료는 보험금 지급에 충당되는 보험료이고 부가보험료는 계약모집과 관리 등 영업비를 충당하는데 해당되는 보험료이다.

순보험료는 다시 위험보험료와 저축보험료로 나뉜다. 여기서 위험보험료는 사고발생률(예정위험율이라고 한다)에 의해서 결정되는 부분이고 저축보험료는 보험회사의 자산운용수익률(예정이율이라고 한다)에 의해서 결정되는 부분이다. 따라서 예정위험율이 높으면 보험료는 올라가지만 예정이율이 높으면 보험료는 낮아지게 된다.

그림 7-1 보험료의 구성

<table>
<tr><td colspan="3">보험료</td></tr>
<tr><td colspan="2">순보험료
(보험금 지급)</td><td>부가보험료
(영업비 충당)</td></tr>
<tr><td>위험보험료
(예정위험률)</td><td>저축보험료
(예정이율)</td><td>부가보험료</td></tr>
</table>

3. 사회보험과 민영보험

(1) 보험의 구분

보험은 크게 사회보장제도의 차원에서 의무적으로 가입하는 사회보험과 개인들이 선택적으로 가입하는 민영보험으로 구분된다. 그리고 민영보험은 다시 생명보험과 손해보험으로 분류할 수 있다. 금융기관론을 공부하면서 주로 다루는 것은 민영보험이지만 먼저 사회보험에 대해서 간단하게 살펴보도록 한다.

(2) 사회보험의 내용

사회보험은 국민들의 질병이나 부상 또는 사망 등에 따른 어려움에 대비해서 기본 생활을 유지할 수 있도록 만들어진 사회보장제도이기 때문에 공적보험이라고 한다. 즉, 정부가 사회정책을 수행하기 위하여 보험의 원리를 도입해서 독점적으로 운영하는 것이라고 할 수 있는데 보장수준은 사회적으로 최저수준이다. 따라서 개인들은 선택적으로 더 높은 보상을 위해서 민영보험(사적 보험)에 가입하는 것이다.

우리나라에서 운영되고 있는 사회보험에는 직장을 다니면서 의무적으로 가입하는 국민건강보험, 국민연금, 산업재해보험, 고용보험이 '4대 보험'이 있었는데 2008년에 노인장기요양보험이 추가로 도입되면서 '5대 보험'으로 확대되었다.

사회보험과 민영보험의 특징을 비교하여 제시하면 [표 7-1]과 같다.

표 7-1 사회보험과 민영보험의 비교

비교항목	사회보험	민영보험
가입	의무적 가입	선택적 가입
운영주체	정부	민간기업
도입취지	사회적 형평성	개인별 만족도
보장수준	사회적 최저수준	보험료수준에 따라 변동
보험금지급기준	법률	계약

제 2 절 보험회사의 업무

1. 고유업무

보험회사의 업무도 은행 또는 증권회사와 마찬가지로 크게 고유업무, 부수업무, 그리고 겸영업무로 구분할 수 있다. 이 중에서 고유업무란 보험회사의 본질적 기능에서 출발한 업무로서 보험업을 말한다.

보험업이란 보험상품의 취급과 관련하여 발생하는 보험의 인수, 보험료 수수 및 보험금 지급 등을 영업으로 하는 것을 말한다. 이를 위험사업이라고도 한다. 즉, 보험가입자는 보험료를 보험회사에 지급하는 대가로 자신의 위험을 보험회사에 전가시킨다. 그리고 보험회사는 위험을 인수하는 대가로 보험료를 받고 일정한 사건이 발생하면 약정한 보험금을 지급하는 것이다.

여기서 생명보험상품을 취급하면 생명보험회사가 되고 손해보험상품을 취급하면 손해보험회사가 된다.

2. 부수업무

보험회사의 고유업무인 보험업을 원활하게 수행할 수 있도록 보험회사에는 다음과 같은 부수업무가 허용되고 있다.

① 다른 보험회사를 위한 보험거래의 중개 또는 대리업무
② 보험회사의 인력과 자산 및 설비 등을 활용하는 보험수리업무
③ 기업의 인수 및 합병과정에서의 중개업무
④ 대여금고업무

여기서 보험수리업무란 사고발생가능성(위험)을 계산하고 이에 맞는 보험상품을 개발하는 업무를 말한다.

3. 겸영업무

보험회사는 고유업무와 부수업무에서 언급하지 않은 업무들 중에서도 경영건전성을 해치거나 보험계약자 보호 및 건전한 거래질서를 해칠 우려가 없는 업무를 겸영업무로 수행할 수 있다.

한편 우리나라에서는 생손보겸영금지의 원칙이 있는데 이는 하나의 보험회사가 생명보험업과 손해보험업을 동시에 할 수 없는 것을 말한다. 생명보험과 손해보험의 겸영을 금지하는 취지는 두 보험이 담보하는 위험의

종류와 크기가 다르고 보험기간이나 판매방법에서도 큰 차이가 있어서 두 가지 보험을 겸영하게 되면 한쪽 사업 분야에서 발생하는 손실이 다른 쪽 사업 분야로 파급되어 보험계약자들이 부당한 손실을 입을 가능성이 높아지기 때문이다.

제 3 절 보험회사의 유형

1. 생명보험회사

(1) 의 의

생명보험회사란 인체와 관련된 사고에 대하여 보험금을 지급하기로 약속한 보험증서를 발행하여 보험계약자로부터 보험료를 징수하고, 이 자금을 각종 투자에 운용하는 금융기관이다.

생명보험회사는 보험료를 받아서 조달된 자금을 예금·유가 증권·부동산·신탁 등에 운용하여 수익을 올리고 보험사고가 발생하면 보험계약자에게 보험금을 지급한다.

(2) 보험상품

생명보험회사가 취급하는 보험상품은 피보험자를 기준으로 크게 개인보험과 단체보험으로 구분할 수 있다.

개인보험에는 보험금지급조건에 따라서 사망보험, 생존보험, 양로보험, 연금보험 등이 있는데 사망보험(term insurance)은 피보험자가 일정한 기간 내에 사망하면 보험금을 지급하는 상품으로 보장성 기능을 갖는다. 이에 비해서 생존보험(endowment)은 일정한 계약기간을 정하여 계약기간이 종료될 때까지 피보험자가 생존하면 보험금을 지급하는 상품으로 저축성 기능을 갖는다. 교육보험, 연금보험 등이 이에 해당된다. 그리고 양로보험(whole life insurance)은 보장성 기능과 저축성 기능을 절충한 상품으로 생사혼합보험이라고 하는데 계약기간 내에 사망하면 수익자에게 보험금을 지급하고 생존하면 피보험자에게 생존급부금을 지급하는 상품이다. 연금보험은 피보험자가 생존하였을 경우에 주기적으로 연금을 지급하다가 사망하였을 때에는 중단하는 보험이다.

단체보험에는 일반단체보험과 퇴직보험이 있는데 일반단체보험은 고용주가 피고용자 전체를 대상으로 보험을 들어서 피고용자들의 사망, 질병, 상해 등의 재해로 인한 손실위험을 보험회사에 전가하는 보험상품이다. 퇴직보험은 피보험자가 보험기간 중 퇴직하는 경우 퇴직금을 보험금으로 지급하는 보험이다.

그림 7-2 생명보험상품의 종류

<table>
<tr><td rowspan="5">생명보험</td><td rowspan="4">개인보험</td><td>사망보험</td><td>- 정기보험
- 종신보험</td></tr>
<tr><td>생존보험</td><td>- 연금보험
- 교육보험</td></tr>
<tr><td>생사혼합보험</td><td>- 양로보험</td></tr>
<tr><td>건강보험</td><td>- 상해보험
- 질병보험</td></tr>
<tr><td>단체보험</td><td colspan="2">- 일반단체보험
- 퇴직보험</td></tr>
</table>

2. 손해보험회사

(1) 의 의

손해보험회사란 화재, 도난, 사고나 부주의로 인하여 발생하는 재산상의 손실에 대하여 보험금을 지급하기로 약속한 보험증서를 판매하고, 그 대가로 보험료를 받아서 조달된 자금을 각종 투자에 운용하는 금융기관이다.

(2) 보험상품

손해보험회사가 취급하고 있는 보험상품은 그 부보대상에 따라 화재보험, 해상보험, 자동차보험, 보증보험 등이 있다.

화재보험은 화재로 인하여 발생하는 손해를 보상하는 보험이다. 그리고 해상보험은 해상사업에 관계되는 사람들의 재산을 항해에 관련된 위험으로부터 보호하기 위한 보험이다. 최근에는 위험의 범위가 확장되어 항해와 직접 관련되지 않는 위험까지도 담보하는 추세이다.

자동차보험은 자동차를 소유하고 사용하는 동안에 발생한 사고로 인하여 생기는 피보험자의 손해를 보상해 주는 보험이다. 보증보험은 보험계약자가 피보험자에게 법률상의 의무불이행 또는 계약상의 채무불이행으로 손해를 입히는 경우에 그 손해를 보상해주는 보험이다.

(3) 생명보험과의 비교

손해보험은 생명보험에 비하여 다음과 같은 차이점을 갖고 있다.

첫째, 손해보험의 보험기간은 생명보험에 비해서 짧은 편이다.

둘째, 손해보험의 경우에는 생명보험에 비해서 사고의 발생확률을 추정하기 어려워 현금유출입을 예측하기 어렵다.

셋째, 생명보험은 저축성 기능이 많은데 비해서 손해보험은 저축성 기능이 없다.

(4) 원보험과 재보험

손해보험의 경우 대규모 사고에 대한 위험분산의 목적으로 재보험에 가입하는 경우가 많다. 예를 들어서 어떤 보험회사가 인수한 보험계약상의 책임의 전부 또는 일부를 다른 보험회사가 인수하는 경우에는 전자를 원보험(또는 원수보험)이라 하고, 후자를 재보험이라 한다. 세계적으로 유명한 재보험기관으로는 영국의 보험업자단체인 로이드(Lloyd)가 있고 우리나라에서는 코리안리(Korean Re)라는 재보험회사가 있다. 그리고 재보험자도 원보험자로부터 인수받은 위험을 다시 다른 보험업자에게 부보시킬 수 있는데 이를 재재보험이라고 한다.

제 4 절 재무상태표

1. 재무상태표의 예시

(1) 보험회사 재무상태표

지금까지 설명한 보험회사의 업무를 재무제표와 연관시켜서 살펴보겠다. 우선 보험회사의 재무상태표를 [표 7-2]에 제시하였다. 실제 계정과목들은 이보다 복잡하고 다양하지만 여기서는 중요한 계정을 중심으로 간단하게 만들었다.

(2) 보험회사 재무상태표의 특징

우리가 자주 접하는 재무제표는 제조기업의 재무제표이고 앞서 은행과 증권회사의 재무제표를 살펴보았으므로 [표 7-2]로 제시된 보험회사의 재무상태표에 나타난 특징을 이들의 재무상태표와 비교해본다.

첫째, 자산 쪽을 보자. 은행, 증권회사와 마찬가지로 보험회사도 금융기관이므로 제조업에서 흔히 볼 수 있는 재고자산이 없다. 다만 보험회사는 보험계약자로부터 받은 보험료를 운용하는 수단으로 금융자산과 대출채권을 보유하고 있는데 이것이 큰 비중을 차지한다.

둘째, 부채 쪽을 보자. 제조업의 경우에는 원재료 등 매입과 관련된 매

표 7-2 보험회사의 재무상태표

재무상태표

××년 12월 31일 현재

가나보험(주) (단위: 천억 원)

계정과목	금액	계정과목	금액
1. 현금 및 예치금	480	1. 책임준비금	1,885
2. 금융자산	810	2. 보험미지급금	20
3. 대출채권	950	3. 차입금	415
4. (재보험자산)	(200)	1. 자본금	34
5. 유형자산	162	2. 자본잉여금	6
6. 기타자산	100	3. 이익잉여금	142
자산합계	2,502	부채와 자본합계	2,502

( )안의 재보험자산은 손해보험회사의 경우에 해당됨.

입채무가 중요한 영업부채가 된다. 그리고 은행은 고객에게 받은 예금이 중요한 부채이고 증권회사는 고객으로부터 조달한 예수금과 다른 금융기관으로부터 빌린 차입금이 중요한 부채항목이 된다. 이에 비해서 보험회사는 보험계약자들에게 향후 지급해야 할 보험금(책임준비금)이 가장 큰 부채항목이 된다.

셋째, 자본 쪽을 보자. 앞에서 설명한 은행과 증권회사의 재무구조에서 확인하였듯이 보험회사도 자본의 규모에 비해서 부채규모가 매우 큰 편이다. 따라서 일반기업에 비해서 부채비율이 높게 나타난다.

2. 자산의 구성

(1) 현금과 예치금

보험회사의 재무상태표를 보면 주요한 자산항목은 현금, 예치금, 금융자산, 그리고 대출채권 등으로 은행이나 증권회사의 재무상태표와 유사한 구성을 보이고 있다. 현금은 영업목적으로 보유하고 있는 현금으로 고객이 인출을 요구할 때를 대비해서 보관하고 있는 것이다.

보험회사의 예치금은 대부분 예금인데 은행과 증권회사가 관계법령에 의거하여 의무적으로 예치금을 쌓아야 하는 것과는 차이가 있다.

(2) 금융자산

사고발생시 보험계약자에게 보험금을 지급하려면 보험회사는 보험료를 받아서 이를 잘 운용하여 수익을 내야 한다. 보험료를 받아 운용하는 방법으로 금융자산에 투자할 수 있는데 주식, 채권, 수익증권 등이 이에 해당된다.

(3) 대출채권

보험회사도 고유업무는 아니지만 대출업무를 수행한다. 보험계약자가 장기간 보험료를 납입하다보면 도중에 급한 자금이 필요할 때가 있을 것이다. 보험회사는 보험계약자가 납입한 보험료 안에서 대출을 해주는데 이것이 약관대출이다. 대개 보험해약 시 받게 되는 환급금의 70~80% 범위에서 간단한 절차로 대출을 받을 수 있는데 보험회사의 대출채권을 구성하는 가장 큰 항목이다. 이외에도 담보대출금, 신용대출금도 상당한 비중을 차지한다.

(4) 재보험자산

손해보험회사의 경우에는 대규모 사고에 대한 위험분산의 목적으로 재보험에 가입하는 경우가 많다고 하였다. 이는 보험자가 인수책임을 다른 보험자에게 부보하는 것인데 전자를 원수보험자(또는 출재보험자)라고 하고 후자는 재보험자(또는 수재보험자)라고 한다. 이렇게 다른 손해보험회사에 재보험을 들고 보험료를 납부하고 있다면 이는 당해 손해보험회사에게 자산이 될 것이다. 이를 재보험자산(또는 출재지급준비금)이라고 한다. 생명보험회사에도 있을 수 있지만 대개 손해보험회사에서 볼 수 있는 항목이다.

3. 부채와 자본의 구성

(1) 책임준비금

책임준비금이란 보험회사가 향후 보험계약자가 보험금지급을 청구하거나 보험을 해약하여 해약금지급을 청구할 때에 계약상 책임이행을 위하여 회사내부에 적립하는 금액을 말한다.

이를 보험계약준비금이라고도 하는데 보험회사에게 특유한 의무적립금의 하나이다. 책임준비금은 보험계약자가 낸 수입보험료에서 적립한다.

보험회사는 이 금액에 해당되는 지급능력을 항상 가지고 있어야 하는데 그 지급능력을 지급여력이라고 한다. 흔히 책임준비금의 100%에 해당하는 지급능력을 갖추고 있으면 지급여력비율을 맞췄다고 한다.

(2) 보험미지급금과 차입금

보험미지급금은 보험금 지급에 해당하는 사고가 발생하여 보험계약자에게 지급해야 할 보험금을 아직 지급하지 못하고 있는 것이다. 즉, 보험금지급이 확정되었는데 지급이 이루어지지 않은 미지급보험금을 말한다.

보험회사도 다른 금융기관으로부터 조달하거나 사채를 발행해서 장기자금을 조달하는데 이는 차입금에 해당된다. 또한 은행과 마찬가지로 콜머니와 RP발행(매도)이 차입금을 구성한다.

(3) 자 본

보험회사의 자본구성은 은행이나 증권회사의 자본구성과 기본적으로 동일하다. 자본금은 발행주식수에 1주당 액면금액을 곱한 금액이며 잉여금은 자본거래에서 발생한 자본잉여금과 영업거래에서 발생한 이익잉여금으로 구성된다.

보험회사도 다른 금융기관처럼 부채비율이 매우 높은 편이다. [표 7-2]의 사례기업을 보면 부채는 2,320(=1,885+20+415)인데 자본은 182(=34+6+

142)에 불과하여 부채비율이 1,275%(=2,320/182)에 달한다.

4. 지급여력비율

(1) 자본건전성

은행 및 증권회사와 마찬가지로 보험회사의 경우에도 자본의 건전성을 관리하기 위한 지표가 있는데 지급여력비율이 그것이다. 금융당국은 지급여력비율을 이용해서 보험회사가 각종 리스크를 체계적으로 파악하여 이에 상응하는 자본을 보유하게 함으로써 미래의 불확실성에 대비하도록 한다.

(2) 지급여력비율

보험회사는 만기가 되거나 보험금 지급 사유가 발생하면 계약자에게 돈을 지급해야 하는데 회사가 실제 지급할 수 있는 돈이 얼마나 되는가를 나타낸 것이 지급여력이다. 구체적으로 지급여력은 자산에서 부채를 차감하고 내부유보자산을 더한 값(자산-부채+내부유보자산)으로 측정하며 위험기준 자기자본(Risk-Based Capital : RBC)이라고도 한다. 그래서 지급여력비율을 RBC비율이라고도 부른다.

$$\text{지급여력비율}(\%) = \frac{RBC}{\text{책임준비금}} \times 100 \qquad \text{[식 7-1]}$$

위 식에서 분모의 책임준비금은 보험회사가 계약자에 대한 보험금을 지급하기 위해 적립시켜야 할 금액이다. 지급여력이 책임준비금보다 작으면 지급여력비율이 100미만이 되는데 금융당국은 이러한 보험사를 퇴출시킬 수 있다. 우리나라 금융당국은 지급여력비율을 150% 이상이 되도록 권고하고 있다.

제 5 절 손익계산서

1. 손익계산서의 예시

(1) 보험회사 손익계산서

이번에는 보험회사의 업무와 연관시키면서 보험회사의 손익계산서를 살펴보겠다. 보험회사의 손익계산서를 [표 7-3]에 제시하였다. 중요한 계정을 중심으로 간단하게 만들었다.

표 7-3 보험회사의 손익계산서

손익계산서

××년 1월 1일부터 ××년 12월 31일까지

가나보험(주) (단위: 천억 원)

계정과목	금액	
Ⅰ. 영업수익		
보험료수익	92	
이자수익	18	
(재보험금수익)	(10)	110
Ⅱ. 영업비용		
책임준비금전입액	47	
지급보험금	27	
(재보험료비용)	(8)	
사업비	10	84
Ⅲ. 영업이익		26
Ⅳ. 영업외수익		2
Ⅴ. 영업외비용		3
Ⅵ. 법인세차감전순이익		25
Ⅶ. 법인세		5
Ⅷ. 당기순이익		20

(2) 보험회사 손익계산서의 특징

[표 7-3]에서 제시된 보험회사의 손익계산서를 제조기업의 손익계산서와 비교하면서 그 특징을 설명하겠다.

첫째, 제조기업의 경우에는 제품을 판매한 금액, 즉 매출액이 단일항목으로 영업수익을 구성한다. 이에 비해서 보험회사의 영업수익은 보험료수익과 이자수익(그리고 재보험수익)이 대부분을 차지한다. 은행은 이자수익이 더 크지만 보험회사는 보험료수익이 훨씬 더 큰데 이는 두 금융기관의 주된 업무를 생각해보면 자연스러운 결과이다.

둘째, 제조기업의 경우 영업비용은 매출원가, 판매비와 일반관리비로 구성된다. 이에 비해서 보험회사의 영업비용은 책임준비금전입액이 가장 크고 보험금지급액이 그 다음이다. 그리고 손해보험회사의 경우에는 재보험가입에 따른 보험료비용이 있다. 판매비와 일반관리비는 생명보험회사나 손해보험회사에서 모두 사업비라고 부른다.

셋째, 일반적으로 영업수익에서 영업비용을 차감하여 영업이익을 제시하지만 수수료부문, 이자부문으로 구분해서 순이자이익, 순수수료이익 등과 같이 영업활동별로 순이익을 산출하기도 한다.

2. 영업수익

(1) 보험료수익

보험료수익은 보험회사가 보험계약자들로부터 받는 보험료를 말한다. 보험료수익은 보험회사의 수익원 중 가장 중요하며 큰 비중을 차지한다. 보험회사의 고유업무인 보험업에서 발생하는 수익이라고 할 수 있다.

생명보험은 개인보험과 단체보험으로 구분되고 개인보험은 다시 생존보험, 사망보험, 생사혼합보험 등으로 구분되므로 보험료수익도 이 구분에 따라서 집계한다. 손해보험도 화재보험, 해상보험, 자동차보험 등으로 구분되므로 보험료수익도 구분해서 파악한다.

(2) 이자수익

보험회사의 이자수익에는 다음과 같이 두 가지 중요한 항목이 있다. 첫째는 보험회사가 보유하고 있는 다양한 금융자산에서 발생하는 이자수익이다. 둘째는 보험약관대출, 부동산담보대출, 신용대출 등 대출채권에서 발생하는 이자수익이다.

(3) 재보험수익

만약 어떤 보험회사가 재보험사의 입장이 되어 다른 보험회사(원수보험회사)에게 재보험상품을 판매하였다면 그 보험회사로부터 재보험료를 받을 것이다. 이는 영업수익 중 재보험료수익이 될 것이다. 이와는 반대의 입장에서 어떤 보험회사가 원수보험회사가 되어 다른 보험회사에 재보험을 가입하였다면 그 보험회사에 재보험료를 납부해야 할 것인데 이는 영업비용 중 재보험료비용이 된다.

3. 영업비용

(1) 책임준비금전입액

책임준비금은 장래 보험금이나 해약환급금을 지급하기 위해서 보험료의 일정액을 적립해야 하는 금액이다. 보험료수익이 매년 변동하고 이에 따라 적립해야 할 금액도 매년 변동하게 되므로 부족한 금액은 추가로 적립해야 하는데 이를 책임준비금전입액이라고 한다.

책임준비금은 보험회사의 손익에 직접적인 영향을 주는 항목이기 때문에 매 결산기마다 계약종류별로 책임준비금을 산출하여 과부족을 체크하도록 규정하고 있다.

(2) 지급보험금

생존보험, 사망보험, 생사혼합보험, 각각의 경우에 보험금을 지급할 사유가 발생하면 보험계약자에게 보험금을 지급해야 한다. 그리고 만기 이전에 보험을 해약하는 경우 해약금을 지급해야 하는데 이 역시 지급보험금과 같은 성격의 영업비용이 된다. 이들 항목은 책임준비금전입액과 함께 보험회사의 중요한 비용항목이다.

(3) 사업비

사업비는 보험계약을 새로 유치하거나 이를 유지하는데 발생하는 비용이다. 제조기업이나 다른 금융기관의 판매비와 관리비에 해당되는 항목이다. 사업비는 구체적으로 신계약비와 유지비로 구분되는데 신계약비는 판매비와 성격이 유사하고 유지비는 관리비와 성격이 유사하다. 그래서 신계약비에는 수당과 판매촉진비가 큰 비중을 차지하고 유지비에는 인건비(급여, 상여금, 복리후생비, 퇴직금 등), 세금공과, 감가상각비 등이 큰 비중을 차지한다.

4. 영업외수익과 비용

영업외수익과 비용의 경우 보험회사의 정상적인 영업목적과는 직접적으로 관련이 적은 거래로 발생하는 손익항목들이다.

대표적인 항목들을 예로 들면 유형자산의 처분에 따른 손익, 부동산 등을 임대해서 받는 임대료, 그리고 종속기업 및 관계기업에 투자한 경우 해당기업의 경영성과로 나타나는 투자손익이 이에 해당된다.

주요 용어

- 보험자
- 보험계약자
- 피보험자
- 보험수익자
- 보험료
- 보험금
- 보험인수
- 보험수리
- 생명보험
- 개인보험
- 사망보험
- 생존보험
- 양로보험
- 연금보험
- 일반단체보험
- 퇴직보험
- 손해보험
- 화재보험
- 해상보험
- 보증보험
- 재보험
- 재보험자산
- 책임준비금
- 지급여력비율
- 위험기준자기자본(RBC)
- 사업비
- 재보험료비용

연습 문제

01 보험을 둘러싼 이해관계자로 보험자, 보험계약자, 피보험자, 보험수익자를 간단하게 비교해서 설명하시오.

02 생손보겸영금지의 원칙을 간단하게 설명하고 그 필요성을 제시하시오.

03 생명보험을 개인보험과 단체보험으로 구분해서 각각에 해당되는 보험상품을 아는대로 제시하시오.

04 손해보험을 생명보험과 비교해서 차이점을 열거하시오.

05 사망률을 예정위험률로 보고 이의 증가가 사망보험료와 생존보험료에 미치는 영향을 설명하시오.

06 보험회사의 재무상태표를 대상으로 다음 물음에 답하시오.

(1) 자산항목 중 생명보험회사와는 달리 손해보험회사에서 특징적으로 볼 수 있는 항목을 설명하시오.

(2) 부채항목 중 가장 큰 비중을 차지하는 항목을 설명하시오.

07 보험회사의 자본건전성를 측정하는 지급여력비율에 대해서 설명하고 이 값이 어느 정도의 수준을 유지해야 하는지 제시하시오.

제 8 장

부외업무

제 1 절　기초개념

제 2 절　부외거래의 유형

제 3 절　신용장

제 4 절　파생금융상품의 거래

제 5 절　방카슈랑스

1. 은행의 주된 수입원은 수입이자에서 지급이자를 차감한 예대마진이다. 이때 수입이자는 재무상태표의 대출채권에서 만들어지고 지급이자는 고객예금에서 발생하는 것이다.
2. 최근 치열한 경쟁적 환경에서 많은 은행들은 예대마진이외의 다양한 수입을 얻기 위한 활동을 하는데 이 중에는 재무상태표에 나타나지 않는 부외업무가 많다.
3. 보증, 대출약정, 대출채권 매각 등은 전통적인 부외업무이지만 파생금융상품의 트레이딩, 방카슈랑스와 같은 업무도 은행의 손익에 큰 영향을 주는 부외업무이므로 이들에 대해서 살펴본다.

제 1 절 기초개념

1. 부외업무의 의의

금융기관은 고객의 돈을 받아서 자금을 조달하고 이 자금을 대출이나 금융자산에 투자하는 방식으로 운용한다. 이렇게 운용해서 올린 수익에서 고객에게 이자를 지급하고 나면 금융기관의 이익이 된다. 이와 같은 업무가 금융기관의 기본적인 금융중개업무라고 할 수 있다. 그리고 이러한 업무에서 고객이 맡긴 돈은 금융기관의 부채로 재무상태표에 나타나고 대출이나 금융자산에 투자한 돈은 금융기관의 자산으로 역시 재무상태표에 나타난다.

그런데 금융기관의 영업활동 중에는 이렇게 재무상태표에 나타나지 않는 업무도 있다. 예를 들면 기업의 부채에 대해서 지급보증을 한다든가 또는 신용장을 발행해주고 수수료를 받을 수도 있다. 그리고 파생금융상품을 거래하여 이익을 올리거나 손실을 볼 수도 있다. 이러한 업무들은 금융기관의 손익에는 큰 영향을 줄 수 있지만 거래내역이 재무상태표에는 나타나지 않기 때문에 부외업무(off-balance sheet activity)라고 한다.[1] 요약하면 부외업무란 금융기관의 손익에는 영향을 미칠 수 있지만 재무상태표에는 나타나지 않는 활동을 말한다.

2. 부외업무의 특성

금융기관의 부외업무는 어떤 우발적 사건이 발생함으로써 재무상태표에 나타나게 되는 특성이 있다. 그리고 최근에 와서 부외업무의 형태가 다

---

1) 이와 대비해서 예금과 대출 등 거래내역이 재무상태표에 나타나는 업무는 부내업무(on-balance sheet activity)라고 부른다.

양해지고 거래규모도 계속 확대되면서 금융기관의 수익성에 큰 영향을 미치고 있다.

(1) 우발성

부외업무는 우발적 약정(contingency commitment)의 성격을 갖는다고 한다. 이는 계약상 특정한 우발적 사건이 발생하면 재무상태표상의 자산 또는 부채로 나타나지만 만약 그 사건이 발생하지 않으면 계약은 소멸하여 없어지는 것을 말한다.

따라서 부외업무는 지금 당장은 아니지만 거래의 결과가 나중에 재무상태표에 나타날 수 있다. 먼저 특정한 조건의 우발적 사건이 발생하면 재무상태표에 부채로 나타날 수 있는 것이 있다. 예를 들어 보증수수료를 받고 기업에 대한 지급보증을 서 주었는데 해당기업이 부도가 나면 그 기업의 부채를 금융기관이 떠안아야 한다. 이렇게 되면 금융기관의 재무상태표에 명시적인 부채가 되는 것이다. 이렇게 특정 사건의 발생으로 재무상태표에 부채로 나타날 수 있는 것을 부외부채(off-balance sheet liability)라고 한다. 이와 반대로 우발적 사건의 발생으로 재무상태표상의 명시적인 자산이 될 수 있는 것은 부외자산(off-balance sheet asset)이라고 한다.

(2) 등장배경과 추세

금융시장에서는 금리자유화와 금융자율화가 진행되면서 금융기관들 사이의 경쟁이 심화되었고 그 결과 전통적인 금융중개업무에서는 수익성이 낮아지게 되었다. 이에 대응하기 위하여 금융기관들은 다양한 영역에서 수익성이 높은 부외업무를 찾게 되었다.

그리고 전통적인 여수신업무에서는 금융당국이 여러 형태의 규제를 엄격하게 적용하기 때문에 금융기관들은 이를 피하기 위한 방법으로 규제를 덜 받는 부외업무를 활용하게 되었다.

최근 금융위험의 증가와 이를 관리하고자 하는 수요의 증대로 선물과 옵션 등 다양한 파생금융상품이 등장하였다. 상대적으로 금융변수의 예측에 대해서 우월적 위치에 있는 금융기관들이 이들 파생금융상품을 거래하면서 금융기관의 업무 중에서 부외업무가 차지하는 비중은 더 높아지고 있다.

제 2 절 부외거래의 유형

1. 보 증

(1) 의 의

은행은 보증(guarantees)을 서주는 대가로 수수료를 받는다. 보증은 은행이 오래 전부터 수행해 오는 업무로서 보증에 대한 수입수수료는 은행의 중요한 수익원 중의 하나이다.

보증의 종류는 다양한데 기업이 대출을 받거나 회사채를 발행할 때 그 원리금 상환에 대한 지급을 보증하는 것이 대표적이다. 그리고 수출이나 건설공사와 관련해서 입찰보증, 계약이행보증 등이 있으며 수출과 같은 원거리의 물품거래에서 자주 이용되는 신용장 관련 지급보증도 중요한 보증 업무에 해당된다.

(2) 보증의 유형

① 지급보증

기업이 대출을 받거나 회사채를 발행하는 경우 만약 원리금을 상환하지 못하면 이를 은행이 대신 지급할 것을 약속하는 보증을 설 수 있다. 회사채를 발행하는 기업의 입장에서 수수료를 내고 은행으로부터 보증을 받는다면 더 낮은 금리로 유리한 조건의 회사채를 발행할 수 있을 것이다. 금융기관의 지급보증을 받은 회사채는 보증사채, 그렇지 않은 회사채는 무보증사채라고 하는데 당연히 보증사채가 더 안전하므로 금리수준도 더 낮은 수준이다. 보증사채의 가치에서 무보증사채의 가치를 차감한 값이 보증의 가치가 된다.

② 입찰보증

입찰보증(bid bond)은 수출이나 공사를 수주하는 경쟁입찰에서 낙찰을 받고도 수출자나 수주자가 입찰 조건에 따라 계약을 체결하지 않는 경우 수입자나 발주자가 입게 되는 손실을 보전하기 위한 보증이다.

③ 계약이행보증

계약이행보증(performance bond)은 수출 또는 공사수주의 경우 수출자 또는 수주자가 계약을 체결한 이후 계약내용을 이행하지 않는 경우 수입자 또는 발주자가 입는 손실에 대해서 금융기관이 보상해주는 것이다.

신용장관련 지급보증은 뒤에서 자세하게 살펴보도록 한다. 이렇게 다양한 보증을 통해서 신용도가 낮은 거래당사자는 은행의 신용을 이용해서 원활한 거래를 할 수 있다. 그리고 이러한 보증이 은행에게는 중요한 수수료 수익원이 되고 있다.

(3) 우발성

이러한 보증을 받은 기업이 정상적으로 채무를 상환하거나 계약을 이행하면 은행은 보증에 따른 수수료를 챙기는 것으로 보증거래는 종료될 것이다. 그러나 채무를 상환하지 못하거나 계약을 이행하지 못하는 상황이 발생하면 보증금액이 은행의 재무상태표에 부채항목으로 나타나게 된다. 이러한 이유로 보증은 일종의 조건부 부채(contingent liability)의 성격을 갖는다. 따라서 금융기관의 가치를 평가할 때에는 이러한 조건부 항목들을 중요하게 고려해야 하는 것이다.

2. 대출약정

(1) 의 의

대출약정(loan commitment)이란 은행이 일정한 기간을 정해서 고객에게 미리 정한 금리수준으로 일정한 금액까지 대출해주겠다고 약속하는 계약이다. 고객의 입장에서는 이 기간 중에 돈이 필요하면 은행에서 대출을 받아서 사용하고 그렇지 않으면 대출을 받지 않고 계약이 종료되는 것이다. 이 기간 중에 언제든지 고객이 대출을 받겠다고 신청할 수 있으므로 은행은 어느 정도의 자금을 준비해야 하는 부담을 지게 된다.

(2) 대출약정의 성격

대출약정을 체결한다는 것은 고객의 입장에서는 은행으로부터 대출옵션을 매입하는 것이다. 즉, 고객은 자기가 필요할 때에 옵션을 행사하여 대출을 받는 것이고 은행은 옵션을 매도한 것이므로 옵션행사에 응해야 한다. 여기서 옵션을 매도한 대가로 수수료를 받는 것이다. 대개 은행은 대출약정을 맺을 때에 1차적으로 약정수수료를 받는다. 그리고 약정기간이 종료될 때에는 종료시점까지 사용하지 않은 약정금액에 대해서도 미사용수수료(또는 종료수수료)를 받는다.

이러한 대출약정은 약정체결 시점에서는 재무상태표에 나타나지는 않지만 고객이 대출을 받으면 재무상태표에 자산(대출채권)으로 명시된다.

당좌예금계좌를 가진 고객이 일정한 한도 내에서 계좌의 잔고를 초과하여 당좌수표로 발행할 수 있는 당좌대월, 그리고 수시로 계좌잔고 이상의 금액을 사용할 수 있는 마이너스통장도 모두 대출약정에 해당된다.

3. 대출채권 매각

(1) 의 의

은행은 부외업무의 하나로 대출채권을 매각하여 수익을 창출한다. 대출채권의 매각(loan sale)이란 은행이 보유하고 있는 특정 대출에서 나오는 전체 현금흐름 또는 부분적인 현금흐름을 다른 기관에게 매각하는 계약이다.

(2) 효 과

은행은 대개 처음에 대출한 금액보다 높은 금액으로 대출채권을 매각함으로써 매각에 따른 이익을 얻게 된다. 이를 매입하는 기관은 매입하는 대출채권에 적용되는 높은 금리가 매력적이어서 이를 사들이지만 이는 처음의 대출금리보다는 약간 낮은 편이기 때문에 매각은행에게 이익이 되는 것이다.

이러한 경우 은행은 처음의 대출업무에 대한 수수료를 받고 매각자금을 대출하면서도 수수료를 받을 수 있다. 또한 대출채권 매각의 유형에 따라서는 매각은행이 차입자의 원리금을 받아서 매입기관에게 전달하는 경우도 있는데 이때에는 전달에 대한 수수료도 받을 수 있다.

(3) 우발성

대출채권을 매각하면 은행의 재무상태표상 자산항목에서 제거된다. 그럼에도 불구하고 이를 부외업무라고 보는 이유는 무엇일까? 은행은 매각한 대출채권에 문제가 생겨서, 즉 차입자가 원리금을 상환하지 못하는 경우가 되면 이를 매각하였다고 해도 실제로는 이로부터 완전하게 자유로워진 것은 아니기 때문이다.

만약 대출채권을 매입한 기관이 소구권을 갖고 있다면 당연히 매각은행이 부도위험을 부담해야 할 것이다. 소구권이 없다고 해도 금융시장에서의 계속 거래를 위해서는 신용을 생각해야 하기 때문에 실제로는 어느 정도

책임을 부담할 수도 있다. 따라서 부외부채 또는 부외자산의 가능성이 있는 것이다.

4. 트레이딩

(1) 의 의

은행은 물론 거의 모든 금융기관들은 금리변동위험에 노출되어 있다. 소극적으로는 금리변동으로부터 손실이 생기지 않도록 금리위험을 헤지하기도 하고 한편으로는 적극적으로 금리변동을 이용해서 이익을 얻기 위한 전략을 구사하기도 한다.

이러한 전략은 비단 금리변동뿐만 아니라 환율변동에 따른 위험에서도 마찬가지이다. 국제금융업무를 수행하는 은행들은 외환시장에서 발생하는 환율변동위험에 민감할 수밖에 없다. 더 나아가서 고객의 돈으로 운영하는 금융자산에는 주식도 포함될 수 있다. 개별종목으로 주식에 투자하지 않더라도 펀드를 운용하면서 주가변동에 의해서 손익에 영향을 받게 된다.

금리, 환율, 주가변동을 관리하기 위해서 많은 금융기관들이 파생금융상품시장에서 선물과 옵션을 거래하고 스왑을 체결하기도 하는데 이를 트레이딩업무(trading activity)라고 한다.

(2) 트레이딩의 특성

은행의 트레이딩업무는 재무상태표에 직접적으로 명시되지 않기 때문에 부외업무에 해당된다. 트레이딩업무를 수행하는 목적에는 위험을 줄이거나 업무의 효율성을 높이기 위한 측면이 있다. 이는 파생금융상품이 갖는 헤지효과를 이용해서 미래의 불확실성을 제거하는 것이다.

이와는 반대로 파생금융상품은 미래의 불확실성을 증대시키는 기능도 있다. 금융기관들은 나름대로 시장예측에 자신이 있다고 판단해서 이러한 투기적인 트레이딩을 수행하는 경우가 있다. 투기적 트레이딩이 가져오는 레버리지효과는 작은 거래금액으로 큰 손익을 만들어내는 것이다. 실제 결과가 예측내용과 일치하면 큰 이익을 올릴 수 있지만 예측과 반대의 현실이 전개되면 대규모의 손실을 보게 된다.

이러한 트레이딩은 내부통제시스템이 허술한 가운데 직원 한두 명에 의해서 이루어지는 경우가 있는데 그 투기적 성격 때문에 손실규모는 천문학적으로 확대될 수 있다. 이로 인해서 금융기관은 심각한 재무적 곤경에 처해서 존폐에 심각한 영향을 받게 되는 경우도 많다.

제 3 절 신용장

1. 신용장

(1) 의 의

신용장(Letter of Credit)은 간단하게 L/C라고 표현하는데 은행이 특정인의 신용을 보증하기 위해서 발행하는 증서를 말한다. 은행은 보증의 대가로 수수료를 받는 것인데 앞서 설명한 부외업무 중 보증에 해당되는 것이다.

신용장은 대개 무역거래에서 등장하기 때문에 무역거래의 절차 속에서 살펴보면 쉽게 이해될 것이다.

(2) 간단한 무역절차

한국의 가나기업이 미국의 ABC기업에게 인삼제품을 수출한다고 하자. 가장 간단한 절차는 ① ABC기업이 가나기업에게 인삼제품을 주문하면 ② 가나기업은 이를 배에 실어 보내고 ③ 제품을 확인한 ABC기업이 대금을 지불하는 것이다.

이러한 무역절차를 그림으로 나타내면 다음과 같이 나타낼 수 있다.

그림 8-1 간단한 무역절차

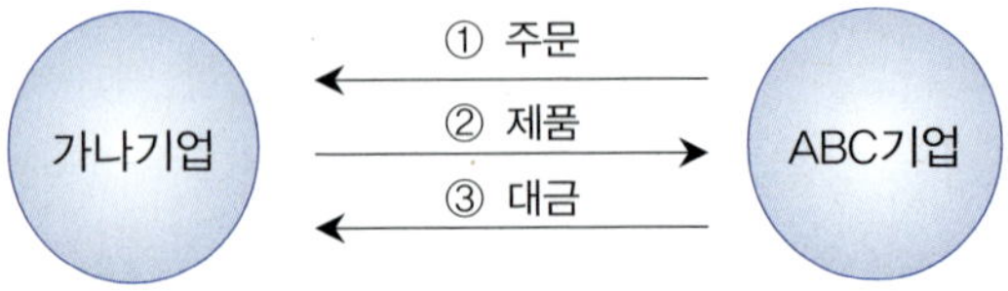

그런데 현실에서는 이렇게 간단한 형태로 거래가 이루어지는 경우는 별로 없다. 왜냐하면 둘 다 신용이 좋은 기업이라고 해도 서로의 신용을 믿을 수 없어서 다음과 같은 거래장애요인이 존재하기 때문이다.

첫째, 수출업자인 가나기업 입장에서는 ABC기업이 어떤 기업인지 잘 모르기 때문에 주문받은 인삼제품을 발송하기 꺼릴 것이다.

둘째, 무역의 경우 대개 물품을 발송한 후 이를 수입업자가 인수하기까지는 오래 걸리기 때문에 수출업자는 계속 영업을 위해서 물품도착 이전에 대금(일부 또는 전부)을 받아야 한다. 그런데 수입업자인 ABC기업의 입장에서는 가나기업이 제대로 제품을 보내올지 불안하여 먼저 대금을 지급하지 않으려고 할 것이다.

(3) 신용장과 무역절차

이러한 경우 은행의 신용장을 이용하면 두 거래 당사자의 불안을 제거하여 원활한 거래가 이루어지게 된다. 신용장은 수입업자가 대금을 지급하지 못하게 되는 우발적 상황이 발생하면 수입업자를 대신해서 은행이 대금을 지급하겠다는 보증서이다. 따라서 ABC기업의 신용을 잘 아는 시티뱅크가 신용장을 발행해서 가나기업에게 보내주면 안심하고 물품을 발송할 수 있다. 이와 같은 절차를 그림으로 다음과 같이 나타낼 수 있다.

그림 8-2 신용장과 무역절차

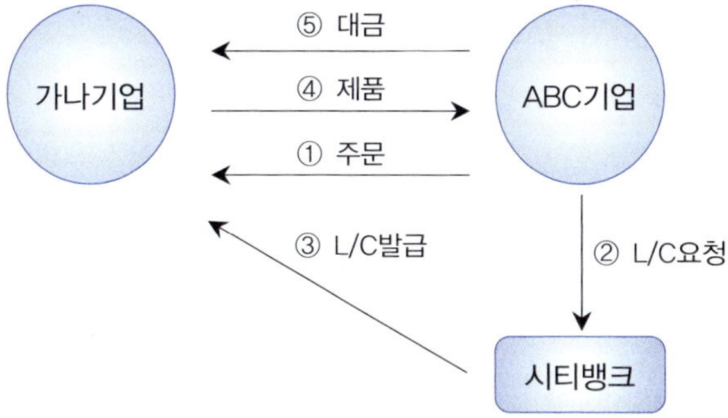

그림에서 ① ABC기업이 가나기업에게 인삼제품을 주문하면서 ② ABC기업이 시티뱅크에 신용장 발급을 요청한다. ③ 시티뱅크가 신용장을 가나기업에 발급해주면 ④ 이를 확인 후 가나기업은 ABC기업에 인삼제품을 보내고 ⑤ ABC기업은 대금결제를 한다. 여기서 만약 ABC기업이 대금을 지급하지 못하면 신용장을 발급한 시티뱅크가 대신 지급하고 시티뱅크는 나중에 ABC기업에게 구상권을 행사하게 된다.

(4) 은행인수어음과 무역절차

그런데 신용장을 포함한 무역절차에서 보면 가나기업은 신용장을 통해서 물품대금을 확실하게 받을 수 있게는 되었지만 미리 앞당겨 받을 수는 없다. 보통 무역거래에서는 물품을 선적하고 대금을 받게 될 때까지 보통 수 개월의 기간이 걸린다. 수출기업은 그 기간에도 원재료를 구매하고 임금도 지급해야 하므로 영업자금이 계속 필요하다. 따라서 수출기업은 대금을 몇 달까지 기다리지 않고 미리 앞당겨 받고 싶어 한다. 이런 경우 은행인수어음을 이용하면 대금을 빨리 회수할 수 있다.

가나기업은 시티뱅크가 지급의무를 부담하는 어음을 발행할 수 있는데 이를 은행인수어음(banker's acceptance : B.A.)이라고 한다. 이는 은행이 지급을 약속한 것이어서 신용도가 매우 높은 어음이다. 가나기업은 이 어음을 자신의 거래은행인 국민은행에 가서 만기이전에 현금화할 수 있다. 현금화 할 때에는 만기까지 남은 기간을 고려해서 할인한 금액을 받게 된다. 그리고 최종적으로 ABC기업의 물품대금을 시티뱅크가 받아서 국민은행에 지급하면 거래가 종결된다.

그림 8-3 신용장, 은행인수어음과 무역절차

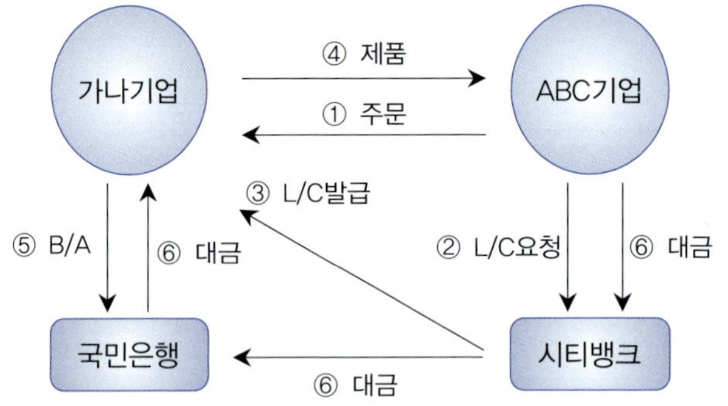

2. 보증신용장

(1) 의 의

보증신용장은 standby L/C라고도 한다. 앞서 설명한 신용장은 무역거래의 결제를 위해서 주로 사용되는데 비해서 보증신용장은 고객의 금융 또는 채무보증을 목적으로 발행되는 점에서 차이가 있다. 즉, 일반적인 신용장은 무역거래에서 발생하는 채무에 대한 보증이고 보증신용장은 금융거래에서 발생하는 채무에 대한 보증이라고 할 수 있다.

(2) 사례와 효과

보증신용장은 금융거래의 채무에 대한 지급보증이다. 그래서 국내기업의 해외지점이 현지 금융기관으로부터 대출을 받을 때 국내은행이 대출의 원리금 상환을 보장하는 경우에 보증신용장을 발급해주는 것이 대표적인 사례이다. 또한 국내기업이 해외건설공사와 관련해서 국제입찰에 참가할 때 현지은행의 입찰보증이나 계약이행보증을 받아야 하는 경우에 국내은행이 보증신용장을 발급해준다.

보증신용장은 은행의 지급보증이 있는 것이므로 국내기업이 해외의 현지은행으로부터 자금을 조달할 때에 적용되는 금리수준이 낮아진다. 따라서 기업은 그 효과에 해당하는 만큼의 수수료를 낼 유인이 있고 은행은 이에 해당하는 수수료수익을 올릴 수 있다.

제 4 절 파생금융상품의 거래

1. 파생금융상품

(1) 의 의

파생금융상품(financial derivatives)은 주식, 채권, 외화 등 전통적인 금융상품을 기초자산으로 해서 만들어진 새로운 금융상품이다. 기초자산이 없다면 그 자체로는 존재할 수 없기 때문에 '파생'이라는 이름이 붙은 것이며 그 가격변동도 기초자산의 가격변동과 연동되어 움직인다. 대표적인 파생금융상품으로는 선물(futures)과 옵션(options)을 들 수 있다. 그리고 파생금융상품은 아니지만 선도거래(forwards)나 스왑(swap)도 비슷한 개념으로 이해할 수 있다.

금융기관들은 복잡한 금융상품에 대해서 전문적 지식을 갖고 있으며 금융시장에 대한 예측에서도 우월한 위치에 있는 편이다. 이러한 배경에서 금융기관들은 파생금융상품을 많이 거래해 왔는데 이제는 파생금융상품의 거래가 금융기관의 중요한 부외업무가 되었다.

(2) 선 물

선물(futures)은 선도거래(forwards)와 경제적 효과가 같다. 이는 둘 다 미래의 일정시점에서 기초자산을 특정가격에 대금을 지급하고 양수도하기로 하는 계약이다. 만약 선물계약을 매입하거나 매입선도거래를 하였는데 만기에 가서 인수받는 기초자산의 현물가격이 선물매입가격보다 높으면 그 차이만큼 이익이 되는 것이다. 다만 선물은 공인거래소에서 표준화된 내용의 계약으로 거래되지만 선도거래는 당사자들이 합의한 내용으로 장외에서 거래되는 점에서 차이가 있다.

기초자산이 곡물, 원유, 금 등인 상품선물(commodity futures)과 기초자산이 주식, 채권, 외화 등인 금융선물(financial futures)로 구분된다. 선물거래는 곡물과 같은 상품선물에서부터 시작되었지만 지금은 금융선물의 거래규모가 훨씬 크다.

(3) 옵 션

옵션은 만기에 가서 기초자산을 미리 정한 가격(행사가격)에 사거나 팔 수 있는 권리를 말한다. 여기에서 살 수 있는 권리는 콜옵션(call option), 팔 수 있는 권리는 풋옵션(put option)이라고 한다. 따라서 콜옵션을 매입한 사람은 만기에 가서 기초자산의 가격이 높을수록 유리하지만 풋옵션을 매입한 사람은 낮을수록 유리하다.

일단 선물을 매입하면 만기에 가서 기초자산 가격이 얼마가 되든지 현물을 인수해야 하기 때문에 손실이 될 수도 있고 이익이 될 수도 있다. 이에 비해서 옵션은 자기에게 이익이 되는 경우에만 옵션을 행사하고 손실을 보게 되는 경우에는 옵션을 행사하지 않으면 되기 때문에 손실을 볼 일은 없다. 따라서 선물은 대가를 지불하지 않고 의사표시만으로 매입할 수 있지만 옵션은 대가를 지불해야 매입할 수 있는 것이다.

옵션도 기초자산의 종류에 따라서 주식옵션(stock option), 주가지수옵션(stock index option), 통화옵션(currency option), 금리옵션(interest rate option) 등이 있다.

(4) 스 왑

스왑(swap)은 두 거래당사자가 미래의 현금흐름을 맞바꾸는 계약이다. 스왑거래에서는 거래당사자들이 요구하는 내용이 다양하기 때문에 자기에 맞는 거래상대방을 찾는 것이 중요한 문제가 된다. 따라서 스왑은 옵션, 선물거래와 같이 표준화되어 거래소에서 이루어지는 것이 아니고 주로 장외시장에서 개별적인 형태로 거래가 체결된다.

이렇듯 스왑거래에서는 중간에서 거래상대방을 찾고 계약을 체결해주는 중개인(스왑딜러)이 중요한데 이 역할은 주로 은행과 같은 금융기관이 담당한다. 따라서 금융기관은 스왑거래의 당사자로서도 부외업무수익을 올릴 수도 있지만 스왑딜러로서도 부외업무수익을 올릴 수 있다.

스왑거래에는 기본적으로 금리스왑(interest swap)과 통화스왑(currency swap)의 두 가지 유형이 있다. 금리스왑은 동일한 통화로 표시되었지만 금리조건이 서로 다른 부채를 교환하는 것이고 통화스왑은 금리조건은 같지만 표시통화가 서로 다른 부채를 교환하는 것이다. 그리고 이 두 가지 특성을 합쳐서 혼합형으로 거래할 수도 있다.

2. 거래유형

(1) 헤지와 레버리지

금융공학이 발전하면서 선물, 옵션, 그리고 스왑 등을 이용하여 종전에는 얻을 수 없었던 다양한 형태의 수익을 가져다주는 금융자산을 만들어 낼 수 있게 되었다. 그리고 이렇게 다양한 형태의 수익을 통해서 원하는 목적을 달성할 수 있는 위험관리가 가능해졌다.

파생금융상품을 이용해서 도모할 수 있는 두 가지 위험관리 전략은 헤지(hedge)와 레버리지(leverage)이다. 헤지는 미래의 가격변동성(위험)을 제거하여 일정한 부를 유지하려는 것이고 레버리지는 가격변동성을 높여서 이익을 극대화하려는 것이다. 헤지전략의 경우에는 기초자산의 가격이 어느 쪽으로 변동해도 그 효과를 얻을 수 있다. 그러나 레버리지전략은 기초자산가격이 당초 예측했던 것과 일치할 때에 큰 이익을 얻는 것만큼이나 반대로 가격이 변동하면 큰 손실을 보게 된다.

(2) 헤지 사례

만약 국내은행이 1년 만기로 100만 달러를 대출해주어서 외화대출채권을 갖고 있다고 가정하자. 그러면 은행의 입장에서는 1년 후에 100만 달러의 유입이 예정되어 있는 것이다. 이런 상황에서 1년 후 원-달러 환율이 하락하면 이 은행은 손실을 보게 된다. 파생금융상품을 이용해서 어떻게 하면 손실을 피할 수 있을까를 생각해보자.

① 선물이용

첫째, 선물을 이용할 수 있다. 1년 만기의 달러선물이 현재 $1=₩1,000이라면 이 달러선물을 매도하면 된다. 달러선물을 매도한다는 것은 1년 후 달러를 원화에 팔겠다는 약속이다. 따라서 1년 후 대출채권의 회수로 생긴 100만 달러는 원화금액으로 다음과 같이 확정된다.

100만 달러 × 1,000원 = 10억원

이렇게 계산된 원화금액은 1년 후 실제 현물환율이 900원이 되든지 1,200원이 되든지 상관없이 달러선물의 매도를 통해서 확정된 금액이기 때문에 헤지된 금액이라고 할 수 있다.

② 옵션이용

둘째, 옵션을 이용할 수 있다. 1년 후 달러유입이 예정되어 있으므로 달러를 일정한 가격에 팔 수 있는 풋옵션을 매입해야 한다. 행사가격이 1,000

원이고 만기가 1년인 풋옵션을 매입했다고 하자. 그러면 1년 후 1달러를 1,000원에 팔 수 있으므로 100만 달러는 다음과 같은 원화금액으로 확정시킬 수 있다.

100만 달러×1,000원 = 10억 원

앞서 설명한 것과 같이 선물은 매입하거나 매도할 때에 대가를 주고받지 않지만 옵션은 손해볼 일이 없는 경제적 가치가 있는 것이므로 옵션가격을 지불해야 한다. 만약 만기 1년, 행사가격 1,000원인 풋옵션 가격이 10원이라면 풋옵션 구입대금으로 1천만원(= 100만 달러×10원)을 지불해야 하므로 실제 1년 후 100만 달러에 대한 원화금액은 다음과 같이 9.9억원이 된다.

10억 원 − 0.1억 원 = 9.9억 원

그런데 옵션을 이용하면 선물을 이용하는 경우와 달리 1년 후 환율이 얼마가 되느냐에 따라서 이익을 얻을 수도 있다.

만약 1년 후 환율이 900원이라면 은행은 풋옵션을 행사해서 10억 원을 확보할 것이다. 물론 풋옵션 구입대금을 차감하면 실제로는 9.9억 원이 된다.

그렇지만 1년 후 환율이 1,200원이라면 은행은 풋옵션을 행사하지 않고 그냥 외환시장에 달러를 내다 팔 것이다. 그러면 12억원을 확보할 수 있기 때문이다. 풋옵션의 구입대금을 차감하면 11.9억 원이 된다. 그리고 풋옵션은 행사하지 않으니 옵션은 소멸된다.

결국 옵션을 이용하면 최소한 확보할 수 있는 원화금액을 확보하고 상황에 따라서는 추가적인 이익을 얻을 수도 있다.

③ 스왑이용

셋째, 스왑도 이용할 수 있다. 만약 1년 만기 원화대출을 해준 외국은행이 있는데 만기에 회수할 예정금액이 10억 원이라고 하자. 그러면 이 은행과 1년 후에 100만 달러와 10억원을 맞바꾸는 스왑을 체결하면 된다. 그런데 스왑의 경우에는 이처럼 이해관계가 일치하는 거래상대방을 찾는 것이

어려운 일이다.

예제 8-1

가나은행은 1년 후 만기가 되는 달러화 채무를 갖고 있다. 채무금액은 100만 달러라고 하고 선물, 옵션, 스왑을 이용해서 환율변동위험을 헤지하는 방법을 열거해 보자.

[풀이]

① 달러선물을 매입한다.
② 달러에 대한 콜옵션을 매입한다.
③ 원화와 달러를 맞바꾸는 스왑을 체결한다.

(3) 레버리지 사례

파생금융상품의 레버리지효과를 이용해서 거액의 이익을 추구하는 것을 투기적 거래(speculation)이라고 한다. 이러한 거래에서는 기초자산에 투자하는 것보다 적은 투자금액으로도 큰 이익을 볼 수 있다. 그렇지만 반대로 거액의 손실을 볼 수도 있다. 다음의 예제를 통해서 레버리지효과를 살펴보자.

예제 8-2

가나기업의 현재 주가는 50,000원이고 이에 대한 콜옵션(행사사격 50,000원, 만기 1년)의 가격은 4,000원이다.
(1) 1년 후 가나기업의 주가가 60,000원으로 상승한 경우 주식을 구입한 투자자와 옵션을 구입한 투자자의 투자성과를 비교하라.
(2) 1년 후 주가가 49,000원으로 하락한 경우 두 투자자의 성과를 비교하라.

[풀이]

(1) 주식투자자의 투자이익은 다음과 같다.

60,000 − 50,000 = 10,000(원)

옵션투자자는 만기에 옵션의 행사로 주식을 50,000원에 구입하고 60,000원에 매각할 수 있으므로 옵션행사에 따른 이익은 주식투자자와 마찬가지로 10,000원이다.

그러나 투자원금을 감안한 투자수익률은 다음과 같다.

$$\text{주식투자자} : \frac{10{,}000}{50{,}000} = 0.2\ (20\%)$$

$$\text{옵션투자자} : \frac{10{,}000}{4{,}000} - 1 = 1.5\ (150\%)$$

이때 옵션을 구입한 투자자의 수익률이 훨씬 높게 된다.

(2) 각 투자자의 수익률은 다음과 같다.

$$\text{주식투자자} : \frac{-10{,}000}{50{,}000} = -0.02\ (2\%)$$

$$\text{옵션투자자} : \frac{-4{,}000}{4{,}000} = -1.0\ (100\%)$$

이 경우에도 옵션투자자의 손실이 훨씬 크게 나타나는데 이러한 효과를 옵션의 레버리지기능이라고 한다. 주식투자와 옵션투자의 수익률을 비교해서 그림으로 나타내면 이러한 레버리지효과를 쉽게 확인할 수 있다.

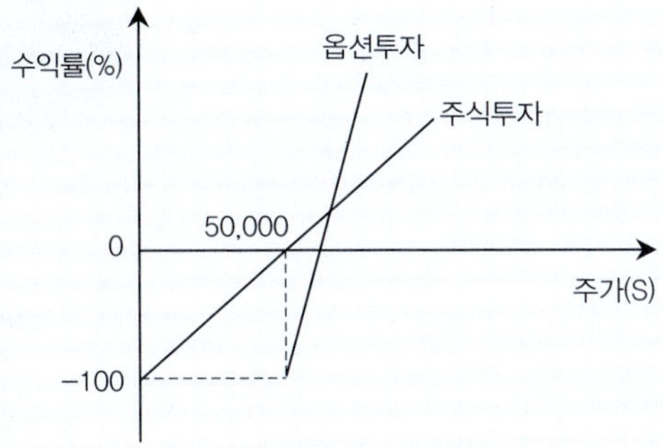

레버리지효과로 큰 이익을 얻으려고 트레이딩을 했다가 오히려 반대로 거액의 손실을 기록한 금융기관들의 사례가 많다.

1995년 영국의 베어링(Barings) 은행은 파생상품의 트레이딩으로 13억 파운드, 일본의 다이와(Daiwa) 은행은 11억 달러의 손실을 기록했다. 이어서 2008년 프랑스의 소시에테제네랄(Societe Generale) 은행은 72억 달러, 2012년 미국의 JP모건(JP Morgan)은 20억 달러에 이르는 천문학적 손실을 모두 투기적 트레이딩으로 인해서 초래하였다. 이 중 베어링은행은 이 거래의 손실로 파산하여 네덜란드 금융그룹 ING에 1파운드 가격으로 매각되었다.

우리나라에서도 1989년 광주은행이 344억 원, 1999년에는 SK증권이 8천만 달러 수준의 손실을 보고하였다. 그런데 2000년대에 들어와서는 그 규모가 급속히 커져서 2008년에는 농협이 2,400억 원, 그리고 우리은행이 1조6천억 원에 이르는 파생금융상품 거래 손실을 기록한 바 있다. 모두 파생금융상품의 레버리지효과를 과소평가한 결과라고 할 수 있다.

제 5 절 방카슈랑스

1. 의의와 역사

방카슈랑스는 프랑스어로 은행(Banque)과 보험(Assurance)의 합성어이다. 그 내용은 은행과 보험사가 업무 제휴 협정을 체결하거나 은행이 자회사로 보험사를 세워 은행 업무와 보험사의 업무를 한 곳에서 제공하는 것을 의미한다.

방카슈랑스는 1986년 프랑스의 크레디아그리콜 은행이 자회사로 설립한 프레디카 생명보험사의 보험상품을 은행창구에서 판매하면서 시작되었다. 이렇게 시작된 방카슈랑스 시장은 성공적으로 정착되어 이로부터 10년 후 프레디카 생명보험사는 프랑스 2번째의 생명보험사가 되었다.

우리나라에서는 2003년 8월부터 방카슈랑스제도가 도입되어 은행에서 보험상품을 판매하기 시작하였다

2. 장단점

(1) 장 점

방카슈랑스를 이용하면 우선 소비자들은 보다 다양한 판매자들로부터 보험을 더 싸고 간편하게 구매할 수 있다. 그리고 은행은 보험사에 비해 현저히 우월한 점포망을 바탕으로 보험시장에 진출해 영업 기반을 확충하여 수수료 수입을 올릴 수 있고, 보험사도 판매 채널 다각화를 통해 영업력을 강화할 수 있는 장점이 있다.

(2) 단 점

방카슈랑스가 활성화되면 은행과 보험사간 경쟁이 격화되고 소수의 대형 겸업 은행이 금융시장 전체를 지배하는 독과점 문제가 발생할 수 있다. 그리고 은행이 대출과 연계해 보험상품을 끼워 판매함으로써 불공정 모집 행위를 할 소지가 있고, 보험모집인의 대량실업, 은행과의 제휴가 어려운 중소형 보험사의 부실화 등의 부작용이 나타날 우려가 있다.

3. 겸업주의와 전업주의

(1) 겸업주의

우리나라에서는 현재 은행에서 보험상품 뿐만 아니라 자산운용회사들의 간접투자상품인 각종 펀드도 판매하고 있다. 이렇게 은행과 보험, 나아가서 증권업까지를 종합적으로 판매, 관리하는 제도를 겸업주의(universal banking system)라고 한다. 유럽에서의 방카슈랑스는 저금리 시대에 은행들이 경영돌파구를 찾는 수단으로 도입되어 프랑스, 포르투갈, 스페인, 네덜란드 등에서는 은행이 생명보험, 연금보험시장의 절반 이상을 차지하고 있다.

(2) 전업주의

겸업주의와는 달리 여러 종류의 금융기관이 각각 자신의 독특한 금융서비스만을 수행하도록 전문화하고 다른 금융업무에는 참여를 엄격히 제한하는 제도를 전업주의(sound banking system)라고 한다. 우리나라, 미국, 일본에서는 얼마 전까지 상업은행업무와 투자은행업무를 분리하는 전업주의에 입각하여 금융제도가 운영되어 왔는데 이를 분업주의라고도 한다.

(3) 최근의 추세

최근 저금리 시대에 은행들이 경영돌파구를 찾기 위해 전업주의에서 겸업주의로 변화하는 추세이다. 미국의 경우 1933년 글래스-스티걸 법안(Glass-Steagal Act)이 제정되어 엄격한 전업주의가 적용되어 오다가 1999년 이 법안이 폐지되고 그램-리치-브라일리 법안(Gramm-Leach-Bliley Act)으로 대체되면서 상업은행, 투자은행, 보험사들은 자유로운 업무영역을 갖게 되어 겸업주의로 전환되었다. 그러나 2008년 금융위기를 거치면서 금융위기의 원인을 금융기관들의 과도한 경쟁적 영업에 있다고 보고 2010년에 다시 금융회사의 업무영역을 규제하는 도드-프랭크법안(Dodd-Frank Act)이 제정되었다. 그래서 이를 글래스-스티걸 법안의 부활이라고도 부른다.

그 동안의 추세를 보면 대체로 금융위기를 겪고 난 후에는 전업주의를 채택하다가 점차 경쟁의 논리가 힘을 얻어 겸업주의가 자리를 잡는다. 그리고 겸업주의 환경에서 금융기관들 사이의 과도한 경쟁이 다시 금융위기의 원인으로 지목되면서 규제가 강화되는 양상이 반복되고 있다.

표 8-1 부외업무의 유형과 내용

부외업무	보증	-지급보증 -입찰보증 -계약이행보증 -신용장
	대출약정	-대출약정 -당좌대월
	대출채권매각	-소구권이 있는 매각 -소구권이 없는 매각
	트레이딩	-유가증권매매 -파생금융상품매매
	방카슈랑스	-겸업주의 -전업주의

주요 용어

- 부외업무
- 부내업무
- 우발적 약정
- 부외부채
- 부외자산
- 보증
- 대출약정
- 트레이딩
- 신용장
- 은행인수어음
- 보증신용장
- 파생금융상품
- 선도거래
- 선물
- 상품선물
- 금융선물
- 옵션
- 주식옵션
- 주가지수옵션
- 통화옵션
- 금리옵션
- 스왑
- 금리스왑
- 통화스왑
- 헤지
- 레버리지
- 방카슈랑스
- 겸업주의
- 전업주의

연습 문제

01 부외업무와 재무제표와의 관계를 간단하게 설명하시오.

02 부외부채와 부외자산을 비교해서 설명하고 각각에 해당하는 예를 들어보시오.

03 신용장과 은행인수어음이 함께 사용되는 무역절차를 단계별로 설명해보시오.

04 베어링은행의 파산은 닉 리슨이라는 직원이 파생금융상품의 트레이딩에서 비롯되었다. 이때 투자했던 파생금융상품은 스트래들(straddle)으로 알려져 있는데 다음 각 물음에 답하시오.

(1) 스트래들은 콜옵션과 풋옵션이 결합된 것이다. 이의 만기손익을 콜옵션과 풋옵션의 결과로 나타내보시오.

(2) 닉 리슨은 스트래들의 매도포지션을 취했는데 이의 만기손익을 그림으로 나타내시오.

(3) (2)와 같은 전략에서 손실을 보게 된 계기가 된 사건을 설명하시오.

제 3 부

금융기관의 경영

제 9 장　자산관리
제10장　부채 및 자본관리
제11장　듀레이션
제12장　자산부채종합관리 I
제13장　자산부채종합관리 II
제14장　금융규제와 금융변화

제 1 부 금융시장의 이해

제 1 장 금융시장
제 2 장 금리지표
제 3 장 금리구조
제 4 장 금융기관의 기능

제 2 부 금융기관의 업무

제 5 장 은 행
제 6 장 증권회사
제 7 장 보험회사
제 8 장 부외업무

제 3 부 금융기관의 경영

제 9 장 자산관리
제10장 부채 및 자본관리
제11장 듀레이션
제12장 자산부채종합관리 I
제13장 자산부채종합관리 II
제14장 금융규제와 금융변화

제 9 장

자산관리

제 1 절　기초개념
제 2 절　대출관리
제 3 절　대출규제
제 4 절　대출의 유동화

1. 금융기관을 경영하는 기법으로는 자산항목, 부채항목, 자본항목을 개별적으로 관리하는 것이 전통적인 방법이다.
2. 금융기관의 대표적인 자산항목은 대출채권과 금융자산이지만 금융중개기능을 고려할 때 대출채권이 가장 중요한 자산항목이라고 할 수 있다.
3. 대출이 결정되는 과정에서 신용분석과 대출금리가 결정되는 원리를 먼저 설명한다. 그리고 대출채권을 관리하는 기법을 소개한다.
4. 대출이 경제에 미치는 중대성을 고려해서 금융당국으로부터 다양한 규제가 이루어지므로 이에 대해서도 살펴보고 끝으로 대출의 유동화에 대해서 설명한다.

제 1 절 기초개념

1. 금융기관의 재무상태표

주요 금융기관으로는 은행, 증권회사, 보험회사를 들 수 있다. 이들의 재무상태표를 보면 각각의 특성을 반영하는 고유의 계정과목들로 구성되어 있는 것을 알 수 있다.

아래 재무상태표에서 보듯이 은행, 증권회사, 보험회사들의 차변은 대개 구성이 비슷해서 금융자산과 대출채권으로 구성되어 있음을 확인할 수 있다.

그러나 재무상태표의 대변을 보면 은행의 경우에는 고객에게서 받은 예금이 가장 중요한 부채이고, 증권회사의 경우에는 예수금이 특징적인 부채이며 보험회사의 경우에는 보험료로 구성된 책임준비금이 가장 큰 금액이라는 점에서 차이가 있음을 알 수 있다

은행의 재무상태표

××년 12월 31일 현재

가나은행(주)

계정과목	금 액	계정과목	금 액
1. 현금	20	1. 예금	2,177
2. 예치금	201	2. 차입금	831
3. 금융자산	750	3. 기타부채	389
4. 대출채권	2,460	1. 자본금	26
5. 유형자산	148	2. 자본잉여금	105
6. 기타자산	126	3. 이익잉여금	177
자산합계	3,705	부채와 자본합계	3,705

증권회사의 재무상태표

××년 12월 31일 현재

가나증권(주)

계정과목	금 액	계정과목	금 액
1. 현금	70	1. 예수금	370
2. 예치금	270	2. 차입금	710
3. 금융자산	870	3. 기타부채	570
4. 대출채권	340	1. 자본금	40
5. 유형자산	40	2. 자본잉여금	70
6. 기타자산	230	3. 이익잉여금	60
자산합계	1,820	부채와 자본합계	1,820

보험회사의 재무상태표

××년 12월 31일 현재

가나보험(주)

계정과목	금액	계정과목	금액
1. 현금 및 예치금	480	1. 책임준비금	1,885
2. 금융자산	810	2. 보험미지급금	20
3. 대출채권	950	3. 차입금	415
4. (재보험자산)	(200)	1. 자본금	34
5. 유형자산	162	2. 자본잉여금	6
6. 기타자산	100	3. 이익잉여금	142
자산합계	2,502	부채와 자본합계	2,502

( )안의 재보험은 손해보험회사의 경우에 해당됨.

2. 금융기관의 관리기법

(1) 간단한 재무상태표

그런데 금융기관은 본질적으로 고객의 돈을 받아서 대출을 해주는 자금중개기관이므로 이러한 기능만을 반영해서 간단하게 재무상태표를 나타내면 다음과 같이 제시할 수 있다.

재무상태표

자산(대출)	부채(예금)
	자본

(2) 관리대상

따라서 금융기관의 관리대상은 자산의 대출관리, 부채의 예금관리, 그리고 자기자본의 관리로 구분할 수 있다. 이를 개별적으로 관리할 수도 있고 동시에 함께 관리할 수도 있다. 과거에는 개별적으로 관리하다가 금융시장의 환경에서 위험이 커지다보니 동시에 관리하는 종합관리기법이 등장하였다.

이제부터 개별적인 관리기법으로 대출관리, 예금관리, 자본관리를 차례대로 다루고 나중에 종합관리기법을 다루겠다.[1] 구체적으로는 본 장(제9장)에서 자산관리를 설명하고 다음 장(제10장)에서 부채 및 자본관리를 설명한 후 제11장부터 제13장까지 종합관리기법을 설명한다.

1) 여기서는 주로 은행을 대상으로 관리기법을 설명하지만 그 원리는 다른 금융기관에도 적용될 수 있는 것이다.

제 2 절 대출관리

1. 대출이란

(1) 중요성

대출은 은행의 가장 큰 수익원천이다. 재무상태표를 보면 대출채권이 자산 중에서 가장 큰 비중을 차지하고 있는 것을 볼 수 있고 손익계산서에서도 대출과 관련된 수익이 영업수익 중 가장 큰 비중을 차지하고 있는 것을 확인할 수 있다.

최근에는 은행들이 주식이나 채권 등 유가증권에 대한 투자를 늘리고 있는 추세이지만 여전히 대출은 은행의 본업이기 때문에 대출관리가 은행의 가장 중요한 업무가 되고 있다.

(2) 대출과 여신

대출과 비슷한 개념으로 여신이라는 용어가 사용되고 있다. 둘 다 신용공여이지만 대출은 은행의 직접적인 자금유출이 수반되는 거래이다. 이에 비해서 여신은 지급보증과 같이 당장의 자금유출은 아니지만 향후 자금부담이 될 수 있는 거래까지 포함하는 것이다. 따라서 여신은 대출보다 더 넓은 개념이어서 대출을 좁은 의미의 여신이라고 할 수 있다.

(3) 대출의 분류

대출은 돈을 빌린 주체가 누구냐에 따라서 기업자금대출, 가계자금대출, 공공 및 기타자금대출로 분류할 수 있다. 기업자금대출은 기업에 대한 대출로서 자금용도를 기준으로 운전자금대출과 시설자금대출로 구분되는데 운전자금대출은 일상적인 생산 및 판매활동에 소요되는 자금대출이다. 이에 비해서 시설자금대출은 설비도입 또는 기술개발 등에 필요한 장기자금 대출로서 1년 이상의 기간으로 취급된다. 가계자금대출은 개인의 주택자금 또는 소비자금융에 대한 대출이고 공공 및 기타자금대출은 국가기관, 지방자치단체, 비영리공기관 등에 대한 대출이다. 전체 대출금 중 기업자금대출이 56%, 가계자금대출이 41%를 넘어 이 둘이 대부분의 비중을 차지한다(2015년 기준).

대출은 또한 담보유무에 따라서 담보대출, 보증대출, 신용대출로 분류할 수도 있다. 담보대출은 담보물건을 제공받고 그 평가액을 기준으로 대출을 해주는 것이고 보증대출은 다른 기관의 보증서를 근거로 대출을 해주는 것이다. 신용대출은 담보나 보증 없이 신용으로만 대출을 해주는 것이다. 담보대출이 53%, 보증대출이 36%, 신용대출이 11% 정도의 비중을 차지한다(2015년 기준).

표 9-1 대출의 분류

(단위 : 조 원, %)

빌린 주체에 따른 분류			담보 유무에 따른 분류		
유형	금액	비중	유형	금액	비중
기업자금대출	755.7조원	55.9%	담보대출	729.5조원	53.2%
가계자금대출	562.1	41.6	보증대출	491.6	35.9
공공 및 기타	34.1	2.5	신용대출	149.3	10.9
합계	1,351.9	100.0	합계	1,370.4	100.0

주: 담보유무에 따른 분류 합계금액은 은행간 대여금이 포함된 것임.

2. 대출과정

대출과정(loan process)이란 대출신청을 접수한 후 대출을 해주고 이를 회수하기까지의 과정을 일컫는데 다음과 같은 세 단계로 구분된다. 1단계는 대출승인, 2단계는 사후관리, 3단계는 대출종결이다.

(1) 대출승인

대출승인의 단계는 대출신청을 받고 이를 심사해서 대출여부를 결정하는 것이다. 이를 구성하는 세부적인 내용은 다음과 같이 4단계로 구성된다.

① 대출신청

개인이나 기업이 은행에 대출을 신청하면서부터 대출과정이 시작된다.

② 신용분석

신용분석(credit analysis)이란 금융기관에서 대출신청을 받았을 때에 대출신청자의 신용도를 평가하는 것이다. 대출심사 또는 여신심사라고도 한다. 신용분석에 필요한 정보는 정보의 원천에 따라서 여러 가지 방법으로 구할 수 있다. 구체적으로는 대출신청기업이 제공하는 정보, 누적된 신용정보, 신용조사기관의 정보, 거래자로부터 얻는 정보, 자본시장의 정보 등을 활용할 수 있다.

③ 관련법규의 검토

신용분석을 마친 후에는 해당대출이 관련법규에 적합한가를 검토해야 한다. 예를 들어서 특정 그룹이나 특정 기업에 과도한 규모의 대출을 규제하는 것이 대표적인데 이는 금융기관의 안전성을 유지하면서 자금배분이 골고루 효율적으로 이루어지게 하기 위함이다.

④ 대출결정

대출심사와 관련법규의 검토를 마치면 그 결과에 따라서 대출을 승인하거나 기각한다.

(2) 사후관리

① 사후관리의 내용

사후관리(monitoring)란 이미 이루어진 대출금을 대출조건의 준수정도에 따라서 유형별로 분류하여 관리하는 것을 말한다.

이자 및 원금의 회수가 대출조건에 따라서 제대로 이루어지는 경우에는 정상여신, 이자와 원금회수에 문제가 있으면 부실여신으로 구분한다. 이 단계에서는 부실여신에 대한 효과적 관리가 가장 중요한 과제가 된다.

② 여신의 분류

대출금을 효과적으로 관리하기 위해서 부실의 정도에 따라서 정상여신, 요주의여신, 고정여신, 회수의문여신, 추정손실여신 등 5단계의 여신으로 구분해서 관리한다. 이와 같이 분류한 여신 중에서 3개월 이상 연체된 고정이하여신을 부실여신으로 분류하는데 부실여신에서는 수익이 발생하지 않기 때문에 무수익여신(non performing loan: NPL)이라고도 부른다.

금융기관이 보유하고 있는 대출의 건전성을 체크하기 위해서 고정이하여신비율이라는 지표가 이용되는데 이는 총여신 중 부실여신(무수익여신)이 차지하는 비율을 말한다. 고정이하여신비율이 8% 이하이면 건전성에 문제가 없다고 본다.[2)]

표 9-2 여신의 분류

여신의 분류	분류기준
정상여신	이자 및 원금 회수가 정상적으로 이루어지는 채권
요주의여신	연체된 기간이 3개월 이내의 채권
고정여신	3개월 이상 연체되었으나 담보를 확보하여 회수가능성이 있는 채권
회수의문여신	아직 손실규모가 확정되지 않았으나 떼일 위험이 높은 채권
추정손실여신	회수가능성이 없는 것으로 확정된 채권

(3) 대출종결

대출종결(termination)이란 정상여신의 경우 만기에 가서 대출금을 회수하거나 아니면 만기를 연장하는 것이다. 만약 회수가 어려운 대출금이라면

2) 고객들에게 재무건전성을 홍보하는 차원에서 BIS자기자본비율은 8%를 넘으면서 고정이하여신비율은 8% 이하인 금융기관들을 88클럽이라고 부르기도 한다.

싼 값에 매각처리할 수 있다. 부실의 정도가 심해서 이도 어렵다면 대손처리하고 고객과의 관계를 정리하게 된다.

지금까지의 대출과정을 단계별 내용과 함께 그림으로 나타내면 다음과 같다.

그림 9-1 대출과정의 단계별 내용

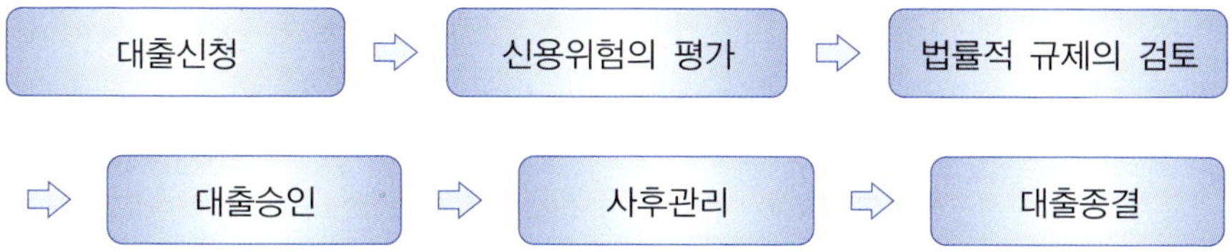

3. 신용분석

(1) 신용위험의 5요소

신용분석은 대출신청자의 신용위험을 평가하는 것으로서 대출과정에서 가장 중요한 기능이다. 신용위험을 결정하는 요소는 다섯 가지가 있는데 머리글자를 따서 5C라고 한다.

① 인격

인격(character)이란 차입자의 성실성이나 상환의지를 말한다. 차입자의 과거 대출기록과 평판, 차입자와의 면담을 통해서 파악할 수 있다.

② 상환능력

능력(capacity)이란 차입자가 실제로 빚을 갚을 능력이 있는가를 의미한다. 기대되는 현금유입에서 현금유출을 차감한 순현금유입의 크기로 평가할 수 있다.

③ **자본력**

자본력(capital)이란 차입자의 현재 재산상태를 의미한다. 즉, 축적된 부가 충분하다면 상환능력에서 말하는 미래소득이 다소 부족해도 상환능력이 있다고 볼 수 있다.

④ **담보능력**

담보(collateral)능력이란 차입자가 자신의 대출에 대해서 담보로 제공하는 자산이 얼마의 가치를 갖는가를 말한다. 이에 대한 평가는 보증인의 재산상태로 대신하기도 한다.

⑤ **경제적 여건**

경제적 여건(conditions)이란 미래에 예상되는 경제상황을 말한다. 경기불황이 될 경우에도 차입자의 상환능력에 이상이 없는가를 체크하는 것이다.

그림 9-2 신용위험의 5요소 : 5C

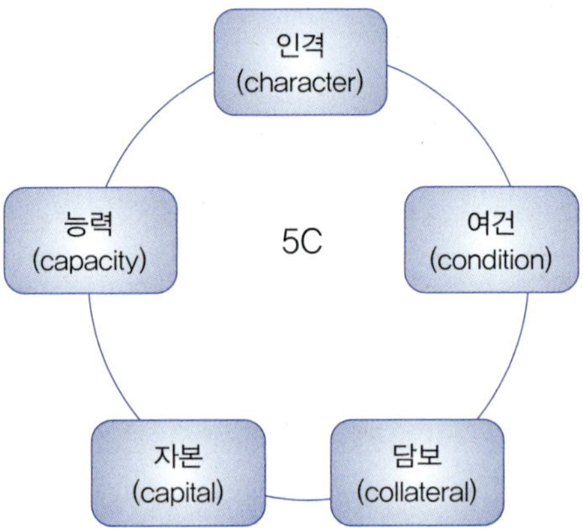

(2) 신용평가표

① 신용평점제도의 활용

신용위험를 계량화하기 위해서 많은 금융기관들이 나름대로의 평가항목을 개발하여 사용하고 있다. 이렇게 차입자의 신용위험을 평가하고 그 결과를 점수로 매겨서 대출결정에 이용하는 것을 신용평점제도(credit scoring system)라고 한다. 신용평점을 산출하기 위해서 신용평가표가 사용된다.

② 기업신용평가표

우리나라에서는 한국은행이 1979년에 처음으로 〈기업체종합평가표〉라는 신용평가표를 만들어서 각 금융기관이 이를 이용하도록 하였다. 그러나 금융기관들의 신용분석기법이 향상되면서 1995년부터 각 금융기관들은 독자적으로 개발한 신용평가표를 이용하게 되었다.

은행연합회는 한국은행과 함께 〈중소기업신용평가표〉를 만들어서 사업전망은 양호하지만 담보가 부족하거나 재무상태가 우량하지 못한 중소기업도 자금을 쉽게 조달할 수 있도록 하였다. [표 9-3]에 〈중소기업신용평가표〉의 사례를 제시하고 자세한 내용은 [부록 1]에 첨부하였다.

③ 개인신용평가표

차입자가 기업이 아니라 개인일 경우에 신용분석에 필요한 재무제표 등의 객관적 자료가 부족하여 기업을 분석대상으로 하는 경우에 비해서 한계가 있다. 따라서 기업신용평가표와는 다른 〈개인신용평가표〉를 이용하고 있다.

〈개인신용평가표〉에서 평가항목은 크게 인적정보, 신용정보, 거래정보 등의 세 가지로 구성되어있다. 인적 정보는 본인의 직업과 재산상태를 분석하는 것이다. 그리고 신용정보는 불량등록건수나 금액, 신용조회건수, 할부판매나 금융조회건수 등으로 대출신청자의 신용상태를 가늠하는 것이다. 끝으로 거래정보는 대출신청자의 예금잔액, 대출잔액 등으로 은행과의 거래기록을 보고 보증건수와 금액 등을 통해서 잠재적 부채발생가능성을 파악한다. [표 9-4]에 〈개인신용평가표〉를 제시하였다.

표 9-3 중소기업 신용평가표

외부감사대상 건설업(공통평가 : 광 · 제조 · 건설업)

팀 원	팀 장	부점장

중소기업 신용평가표

고객번호 : 업체명 :
작성일자 : 유효기일 : 산업분류 : F4112 (NO. 38)
결산년도 : 기업분석실 부점장

구분		평가항목	평가기준	배점	영업점		본부	
업종별평가항목	안정성	자기자본비율	33.8%	6	D	2.4	D	2.4
		고정장기적합률	73.7%	3	E	0.6	E	0.6
		당좌비율	74.1%	4	D	1.6	E	0.8
		차입금의존도	15.4%	6	C	3.6	C	3.6
	수익성	총자산 경상이익률	2.3%	7	D	2.8	E	1.4
		매출액 영업이익률	1.5%	4	E	0.8	E	0.8
		금융비용/매출액	1.4%	7	D	2.8	D	2.8
	활동성	총자산회전율	2.82회	5	B	4.0	C	3.0
		영업자산회전율	5.1회	4	C	2.4	C	2.4
	생산성	총자본투자효율	100.9%	4	B	3.2	C	2.4
		부가가치율	35.8%	4	B	3.2	C	2.4
	성장성	유형자산증가율	193.2%	2	B	1.6	A	2.0
		매출액증가율	전기(음) 당기(양) %	4	C	2.4	C	2.4
공통평가항목	사업성	성 장 전 망	3.9%	2	D	0.8	E	0.4
		수 익 전 망	1.7%	2	E	0.4	E	0.4
		시 장 성	양 호	5	A	5.0	B	4.0
		미 래 현 금 흐 름	4.2%	2	C	1.2	C	1.2
		업 종 유 망 성	양 호	2	B	1.6	B	1.6
	경쟁력	인 력 개발	양 호	2	B	1.6	B	1.6
		기술개발 및 품질혁신	양 호	4	B	3.2	B	3.2
		정 보 화 기 반	매우양호	1	A	1.0	A	1.0
		가 격 경 쟁 력	불 량	2	D	0.8	E	0.4
		국 제 경 영 력	보 통	2	C	1.2	C	1.2
	경영능력	경영자의 경영능력	매우양호	4	A	4.0	A	4.0
		노 사 관 계	양 호	2	B	1.6	B	1.6
		근로조건 및 복지수준	양 호	1	B	0.8	B	0.8
	신뢰성	은행거래 신뢰도	매우양호	3	A	3.0	A	3.0
		세평	매우양호	2	A	2.0	A	2.0
	기타항목	업 력	19년	2	A	2.0	A	2.0
		규 모	83,339백만원	2	A	2.0	A	2.0
		기업군신용위험(감점)	해당사항없음	(-3)	A	0.0	A	0.0
		기타신용위험(감점)	해당사항없음	(-3)	A	0.0	A	0.0
		금 융 규 제 (감점)	해당사항없음	(-3)	A	0.0	A	0.0
신용평가표 결과					( )		(57.4)	

중소기업 건전도 평가 건전도 : 89.8%(A2급)
(결산일자 ××년 12월 31일) 건전도 가감점수(±10) : 8.0점
종 합 신 용 평 가 신용등급 : BB+ 신용평점 : 60
작성자(과장) : (인) 확인자(선임심사역) : (인)
(재심일자 : 본부(과정) :)

표 9-4 개인신용평가표

개인회원 신용평가표

(심사기준표 겸용)

(년 월 일)

팀 원	대리급팀원	팀 장	부점장

CSS관리번호		등록영업점		조회영업점	

1. 인적정보

구분								
신상	성 명		주민등록번호		생년월일		신용구분	
	자 택 주 소				전 화 번 호			
	주 거 구 분		주거형태		결혼여부		결 혼 기 념 일	
직장	직 장 주 소				전 화 번 호			
	직 업 구 분		직 장 명 (상 호)		근 무 부 서		직위	
	입사(개업)년월일		직 무 구 분		고 용 형 태		직업/직위코드	
	전 직 장 명		퇴 직 시 직 위 코 드		전직장재직년수	년 개월	퇴직년월	년 월
재산	근 로 / 사 업 소 득	만원	재산/토지세납부액	만원	종 합 소 득 세 납 부 액	만원		
	주 택 소 유 구 분		자 가 용 소 유		캠 페 인 코 드			
기타	가정주부가 배우자(남편)의 신용으로 신청하는 경우 남편의 성명 및 주민등록번호							
	신청인이 사업소득자(자영업자)인 경우 당행 기업카드 발급여부 및 이용한도액							

2. 신용정보

불량등록총건수	미해제불량건수	신용개설총건수	신용조회총건수	할부판매/금융조회총건수
건	건	건	건	건
불량등록총금액	미해제불량금액	90일내 신용개설수	90일내 신용조회건수	60일내할부/금융조회건수
천원	천원	건	건	건

3. 거래정보

여·수신 평잔(전월말)		여·수신 및 보증잔액(전월말)		부수거래 및 연체상황		타행대출 및 복수카드 현황(1개월)	
총수신 6개월평잔	천원	총수신 잔액	천원	최근1년간 지로이체	천원	타행 총대출금액	천원
요구불 6개월평잔	천원	요구불 잔액	천원	최근1년간 급여이체금액	천원	타행 대출건수	건
저축성 6개월평잔	천원	저축성 잔액	천원	최근1년간 대출연체일수	일	복수카드 보유수	천원
신 탁 6개월평잔	천원	신 탁 잔액	천원	최근1년간 대출연체금액	천원	복수카드 신용구매액	천원
총여신 6개월평잔	천원	총여신 잔액	천원			복수카드 현금서비스액	천원
		총보증 잔액	천원			복수카드 연체금액	천원

※복수카드는 4매이상인 경우임

4. 평가결과(시스템 판정)

승 인 여 부		회원 및 신용등급	등급	신 용 평 점	
총 한 도 등 급	등급	총 한 도	만원	현금서비스한도	만원
카드 유효기한		심사 및 거절사유			

5. 영업점 의견

특 인 사 유
추천자 직원번호 : 성명 : (인)

※ 특인 사유는 구체적으로 기입하되, 특히 해당사유 모두 기재.

회원자격확인〈담당 책임자 또는 권유자 (징구서류 생략인 경우)〉	자격적용 : (적용내용 : 자 격 직 : 확인자 성명 : (인)	본인확인〈권유자〉	직원번호 : 성명 : (인)	자격확인서류 징구생략〈권유자〉	확인일시 : 확인방버 : 확인상대방 : 확인내용 : 직원번호 : 성명 : (인)

4. 대출금리의 결정

(1) 신용위험과 채무불이행위험

대출이 결정되었다고 해도 대출금리는 차입자의 신용위험에 따라서 차별적으로 적용된다. 신용위험이 높으면 빌려간 돈을 갚지 못할 가능성이 높다는 것이므로 이를 보상받기 위해서 돈을 빌려주는 금융기관의 입장에서는 더 높은 금리를 적용할 것이다. 결국 신용위험이 높으면 채무불이행위험(부도가능성)이 높고 이에 따라서 적용금리도 높아지는 것이다.

(2) 대출금리의 결정원리

어떤 고객의 채무불이행위험(default risk)을 확률 d로 나타내자. 그리고 대출금리는 R_d로 나타내면 은행이 1원을 대출해주고 얻게 되는 만기수익은 $(1+R_d)(1-d)$이 된다. 그런데 은행이 1원을 조달하면서 부담하는 금리는 무위험이자율 R_f가 된다. 왜냐하면 은행의 입장으로서는 부도가 나지 말아야 하므로 확실하게 자금조달비용을 지급해야 하기 때문이다. 따라서 은행이 1원에 대해서 갚아야 할 만기금액은 $(1+R_f)$이다. 은행이 대출로 이익을 얻으려면 다음 식이 성립해야 한다.

$$(1+R_d)(1-d) > (1+R_f)$$

위 식에서 좌변은 단위당 자금 1원의 운용수익이고 우변은 1원의 조달비용이다. 운용수익이 조달비용보다 커야 은행은 이익을 얻게 되는데 이러한 상황이라면 은행들 사이에서 금리인하경쟁이 생겨나고 금리가 낮아지면서 다음과 같은 조건에서 균형상태가 된다.[3)]

$$(1+R_d)(1-d) = (1+R_f)$$

위 식으로부터 대출금리 R_d를 구할 수 있는데 다음과 같이 산출된다.

$$R_d = \frac{1+R_f}{1-d} - 1 \qquad \text{[식 9-1]}$$

위 식의 구조를 보면 알겠지만 채무불이행가능성이 높으면 대출금리는 더 높아진다는 것을 알 수 있다. 그리고 어떤 기업이 대출을 받으면서 적용된 대출금리를 보면 은행이 그 기업의 채무불이행가능성을 얼마로 평가하고 있는지도 알 수 있다.

예제 9-1

가나은행은 대출을 신청한 기업에 대해서 신용분석을 수행한 결과 채무불이행확률을 5%로 평가하였다. 현재 무위험금리가 10%라고 할 때 가나은행은 이 기업에 대한 대출금리를 얼마로 정하게 되는가?

[풀이]

채무불이행확률을 반영한 대출금리결정식은 다음과 같다.

3) 등식이 성립하는 균형상태라고 해도 대출금리 R_d는 적정이윤을 포함하는 수준이라고 보아야 할 것이다.

$$R_d = \frac{1+R_f}{1-d} - 1 = \frac{1+0.1}{1-0.05} - 1 = 0.158(15.8\%)$$

제 3 절 대출규제

1. 정부의 대출규제

(1) 규제의 필요성

금융기관의 대출은 경제활동에 큰 영향을 미치기 때문에 정부는 정책적 목표를 달성하기 위해서 은행의 대출정책을 규제한다. 대출은 곧 신용을 의미하기 때문에 대출규제를 신용배분을 규제한다고도 말한다. 미국과 같은 선진 금융국에서는 명시적 신용규제를 피하고 주로 간접적인 규제를 한다. 이에 비해서 우리나라에서는 정부당국이 직접 개입하여 은행의 대출자금 용도나 대출기간, 그리고 대출금리 등을 통제하는 경우가 많은 편이다.

(2) 규제의 유형

대출규제의 유형은 다음과 같이 정책금융, 지시금융, 구제금융 등으로 구분할 수 있다.

① 정책금융

정책금융이란 정부가 정책적으로 선정한 부문에 금리, 기간, 보증 등의 대출조건을 우대하는 대출을 말하는데 대표적으로 무역금융, 주택자금, 농수산업자금, 산업합리화자금 등이 이에 해당한다.

② 지시금융

지시금융이란 정부가 필요시 지침을 제정하거나 협조공문의 형식으로 은행에게 특정부분에 대해 자금을 지원하거나 제한하는 형태의 대출규제를 말한다. 정책금융과 함께 금융자율화를 막는 주요 요인이 되고 있다.

③ 구제금융

구제금융이란 경제환경의 급변으로 구조조정이 요구되는 기업이나 경제사회적 파장이 큰 기업도산을 막기 위해서 자금이 필요한 기업에게 대출을 해주도록 하는 것을 말한다. 구제금융은 신규로 자금을 융자해주는 것뿐만 아니라 이미 대출해준 자금의 상환시기를 늦춰주는 것까지 포함된다.

2. 주택자금 대출

(1) 주택자금

우리나라 경제에서는 부동산이 차지하는 비중이 크다. 따라서 경제가 부동산 경기에 민감하여 정부는 부동산정책을 통해서 경기 활성화를 도모하기도 하고 과열된 경기를 잡으려고 하기도 한다. 이 경우에 많이 이용되는 것이 주택자금에 대한 대출정책이다. 즉, 침체된 경기를 부양시키려고 할 때에는 주택자금 대출을 쉽게 하고 과열된 경기를 잡으려고 할 때에는 주택자금 대출을 어렵게 한다. 주택자금 대출의 기준으로 삼는 대표적인 비율이 두 가지 있는데 담보인정비율(LTV비율)과 총부채상환비율(DTI비율)이 그것이다.

(2) LTV 비율

LTV(Loan to Value) 비율은 담보인정비율로서 담보가치 대비 최대대출한도를 비율로 나타낸 것이다. 주택자금대출에서는 주택을 담보로 사용하기 때문에 주택담보인정비율 또는 주택담보대출비율이라고도 한다.

LTV비율은 다음의 산식으로 산출한다.

$$LTV\text{비율}(\%) = \frac{\text{대출금}}{\text{주택평가액}} \times 100 \qquad [\text{식 } 9\text{-}2]$$

예를 들어 LTV비율이 70%라고 하면 시세가 2억원인 집의 경우에 최대로 받을 수 있는 대출가능금액은 1억4천만원이 된다. 여기서 만약 LTV비율이 50%라면 최대 대출가능금액은 1억원이 되어 4천만원이 줄어든다. 따라서 부동산 경기가 과열양상을 보일 경우 이를 막으려면 LTV비율을 낮추어 책정해야 할 것이다.

(3) DTI 비율

DTI(Debt to Income) 비율은 총부채상환비율 또는 소득대비 부채비율이라고 한다. 이는 주택을 구입하려는 사람이 주택담보대출을 받을 경우 채무자의 소득을 기준으로 대출 상환 능력을 점검하는 비율이다. 이는 미국에서 처음 도입되었는데 도입취지는 소득에 비해서 무리한 대출을 받는 것을 막기 위한 것이다.

DTI비율은 금융회사에 갚아야 하는 주택대출금의 금융비용(원금과 이자)이 개인의 연소득에서 차지하는 비중을 의미하며, 다음의 산식으로 산출한다.

$$DTI\text{비율}(\%) = \frac{\text{대출관련 지출액}}{\text{연간소득액}} \times 100 \qquad [\text{식 } 9\text{-}3]$$

DTI비율은 소득을 기준으로 산출하기 때문에 부동산 담보물의 크기만으로 대출 한도를 결정하는 LTV비율과 차이가 있다. 만약 DTI 기준이 엄격하게 적용되면 담보가치가 높더라도 소득이 충분치 않으면 대출받을 수 없게 된다. 그래서 정부는 DTI를 통해서 은행의 무분별한 대출을 막고 은행의 대출채권이 부실해지는 것을 방지할 수 있다.

예제 9-2

연간 소득액이 4,000만원인 사람이 연 5% 금리로 만기 20년의 주택자금 3억 원을 대출받으려고 한다. DTI비율이 40%라고 하자.
(1) 대출금의 상환조건이 만기일시상환이라면 이 대출이 가능할까?
(2) 원리금균등분할상환조건이라면 대출가능성은 어떻게 달라질까?
(3) 가급적 많은 금액의 대출이 가능하려면 어떤 상환조건이 좋을까?

[풀이]

(1) 매년 이자지급액은 3억 원 × 5% = 1,500만 원이므로 DTI비율은 다음과 같다.

$$\frac{1,500}{4,000} \times 100\% = 37.5\%$$

이는 40%보다 작은 값이므로 대출이 가능하다.

(2) 이자와 원금을 함께 상환해야 한다면 매년 금융비용이 더 커지므로 DTI비율이 높아져서 대출가능성은 낮아질 것이다.

(3) 만기를 길게 하면서 원금을 만기에 일시상환하는 조건으로 대출을 받는다면 대출가능금액이 더 크게 된다.

3. 증권회사 대출

(1) 증권회사의 신용공여

증권회사는 투자자에게 증권매입자금을 빌려주거나 주식을 빌려주는 신용공여업무를 수행한다. 투자자들은 주가가 오를 것으로 예상되면 신용융자를 받아서 주식을 매입한 후 주가 상승 후에 매도하여 높은 차익을 얻을 수 있다. 이와 반대로 주가가 떨어질 것으로 예상되면 증권회사로부터 주식을 빌려서 매각하였다가 나중에 주가가 하락하면 낮은 가격으로 매입해서 증권회사에 상환함으로써 역시 높은 차익을 얻을 수 있다.

증권회사에서 고객에게 투자자금을 빌려주는 것은 신용융자라고 하고 주식을 빌려주는 것은 대주라고 한다. 투자자의 입장에서는 돈을 빌려 주식을 사면 신용매수라고 하고 주식을 빌려 매각하는 것은 공매라고 한다.

(2) 신용거래보증금

신용거래라고 해도 증권회사는 자기 돈이 전혀 없는 사람에게 돈이나 주식을 빌려주지는 않는다. 고객이 신용거래를 하려면 증권회사에 일정한 수준의 보증금을 담보로 제공해야 하는데 이를 신용거래보증금이라고 한다. 거래금액의 몇 %에 해당하는 보증금을 갖고 있어야 하는가를 나타내는 것이 신용거래보증금율이라고 한다.

예를 들어서 신용거래보증금율이 60%라면 3,000만원 어치 주식을 신용매수하려는 사람은 3,000만원의 60%에 해당하는 1,800만원이 자기계좌에 있어야 한다는 것이다.

(3) 보증금율의 조정

금융당국이 부동산경기에 따라서 LTV비율, DTI비율을 조정하듯이 증권시장에서도 시황을 고려해서 신용거래보증금율을 조정한다. 신용거래보증금율을 높이면 주식매입에 대한 대출을 줄이는 효과가 있기 때문에 주식시장이 과열된 경우에 금융당국은 보증금율을 높인다. 이와 반대로 주식시장이 침체되어 있어서 부양이 필요한 경우에는 보증금율을 낮춘다. 보증금율이 낮으면 실질적으로 대출이 증대되는 효과가 있어서 주식매입이 수월하게 되기 때문이다.

제 4 절 대출의 유동화

1. 의의와 필요성

금융기관은 고객으로부터 받은 예금으로 기업에 대출을 해주거나 또는 유가증권에 투자하여 수익을 올리는 것이 일반적이다. 따라서 대출채권과 금융자산, 두 가지 항목이 금융기관의 특징적인 자산항목이라고 할 수 있다. 그런데 이 중에서 금융자산은 필요에 따라서 수시로 현금화할 수 있기 때문에 유동성이 높은 편이다. 이에 비해서 대출채권은 금융기관의 입장에서 보면 대출만기까지 현금화할 수 없다는 단점이 있다. 만약 만기까지 기다려서 대출원리금이 회수된 다음에야 다시 새로운 대출을 해줄 수밖에 없다면 도중에 좋은 수익을 낼 수 있는 대출기회가 있어도 이를 활용할 수가 없다. 이러한 기회를 활용하기 위해서 대출채권이 만기가 되기 이전에 현금화하여 자금을 조달하는 것을 대출채권의 유동화라고 한다. 그리고 이렇게 대출채권을 유동화시키는 방법에는 대출채권을 매각하는 방법, 대출채권을 담보로 증권을 발행하는 방법, 두 가지 방법이 있다.

2. 대출채권의 매각

대출채권의 매각이란 말 그대로 금융기관이 보유하고 있는 대출채권을 다른 금융기관(또는 채권추심업체)에게 매각하는 것이다. 이러한 매각은 대출참가와 채권양도, 두 가지 유형으로 구분할 수 있다. 각 유형에서 나타나는 현금흐름의 변화를 함께 살펴본다.

(1) 대출참가

금융기관이 차입자와 기존의 채권, 채무관계를 그대로 유지하면서 대출채권을 다른 금융기관에 매각하는 것이 대출참가(loan participation)이다. 따라서 대출채권의 매입자는 대출참가를 통해서 원리금에 대한 수취권을 갖게 된다.

대출참가의 형식으로 대출채권을 매각하는 경우 현금흐름에는 어떤 변화가 생기는지 살펴보자. 예를 들어 원금 100만원, 약정금리 10%, 만기까지 3년 남은 대출채권을 약정금리 8%로 90만원에 매각한다고 하자. 그러면 일단 채권매각대금으로 90만원을 받고 앞으로 3년 동안 매년 10만원의 이자를 받으면서 이 중 8만원을 대출채권 매입자에게 주면 된다. 이렇게 되면 매각대금 90만원을 다시 대출자금으로 사용할 수 있으면서 동시에 매년 2만원의 이자수익도 확보할 수 있다.

(2) 채권양도

금융기관이 보유하고 있는 대출채권을 일시불로 매각하는 것이 채권양도(loan assignments)이다. 이 경우 모든 권리와 의무가 매각과 함께 양도되기 때문에 기존의 차입자는 대출채권을 매입한 금융기관에 원리금을 상환해야 한다. 현실적으로 대부분의 대출채권은 채권양도의 형태로 매각되고 있다.

채권양도의 형식으로 대출채권을 매각하는 경우 현금흐름은 단순하다. 앞서와 같이 원금 100만원, 약정금리 10%, 만기까지 3년 남은 대출채권인데 이 채권이 불량채권이어서 80만원에 매각한다고 하자. 그러면 채권매각대금 80만원을 받고 끝이다. 향후 이자와 만기의 원금은 매입자가 알아서 받게 된다. 여기서 양도대상이 되는 대출채권이 우량채권이라면 이렇게 원금보다 높은 금액으로 매각할 수 있지만 이자가 제대로 안 들어오는 불량채권이라면 원금보다 낮은 금액으로 매각해야 할 것이다. 물론 불량의 정도가 심할수록 더 낮은 금액으로 매각하게 된다.

(3) 현금흐름의 비교

위에서 든 사례의 현금흐름을 비교해보자. 대출채권을 매각하기 전의 현금흐름은 3년 동안 10만원씩 이자를 받다가 3년 후에 100만원을 받는 것이다. 그런데 대출참가의 형태로 채권을 매각하면 현재 시점에서 90만원을 받고 만기까지는 이자차익을 받는 것이다. 채권양도의 형태로 채권을 매각하면 현재 시점에서 80만원을 받는 것이다. 이를 그림으로 나타내면 다음과 같다.

그림 9-2 대출유동화의 현금흐름

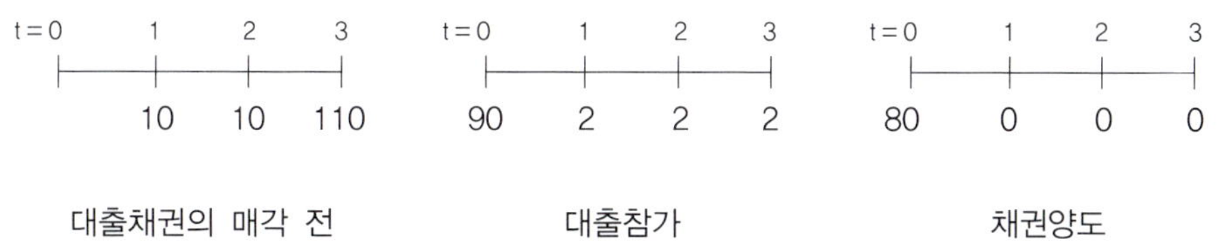

이 그림을 보면 대출참여와 채권양도에서 정도의 차이는 있지만 모두 만기인 3년 후에 받는 원금을 앞당겨서 회수하는 효과가 있음을 알 수 있다.

대출채권을 매각하는 방법으로 대출참가와 채권양도 이외에도 대출갱신(novation)이라는 방법이 있다. 이는 기존 대출계약을 채권매입자와 채무자의 새로운 대출계약으로 만드는 것인데 절차가 복잡하고 시간도 많이 걸리는 단점이 있다.

위와 같이 대출채권을 매각하는 여러 가지 방법 중에서 채권양도가 가장 많이 이용되는 방법이다.

3. 대출채권의 유동화

(1) 금융의 증권화

금융증권화(securitization)란 금융기관이 운용자금을 확보하기 위해서 대출채권을 모아서 이를 기초자산으로 하는 유가증권을 발행하는 것이다. 투자자들이 이러한 유가증권을 매입하면 그 자금이 금융기관의 운용자금이 되는 것이다. 이렇게 대출채권이 유가증권으로 전환되면서 자금이 조달되기 때문에 금융형태가 간접금융에서 직접금융으로 전환된다고 한다. 또는 금융시장이 증권시장화된다고 말한다.

(2) 자산유동화증권

자산유동화증권(asset backed security : ABS)이란 금융기관 또는 기업이 자금을 조달할 목적으로 자신이 보유하고 있는 자산을 담보로 발행하는 유가증권을 말한다. 이는 1980년대 중반부터 미국에서 급성장했는데 부동산대출, 자동차대출, 리스대출 등을 담보로 발행하는 채권으로서 자산담보부채권 또는 자산담보부증권이라고 불렸다. 우리나라에서는 1998년 9월 자산유동화에 관한 법률이 제정되면서 자산유동화증권이라는 용어로 정리되었다.

자산유동화증권 중에서 많이 알려진 것은 주택저당대출(mortgage)을 담보로 발행한 주택저당 담보부증권(mortgage backed securities : MBS)이다. 그리고 자동차대출을 기초로 발행된 채권은 자동차대출 담보부증권(certificates of automobile receivables : CARs)이라고 부른다.

(3) 특수목적회사

자산유동화에서 독특하게 등장하는 개념으로 특수목적회사(special purpose company : SPC)가 있다. 이는 금융기관의 대출채권을 현금화하는 과정에서 일시적으로 설립된 유동화전문회사이다. 채권매각과 원리금 상환이 종료되면서 소멸하는 페이퍼컴퍼니이다.

특수목적회사는 금융기관의 대출채권을 양도받아서 자산유동화증권(ABS)을 발행하여 일반 투자자들에게 판매한다. 그리고 투자자들은 만기까지 이 채권에 표시된 약정금리에 따라서 이자를 받다가 만기에 원금을 받게 된다. 그러나 SPC는 서류상 회사이기 때문에 이러한 과정을 실제로 관리하는 업무는 별도의 관리회사에 위탁해야 한다.

그림 9-3 자산유동화의 구조

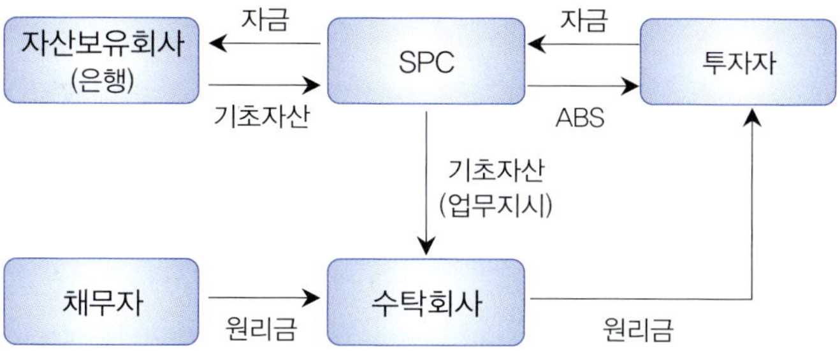

(4) 유동화의 효과

지금까지 설명한 방식으로 대출의 유동화가 이루어지면 다음과 같은 효과를 기대할 수 있다.

첫째, 대출채권 등 자산을 보유한 기업은 이를 매각하거나 ABS를 발행함으로써 자금조달 비용을 절감하면서 큰 자금을 확보할 수 있다. 그리고 이 자금을 수익성 높은 대출의 재원으로 활용할 수 있다. 또한 이렇게 신규로 대출이 진행되면 대출수수료의 수입도 증대되어 금융기관의 수익성 향상에 도움이 된다.

둘째, 자산매각과 유동화에 따른 현금 발생으로 기업의 재무구조가 개선된다. 특히 금융기관의 경우에는 국제결제은행(BIS)의 자기자본비율을 산출할 때 대출채권이 100% 위험자산으로 계산되기 때문에 대출채권의 감소로 BIS 자기자본비율을 높일 수 있다.

셋째, 투자자들은 자산 보유자의 신용도와 상관없이 양질의 투자 대상을 확보할 수 있다. 왜냐하면 부실한 기업이라고 해도 괜찮은 자산을 분리시켜서 이를 담보로 발행되는 자산유동화증권은 자산보유자의 신용도보다 더 높은 신용등급을 받기 때문이다.

주요 용어

- 대출
- 여신
- 정상여신
- 요주의여신
- 고정여신
- 회수의문여신
- 추정손실여신
- 신용분석
- 신용평점제도
- 정책금융
- 지시금융
- 구제금융
- LTV비율
- DTI비율
- 신용거래보증금
- 대출참가
- 채권양도
- 자산유동화증권
- 모기지
- MBS
- CARs
- 특수목적회사

연습 문제

01 대출과 여신의 차이를 간단하게 설명하시오.

02 신용위험의 5요소를 열거하시오.

03 대출금리의 결정과정을 채무불이행위험과의 관계에서 설명하시오.

04 무위험금리는 5%인데 가나기업은 금리 7%로 대출을 받았다. 은행에서 가나기업의 채무불이행가능성을 얼마로 보고 있는 것인가?

05 연소득이 4,000만원인 사람이 연 5% 금리로 10년 만기 대출을 받으려고 한다. 원금은 만기에 일시상환하는 조건이다. 구입하려는 주택의 시장가액은 7억 원이다. LTV비율은 50%, DTI비율은 40%라고 하면 이 사람이 대출받을 수 있는 최대 금액은 얼마인가?

06 2008년 글로벌 금융위기는 미국의 서브프라임 모기지에서부터 시작되었다고 할 수 있다. 금융위기의 발생과정을 대출의 유동화로 설명해보시오.

제 10 장

부채 및 자본관리

제 1 절　유동성관리

제 2 절　예금관리

제 3 절　자본관리

제 4 절　국제결제은행과 바젤합의

제 5 절　BIS 자기자본비율

1. 앞서 제 9 장에서는 금융기관의 자산관리기법으로 대출채권의 관리방법을 공부하였다. 본 장에서는 부채와 자본의 관리기법을 소개할 것이다.
2. 먼저 은행의 유동성관리의 중요성을 설명하고 유동성과 관련하여 부채관리의 필요성을 살펴볼 것이다. 부채란 고객에게서 받는 예금이므로 결국 수신상품에 대한 관리기법을 다루는 것이다.
3. 은행의 자본은 고객의 예금을 보호하는 마지막 재원이기 때문에 중요한 관리대상이다. 따라서 정부는 일정한 기준에 따라서 적정수준의 자본을 유지하도록 규제를 하는데 대표적인 방법이 BIS자기자본비율이다.

제 1 절 유동성관리

1. 은행의 자금조달

일반적으로 제조기업들은 제조설비를 구입하기 위해서 설비자금을 조달하고 원재료를 구입하고 임금을 주기 위해서 운영자금을 조달한다. 이러한 자금을 마련하기 위해 은행에서 차입금을 조달하거나 회사채 또는 주식을 발행한다. 그리고 이렇게 조달한 자금의 내역은 재무상태표의 대변에 부채와 자본으로 나타난다.

이와 마찬가지로 금융기관도 대출자금을 마련하기 위하여 고객으로부터 예금을 조달할 수도 있고 금융채를 발행하거나 주식을 발행하여 자금을 조달할 수도 있다. 그런데 금융기관의 경우에는 금융중개기능이 주된 업무이다보니 자본보다 부채의 비중이 매우 커서 부채비율이 높은 편이라고 했다. 실제로 은행의 재무자료를 보면 부채가 자본의 10배가 넘는 것을 쉽게 확인할 수 있다. 그리고 부채의 구성을 보면 고객예금이 전체 부채의 60%를 넘는 비중을 차지하는데 금융기관의 자금조달의 상황이 이렇다보니 은행의 부채관리라고 하면 주로 예금관리를 의미하는 것이 된다.

2. 유동성위험

(1) 유동성위험이란

금융기관은 수시로 현금의 입금과 인출이 이루어지기 때문에 현금과부족사태가 자주 발생할 수 있다. 현금보유수준이 적정수준보다 많은 상태라면 문제가 없지만 만약 현금부족사태가 발생한다면 은행은 고객들로부터 신뢰를 상실하는 등 치명적인 손실을 입을 수 있는데 이러한 가능성을 유동성 위험(liquidity risk)이라고 한다.

(2) 유동성위험의 발생

금융기관의 유동성 위험이 발생하는 근본적인 원인은 자산과 부채의 만기불일치(maturity mismatch) 때문이다. 은행에 자금을 공급하는 예금자들은 대체로 만기가 짧은 예금을 선호한다. 이에 비해서 은행으로부터 차입금을 조달하는 기업들은 안정적으로 자금을 사용할 수 있는 만기가 긴 대출금을 선호한다. 이렇듯 만기가 짧은 예금을 조달해서 만기가 긴 대출금으로 운용해서 이익을 내는 것이 은행의 기본업무이기 때문에 은행은 항상 만기불일치로 발생하는 유동성 위험에 노출되고 있는 셈이다.

(3) 유동성위험의 유형

유동성 위험은 다음과 같이 두 가지 유형으로 구분할 수 있다.

첫 번째 유형은 고객의 인출요구에 대응하지 못하는 경우이다. 예를 들어 은행의 경우는 예금자들이 일시에 예금을 인출할 수 있고 증권회사나 보험회사도 투자자 또는 보험계약자들의 예상보다 많은 대금청구로 곤란에 빠질 수 있다. 특히 금융시장이 불안하거나 은행의 재정상태가 취약하다고 판단되면 예금자들은 자신이 맡긴 돈을 찾기 위해서 한꺼번에 인출을 하는 사태가 발생하는데 이를 뱅크런(bank run)이라고 한다. 금융기관은 이러한 상황에 대비해서 적정 수준의 현금지급능력, 즉 유동성을 유지해야 하는 것이다.

두 번째 유형은 고객의 대출수요에 대응하지 못하는 경우이다. 상환능력이 충분한 우수한 고객이 신청하는 대출은 은행의 입장에서는 좋은 수익창출기회가 된다. 은행이 현금보유수준을 잘못 관리하여 유동성이 부족해서 이러한 양질의 대출수요에 자금을 공급하지 못한다면 이는 기회비용이 되어 은행에게는 손실이 될 것이다. 이 역시 유동성 위험에 포함된다.

3. 유동성관리

(1) 유동성관리의 필요성

금융기관이 유동성을 충분히 확보하고 있다면 고객의 인출요구와 대출수요를 커버할 수 있을 것이다. 그러나 이렇게 유동성이 충분한 경우에는 여유분의 자금이 수익을 내지 못하고 대기성 자금으로 남아 있어야 한다. 따라서 전체적으로 보면 은행의 수익성이 낮아지게 된다. 이렇게 유동성과 수익성은 항상 상충관계에 있기 때문에 적정 수준의 유동성을 확보해야 한다. 유동성관리의 필요성이 여기에 있다.

유동성이 부족해진 상황에서 금융기관이 유동성을 확충할 수 있는 여러 가지 방법을 살펴보겠다. 예를 들어 예상치 못한 예금유출로 다음과 같은 재무상태가 된 은행이 있다고 하자. 그리고 지급준비율은 10%라고 하자.

재무상태표

(단위 : 억 원)

자 산		부채와 자본	
현 금	500	예 금	9,000
대 출	9,500	자 본	2,000
증 권	1,000		
합 계	11,000	합 계	11,000

지급준비율이 10%이니 예금의 10%에 해당하는 900을 현금(지급준비금)으로 보유해야 하는데 현재는 500밖에 없으니 400 이상의 유동성을 추가로 확보해야 한다. 이렇게 유동성을 확보하는 방법을 자산관리, 부채관리, 자본관리의 세 가지 측면에서 살펴보자.

(2) 자산관리

우선 자산 항목을 이용해서 유동성을 확보하는 방법을 생각해볼 수 있다. 자산관리에서의 첫 번째 방법은 대출의 현금화이다. 우선 기존대출금을 회수하면 좋겠지만 별로 좋은 방법은 아니다. 왜냐하면 고객과의 관계를 고려하면 대출을 만기 이전에 회수한다는 것이 쉽지 않을 뿐더러 대출금리는 예금금리보다 높은 편이어서 수익성이 떨어지기 때문이다. 그러므로 앞 장에서 설명한 대출의 유동화를 생각할 수 있다. 만기 이전에 대출채권을 매각하거나 대출채권을 기초자산으로 해서 증권을 발행하는 방법으로 유동성을 확보할 수 있는 것이다. 이 경우 재무상태표는 다음과 같이 될 것이다.

재무상태표

(단위: 억 원)

자 산		부채와 자본	
현 금	900	예 금	9,000
대 출	9,100	자 본	2,000
증 권	1,000		
합 계	11,000	합 계	11,000

자산관리의 두 번째 방법은 유가증권을 매각하는 것이다. 400에 해당하는 유가증권을 매도하여 현금화하면 지급준비금을 맞출 수 있다. 그렇지만 이 경우에는 중개비용과 거래비용이 들고 유가증권의 기대수익도 예금이자율보다 높기 때문에 수익성이 떨어지는 단점이 있다. 이 경우 재무상태표는 다음과 같게 될 것이다.

재무상태표

(단위: 억 원)

자 산		부채와 자본	
현 금	900	예 금	9,000
대 출	9,500	자 본	2,000
증 권	600		
합 계	11,000	합 계	11,000

(3) 부채관리

이번에는 유동성을 확보하기 위한 부채관리기법을 생각해보자. 첫 번째 방법은 예금을 유치하는 것이다. 이 경우에는 급히 예금을 확보해야 하므로 고객에게 좀 더 유리한 조건의 고금리 예금을 판매해야 할 것이다. 이렇게 되면 수익성이 낮아지게 된다.

그런데 여기서 추가로 조달하는 예금에 대해서도 지급준비금을 확보해야 하므로 이를 감안해야 할 것이다. 즉, 사례은행의 경우 현재 상태에서의 부족액 400을 조달하면 예금(부채)은 9,400이 되지만 현금(자산)은 900이 되므로 지급준비금이 40(= 9,400 × 0.1−900)만큼 부족하게 된다. 따라서 다음 식이 성립하는 B만큼을 조달해야 한다.

$$500 + B = (9,000 + B) \times 0.1$$

위 식에서 B=444가 된다.[4] 따라서 이 금액의 예금을 조달한 후 은행의 재무상태표는 다음과 같게 된다.

재무상태표

(단위 : 억원)

자 산		부채와 자본	
현 금	944	예 금	9,444
대 출	9,500	자 본	2,000
증 권	1,000		
합 계	11,444	합 계	11,444

부채관리의 두 번째 방법은 차입금을 조달하는 것이다. 이 경우 차입금은 중앙은행이나 다른 금융기관 또는 금융채를 발행하는 방법으로 조달할 수 있다. 이렇게 되면 예금을 늘리는 것과 마찬가지로 대출이나 유가증권 등은 그대로 둔 채 차입금이 증가하여 재무상태표는 다음과 같게 된다. 현실적으로 이러한 경우에는 콜론을 통해서 신속하게 자금을 조달하는 것이 가장 일반적인 방법인데 콜론도 차입금에 해당된다.

4) 계산을 간편하게 하기 위해서 소수점 이하는 절사하였다.

재무상태표

(단위 : 억 원)

자 산		부채와 자본	
현 금	900	예 금	9,000
대 출	9,500	차입금	400
증 권	1,000	자 본	2,000
합 계	11,400	합계	11,400

(4) 자본관리

자본관리의 차원에서 유동성을 확보하는 방법은 주식을 발행하는 것이다. 물론 여기서 예를 든 것처럼 지급준비금을 채우기 위해서 주식을 발행하는 것은 어울리지 않는다. 왜냐하면 지급준비금은 즉시 채워야 하는 것인데 비해서 주식발행으로 현금을 조달하는 것은 시간이 많이 걸리기 때문이다. 그렇지만 장기적 유동성 관리차원에서는 주식발행도 하나의 대안이 될 수 있다. 만약 주식발행으로 현금을 조달하였다고 하면 재무상태표는 다음과 같을 것이다.

재무상태표

(단위 : 억 원)

자 산		부채와 자본	
현 금	900	예 금	9,000
대 출	9,500	자 본	2,400
증 권	1,000		
합 계	11,400	합 계	11,400

이와 같이 자산관리, 부채관리, 자본관리의 차원에서 유동성을 관리하는 방법을 살펴보았다. 구체적으로는 다섯 가지 방법을 설명하였는데 이 내용을 요약해서 표로 나타내면 다음과 같다.

표 10-1 유동성관리기법

구 분	대표적 방법
자산관리	–대출금회수 및 유동화 –유가증권매각
부채관리	–예금유치 –차입금조달
자본관리	–주식발행

제 2 절 예금관리

1. 예금의 특성

(1) 은행부채

2014년 말 기준으로 국내은행의 재무상태표에서 대변의 구성을 보면 예금이 60%, 차입금이 30%, 자본이 10% 정도를 차지하고 있다. 은행의 부채 중에서 예금이 가장 큰 비중을 차지하고 있고 그 다음이 차입금의 순이다. 그런데 둘 다 부채를 구성하지만 이 둘 사이에는 큰 차이가 있다.

예금의 경우에는 정기예금처럼 만기가 있다고 해도 만기 이전에 해약이 가능하다. 그렇기 때문에 고객이 조기인출을 요구하면 이를 상환해야 한다. 이를 인출위험이라고 한다. 이에 비해서 차입금은 만기까지 상환의무가 없기 때문에 예금에 비해서 안정적으로 운용할 수 있다.

(2) 자본비용과 인출위험의 상충관계

일반 기업의 경우에는 여러 가지 자금조달 방법 중 어떤 방법으로 자금을 조달할 것인가를 결정할 때에는 자본비용을 중요한 기준으로 삼는다.

그렇지만 은행의 예금관리에서는 자본비용이외에 인출위험까지 고려해야 한다.

예금을 낮은 자본비용으로 조달하면(즉, 낮은 금리로 예금을 조달하면) 고객이 쉽게 인출해 갈 수 있다. 보통예금의 경우 금리가 낮고 고객도 아무때나 쉽게 인출한다. 고객이 쉽게 인출해 가면 은행은 유동성이 낮아져서 다른 고객의 예금인출요구에 대응하기 어렵게 될 수 있다.

그런데 고객이 잘 인출해 가지 않게 하려면 예금의 금리를 높여야 하는데 이는 자본비용의 상승을 의미하는 것이다. 이처럼 자본비용은 인출위험과 상충관계에 있다. 그런데 높은 금리로 장기간 예금을 유지하게 하면 인출위험이 낮아지므로 인출위험과 만기는 역관계에 있다고 할 수 있다. 따라서 자본비용과 인출위험, 자본비용과 예금만기의 관계를 그림으로 나타내면 다음과 같이 될 것이다.[5)]

그림 10-1 자본비용과 인출위험의 상충관계

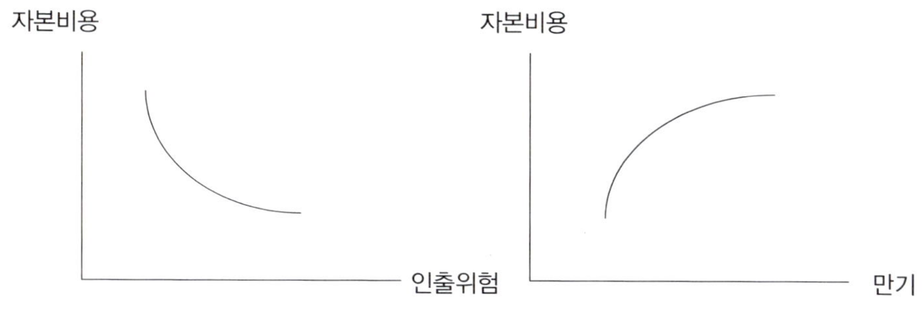

이와 같은 이유로 은행은 자본비용과 인출위험의 관계를 고려해서 부채구조를 선택해야 한다고 하는 것이다. 여기서 부채구조의 선택이란 장기예금과 단기예금의 구성을 어떻게 할 것인가를 의미한다.

---

5) 자본비용과 만기의 관계는 수익률곡선으로 파악할 수 있다. 왜냐하면 자본비용과 수익률은 누구의 관점에서 보느냐에 따라서 달리 사용하는 용어일뿐, 실질적으로는 같은 값이기 때문이다.

2. 요구불예금과 정기예금

(1) 요구불예금

요구불예금은 보통예금이나 당좌예금처럼 고객이 언제 찾아갈지 모르는 예금이다. 따라서 예금 중 인출위험이 가장 높은 상품이라고 할 수 있다. 그렇기 때문에 이자를 지급하지 않거나 지급하더라도 낮은 수준이어서 자본비용이 낮은 편이다.

요구불예금의 경우 이자를 지급하지 않는다고 해도 자본비용이 없는 것은 아니다. 은행의 입장에서는 계정을 유지하기 위한 관리비용이 지출되므로 이를 암묵적 자본비용에 포함시켜야 하기 때문이다.

당좌예금은 수표를 발행할 수 있는 예금인데 미국에서는 일정 수준의 최소잔고를 유지하는 것을 조건으로 이자를 지급하는 당좌예금도 있는데 이를 NOW(negotiable order of withdrawal)계정이라고 한다.

(2) 저축성예금

저축성예금은 정기예금, 정기적금과 같이 만기까지 유지하는 것을 조건으로 높은 금리를 약속하는 예금을 말한다.[6] 따라서 인출위험이 낮은 예금이다. 높은 금리이외에도 저축성예금을 해약하려면 고객이 직접 은행점포를 찾아가야 하는 점, 만기이전에 해약을 하면 이자손실이 크다는 점도 모두 인출위험을 낮추는 요인이라고 할 수 있다.

정기예금의 경우 은행 입장에서는 이자와 원금의 지급시점을 알 수 있기 때문에 자금관리가 용이한 편이다. 명시적 자본비용은 높지만 수시 입출금 거래 및 수표발행이 없어서 관리비용이 덜 들기 때문에 요구불예금에 비해서 암묵적 자본비용은 적은 편이다.

2014년 말 기준으로 우리나라 은행들의 예금구성을 보면 저축성예금이 거의 90%를 차지하고 있으며 요구불예금은 10%를 조금 넘는 수준이다.

---

6) 저축성예금 중에는 시장금리부 예금인 MMDA(money market deposit account)와 같이 수시입출식인 것도 있다.

3. CD, RP

(1) 양도성예금증서

양도성예금증서(certificate of deposit : CD)는 은행의 정기예금에 양도성을 부여한 것으로 통장에 이름을 쓰지 않는 무기명이다. 중도해지는 할 수 없지만 양도가 자유롭기 때문에 만기 이전에라도 금융시장에서 은행, 증권사 종합금융회사 등에 매매할 수 있다. 보통 3개월 만기인 경우가 많기 때문에 CD금리는 단기금리의 기준금리로 활용된다.

1961년 미국의 씨티은행이 처음 도입한 금융상품이며 우리나라에는 1984년에 도입되어 1990년대 이후 급속한 신장세를 보이고 있다. CD는 은행에 따라서 최소금액을 500만원 또는 1,000만원으로 하고 만기는 30일에서 1년 사이로 발행된다. 이러한 특성 때문에 규모가 큰 단기자금의 운용에 적합하다. 은행이 할인식으로 발행하며 중도환매는 허용되지 않기 때문에 만기 이전에 자금이 필요한 경우에는 증권회사나 종합금융회사에 매각하면 된다.

(2) 환매조건부채권

환매조건부채권(Repurchase Agreements : RP)은 일정기간이 지난 후 다시 매입하는 조건으로 채권을 매도하고 나중에 이를 더 높은 가격에 매입해주는 금융상품이다. 줄여서 '환매채'라고도 한다. 1981년 미국 예금금융기관들이 증권회사에 대한 자금조달상의 열세를 만회하고자 개발한 금융상품이다.

우리나라의 경우 환매채는 발행목적에 따라 세 가지 형태를 갖는다. 첫 번째는 한국은행이 통화조절수단으로 시중은행에 판매하는 RP이다. 두 번째는 은행, 증권회사 등 금융기관이 예금을 유치하기 위해서 고객에게 수신상품으로 판매하는 RP이고 세 번째는 금융기관들끼리 일시적 자금부족을 해결하고 채권의 활용도를 높이기 위해서 거래하는 RP이다.

여기서는 금융기관의 부채관리차원에서 고객에게 판매하는 RP(두 번째 형태)에 대해서 설명한다. 이는 금융기관들이 보유하는 국공채, 회사채 등 채권을 담보로 고객에게 일정 기간 이후에 다시 사는 조건으로 담보채권을 쪼개서 판매하는 것이다. 그래서 RP거래의 법적인 성격은 유가증권의 매매거래로 분류된다. 그러나 실제로 채권이 오가는 것은 아니고 일정기간 후에 원금과 이자를 지급한다는 식으로 거래가 이루어지므로 거래의 실질은 담보부 소비대차거래로 본다. 즉, 고객의 입장에서는 채권을 담보로 자금을 빌려주고 약정기간 후에 원금과 약정이자를 받는 확정금리상품이라고 볼 수 있다.

RP 매도자인 금융기관은 보유하고 있는 채권을 담보로 단기자금을 조달하고, RP 매수자인 고객은 유가증권을 담보로 단기자금을 운용할 수 있으므로 안정적인 자금의 조달과 운용이 가능하게 된다. 그리고 국공채, 회사채 등은 만기가 3년 이상으로 장기이고 거래단위도 수백억 원 이상의 대규모가 많기 때문에 일반 개인투자자들은 채권투자가 어려운데 RP를 통하면 소액 단기의 투자가 가능해진다. 따라서 RP는 채권의 유동성을 높여서 채권발행을 촉진하는 역할도 하는 것이다.

4. 다양한 예금상품의 개발

(1) 금융자율화 이전

1960년대 이전에는 금융상품이 별로 없어서 고객들은 은행에 예금하는 것 이외에 자금을 운용할 방법이 없었다. 따라서 은행의 입장에서는 쉽게 예금이 확보되어 부채는 주어진 것으로 간주하고 주로 자산운용을 통해서 수익을 올리는데 힘을 쏟았다. 그러나 다양한 투자상품이 등장하면서 증권회사를 통한 자금운용의 기회도 생기면서 은행은 경쟁적 환경에 처하게 되었다. 따라서 다양한 예금상품을 개발하면서 자금을 조달하는데 관심을 갖게 되었다. 앞서 설명한 CD, RP도 이러한 차원에서 개발된 것들이다.

(2) 금융자율화 이후

최근에는 금융자율화와 함께 금융기관들 사이에서 자금조달의 경쟁이 더욱 심해지면서 금융기관들은 새로운 예금상품을 개발하여 고객의 예금을 유치하려고 애쓰고 있다. 대표적으로 맞춤형 예금상품과 파생금융상품을 이용한 예금상품의 개발을 들 수 있다. 맞춤형 예금상품이란 고객의 개별적 욕구를 충족시켜주는 예금을 말한다. 간단한 예를 들면 1년, 2년과 같이 정형적인 기간을 갖는 정기예금이 아니라 고객이 원하는 특정기간을 만기로 하는 정기예금을 판매하는 것이다. 파생금융상품을 이용한 예금은 종전의 정기예금에 금리옵션이나 통화옵션을 결합시킨 금융상품을 판매하는 것이다. 이렇게 금리옵션을 결합시키면 종전에는 얻을 수 없었던 새로운 형태의 금리수익을 도모할 수 있고 통화옵션을 결합시키면 금리수익외의 환차익까지 기대할 수 있게 된다.

제 3 절 자본관리

1. 금융기관의 자본

(1) 개 념

자본은 자산의 가치에서 부채의 가치를 차감한 금액으로 순자산이라고도 한다. 회계적 관점에서는 자본가치를 재무상태표의 장부상 금액을 기준으로 측정한다. 그렇지만 재무적 관점에서는 자산의 시장가치에서 부채의 시장가치를 차감한 금액으로 측정한다. 구체적으로는 발행주식수에 1주당 시장가격을 곱한 시가총액으로 측정할 수 있다.

시장가치에 의한 자기자본개념이 더 이론적이고 정확하지만 측정상의 어려움으로 많은 국가에서는 장부가치에 의거해서 금융기관의 자본규제를 수행하기도 한다.

(2) 은행의 파산과 구제금융

금융기관의 자기자본이 갖는 가장 중요한 기능은 예금자보호라고 할 수 있다. 금융기관이 유동성부족으로 지급불능상태가 될 때에는 자기자본이 예금자의 예금인출의 마지막 재원이 되기 때문이다.

자기자본으로도 예금자의 예금인출을 커버하지 못하는 상황이 되면 그 은행은 재무적 곤경에 빠져서 파산의 가능성이 높아진다. 은행이 파산하게 되고 국가경제에 심각한 영향을 미칠 것으로 판단되면 정부당국은 예금보험공사 등을 통해서 구제금융을 지원하게 된다. 이렇게 구제금융이 투입된 은행이 나중에 정상화되면 정부는 그 은행의 주식을 자본시장에서 매각함으로써 구제금융을 회수한다.

2. 재무적 곤경

(1) 자본가치의 하락

은행의 자본가치가 하락해서 재무적 곤경에 처하게 되는 두 가지 상황을 살펴보겠다. 먼저 재무상태표가 다음과 같은 은행이 있다고 가정하자.

재무상태표

(단위 : 억 원)

자 산		부채와 자본	
유가증권	400	예 금	900
대출채권	600	자 본	100
합 계	1,000	합 계	1,000

은행은 예금으로 조달한 자금을 운용하기 위해서 유가증권(금융자산)에 투자하거나 대출을 하여 수익을 도모한다. 그런데 만약 투자한 유가증권의

가치가 크게 하락하여 50%의 손실이 생겼다고 하자. 그러면 유가증권 평가액은 200이 되고 이에 따라서 자기자본은 -100이 되어 자력으로 예금자의 예금인출을 감당할 수 없게 된다.

재무상태표

(단위 : 억 원)

자 산		부채와 자본	
유가증권	200	예 금	900
대출채권	600	자 본	−100
합 계	800	합 계	800

그런데 여기서 만약 이 은행의 자본이 애초에 100이 아니라 200 이상이었다면 문제가 없었을 것이다. 즉, 예를 들어 금융당국이 은행들로 하여금 자기자본비율을 20% 이상이 되도록 자본규제를 했으면 괜찮았을 것이다.

이번에는 은행이 대출해준 기업 중에서 일부 기업이 부도가 나서 대출금 중 300을 회수할 수 없게 되었다고 하자. 그러면 대출채권은 300이 되고 이에 따라서 자기자본은 -200이 되어 역시 자력으로 예금자를 보호할 수 없게 된다.

재무상태표

(단위 : 억 원)

자 산		부채와 자본	
유가증권	400	예 금	900
대출채권	300	자 본	−200
합 계	700	합 계	700

여기서도 만약 이 은행의 자본이 300 이상으로 유지하고 있었으면 예금자 보호가 가능했을 것이다. 이러한 사례를 보면 은행의 자산운용과 자본에 대해서 금융당국의 규제가 필요하겠다는 생각이 들 것이다.

(2) 자산운용규제와 자기자본규제

이와 같은 배경에서 금융당국에 의한 은행의 자산운용에 대한 규제를 살펴보자. 자산운용에 대한 규제의 내용은 은행들이 과도하게 위험한 자산을 보유하는 것을 방지하기 위한 규제이다. 위험한 자산에 투자하여 큰 수익을 올리면 주주에게 큰 수익을 준다. 그렇지만 나쁜 상황이 되어 큰 손실이 발생하면 이는 예금주들에게 손실을 끼치게 되기 때문이다. 자산운용규제의 예를 들면 은행들이 주식이나 부동산 같은 위험한 자산을 보유하는 것을 일정 비율 이하로 제한하고 동일한 회사나 개인에게 편중적으로 대출을 못하게 제한하는 것들이다.

자산운용의 결과로 자기자본의 가치가 결정되므로 자산운용규제는 예금자보호를 위해서 중요한 규제가 된다. 그런데 반대방향의 시각에서 보면 직접 자기자본규제를 통해서도 예금자보호를 도모할 수 있다. 왜냐하면 자기자본은 자산가치의 하락으로 발생하는 손실을 커버할 수 있는 쿠션의 역할을 하기 때문이다. 만약 자기자본비율이 10%라면 이는 곧 자산가치가 10% 하락할 때까지는 파산의 위험이 없다는 의미가 되는 것이다.

제 4 절 국제결제은행과 바젤합의

1. 국제결제은행

(1) 자기자본의 점검 필요성

은행이 보유하고 있는 금융상품과 대출채권의 가치는 수시로 변동된다. 그렇기 때문에 금융기관의 자기자본을 계속적으로 체크할 필요가 있다. 1970년대 중반 이후 세계적으로 금융시장이 자유화되면서 금융기관들끼리 경쟁이 격화되어 위험이 커지면서 금융선진국들은 은행의 자기자본규제를 강화하기 시작하였다. 이러한 배경에서 1988년 국제결제은행의 주도하에 은행의 자기자본규제에 관한 기준이 제정되었다.

(2) 국제결제은행의 역할

국제결제은행(Bank for International Settlements : BIS)은 원래 1차 대전 이후 독일의 전후배상문제를 처리하기 위해 설립되었다. 이후 국제결제은행은 서유럽 중앙은행에 대한 대출과 세계 각국에 단기신용공여 및 금매매 등으로 역할이 확대되었고 현재는 국제금융 안정을 목적으로 각 나라 중앙은행의 관계를 조율하는 국제협력기구로 자리 잡았다.

2. 바젤합의

(1) 바젤위원회, 바젤합의

1988년 국제결제은행의 은행규제감독위원회는 '자기자본의 측정 및 기준에 관한 국제적 합의'를 제정하였다. 국제결제은행의 본부가 스위스 바젤에 있기 때문에 은행규제감독위원회를 바젤위원회라고 부르고 '자기자본의 측정 및 기준에 관한 국제적 합의'를 바젤합의라고 부르기도 한다. 1988년의 합의를 바젤 I 이라고 하고 이후 변화된 2004년의 합의를 바젤II, 2010년 합의를 바젤III라고 부르는데 이렇게 합의내용은 금융환경의 변화를 반영해서 계속적으로 개정되어오고 있다.

(2) BIS비율의 도입과 활용

국제결제은행이 금융기관의 건전성을 나타내는 자기자본비율을 개발했는데 이를 BIS자기자본비율 또는 간략하게 BIS비율이라고 한다. 우리나라도 이를 1993년부터 도입해서 금융기관들이 매분기마다 BIS비율을 산출해서 발표하고 있다.

BIS비율이 8%를 넘어야 좋은 은행이라고 해서 1990년대 말 외환위기 당시 은행의 구조조정에서 BIS비율 8%를 중요한 판단기준으로 사용하였다. 특히 고정이하여신비율이 8%보다 낮으면서 동시에 BIS자기자본비율이 8%

를 초과하는 금융기관을 88클럽이라고 해서 재무건전성을 광고하는 용어로 사용되기도 하였다.

제 5 절 BIS 자기자본비율

1. 부채비율과 자기자본비율

재무레버리지를 측정하는 비율로 부채비율과 자기자본비율을 살펴보자. 먼저 재무상태표가 다음과 같은 은행이 있다고 하자.

재무상태표

(단위: 억 원)

자 산		부채와 자본	
유동자산	2,000	부 채	6,000
고정자산	8,000	자기자본	4,000
합 계	10,000	합 계	10,000

재무레버리지를 측정하는 비율로 부채비율이 가장 많이 이용되는데 위 은행의 부채비율을 구하면 다음과 같이 150%가 된다.

$$\text{부채비율}(\%) = \frac{\text{부채}}{\text{자기자본}} = \frac{6,000}{4,000} \times 100 = 150\%$$

그리고 자기자본비율을 구하면 다음과 같이 40%가 된다.

$$\text{자기자본비율}(\%) = \frac{\text{자기자본}}{\text{자산}} = \frac{4,000}{10,000} \times 100 = 40\%$$

즉, 부채비율 150%는 자기자본비율 40%와 같은 의미이다. 그런데 일반 기업을 대상으로 레버리지를 측정할 때에는 부채비율을 많이 사용한다. 그렇지만 금융기관의 경우에는 부채비율 대신 자기자본비율을 더 많이 사용한다.

2. BIS비율

(1) 산출식

국제결제은행은 은행의 자기자본비율을 측정하기 위해서 다음과 같은 BIS자기자본비율을 제시하였다.

$$BIS\text{자기자본비율}(\%) = \frac{\text{자기자본}}{\text{위험조정자산}} \times 100 \qquad [\text{식 } 10\text{-}1]$$

위 식을 보면 알겠지만 기본적 구조는 자기자본비율을 산출하는 식과 동일하다. 그렇지만 은행의 특성을 감안해서 분자와 분모를 다음과 같이 구하도록 하고 있다.

(2) 분자의 자기자본

BIS자기자본비율의 산출식에서 분자의 자기자본은 다음과 같이 산출한다.

분자의 자기자본 = 기본자본 + 보완자본 − 공제항목

여기서 기본자본(core capital)이란 실질적인 순자산으로서 영구적 성격을 갖는 자본금, 자본잉여금, 이익잉여금 등을 말하며 1단계(Tier I)자본이라고도 부르며 다음과 같은 식으로 산출한다.

기본자본 = 보통주 + 자본잉여금 + 이익잉여금

한편 기본자본과 관련해서 신종자본증권이라는 것이 있는데 이는 영구

채 또는 일정한 수익을 보장하는 우선주와 같이 확정된 수익은 지급하지만 만기가 없어서 은행으로서는 상환부담이 없는 증권을 말한다. 하이브리드 증권이라고도 하는데 이는 일정비율만큼 기본자본으로 인정된다.

그리고 보완자본(supplementary capital)은 전형적인 자기자본은 아니지만 자본의 성격을 갖고 있다고 인정되는 항목들로서 2단계(Tier II) 자본이라고도 부른다. 재평가적립금, 대손충당금, 후순위채 등이 이에 해당되므로 다음과 같이 산출한다.

보완자본 = 재평가적립금 + 대손충당금 + 후순위채

그리고 공제항목은 자본규제의 목적 상 자본적 성격이 없다고 판단되는 자산항목들(예를 들면 영업권, 연결조정차, 이연법인세차 등)인데 그 성격에 따라 기본자본 또는 보완자본에서 공제한다.

(3) 분모의 위험조정자산

BIS자기자본비율의 산출식에서 분모의 위험조정자산(risk weighted asset : RWA)이란 은행이 보유하고 있는 자산을 신용위험노출도에 따라서 위험가중치를 곱해서 더한 합계금액이다. 위험가중치는 구체적으로 0%, 20%, 50%, 100% 등으로 설정하였는데 각 위험에 해당하는 대표적인 자산을 예로 제시하면 다음의 표와 같다.

표 10-2 위험가중치와 대표적인 자산항목들

위험가중치	대표적인 자산항목들
0%	현금, 예금담보대출, 국채, 중앙은행의 채권
20%	은행간 콜론, RP매수, 은행보증회사채, 공공기관 및 지방자치단체의 채권
50%	주택담보대출
100%	일반대출금, 주식, 회사채, 토지, 건물 등

(4) 판정기준

위와 같은 방법을 적용해서 산출한 BIS자기자본비율이 8% 이상이면 위험에 대처할 능력이 있는 은행으로 인정해주는 것이 바젤협의의 핵심적 내용이다. 또한 기본자본만을 분자에 놓고 산출한 기본자본비율(Tier I 자본비율)은 4% 이상이 되어야 한다.

그런데 이렇게 제시한 내용이 고정불변한 것은 아니고 계속 변경되고 있다. 국제결제은행은 금융환경의 변화를 반영하면서 BIS자기자본비율의 현실성을 높이기 위해 산출식을 계속적으로 수정하고 있기 때문이다. 관련 규정의 변화로 산출방법이나 판정기준이 바뀌는 내용은 국제결제은행의 발표자료를 지속적으로 관심 있게 살펴야 한다.

예제 10-1

가나은행의 재무상태표가 다음과 같다고 하자.

(단위 : 억 원)

자산		부채 및 자기자본	
현금	1,000	예금	5,800
지방채	2,000	차입금	3,200
주택담보대출	3,000	후순위채	300
기타대출	4,000	자본금 · 잉여금	700
합계	10,000	합계	10,000

(1) BIS자기자본비율을 산출해서 가나은행의 재무건전성를 확인하라.
(2) 기본자본비율을 산출하라.

[풀이]

(1) 자기자본은 다음과 같다.

자기자본 = 기본자본 + 보완자본 = 자본금 · 잉여금 + 후순위채 = 700 + 300 = 1,000

그리고 위험가중자산은 다음과 같다.

$$위험가중자산=0\times 1,000+0.2\times 2,000+0.5\times 3,000+1.0\times 4,000=5,900$$

[풀이]

따라서 BIS자기자본비율은 다음과 같이 산출된다.

$$BIS\text{자기자본비율} = \frac{\text{자기자본}}{\text{위험가중자산}} \times 100 = \frac{1,000}{5,900} \times 100 = 16.9\%$$

(2) 그리고 기본자본(Tier Ⅰ 자본)은 실질적 순자산으로 영구적 성격을 갖는 자본금, 자본잉여금, 이익잉여금 등을 말하므로 재무상태표에서 700을 확인할 수 있다. 따라서 기본자본비율은 다음과 같다.

$$\text{기본자본비율} = \frac{700}{5,900} \times 100 = 11.9\%$$

BIS자기자본비율은 8%를 넘고 기본자본비율은 4%를 넘으므로 가나은행은 재무건전성을 갖춘 은행이라고 할 수 있다.

3. BIS비율 제고방안

(1) 산출식의 구조

재무건전성이 높으면 당연히 BIS비율이 높게 나올 것이다. 그러나 BIS비율을 관리지표로 해서 재무건전성을 높일 수도 있다. BIS비율을 통해서 재무건전성을 높일 수 있는 방법을 생각해보자. 우선 BIS비율을 산출하는 식에서 분자인 자기자본을 크게 하는 방법, 그리고 분모인 위험가중자산을 작게 하는 방법을 생각할 수 있다.

(2) 분자를 크게 하는 방법

BIS비율의 산출식에서 분자(자기자본)를 크게 할 수 있는 방법들을 열거하면 다음과 같다.

첫 번째 방법은 영업활동을 잘해서 순이익을 많이 내는 것이다. 그러면 이익잉여금의 증가로 자기자본이 증가한다.

두 번째 방법은 신주를 발행하는 것이다. 신주발행은 자본금의 증가를 통해서 자기자본의 증가로 나타난다.

세 번째 방법은 신주를 발행할 때 액면보다 높은 가격으로 한다. 액면을 초과하는 금액은 주식발행초과금으로 계상되며 이는 자본잉여금의 구성항목이기 때문에 자기자본이 증가하게 된다.

네 번째 방법은 전환사채 또는 후순위채를 발행하는 것이다. 앞서 세 가지 방법은 주로 기본자본의 증가를 도모하는 방법인데 비해서 전환사채 또는 후순위채를 발행하는 것은 보완자본의 증가를 꾀하는 것이다.

(3) 분모를 작게 하는 방법

BIS비율의 산출식에서 분모(위험가중자산)를 작게 할 수 있는 방법들을 열거하면 다음과 같다.

첫 번째 방법은 위험가중치가 큰 일반대출을 담보대출로 전환하는 것이다.

두 번째 방법은 기존대출을 회수하면서 대출연장을 해주지 않고 동시에 신규대출을 억제하는 것이다.

세 번째 방법은 일반대출용 자금으로 금융자산(유가증권)을 구입하는 것이다. 일반대출은 위험가중치가 크고 금융자산은 위험가중치가 작기 때문이다.

네 번째 방법은 금융자산 중에서도 위험가중치가 큰 주식, 회사채를 줄이고 위험가중치가 작은 국고채, 공공채를 구입하는 것이다.

다섯 번째 방법은 대출 회수자금을 그대로 현금으로 보유하거나 또는 유가증권을 매각해서 현금으로 보유하는 식으로 현금보유량을 늘리는 것이다. 현금은 위험가중치가 0이기 때문이다.

그러나 은행이 BIS비율을 높이기 위해서 이러한 보수적 방법에만 의존하게 되면 기업들에게는 영업활동을 위축시키고 개인적 차원에서는 신용불량자를 양산하여 경기는 나빠지는 결과를 가져올 수 있다.

주요 용어

· 유동성 위험
· 뱅크런(bank run)
· 자본비용
· 인출위험
· 요구불예금
· NOW계정
· 저축성예금
· 양도성예금증서
· 환매조건부채권
· 구제금융
· 국제결제은행
· 바젤합의
· BIS자기자본비율
· 기본자본(Tier I 자본)
· 보완자본(Tier II자본)
· 공제항목
· 위험조정자산
· 기본자본비율

연습문제

01 금융기관이 유동성을 확충하는 방법을 자산관리, 부채관리, 자본관리의 차원에서 열거하시오.

02 은행의 자본비용을 예금의 인출위험과 만기의 관계에서 설명하시오.

03 저축성예금이 요구불요금보다 인출위험이 낮은 근거를 세 가지로 제시하시오.

04 가나은행의 현재 예금(부채)은 1,000억 원이다. 그리고 지급준비금은 30억 원을 보유하고 있는데 이는 정해진 지급준비율인 7%를 밑도는 수준이다.

(1) 지급준비율을 맞추기 위해서 가장 일반적으로 사용되는 방법과 조달금액을 제시하시오.
(2) 예금을 추가로 유치하여 지급준비율을 맞춘다면 얼마의 예금을 유치해야 하는가?

05 가나은행의 BIS 자기자본비율을 구하기 위한 재무자료는 다음과 같다.(단위: 억 원)

총자산 1,000	위험가중자산 600	기본자본 30	보완자본 20

위의 자료를 이용해서 다음의 각 질문에 답하시오. 단, 위험가중치는 [표 10-2]의 자료를 이용할 것임.

(1) 현재 BIS비율과 기본비율이 얼마인가?
(2) 20억 원의 주식을 발행하여 마련한 돈으로 주택담보대출에 사용한 경우 BIS

비율과 기본비율이 어떻게 변하는지 제시하시오.

(3) 후순위채권을 15억 원어치 발행하여 서울시가 발행한 채권을 매입한 경우

(4) 100억 원의 신용대출금을 회수한 자금으로 건물을 구입한 경우

제 11 장

듀레이션

제 1 절 금리와 채권가치
제 2 절 듀레이션
제 3 절 듀레이션의 유용성
제 4 절 듀레이션의 이용전략

1. 우리는 앞에서 은행의 관리기법으로 제 9 장 자산관리, 제 10 장 부채 및 자본관리의 내용을 배웠다. 그런데 이들의 내용은 자산관리, 부채관리, 자본관리를 개별적으로 다룬 것이었다.
2. 은행의 자산, 부채, 자본의 가치는 금리라는 공통변수에 의해서 함께 변동한다는 특징이 있다. 이러한 점을 고려해서 자산, 부채, 자본의 관리를 통합적으로 수행하는 방법이 있는데 자산부채종합관리(ALM)기법이 바로 그것이다.
3. ALM은 금융기관에 의해 도입되고 있지만 그 원리는 금리의 변동에 의해서 영향을 받게 되는 투자자들에게 그대로 적용될 수 있는 것이다.
4. ALM을 본격적으로 공부하기에 앞서 여기서 많이 이용되는 듀레이션 등 금리변동과 관련된 몇 가지 개념을 이해할 필요가 있다. 이들 개념은 채권투자에서 중요한 의미를 가질 뿐만 아니라 ALM에서도 유용하게 쓰이기 때문이다.

제 1 절 금리와 채권가치

1. 금융기관의 경영원리

금융기관의 경영원리를 이해하기 위해서는 우선적으로 채권평가모형을 살펴볼 필요가 있다. 왜냐하면 금융기관의 자산, 부채 및 자본의 가치는 모두 금리변화에 의해서 영향을 받는데 이는 채권의 가치가 금리변화에 의해서 영향을 받는 것과 동일한 메카니즘이기 때문이다. 따라서 금융기관의 경영자 입장에서는 금리변동으로 인해서 발생할 수 있는 가치변동(위험)에 관심을 가져야 한다.

금리변동에 따른 가치변동의 메카니즘을 이해하기 위해서는 금리와 채권가치의 관계를 살펴봐야 한다. 먼저 채권평가모형를 이용하여 이러한 관계를 이해한다. 그리고 채권가치의 변동을 측정하면서 유용하게 이용되는 개념인 듀레이션을 살펴본다. 듀레이션은 채권가치변동을 쉽게 측정할 수 있는 개념이어서 채권투자전략에서도 중요한 변수로 고려되고 있다. 더 나아가 금융기관의 대표적 경영기법인 자산부채종합관리(ALM)에서도 듀레이션이 유용하게 이용되고 있다. 그렇기 때문에 본격적인 ALM을 공부하기 전에 이해해 두어야 할 개념이다.

2. 채권평가모형

(1) 이표채

채권(bond)은 액면금리에 따라 일정기간 동안 이자를 지급하다가 만기에 가서 원금을 상환할 것을 약속한 증서이다. 따라서 채권을 보유함으로써 얻게 되는 미래의 현금흐름은 이자(C)와 원금(F), 두 가지이고 채권가격

(B_0)은 이 두 가지 현금흐름을 시장금리(R)로 할인한 현재가치로 다음과 같이 계산된다.

$$B_0 = \frac{C}{(1+R)} + \frac{C}{(1+R)^2} + \cdots + \frac{C}{(1+R)^n} + \frac{F}{(1+R)^n} \qquad \text{[식 11-1]}$$

이렇게 만기까지 이자를 지급하다가 만기에 가서 원금을 상환하는 채권을 이표채(coupon bond)라고 하며 가장 일반적인 형태의 채권이라고 할 수 있다.

(2) 할인채와 영구채

이표채과 다른 형태의 현금흐름을 갖는 채권도 있는데 우선 할인채(discount bond)를 들 수 있다. 이는 이자지급은 없이 만기에 액면금액만 상환하는 형태의 채권으로서 현금흐름은 만기에 단 1회 이루어진다. 따라서 그 평가식은 다음과 같은데 이는 [식 11-1]에서 이자부분이 없는 구조이다.

$$B_0 = \frac{F}{(1+R)^n} \qquad \text{[식 11-2]}$$

그리고 또 다른 형태의 채권은 만기가 없어서 원금은 상환하지 않은 채 영원히 이자만 지급하는 채권인데 이를 영구채(perpetuity bond 또는 consol)라고 한다. 이의 평가식은 다음과 같은데 이는 [식 11-1]에서 원금부분이 없는 대신 만기가 무한한 구조임을 알 수 있다.

$$B_0 = \frac{C}{(1+R)} + \frac{C}{(1+R)^2} + \cdots + \frac{C}{(1+R)^\infty} = \frac{C}{R} \qquad \text{[식 11-3]}$$

3. 금리변동에 따른 채권가치변화

(1) 시장금리와 채권가격

위에서 제시된 모든 채권평가식들은 기본적으로 금리의 함수이다. 현금흐름과 만기는 주어진 값이므로 상수항이고 다만 시장금리가 불확실한 변수이므로 채권가격은 금리의 함수가 된다. 즉 다음과 같은 함수관계로 나타낼 수 있다.

$$B_0 = f(R)$$

그런데 채권가격은 시장금리가 높아지면 채권가격은 낮아지고 시장금리가 낮아지면 채권가격은 높아지는 역관계에 있는 분수함수이기 때문에 그림으로 나타내면 다음과 같다.

그림 11-1 금리와 채권가치

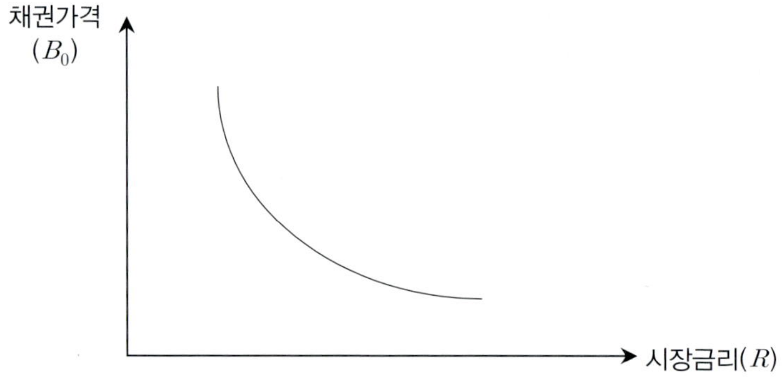

(2) 액면금리와 채권가격

시장금리가 오르면 채권가격은 낮아지고 시장금리가 내리면 채권가격은 높아진다고 하였다. 그런데 시장금리가 1% 오른다고 해도 어떤 채권은 더 큰 폭으로 내리고 다른 채권보다 더 작은 폭으로 낮아지는 경우가 있다.

다음과 같은 두 채권을 비교해보자. 채권 H와 채권 L은 둘 다 액면금액이 100만원이고 만기는 3년이다. 다만 채권 H는 약정금리가 10%, 채권 L은 약정금리가 5%라고 하자. 즉, 채권 H는 약정금리가 높은 고금리채권이고 채권 L은 약정금리가 낮은 저금리채권이다.

그리고 현재 시장금리는 8%라고 가정하자. 이러한 상황에서 시장금리가 4%로 내렸다고 할 때 채권 H와 채권 L의 가격변동을 비교해보겠다.

① 시장금리가 8%인 경우

현재의 시장금리 8%에서 채권 H의 가격은 다음과 같다.

$$B_0 = \frac{10}{(1+0.08)} + \frac{10}{(1+0.08)^2} + \frac{110}{(1+0.08)^3} = 105.15$$

그리고 채권 L의 가격은 다음과 같다.

$$B_0 = \frac{5}{(1+0.08)} + \frac{5}{(1+0.08)^2} + \frac{105}{(1+0.08)^3} = 92.27$$

② 시장금리가 4%로 내린 경우

그런데 시장금리가 4%로 내린다면 두 채권의 가격은 모두 오를 것이다. 구체적인 값은 다음과 같다. 우선 시장금리가 4%라면 채권 H의 가격은 다음과 같이 계산된다.

$$B_0 = \frac{10}{(1+0.04)} + \frac{10}{(1+0.04)^2} + \frac{110}{(1+0.04)^3} = 116.65$$

이 가격은 처음가격 105.15만원에 비교해서 11.5만원 상승한 것이다. 채권 H와 비교하기 위해서 똑같은 방법으로 시장금리 4%에서 채권 L의 가격을 구하면 다음과 같다.

$$B_0 = \frac{5}{(1+0.04)} + \frac{5}{(1+0.04)^2} + \frac{105}{(1+0.04)^3} = 102.78$$

그런데 이 가격은 처음가격 92.27만원에 비교해서 10.51만원 상승한 것이다. 이러한 결과를 갖고 두 채권을 비교해보면 채권 H가 더 큰 폭으로 오른 것을 확인할 수 있다.

③ 시장금리가 12%로 오른 경우

이번에는 시장금리가 현재 8%에서 12%로 올랐다고 가정하자. 위에서와 똑같은 방법으로 시장금리 12%에서 채권 H의 가격을 구하면 95.20만원이 되고 채권 L의 가격은 83.19만원이 된다.

그러면 채권 H의 가격은 9.95만원 내리고 채권 L의 가격은 9.08만원 내려서 채권 H가 더 큰 폭으로 내린 것을 확인할 수 있다. 이러한 내용을 표와 그림으로 나타내면 다음과 같다.

표 11-1 고금리채권과 저금리채권의 가격변동비교

채권유형	시장금리		
	① 현재 8%에서	② 4%로 내리면	③ 12%로 오르면
고금리채권 H (약정금리 10%)	105.15	116.65	95.20
		11.50 상승	9.95 하락
저금리채권 L (약정금리 5%)	92.27	102.78	83.19
		10.51 상승	9.08 하락

그림 11-2 고금리채권과 저금리채권의 가격변동비교

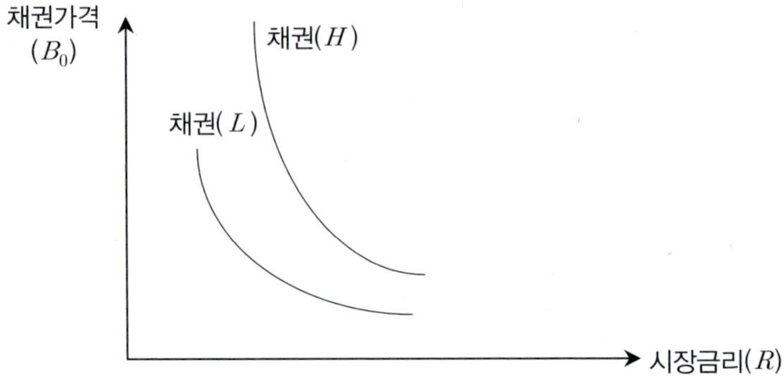

(3) 만기와 채권가격

이번에는 시장금리가 변동할 때에 만기가 긴 채권과 만기가 짧은 채권의 경우 가격변동을 비교해보자. 즉, 만기차이에 따른 가격변동의 차이를 살펴보고자 한다.

액면금액이 100만원인 만기가 1년인 할인채와 만기가 5년인 할인채를 생각해보자.

① 시장금리가 8%인 경우

할인채는 중간에 지급되는 이자가 없으므로 시장금리가 8%라면 1년 할인채의 가격은 다음과 같다.

$$B_0 = \frac{100}{(1+0.08)} = 92.59$$

그리고 5년 할인채의 가격은 다음과 같다.

$$B_0 = \frac{100}{(1+0.08)^5} = 68.06$$

② 시장금리가 4%로 내린 경우

이런 상황에서 시장금리가 4%로 내린다면 1년 할인채 가격은 다음과 같이 될 것이다.

$$B_0 = \frac{100}{(1+0.04)} = 96.15$$

이는 처음 가격인 92.59만원보다 3.56만원 만큼 오른 값이다. 한편 5년 할인채의 가격은 다음과 같이 될 것이다.

$$B_0 = \frac{100}{(1+0.04)^5} = 82.19$$

이는 처음 가격 68.06만원보다 14.13만원 만큼 오른 것인데 1년 할인채보다 훨씬 큰 폭으로 올랐음을 알 수 있다.

③ 시장금리가 12%로 오른 경우

이번에는 시장금리가 8%에서 12%로 오른다고 하자. 위에서와 똑같은 방법으로 시장금리 12%에서 1년 할인채의 가격을 구하면 89.29만원이 되고 5년 할인채의 가격은 56.74만원이 된다.

그러면 1년 할인채 가격은 3.3만원 내리고 5년 할인채의 가격은 11.32만원 내려서 5년 할인채가 더 큰 폭으로 내린 것을 확인할 수 있다. 이러한 내용을 표와 그림으로 나타내면 다음과 같다.

표 11-2 단기채권과 장기채권의 가격변동비교

채권유형	시장금리		
	① 현재 8%	② 4%로 내리면	③ 12%로 오르면
단기채권 (1년 할인채)	92.59	96.15	89.29
		3.56 상승	3.30 하락
장기채권 (5년 할인채)	68.06	82.19	56.74
		14.13 상승	11.32 하락

그림 11-3 단기채권과 장기채권의 가격변동비교

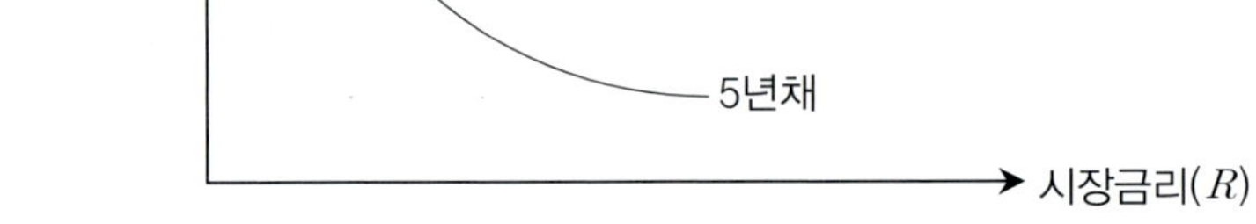

금리변동으로 인한 채권가격의 변동을 비교한 지금까지의 설명을 요약하면 다음과 같이 두 가지로 제시할 수 있다.

첫째, 액면금리가 높은 고금리채권이 액면금리가 낮은 저금리채권보다 더 큰 폭으로 변동한다.

둘째, 만기가 긴 장기채권이 만기가 짧은 단기채권보다 더 큰 폭으로 변동한다.

제 2 절 듀레이션

1. 듀레이션이란

(1) 의의 및 산출

시장금리가 변동할 때에 채권가격이 어떻게 변동하는가를 매번 다시 계산해서 측정하는 것은 번거로운 작업이다. Macaulay(1938)는 듀레이션(duration)이라는 개념을 제시하여 금리변화에 따른 채권가격의 변동을 쉽게 측정할 수 있게 하였다.

듀레이션은 금리변화에 대한 채권가격의 민감도를 측정할 수 있는 개념이다. 구체적으로는 현금흐름이 발생하는 각 시점을 그 시점에 발생하는 현금흐름의 현재가치가 전체현금흐름의 현재가치에서 차지하는 비율을 가중치로 해서 산출한 값으로 정의된다. 이를 산출하기 위해서 다음과 같은 식이 이용된다.

$$D = \sum_{t=1}^{n} t \times \left[\frac{\dfrac{C_t}{(1+r)^t}}{\displaystyle\sum_{t=1}^{n} \frac{C_t}{(1+r)^t}} \right] = \sum_{t=1}^{n} t \times \frac{t\text{시점 현금흐름현가}}{\text{채권현가}\ (B_0)} \quad \text{[식 11-4]}$$

얼핏 보면 듀레이션 산출식이 복잡해 보이지만 다음과 같이 표현하면 좀 더 쉽게 이해할 수 있을 것이다.

$$D = 1 \times \frac{PV(C_1)}{PV} + 2 \times \frac{PV(C_2)}{PV} + \cdots + n \times \frac{PV(C_n)}{PV}$$

여기서 분모의 PV는 전체현금흐름의 현재가치이므로 곧 채권가격, B_0가 된다. 위에서 제시된 식을 보고 간단하게 정의하면 듀레이션은 일종의 가중평균만기라고 할 수 있다.

(2) 채권만기와 듀레이션

위와 같이 산출된 듀레이션은 채권수명에 대한 척도로서의 의미를 갖는다. 일반적으로 채권수명에 대한 개념으로 만기(maturity)를 이용하지만 이는 최종현금흐름의 발생시점만을 나타낼 뿐이다. 이에 비해서 듀레이션은 중간의 현금흐름까지 고려한 만기개념이라고 할 수 있다. 따라서 그 현금흐름의 형태에 의해서 영향을 받게 된다. 다음과 같이 서로 다른 형태의 현금흐름을 가져다주는 채권들에서 그 유형별로 만기와 듀레이션이 어떤 관계에 있는지 살펴본다.

① 할인채

할인채의 경우에는 만기에 원금만 지급되고 중간에 이자지급은 없다. 따라서 듀레이션의 산출식에서 만기 이전의 기간에 대한 가중치는 0이고 만기에 대한 가중치는 1이 되기 때문에 할인채의 듀레이션은 곧 만기와 같게 된다.

② 이표채

이표채의 경우에는 만기까지 일정시점마다 이자가 지급되다가 만기에 원금이 지급되는 형태의 현금흐름을 갖는다. 따라서 듀레이션의 산출식에서 만기 이전의 기간에 대한 가중치는 양(+)의 값을 가지면서 이에 따라 만기에 대한 가중치는 1 보다 작게 된다. 그러므로 듀레이션은 만기보다 짧다.

③ 영구채

영구채는 만기가 없이 이자만 일정한 금액(C)으로 무한히 지급되는 형태의 채권이다. 즉, 채권의 만기가 무한한 경우인데 이러한 경우의 듀레이션을 구해 보자.

영구연금의 현가계산식을 이용해서 영구채의 현재가치를 구하면 $B_0 = \frac{C}{r}$이다. 이를 [식 11-4]에 대입하면 다음과 같이 정리된다.

$$
\begin{aligned}
D &= \sum_{t=1}^{n} t \times \left[\frac{\frac{C_t}{(1+r)^t}}{B_0} \right] = \sum_{t=1}^{n} t \times \frac{\frac{C}{(1+r)^t}}{\frac{C}{r}} \\
&= \sum_{t=1}^{n} t \times \frac{r}{(1+r)^t} = r \sum_{t=1}^{n} \frac{t}{(1+r)^t} \\
&= r \times \left(\frac{1+r}{r^2} \right) = \frac{1+r}{r}
\end{aligned}
\qquad \text{[식 11-5]}
$$

이처럼 영구채의 경우 만기는 무한하더라도 듀레이션은 시장금리에 의해서 유한한 기간으로 결정된다. 예를 들어 시장금리가 10%라면 영구채권의 듀레이션은 다음과 같이 11년이 된다는 것이다.

$$D = \frac{1+0.1}{0.1} = 11\,(\text{년})$$

예제 11-1

액면가액 1,000원이고 만기 3년, 액면금리가 7%인 채권이 있다. 이 채권에 대한 다음 각 물음에 답하라.

(1) 시장금리는 6%라고 하면 이 채권의 시장가치는 얼마인가?

(2) 이 채권의 듀레이션을 구하라.

[풀이]

(1) 이 채권의 시장가치는 매년 이자 70원과 만기 원금 1,000원의 현재가치이므로 다음과 같이 구하면 1,026.73원임을 알 수 있다.

기간	현금흐름	현가계수	현재가치
1	70	$\frac{1}{1.06}$	66.04
2	70	$\frac{1}{1.06^2}$	62.30
3	1,070	$\frac{1}{1.06^3}$	898.39
			1,026.73

(2) 여기에서 듀레이션을 구하면 다음과 같이 2.81년이 산출된다.

$$D=1\times\frac{66.04}{1{,}026.73}+2\times\frac{62.30}{1{,}026.73}+3\times\frac{898.39}{1{,}026.73}=2.81(\text{년})$$

2. 듀레이션의 결정요인

듀레이션은 채권의 만기, 채권의 액면금리, 그리고 시장금리, 이 세 가지 요인에 의해서 결정된다. 결론부터 말하면 만기가 길수록 듀레이션은 길어지지만, 액면금리와 시장금리가 높을수록 듀레이션은 짧아진다. 구체적으로 이들 결정요인이 듀레이션에 어떻게 영향을 미치는지를 살펴본다.

(1) 채권의 만기

채권의 만기가 길수록 듀레이션은 길어진다. 이는 듀레이션 산출식에서도 확인되지만 더 쉽게 이해하기 위해서 액면금리와 시장금리가 동일한 상황에서 만기가 서로 다른 할인채의 듀레이션을 생각해 보자. 할인채의 경우는 만기가 곧 듀레이션과 같으므로 만기가 긴 할인채의 듀레이션이 만기가 짧은 할인채보다 듀레이션이 길다는 것을 알 수 있다.[1)]

1) 할인채의 경우에는 이처럼 만기와 듀레이션이 1차적인 양(+)의 관계에 있다. 그러나 이표채의 경우에는 [그림 11-4]에서 보듯이 양(+)의 관계이긴 하지만 1차적인 관계에 있지는 않다.

(2) 채권의 액면금리

액면금리란 표면금리, 쿠폰금리라고도 하는데 이에 의해서 매 기간마다 지급되는 이자금액이 결정된다. 채권 발행시에 약속된 금리로서 약정금리라고도 한다.

채권의 액면금리가 높을수록 듀레이션은 짧아진다. 액면금리가 높아진다는 것은 만기 이전의 현금흐름이 똑같이 증가한다는 것을 의미한다. 각 기간의 현금흐름이 똑같이 증가하더라도 듀레이션 산출식에서 살펴보면 각 기간의 가중치는 현재가치를 기준으로 산출되기 때문에 현시점과 가까운 기간의 가중치가 현시점에서 먼 기간의 가중치보다 상대적으로 커지기 때문에 듀레이션은 짧아지는 것이다.

이를 보다 쉽게 이해하기 위해서 만기와 시장금리는 동일한 상황에서 할인채과 이표채의 듀레이션을 비교해 볼 수 있다. 할인채는 액면금리가 0인 경우이고 이표채는 액면금리가 양(+)이기 때문이다. 여기서 할인채의 듀레이션은 만기와 같지만 이표채의 경우는 듀레이션이 만기보다 짧음을 확인할 수 있다.

(3) 시장금리

시장금리란 채권수익률, 만기수익률이라고도 하는데 채권가격을 산출할 때에 할인률로 이용되는 금리를 말한다.

시장금리가 높을수록 듀레이션은 짧아진다. 시장금리가 증가하면 곧 각 기간의 현금흐름의 현재가치를 산출할 때에 적용할 할인률이 증가한다는 것이다. 할인률이 증가하면 이에 따라서 현시점에서 먼 기간의 현금흐름의 현재가치가 지수적으로 작아지기 때문에 상대적으로 현시점과 가까운 기간의 가중치가 커진다. 따라서 듀레이션은 짧아진다.

위의 내용을 정리해서 듀레이션과 이를 결정하는 세 가지 요인들의 관계를 그림으로 나타내면 다음과 같다.

그림 11-4 듀레이션과 그 결정요인들과의 관계

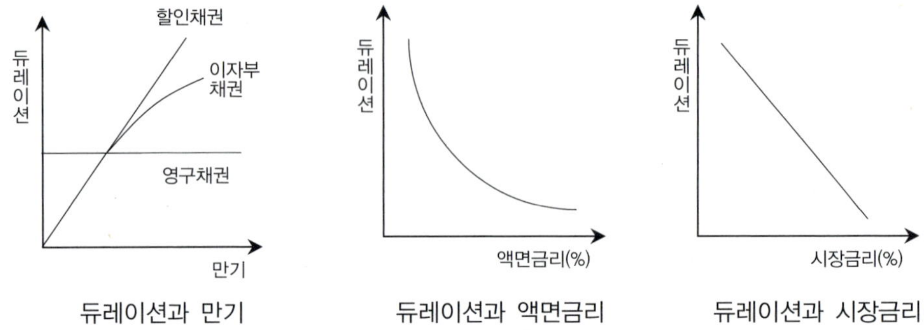

제 3 절 듀레이션의 유용성

1. 면역효과

(1) 미래시점에서 채권투자자의 부

채권투자자의 부는 시장금리의 변화에 의해서 영향을 받게 된다. 즉, 채권가격 결정식에 따르면 시장금리는 채권가격과 역의 관계에 있으므로 시장금리가 상승하면 채권가격은 하락하며 시장금리가 하락하면 채권가격은 상승하게 된다. 그런데 현재시점을 기준으로 보면 채권투자자의 부 W_0 는 곧 채권의 현재가격 B_0 이므로 금리의 변화는 채권투자자의 부에 역관계로 영향을 주게 되는 것이다. 즉,

$$W_0 = B_0$$

그러나 만약 채권투자자의 부를 미래의 일정시점을 기준으로 평가한다면 시장금리의 변화가 채권투자자의 부에 항상 역관계로 영향을 미치는 것

만은 아니다. 왜냐하면 미래 일정시점 t에서 채권투자자의 부 W_t는 그 시점의 채권가격 B_t와 기중현금유입의 t시점까지의 재투자수익 R_t로 구성되기 때문이다. 즉,

$$W_t = B_t + R_t$$

물론 여기서도 시장금리가 상승하면 미래시점의 채권가격은 하락하지만 현재시점부터 미래시점까지의 재투자수익은 이와 반대로 증가하게 된다. 반면, 시장금리가 하락하면 미래시점의 채권가격은 상승하지만 재투자수익은 반대로 감소하게 된다. 이러한 내용을 다음의 [표 11-3]과 같이 요약할 수 있다.

표 11-3 금리변화와 채권투자자의 부

금리의 변화	채권가격	재투자수익
상승(+)	하락(−)	증가(+)
하락(−)	상승(+)	감소(−)

시장금리의 변화가 이와 같이 미래 일정시점의 채권가격과 현재시점부터 미래시점까지의 재투자수익에 상반된 효과를 미치는 구조를 그림으로 나타내면 [그림11-5]와 같이 보일 수 있겠다.

그림 11-5 이자수익과 채권가격

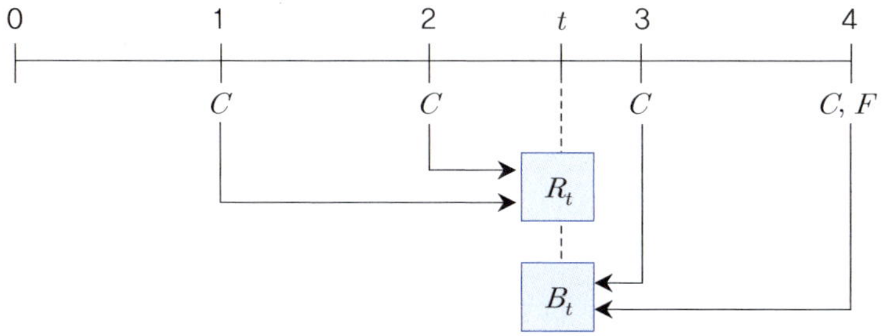

(2) 듀레이션의 면역효과

시장금리의 변화는 미래 일정시점에서 평가할 때, 채권투자자의 부에 채권가격과 재투자수익에 상반된 효과를 준다고 하였다. 그러면 이 상반된 효과의 크기가 서로 똑같게 되는 미래시점이 있을 것이다. 이러한 미래시점이 바로 앞서 산출한 채권의 듀레이션이다.

즉, 채권투자자의 부를 듀레이션 시점에서 평가하게 되면 듀레이션 시점 이후에 유입되는 현금흐름에 대한 듀레이션시점의 현재가치(듀레이션시점의 채권가격)와 현재부터 듀레이션 시점까지 유입되는 현금흐름에 대한 듀레이션 시점의 미래가치(듀레이션 시점까지의 재투자수익)의 합으로 구성된다. 그런데 만약 현시점에서 시장금리가 상승하면 듀레이션 시점의 채권가격은 하락하고 듀레이션 시점까지의 재투자수익은 증가하게 되는데 그 하락과 증가는 크기가 똑같다는 것이다. 따라서 듀레이션 시점에서 평가한 채권자의 부는 시장금리의 변동과 무관하게 일정한 값을 갖게 되는데 이를 듀레이션의 면역효과(immunization effect)라고 한다.

예제 11-2

액면금액 1,000원, 만기 3년, 액면금리 7%인 채권이 있다. 현재 시장금리가 6%인데 금리가 1% 상승하였다고 가정하자. 이러한 금리변동에도 불구하고 듀레이션시점에서의 채권투자자의 부에는 아무런 영향이 없음을 확인하라.

[풀이]

[예제 11-1]에서 구했듯이 이 채권의 듀레이션은 2.81년이다. 따라서 2.81년에서 채권투자자의 부를 6%와 7%에서 구하여 비교하여 두 값이 같다는 것을 보이면 된다.

(1) 시장금리 6%에서의 부

이자소득 : $70\times(1+0.06)^{1.81}+70\times(1+0.06)^{0.81}=151.17$

채권가격 : $\dfrac{1{,}070}{(1+0.06)^{3-2.81}}=\dfrac{1{,}070}{1.06^{0.19}}=1{,}058.22$

합계 : 151.17 + 1,058.22 = 1,209.39

(2) 시장금리 7%에서의 부

이자소득 : $70\times(1+0.07)^{1.81}+70\times(1+0.07)^{0.81}=153.06$

채권가격 : $\dfrac{1,070}{(1+0.07)^{3-2.81}}=\dfrac{1,070}{1.07^{0.19}}=1,056.33$

합계 : 153.06 + 1,056.33 = 1,209.39

두 금리수준에서 부가 똑같으므로 금리변동의 듀레이션시점의 채권자 부에 아무런 영향을 주지 않는 면역효과를 확인할 수 있다.

2. 듀레이션과 채권가격의 변화

(1) 듀레이션을 이용한 채권가격변화의 측정

시장금리의 변화는 현재 채권가격에 역관계를 갖고 영향을 미친다. 따라서 금리변화에 따라 채권가격이 얼마나 변화하는가를 파악하려면 변화된 금리에 따라서 산출한 채권가격과 변화 전의 채권가격을 비교하면 될 것이다. 그러나 금리변화에 따라 매번 채권가격을 다시 산출한다는 것은 번거로운 일이다.

여기서 듀레이션을 이용하면 금리변화에 따른 채권가격의 변화를 쉽게 측정할 수 있다. 이를 확인하기 위해서 채권가격 결정식을 다음과 같이 표현해 보자.

$$B_0=\sum_{t=1}^{n}\frac{C_t}{(1+r)^t} = \sum_{t=1}^{n}C_t\,(1+r)^{-t}$$

금리변화에 따른 채권가격의 변화를 측정하기 위해서 위 식을 금리에 대해서 미분하면 다음과 같다.

$$\frac{dB_0}{dr}=\sum_{t=1}^{n}-t\,C_t\,(1+r)^{-t-1}$$

$$= \sum_{t=1}^{n} \frac{tC_t}{(1+r)^{t+1}} = -\frac{1}{1+r}\sum_{t=1}^{n} \frac{tC_t}{(1+r)^t}$$

그리고 이를 채권가격의 변화액 dB_0에 대해서 정리하면 다음과 같다.

$$dB_0 = -\frac{dr}{1+r}\sum_{t=1}^{n} \frac{t\,C_t}{(1+r)^t}$$

이제 채권가격의 변화율을 측정하기 위해서 위 식을 채권가격 B_0로 양변을 나눈다.

$$\frac{dB_0}{B_0} = -\frac{dr}{1+r}\left[\sum_{t=1}^{n} \frac{t\dfrac{C_t}{(1+r)^t}}{B_0}\right]$$

위 식을 살펴보면 [ ]안은 듀레이션 산출식과 동일함을 알 수 있다. 따라서 위 식은 다음과 같이 간단하게 표현된다.

$$\frac{dB_0}{B_0} = -\frac{dr}{1+r}D \qquad \text{[식 11-6]}$$

바로 이 식이 금리변화에 따른 특정채권의 가격변화를 그 채권의 듀레이션을 통해서 쉽게 측정할 수 있도록 해 주는 식이다. 즉, 이 식을 채권가격의 변화량 dB_0에 대해서 정리하면 다음과 같이 정리된다.

$$dB_0 = -\frac{dr}{1+r}D\,B_0 \qquad \text{[식 11-7]}$$

이 식이 주는 경제적 의미는 듀레이션이 긴 채권일수록 금리변화에 더 가격변화가 심하다는 것이다. 따라서 금리가 상승할 때에 듀레이션이 긴 채권은 듀레이션이 짧은 채권보다 훨씬 많은 폭으로 가격이 하락하게 된다.

그런데 수정듀레이션(modified duration)을 이용하면 [식 11-6]을 보다 더 간단하게 표현할 수 있다. 수정듀레이션(D')은 다음과 같이 정의된다.

$$D' = \frac{D}{1+r}$$

따라서 [식 11-7]은 다음과 같이 고쳐 쓸 수 있다.

$$\frac{dB_0}{B_0} = -dr\,D' \qquad \text{[식 11-8]}$$

(2) 금리탄력성과 듀레이션

경제학에서는 특정한 독립변수에 대한 종속변수의 민감도를 탄력성의 개념으로 측정한다. 이와 동일한 논리를 적용해서 금리 변화에 대한 채권가격의 변화도 탄력성의 개념으로 측정할 수 있다. 즉, [식 11-6]의 양변을 $\frac{dr}{r}$로 나누면 탄력성, e를 구할 수 있는데 이는 다음과 같이 정리된다.

$$e = -\frac{r}{1+r}D \qquad \text{[식 11-9]}$$

이 식 역시 듀레이션이 긴 채권일수록 금리 변화에 대한 채권가격의 탄력성이 크다는 것을 의미하고 있다.

예제 11-3

액면가액 1,000원, 액면이자율 7%, 만기 3년인 채권이 있다. 시장금리가 6%였는데 1% 상승하였다고 가정하고 다음 각 물음에 답하라.
(1) 채권가격의 변화를 듀레이션을 통해서 측정하라.
(2) 그리고 수정듀레이션을 산출하여 이를 통해서 채권가격의 변화율을 구하라.

[풀이]

(1) 금리변화에 따른 채권가격의 변화를 측정하는 다음 식을 이용한다.

$$dB_0 = -\frac{dr}{1+r}DB_0$$

$$= -\frac{0.01}{1+0.06} \times 2.81 \times 1{,}026.73 = -27.22$$

즉, 시장금리가 1% 상승하면 채권가격은 27.22원 만큼 하락한다.

(2) 먼저 다음과 같이 수정듀레이션을 구한다.

$$D' = \frac{D}{1+r} = \frac{2.81}{1+0.06} = 2.65$$

이를 이용해서 다음과 같이 채권가격의 변화율을 측정할 수 있다.

$$\frac{dB}{B_0} = -dr\ D' = -0.01 \times 2.65 = -0.0265\,(2.65\%)$$

즉, 시장금리가 1% 상승하면 채권가격은 2.65%만큼 하락한다.

3. 볼록성과 채권가격의 변화

듀레이션과 시장금리의 관계를 나타내는 [그림 11-1]에 보듯이 듀레이션은 시장금리의 변화에 따라서 변동한다. 그런데 [식 11-4]를 통해서 금리 변화에 따른 채권가격의 변화를 측정할 때 이용되는 듀레이션은 변화된 새로운 금리로 산출한 듀레이션이 아니다. 따라서 [식 11-4]를 이용한 측정은 근사값을 나타낼 뿐, 정확한 값을 제시하지는 못한다. 물론 금리의 변화량이 매우 작다면 종전 금리로 산출한 듀레이션을 이용하여도 별 차이가 없을 것이므로 문제는 없을 것이다.

그러나 금리의 변화가 비교적 크다면 [식 11-4]를 통해 측정한 근사값은 실제값과 상당한 차이를 보일 수 있다. 이와 같은 문제점을 해결하기 위해서 볼록성(convexity)이라는 개념이 이용된다.[2)]

결국 금리의 변화가 크거나 볼록성이 큰 경우에 단순히 듀레이션만을 고려하여 산출한 채권가격의 변화는 실제값과 다소 큰 차이를 보일 수 있기 때문에 볼록성까지 고려해야 한다는 것이다.

볼록성의 개념을 시각적으로 확인하기 위해서 볼록성이 큰 채권과 작은 채권가격을 시장금리와의 관계로 비교해서 나타내면 다음과 같다.

2) 볼록성이란 금리 변화에 따른 듀레이션의 변화량을 나타내는 개념으로서 수학적으로는 Taylor 확장식의 2차 미분항에서 도출된다.

그림 11-6 볼록성의 비교

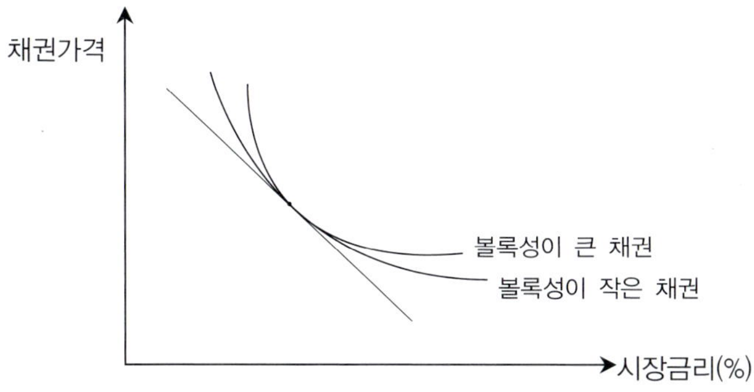

제 4 절 듀레이션의 이용전략

1. 면역전략

(1) 면역전략이란

면역전략이란 투자시점에서 목표로 한 미래수익이 금리 변동과 상관없이 달성되도록 채권의 보유기간을 결정하는 것을 말한다. 앞서 설명한대로 시장금리는 계속 변동하면서 미래시점의 투자자의 부(특정 시점의 채권가격과 그 시점까지의 재투자수익)에 상반된 영향을 미친다. 그런데 이 두 가지 영향의 크기가 같게 되는 시점이 바로 듀레이션이라고 하였다. 따라서 듀레이션시점까지의 기간을 채권의 보유기간으로 정하면 목표로 한 미래수익이 금리 변동으로부터 영향을 받지 않는 헤지가 가능할 것이다.

(2) 포트폴리오의 듀레이션

여러 채권들로 구성된 채권포트폴리오를 관리하는 경우에는 포트폴리오 전체의 듀레이션을 파악해야 한다. 이를 이용하면 금리변화에 따른 포트폴리오의 가치변화를 직접적으로 측정할 수 있기 때문이다. 채권포트폴리오의 듀레이션은 다음과 같이 포트폴리오를 구성하는 개별 채권의 듀레이션의 가중평균합으로 산출된다. 여기에서 D_n은 n번째 채권의 듀레이션이고 w_n은 n번째 채권에 대한 투자비율이다.

$$D_p = w_1 \cdot D_1 + w_2 \cdot D_2 + \cdots + w_n \cdot D_n \qquad \text{[식 11-8]}$$

$$\text{단, } w_1 + w_2 + \cdots + w_n = 1$$

예제 11-4

만기 3년, 액면금액 1,000원, 액면금리 7%인 이표채와 영구채 두 가지 채권만 존재한다고 가정하자. 목표보유기간 5년을 듀레이션으로 해서 채권포트폴리오를 구성하는 방법을 설명하라. 단, 시장금리는 6%이다.

[풀이]

먼저 이표채의 듀레이션을 구하면 2.81년이다([예제11-1] 참조). 그리고 영구채의 듀레이션을 구하면 다음과 같이 17.67년이 된다.

$$\frac{1+r}{r} = \frac{1.06}{0.06} = 17.67\text{년}$$

이표채에 대한 투자비율을 w라고 하면 면역효과를 얻기 위하여 다음 식이 성립해야 한다.

$$2.81 \times w + 17.67 \times (1-w) = 5 \quad \therefore w = 0.86$$

따라서 이표채에 보유자금의 86%를 투자하고 나머지 14%를 영구채에 투자하면 된다.

2. 자산과 부채의 대응전략

앞서 금리변화가 채권가격에 미치는 효과를 듀레이션을 이용해서 쉽게 파악할 수 있음을 설명하였다. 이러한 원리는 은행이 자기자본가치를 관리하는 전략으로 자주 이용된다. 은행의 자기자본은 자산에서 부채를 차감한 값이므로 자산과 부채의 대응전략이라고 할 수 있다. 여기에는 단순대응과 듀레이션대응이 있다.

(1) 단순대응

채권을 보유하고 있는 long position에 있는 투자자의 부는 금리의 변화에 영향을 받는다. 따라서 이러한 투자자가 동일한 채권에 대해서 공매를 통해서 short position을 취하면 금리 변화에 따른 보유채권에 미치는 효과를 똑같은 크기로 상쇄할 수 있어서 완전헤지가 가능하다. 이를 달리 표현하면 채권보유에 따른 현금유입과 똑같은 현금유출이 되도록 부채를 조달하면 완전헤지가 된다는 의미이다.

은행경영의 관점에서 보면 대출(자산)의 조건과 예금(부채)의 조건을 똑같게 유지하는 것이라고 할 수 있다. 그렇지만 일반적으로 예금의 만기는 짧고 대출의 만기는 긴 편이어서 이러한 단순대응을 적용하는 것은 비현실적인 일이다.

(2) 듀레이션 대응

위와 같이 채권을 보유할 때에 필요자금을 그 채권과 현금흐름이 동일한 부채로 조달하는 것이 가장 확실한 헤지전략이지만 이러한 부채를 찾는 것은 현실적으로 쉽지 않은 일이다. 이러한 경우에는 자산의 듀레이션과 부채의 듀레이션을 적절하게 조정하여 헤지를 도모할 수 있다.

이러한 내용을 구체적으로 보기 위해서 [식 11-7]을 이용하여 금리 변화에 따른 자산가치의 변화량 dA와 부채가치의 변화량 dL을 측정해 보자.

$$dA = -\frac{dr}{1+r} D_A \cdot A, \qquad dL = -\frac{dr}{1+r} D_L \cdot L$$

여기서 D_A, D_L은 각각 자산과 부채의 듀레이션을 의미하고 A, B는 각각 자산과 부채의 시장가치를 의미한다. 그런데 투자자의 부가 금리변화로부터 헤지되려면 $dA = dL$ 가 성립하여야 하므로 다음이 성립한다.[3)]

$$D_A \cdot A = D_L \cdot L \qquad \text{[식 11-9]}$$

이 식이 듀레이션의 대응(matching)을 나타내는 식이다. 이를 살펴보면 현재 보유자산과 현재 부담하고 있는 부채의 시장가치 크기가 같다면 자산과 부채의 듀레이션을 동일하게 유지하면 금리 변동으로부터 헤지가 됨을 알 수 있을 것이다. 그러나 자산과 부채의 시장가치가 다르다면 이를 고려해서 위 식이 성립되도록 각 듀레이션을 조정해야 할 것이다.[4)]

3. 채권스왑

(1) 채권만기이용

앞서 설명한 전략은 주로 수동적인 입장에서 헤지를 하는 방법이었지만 채권포트폴리오를 운영하는 관리자들은 포트폴리오를 구성하는 종목들을 교체하면서 손실의 폭은 줄이고 이익은 보다 많게 할 수도 있다. 이러한 방법을 채권스왑(bond swap)이라고 하는데 간단하게는 채권의 만기를 이용하는 방법이 있다.

채권의 만기를 이용하여 이익을 얻기 위한 전략은 일반적으로 금리 상승이 예상될 때 채권가격 하락폭을 줄이기 위해서 금리 탄력성이 낮은 단기채권을 구입하고 보유하고 있는 장기채권을 매각하는 것이다. 이러한 논

3) 여기서 만약 자산과 부채의 금리가 다르더라도 금리의 변화분 dr이 같다면 수정듀레이션을 이용하여 다음 식이 성립되도록 하면 된다. 즉, $D_A' \cdot A = D_L' \cdot L$

4) 이러한 원리는 나중에 설명하게 될 ALM의 한 방법으로 중요하게 이용된다.

리를 이용해서 금리 하락이 예상되면 이와 반대로 장기채권을 매입하고 단기채권을 매각하면 된다.

(2) 듀레이션이용

이러한 원리는 듀레이션을 이용할 때에도 그대로 적용된다. 즉, 채권포트폴리오의 관리자들은 시장금리의 상승이 예상되면 만기가 길고 액면금리가 낮은(즉, 듀레이션이 긴) 채권을 매각해야 한다. 이러한 채권은 가격하락폭이 크기 때문이다. 동시에 만기가 짧고 액면금리가 높은(즉, 듀레이션이 짧은) 채권을 매입하여 채권포트폴리오 전체의 듀레이션을 짧게 한다. 이러한 방법으로 채권포트폴리오의 가치하락을 최소한으로 줄일 수 있다.

이와 반대로 금리 하락이 예상되면 이와 반대로 듀레이션이 짧은 채권을 매각하고 듀레이션이 긴 채권을 매입하여 전체 듀레이션을 길게 함으로써 채권포트포리오의 가치를 최대한 높일 수 있다. 이렇게 듀레이션을 이용하면 단순히 채권의 만기뿐만 아니라 액면금리까지 감안하여 채권투자전략을 수행할 수 있는 장점이 있다.

그리고 여기서 말하는 채권은 은행의 대출에 해당되고 채권포트폴리오는 곧 대출포트폴리오에 해당되는 것이므로 지금까지 설명한 원리가 은행의 경영기법으로 이용될 수 있는 것이다.

주요 용어

- 이표채
- 할인채
- 영구채
- 듀레이션
- 맥콜레이
- 면역효과
- 수정듀레이션
- 금리탄력성
- 볼록성
- 면역전략
- 단순대응
- 듀레이션대응
- 채권스왑

연습 문제

01 액면금리가 높은 채권과 액면금리가 낮은 채권, 만기가 긴 채권과 만기가 짧은 채권의 가격이 시장금리의 변화에 어떻게 반응하는지 비교해서 그림으로 설명하시오.

02 듀레이션을 결정하는 세 가지 요인을 제시하고 이들 요인과 듀레이션의 관계를 설명하고 그림으로 나타내시오.

03 듀레이션을 이용해서 금리변화에 따른 채권가치의 변화를 측정하는 식을 제시하시오.

04 다음 채권들을 듀레이션이 짧은 것부터 긴 것의 순서대로 배열하고 그 이유를 설명하시오.

채권	액면금리	만기	채권수익률
A	12%	3년	8%
B	12	6	8
C	0	6	8
D	12	3	9
E	8	6	8

05 문제 4의 채권 E가 채권시장에서 10,000원에 거래되고 있다고 가정하고 다음 물음에 답하시오.

(1) 이 채권의 듀레이션은 얼마인가?

(2) 시장금리가 2% 상승할 경우 채권가격의 변동금액을 듀레이션을 이용해서 구하시오.

6 시장금리가 10%이다. 펀드매니저가 3년 만기 할인채와 영구채를 이용해서 목표투자기간을 7년으로 10억 원을 투자하려고 한다. 금리변동으로부터 면역효과를 얻기 위해서 각 채권에 얼마씩 투자해야 하는가를 제시하시오.

제 12 장

자산부채종합관리(Ⅰ)

제 1 절　은행경영기법의 변천

제 2 절　금융위험

제 3 절　금리변화와 은행가치변화

우리는 제 11 장에서 금리의 변동에 따른 채권가격의 변동을 측정하기 위해서 듀레이션이라는 개념을 이용하는 방법을 배웠다. 금융기관의 자산과 부채가 모두 금리변동에 의해서 그 가치가 변하기 때문에 듀레이션은 자산과 부채를 동시에 관리할 때 유용한 개념으로 이용된다.

본 장에서는 은행경영기법의 변천과정을 살펴보고 금융자율화의 환경 속에서 발생할 수 있는 금융위험에 대해서 설명한다. 금융위험 중 금리변동위험이 금융기관의 가치에 미치는 효과를 분석하면서 자산과 부채를 동시에 관리할 수 있는 기법을 다룰 것이다.

제 1 절 은행경영기법의 변천

금리 변동에 민감한 대표적인 투자자는 채권투자자이다. 그러나 금융기관들은 금리 변동에 더욱 민감하다. 왜냐하면 금융기관의 경우에는 수익과 비용, 그리고 이에 따른 영업이익이 모두 금리에 의해서 결정되고 이 결과로 자산 및 부채의 가치 모두가 금리의 변동에 직접적으로 영향을 받기 때문이다. 그래서 금융기관들은 시대적인 상황에 맞춰서 은행의 가치를 극대화하려고 노력해 왔다.

금융환경의 변화에 따라 은행의 관리기법은 자금조달과 운용측면에서 변화되어 왔다. 구체적으로는 재무상태표의 어느 쪽에 중점을 두느냐에 따라서 자산관리시대, 부채관리시대를 거쳐서 자산부채종합관리시대로 변화되어 왔다.

1. 자산관리시대

(1) 금융환경

자산관리시대는 1960년대 이전의 시기를 말한다. 이 시기는 저금리시대로서 금리변동위험이 적었으며 은행예금이외에는 별로 투자할 금융상품이 없었다. 그렇다보니 투자자들이 돈을 굴릴 곳이 없어서 주로 은행에 예금을 하는 것이 대부분이었다. 이러한 상황에서 은행은 크게 신경을 쓰지 않고도 안정적으로 자금을 조달할 수 있었다.

당시 세계경제는 세계대전 후 실물경제가 회복되면서 대출수요가 증가하였다. 그렇기 때문에 은행은 자금운용의 측면에서 일정한 수준의 유동성을 유지하면서 높은 수익성을 확보하는데 노력을 기울였다.

(2) 관리기법의 특징

이 시기에는 자금조달은 안정적이었기 때문에 은행들은 예금유치에 대해서는 수동적이었던 반면에 수익성을 높이기 위해서 자금의 운용에 중점을 둔 시대였다.

은행의 재무상태표

자산 (중점관리)	부채 (안정적)
	자본

2. 부채관리시대

(1) 금융환경

부채관리시대는 1960년대부터 1970년대 중반까지의 시기에 해당된다. 이 시기에는 세계 경기가 전반적으로 호황을 맞고 있었기 때문에 양질의 대출수요가 급증하면서 금리가 상승하기 시작하였다. 이러한 환경을 은행의 입장에서 보면 좋은 대출기회를 안정적으로 확보하고 있는 것이라고 할 수 있다.

높은 금리로 대출을 할 수 있는 환경에서 미국은행들은 대출자금을 확보하기 위해서 예금을 유치하는데 열을 올렸다. 은행들 사이에 경쟁적으로 높은 금리를 제시하면서 예금을 유치하다보니 파산하는 은행도 생기게 되었다. 이에 미국정부는 Regulation Q로 금리규제를 시행하였다. Regulation Q란 1966년에 미국에서 제정된 법률로서 은행의 안정성을 확보하기 위해서 상업은행이 저축성예금에 대해 지급하는 수신금리의 상한을 규제하는 법이다. 이렇게 자금동원에 제약을 받게 되자 미국은행들은 이러한 규제를 회피하면서 자금을 조달하기 위해서 다양한 금융상품을 새로 출시하였다.

그래서 양도성예금증서(CD), 환매채(RP), 기업어음(CP), 유로달러(Euro-dollar) 예금 등이 이 시기에 출시되어 유행하였다.

(2) 관리기법의 특징

양질의 대출수요가 상존하는 상황에서는 비교적 자금의 운용이 용이하다고 할 수 있다. 이러한 경우에는 자금을 많이 조달하는 은행이 더 많은 이익을 올리는 것이 된다. 따라서 은행들은 자금운용보다는 금리경쟁과 금리규제를 피할 수 있는 새로운 금융상품을 개발하면서 예금을 유치하는 데에 치중하였다.

은행의 재무상태표

자산 (안정적)	부채 (중점관리)
	자본

3. 자산부채종합관리시대

(1) 금융환경

자산부채종합관리시대는 1970년대 중반 이후부터의 시기를 말한다. 이 시기에는 금리자유화, 변동환율제 등으로 경제변수의 변동위험이 크게 증대된 시기이다. 구체적으로 다음과 같이 세 가지 측면에서 위험이 증대되었다고 할 수 있다.

첫 번째, 미국에서는 1970년대부터 금리자유화가 시작되어 1980년대 중반에 완료되었다. 이러한 금리자유화로 금리변동 위험이 증대되었다.

두 번째, 1971년 미국의 달러화 금태환 정지 선언으로 브레튼우즈체제가 붕괴되었다.[1] 이로써 변동환율제가 도입되면서 환율변동 위험도 크게 증대

1) 브레튼우즈체제는 2차 세계대전 후 1944년 미국 뉴햄프셔주 브레튼우즈에서 열린 44개국이 맺은 국제통

되었다.

세 번째, 1973년 오일쇼크로 시작하여 계속된 에너지파동은 전반적인 세계경기의 침체를 가져와서 많은 기업들이 파산하였다. 은행도 대출포트폴리오의 질이 나빠져서(즉, 신용위험이 높아져서) 회수하지 못하는 대출도 크게 증가하였다.

(2) 관리기법의 특징

금융환경의 변화로 위험이 증대되어 은행들은 종전에 비해서 예금유치와 대출운용에 신중을 기하게 되었다. 그리고 자산과 부채가 모두 불안정하게 되었기 때문에 이 둘을 연계하여 동시에 종합적으로 관리할 필요가 절실하게 되었다.

이에 따라서 자산과 부채를 종합관리하면서 위험의 극소화와 수익성의 극대화를 통해서 은행가치를 높이려는 여러 가지 기법들이 등장하였는데 이것을 자산부채종합관리(Asset Liability Management : ALM)기법이라고 한다.

은행의 재무상태표

<table>
<tr><td rowspan="2">자산
(종합관리)</td><td>부채
(종합관리)</td></tr>
<tr><td>자본</td></tr>
</table>

화협정이다. 이에 따라 IMF, IBRD가 설립되었고 미국달러에 대한 금태환제도를 근간으로 하는 (조정가능한) 고정환율제도를 도입하였다. 그러나 베트남전쟁을 치르면서 막대한 재정지출을 한 미국이 1971년 달러 금태환 정지를 선언하면서 브레튼우즈 체제는 붕괴되었다.

제 2 절 금융위험

1. 금융기관의 위험

(1) 신용위험

신용위험(credit risk)은 전통적으로 금융기관이 상업은행으로서 자금중개 기능을 수행하면서 부담하는 위험이다. 신용위험은 대출자가 원금과 이자를 상환할 수 없는 채무불이행상황이 되어 대출금을 회수하지 못하여 금융기관이 입게 되는 손실이다. 재무상태표의 차변(자산) 중에서도 대출자산부문에서 발생하는 것이다.

미국의 경우 1991년 New England은행이 신용위험으로 23억 달러의 손실을 입고 파산하였고 우리나라에서는 외환위기 당시 제일은행이 한보철강에게 대출해주었다가 한보철강이 파산하자 대출금을 회수하지 못하여 파산위기를 맞게 되었다. 그리고 2000년에 미국자본에 매각되었다가 2005년에는 다시 영국계 스탠다드차타드은행으로 넘어간 사례가 있다.

(2) 시장위험

시장위험(market risk)은 금리, 환율, 주가 등과 같은 경제변수의 변화로 발생하는 손실을 의미한다. 금융기관들이 금융자산 거래를 하면서 따르는 위험이기 때문에 거래위험(trading risk)이라고도 한다. 또 금융기관이 자산이나 부채를 헤지하지 않고 특정포지션을 취한 상태에서 금리, 환율, 주가 등의 예상치 못한 변화로 그 가치에 손실을 입을 수 있는 위험이라고 해서 포지션위험(position risk)이라고도 한다.

최근 금융자율화의 추세 속에서 금융기관들은 다양한 금융상품을 개발하고 있는데 특히 금융공학을 기반으로 등장한 파생금융상품이 금융시장에 큰 영향을 미치고 있다. 이들 파생금융상품의 레버리지효과로 인한 위험증대는 금융기관의 대규모 손실은 물론이고 금융위기까지 불러오는 경우가 많기 때문이다.

시장위험의 대표적인 사례로는 1995년에 영국의 베어링(Barings)은행이 파생상품인 옵션에 투자를 하였다가 13억 파운드의 손실을 입고 파산한 사례가 있다. 우리나라에서도 농협이 2011년 취급이 제한된 파생상품을 거래하다가 200억 원 넘는 손실을 입었다. 특히 SK그룹의 경우에는 총수일가가 선물거래를 하다가 2011년에 1,000억 원대의 손실을 입었고 2013년에는 파생상품의 거래에서 다시 700억 원대의 손실을 입었다. 결국 2017년에는 그룹 내의 금융회사인 SK증권을 매각하는 것을 검토한다고 전해지고 있다.

그림 12-1 금융기관의 위험

<table>
<tr><td rowspan="2">금융위험</td><td>신용위험</td><td></td></tr>
<tr><td>시장위험</td><td>– 금리위험
– 주가위험
– 환율위험</td></tr>
</table>

2. 시장위험의 측정

(1) VaR의 도입배경

재무이론에서 위험(risk)이란 이익의 변동성을 말한다. 그리고 그 변동성을 측정하는 방법으로 채권의 경우에는 듀레이션을 이용하고 주식의 경우에는 베타(또는 표준편차)를 이용한다. 그런데 금융기관은 채권과 주식, 외환 등 다양한 금융자산을 보유하고 있는데 이러한 경우에는 어떤 방법으로 위험을 측정할 것인가?

J.P.Morgan의 CEO였던 데니스 웨더스톤(Denis Weatherstone)은 이러한 문제를 해결할 수 있도록 하루 영업시간이 끝나는 시점에서 발생할 수 있는 손실액을 하나의 금액으로 보고할 것을 지시했다고 한다. 이 금액이 곧 VaR에 해당되는 것인데 시장위험을 측정할 수 있는 종합적 지표로 유용하게 사용되기 시작하였다.

(2) VaR의 개념

VaR는 Value at Risk의 앞 자를 딴 것이다. 내용을 쉽게 이해하기 위해서는 '발생가능한 손실액'이라고 생각하면 된다. 그런데 일정한 신뢰수준과 기간을 전제로 하기 때문에 정확하게 정의하면 '일정한 신뢰수준에서 일정한 기간에 보유자산에서 발생할 수 있는 최대손실금액'이라고 할 수 있다.

예를 들어서 신뢰수준 95%(= 유의도 5%)에서 1일 기준으로 VaR가 3억 원이라면 다음과 같은 의미를 갖는 것이다.

① 하루에 발생할 수 있는 손실이 3억 원보다 클(작을) 확률이 5%(95%)이다.

② 20일에 하루 정도는 손실액이 3억 원보다 크게 발생할 수 있다.

(3) VaR의 산출사례

VaR를 측정하는 방법은 다양하다. 여기서는 간단한 예제로 VaR의 측정 과정과 원리를 살펴보겠다.

예제 12-1

가나은행은 200억 원의 금융자산을 보유하고 있다. 최근 300일 동안의 일별수익률을 조사한 결과 평균수익률은 0.3%, 표준편차는 2.6%이었다. 이를 이용해서

95% 신뢰수준으로 1일 기준의 VaR를 구하라. 단, 관찰된 일별수익률을 낮은 순서부터 나열했을 때 15번째 값은 −4%이다.

[풀이]

일별수익률을 낮은 순서부터 나열했을 때 하위 5%에 해당하는 15번째(=300×5%)의 값이 -4%라고 하였다. 따라서 이 수익률이 실현된다면 보유자산의 가치는 192억 원(=200억 원×(1-0.04))이 된다. 이렇게 되면 발생하는 손실은 다음과 같이 8억 원이 되는데 이 값이 VaR이다.

$$VaR = 200 - 192 = 8\text{억 원}$$

위 사례에서 보면 신뢰수준이 95%이고 보유기간은 1일인데 이는 J.P.Morgan의 위험관리시스템인 RiskMetrics에서 사용하는 값이다. 그렇지만 국제결제은행(BIS)에서는 99%의 신뢰수준과 10일의 보유기간을 적용하여 VaR를 산출하고 이에 승수 3을 곱한 금액을 시장위험에 대한 최소요구자본으로 요구하고 있다. 신뢰수준이 높으면 VaR와 최소요구자본도 커지기 때문에 금융기관의 건전성은 높아지겠지만 수익성은 떨어지게 된다.

한편 위 사례에서는 일별수익률의 실제분포를 이용해서 VaR를 산출하였다. 이러한 방법을 비모수적(nonparametric) 방법이라고 하는데 분포의 종류와 관계없이 이용할 수 있다. 그러나 수익률의 분포가 정규분포를 이루고 있다면 평균과 표준편차를 이용해서 다음과 같이 구할 수 있다.

$$VaR = W(\alpha\sigma - \mu) \qquad \text{[식 12-1]}$$

여기서 W는 보유자산, α는 주어진 신뢰수준에서의 표준편차배수, σ는 표준편차, μ는 평균값이다. 그러면 95% 신뢰수준에서 표준편차배수 α=1.64이므로 이를 위 사례에 적용하면 VaR가 다음과 같이 산출된다.[2)]

$$VaR = 200(1.64 \times 0.026 - 0.003) = 7.93\text{억 원}$$

2) 표준편차배수는 표준정규분포표를 이용해서 구할 수 있는데 95%에서는 1.64, 97.5%에서는 1.96, 그리고 99%에서는 2.33이 된다.

이렇게 VaR를 산출하는 방법을 모수적(parametric) 방법이라고 하는데 그 결과는 비모수적 방법과 큰 차이가 없음을 알 수 있다.

3. 위험관리

(1) 금융기관의 위험

위험(risk)이란 이익의 변동성을 말한다. 손익의 변동폭이 크면 위험이 크다고 한다. 그런데 금융기관의 손익은 신용위험과 시장위험에 의해서 영향을 받는다. 이 중 신용위험은 대출해 간 기업이 채무불이행상태가 되어 대출금을 회수하지 못해서 손실을 입는 것이다. 이에 비해서 시장위험은 주가, 금리, 환율 등의 변동으로 시장변동성이 증대되어 보유한 자산과 부채의 가치변동으로 나타나는 손실가능성을 말한다.

(2) 위험관리기법

위험관리란 소극적으로는 주가, 금리, 환율 등의 변동으로 나타날 수 있는 손실을 막는 것(헤지)이나 적극적으로 이들 금융변수의 변동을 이용해서 이익을 얻는 것(레버리지)을 말한다. 즉, 위험관리(risk management)란 투자자가 적절한 기법을 이용해서 자신의 투자목적에 따라서 손익의 변동가능성을 관리하는 것이다.

위험을 관리하는 기법으로는 여러 가지 방법이 있다. 단순하게는 여러 종목에 분산투자하는 것(은행은 편중적인 대출을 하지 않는 것)에서부터 선물과 옵션 등 파생금융상품을 이용하는 것도 위험관리의 기법이라고 할 수 있다. 금융기관의 경영기법으로 도입된 자산부채종합관리(Asset & Liability Management : ALM)도 중요한 위험관리기법 중 하나이다.

위험관리에서는 투자자의 부에 영향을 미치는 확률변수가 무엇인지를 우선적으로 파악해야 한다. 주식에 투자한 경우에는 주가변동으로부터 영향을 받고, 채권투자자 또는 금융기관은 금리변동으로부터 영향을 받는다.

마찬가지로 외환보유자는 환율변동으로부터 영향을 받게 될 것이다. 투자자의 유형에 따라서 투자자의 부에 영향을 주는 확률변수가 다르기 때문에 이에 따라 이용할 수 있는 관리기법도 각각 다른 방법이 존재한다.

표 12-1 다양한 위험관리기법

투자자의 유형	확률변수	위험관리기법
주식보유자	주가	개별주식(또는 주가지수)선물, 옵션
채권보유자, 금융기관	금리	금리선물, 옵션, ALM
외환보유자	환율	통화선물, 옵션, 스왑

(3) 위험관리의 두 가지 효과

위험관리를 통해서 얻을 수 있는 효과는 헤지효과와 레버리지효과, 두 가지이다. 여기서 헤지(hedge)란 위험을 감소시키거나 제거하는 효과를 말하고 레버리지(leverage)란 위험의 크기를 더 크게 만드는 효과를 말한다. 이 두 가지 효과 중에서 특히 중요한 것은 헤지효과이다. 왜냐하면 최근의 투자환경은 불확실성이 높아져서 안정적인 수익을 확보하기가 더욱 어려워지고 있기 때문이다. 그래서 위험관리기법도 주로 헤지효과를 도모하는 방법이 많다.

그렇다고 해서 레버리지효과가 중요하지 않다는 것은 아니다. 투자자들 중에는 큰 위험을 부담하더라도 더 높은 수익을 도모하는 투기적 거래자들도 많기 때문이다. 이들에게는 레버리지효과가 더 매력적인 것이 될 수 있다. 헤지는 확률변수의 변동과 무관하게 일정한 가치를 유지하려는 소극적 전략으로 안정성을 추구하지만 레버리지는 확률변수의 변동을 예측해서 가치를 높이려는 적극적 전략으로 수익성을 추구하는 특징이 있다.

표 12-2 헤지와 레버리지의 비교

비교항목	헤지	레버리지
용어의 의미	울타리	지렛대
전략의 특성	소극적 전략	적극적 전략
추구하는 목표	안정성 확보	수익 극대화
미래에 대한 예측	필요 없다.	꼭 필요하다.

제 3 절 금리변화와 은행가치변화

금융기관의 손익이 주가, 금리, 환율 등 여러 변수에 영향을 받지만 그래도 이 중에서 금리변동에 따른 위험이 모든 유형의 금융기관에 공통적으로 영향을 주는 위험이다. 왜냐하면 금리는 은행의 영업수익과 영업비용을 결정하는 요소이기 때문이다.

이러한 이유로 금융기관의 관리기법은 대부분 금리변수에 초점이 맞춰져 있다. 따라서 금리변화가 은행가치에 미치는 영향을 먼저 살펴보아야 한다. 그런데 이러한 과정은 금리변화가 채권가격에 미치는 원리를 이용하기 때문에 금리와 채권가격의 관계, 그리고 듀레이션 개념 등이 많이 등장한다. 이러한 원리를 금융기관의 경영기법으로 적용해 보겠다.

1. 기본원리

금리변화가 금융기관의 가치에 미치는 영향을 분석하기 위해서는 시장금리와 채권가격의 관계, 그리고 만기와 채권가격의 관계, 그리고 듀레이션을 이용해서 채권가격의 변동을 측정하는 원리를 이해해야 한다.

(1) 시장금리와 관계

이미 앞서 살펴보았듯이 시장금리는 채권가격과 역관계에 있다. 즉, 시장금리가 상승하면 채권가격은 하락하고 시장금리가 하락하면 채권가격은 상승한다. 그런데 여기서 채권은 금융기관의 대출채권(또는 예금)과 동일한 개념이다. 왜냐하면 미래의 현금유입(유출)이 정해져 있기 때문이다.

따라서 시장금리와 대출채권의 사이에도 똑같은 관계가 성립한다. 시장금리가 상승하면 대출채권의 가치가 하락하고 시장금리가 하락하면 대출채권의 가치가 상승한다. 단, 여기서 대출채권의 가치란 장부상 금액이 아니고 시장금리로 산출한 현재가치를 의미한다.

(2) 만기와 관계

또한 채권의 경우 만기가 긴 채권은 만기가 짧은 채권에 비해서 금리변동에 대해서 더 큰 폭으로 움직인다고 하였다. 즉, 시장금리가 상승하면 만기가 긴 채권은 만기가 짧은 채권에 비해서 더 큰 폭으로 가치가 하락하고 금리가 하락하면 더 큰 폭으로 가치가 상승한다.

채권은 금융기관의 대출채권(또는 예금)과 같은 개념으로 이해할 수 있으므로 만기와 대출채권의 관계에서도 같은 논리가 성립한다. 즉, 시장금리가 상승하면 만기가 긴 대출채권은 만기가 짧은 대출채권에 비해서 더 큰 폭으로 가치가 하락한다.

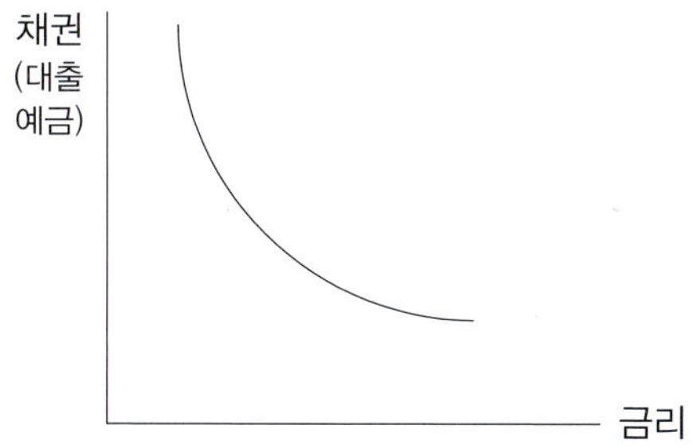

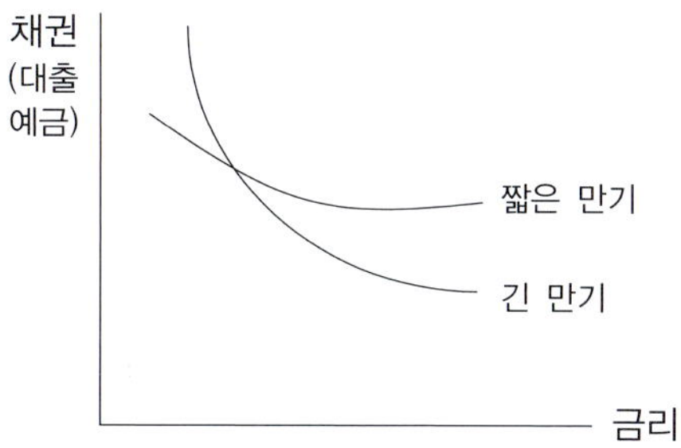

(3) 은행가치에 미치는 효과

은행가치라고 하면 일반적으로 은행의 자기자본의 가치를 말한다.[3] 그런데 재무상태표에서 자기자본가치는 자산(대출)에서 부채(예금)의 가치를 차감한 값이므로 자산(대출)가치 상승은 자기자본가치 증가를 가져오고 부채(예금)가치 상승은 자기자본가치 하락을 가져온다. 따라서 시장금리의 상승은 자산(대출)의 가치가 하락하여 자기자본가치가 감소하지만 동시에 부채(예금)의 가치도 하락하기 때문에 자기자본가치를 증가시키는 효과도 함께 나타난다.

2. 금리변화에 따른 은행가치변화

(1) 자기자본의 변화분

재무상태표상에서는 대차평균의 원리가 성립한다. 따라서 자산(Asset, 대출)은 A라고 하고 부채(Liability, 예금)를 L, 자기자본을 K라고 하면 다음이 성립한다.

$$A = L + K \qquad \text{[식 12-2]}$$

그런데 위 식에서 L을 좌변으로 이항하면 다음과 같이 자기자본을 자산에서 부채를 차감하는 식으로 나타낼 수 있다.

$$A - L = K \qquad \text{[식 12-3]}$$

그러면 각 변수의 변화분을 나타내는 다음 식도 성립한다.

$$\Delta A - \Delta L = \Delta K \qquad \text{[식 12-4]}$$

3) 기업가치라고 하면 자산가치(=부채와 자기자본의 가치 합계)를 말하는데 금융기관의 가치라고 말할 때는 자기자본의 가치를 가리킨다. 이는 금융기관의 경우에는 일반 기업과는 달리 이자비용이 영업비용이 되는 특수성 때문이다. 자세한 내용은 기업가치평가이론을 참조하기 바란다.

즉, 위 식은 자산가치 변화분에서 부채가치 변화분을 차감하면 자본가치의 변화분이 된다는 의미이다. 그리고 변화 후 자기자본은 원래의 자본금액에 이 변화액을 반영해서 구할 수 있다.

(2) 금리변화와 은행가치변화

시장금리가 상승하는 경우를 가정해서 금리변화와 은행가치변화의 관계를 살펴보자. 시장금리가 상승하면 대출과 예금의 가치가 모두 하락한다. 대출가치가 하락하면 은행의 자기자본가치가 감소하지만 예금가치가 하락하면 자기자본가치는 증가된다. 따라서 대출가치가 하락한 크기와 부채가치가 하락한 크기에 의해서 은행가치변화가 결정된다.

시장금리가 상승하기 전 가나은행의 재무상태표가 다음과 같다고 하자.

재무상태표

자 산		부채와 자본	
대 출	10,000	예 금	9,000
		자 본	1,000

그런데 금리가 상승해서 만약 대출채권은 400만큼 하락하고 예금은 100만큼 하락하였다고 가정하자. 그러면 자산과 부채의 변화분에서 다음과 같이 자기자본의 변화분을 구할 수 있다.

$$\triangle A - \triangle L = \triangle K$$
$$-400-(-100) = -300$$

그리고 금리상승 후 은행의 자기자본은 상승 전 금액에 자기자본의 변화분을 더하면 된다. 다음과 같이 700이 된다.

$$1,000+(-300)=700$$

이를 반영한 재무상태표는 다음과 같게 될 것이다.

재무상태표

자 산		부채와 자본	
대 출	9,600	예 금	8,900
		자 본	700

물론 금리변동 후의 재무상태표에서 자산 9,600에서 부채 8,900을 차감한 결과로 자기자본 700을 구할 수 있고 이는 변화 전 자본이 1,000에서 300만큼 감소한 값임을 확인할 수 있다.

(3) 은행가치의 관리가능성

그렇지만 예를 든 것처럼 금리가 상승한다고 해서 항상 은행가치가 하락하는 것은 아니다. 채권의 만기(또는 듀레이션)가 길면 채권가격의 변동폭이 더 커진다고 하였다. 대출과 예금의 가치도 마찬가지이다. 만약 대출의 만기(또는 듀레이션)가 짧고 예금의 만기(또는 듀레이션)이 길다고 해보자. 그러면 금리가 상승할 때 대출의 가치보다 예금의 가치가 더 크게 하락할 수 있다. 예를 들어 대출의 가치는 100만큼 하락하고 예금의 가치는 400 하락하였다고 하면 다음과 같이 자기자본의 변화분이 산출된다.

$$\triangle A - \triangle L = \triangle K$$
$$-100 - (-400) = 300$$

그리고 금리상승 후 은행의 자기자본은 상승 전 금액에 자기자본의 변화분을 더하면 된다. 다음과 같이 1,300이 된다.

$$1{,}000 + 300 = 1{,}300$$

이를 반영한 재무상태표는 다음과 같게 될 것이다.

재무상태표

자 산		부채와 자본	
대 출	9,900	예 금	8,600
		자 본	1,300

이를 보면 금리가 상승하였는데도 은행가치가 상승한 결과를 가져왔다. 즉, 금리가 상승할 것으로 예상되는 경우에는 대출과 예금에 동시에 영향을 줄 것이므로 이 둘의 만기(또는 듀레이션)를 조정함으로써 은행의 자기자본 가치를 높일 수도 있다는 점을 보여주는 것이다.

이것은 금리상승을 예측하고 은행의 자기자본 가치를 높이는 것이므로 레버리지전략이라고 할 수 있다. 그렇지만 금리가 상승하든 하락하든 상관없이 은행의 자기자본 가치를 일정하게 유지하는 것을 목표로 자산과 부채의 만기(또는 듀레이션)를 조정할 수도 있다. 이것은 헤지전략에 해당한다.

지금까지 설명한 전략은 모두 자산(Asset)과 부채(Liability)를 동시에 관리하기 때문에 자산부채종합관리(Asset & Liability Management : ALM)라고 하는 것이다.

예제 12-2

가나은행의 재무상태표는 다음과 같다. (단위 ; 억원)

자 산		부채와 자본	
대 출	550	예 금	440
		자 본	110

그런데 대출과 예금의 듀레이션이 똑같이 2.5년이라고 하자. 현재 자산과 부채에 적용되는 시장금리는 모두 10%라고 가정해서 다음 물음에 답하라.

(1) 금리가 1% 상승하였다면 은행가치는 어떻게 변화할까 확인해보자.

(2) 금리가 변동해도 은행가치는 변화하지 않도록 하고자 한다. 부채의 듀레이션은 변경할 수 없다면 자산의 듀레이션을 얼마로 조정해야 하는가?

[풀이]

(1) 금리 1% 상승에 따른 자산가치의 변화금액은 다음과 같다.

$$dA = -\frac{dr}{1+r} D_A \cdot A$$

$$= -\frac{0.01}{1+0.1} \times 2.5 \times 550 = -12.5 \text{억원}$$

그리고 금리 1% 상승에 따른 부채가치의 변화금액은 다음과 같다.

$$dL = -\frac{dr}{1+r} D_L \cdot L$$
$$= -\frac{0.01}{1+0.1} \times 2.5 \times 440 = -10\text{억원}$$

자산가치가 더 크게 하락하여 은행의 자기자본가치는 다음과 같이 2.5억 원 감소한다.

$$\triangle A - \triangle L = \triangle K$$
$$-12.5 - (-10) = -2.5$$

따라서 은행의 자기자본가치는 110억 원에서 107.5억 원으로 하락한다. 그리고 은행의 재무상태표는 다음과 같게 된다.

자 산		부채와 자본	
대 출	537.5	예 금	430
		자 본	107.5

(2) 금리변동으로부터 은행가치를 헤지하기 위해서는 다음 식이 성립되도록 해야 한다.

$$D_A \cdot A = D_L \cdot L$$

위 식은 앞 장에서 듀레이션대응을 설명할 때 단순히 듀레이션을 같게 하는 것이 아니라 자산과 부채의 규모까지 감안해서 듀레이션을 대응시켜야 한다고 제시한 식이다.

여기서 부채의 듀레이션 2.5년은 변경할 수 없다고 하였으므로 위 식을 다음과 같이 정리하여 자산의 듀레이션을 구한다.

$$D_A = D_L \times \frac{L}{A} = 2.5 \times \frac{440}{550} = 2\text{ 년}$$

따라서 자산의 듀레이션을 2.5년에서 2년으로 줄이면 된다. 그러면 금리 1% 상승에 따른 자산가치의 변화금액은 다음과 같다.

$$dA = -\frac{dr}{1+r} D_A \cdot A$$
$$= -\frac{0.01}{1+0.1} \times 2 \times 550 = -10\text{억원}$$

그러면 은행의 재무상태표는 다음과 같게 되어 자기자본가치가 변동 없음을 확인할 수 있다.

자 산	부채와 자본
대 출 540	예 금 430 자 본 110

그런데 헤지를 위해서 이와 같이 자산의 듀레이션을 조정하는 것 말고도 부채의 듀레이션을 조정할 수도 있다. 그렇지만 부채는 예금인데 은행이 고객의 예금 듀레이션을 조정하기는 쉽지 않다. 자산은 대출이므로 은행의 입장에서는 대출의 듀레이션을 조정하는 것이 더 현실적인 방법이 될 것이다.

주요 용어

- 자산관리시대
- 부채관리시대
- 자산부채종합관리시대
- Regulation Q
- 브레튼우즈체제
- 변동환율제
- 신용위험
- 시장위험
- 위험관리
- 헤지
- 레버리지

연습문제

01 은행의 경영기법은 어떤 과정을 따라서 변화되어 왔는지 당시 금융환경과 연관시켜서 설명하시오.

02 위험관리의 효과로 헤지와 레버리지를 비교해서 설명하시오.

03 금융기관이 맞게 되는 위험을 두 가지로 구분해서 설명하시오.

04 금융기관이 큰 손실을 보거나 파산한 사례를 다음의 경우로 구분해서 제시해보시오.

(1) 신용위험의 사례
(2) 시장위험의 사례

05 가나은행의 재무상태표는 다음과 같다. 그리고 대출과 예금의 듀레이션이 모두 2.5년이고 시장금리는 10%이다.

자 산	부채와 자본
대 출 550	예 금 440 자 본 110

(1) 금리위험으로부터 헤지를 하기 위해서는 예금의 듀레이션을 얼마로 조정해야 하는가?
(2) 위와 같이 조정한 경우 금리 0.5% 상승에 대한 헤지효과를 보이시오.
(3) 대출듀레이션을 조정하는 것과 예금듀레이션을 조정하는 것에 대해서 현실적 적용가능성을 검토하시오.

제 13 장

자산부채종합관리(II)

제 1 절 이자마진분석

제 2 절 자금갭 관리

제 3 절 만기갭 관리

제 4 절 듀레이션갭 관리

1. 금융자유화와 함께 금융위험이 증대되어 금융기관은 자산과 부채를 동시에 관리할 필요에 따라서 자산부채종합관리(ALM)가 등장하였다.
2. 본 장에서는 ALM의 구체적인 기법들을 공부할 것인데 여기에는 장부가치를 기준으로 하는 관리기법과 시장가치를 기준으로 하는 관리기법이 있다.
3. 장부가치를 기준으로 하는 기법으로는 이자마진분석과 자금갭분석이 있고 시장가치를 기준으로 하는 기법에는 만기갭분석과 듀레이션갭분석이 있다.

제 1 절 이자마진분석

1. 이자마진이란?

은행의 대출이자에서 예금이자를 뺀 금액을 예대마진(loan-deposit margin)이라고 한다. 이것은 순수하게 은행의 금융중개기능에서 벌어들인 이익이라고 할 수 있는데 은행의 이익 중 대부분을 차지한다.

그렇지만 이자수익에는 대출에서 발생하는 것 말고도 채권과 같은 유가증권에 투자해서 얻게 되는 이자수익도 있다. 그리고 이자비용도 은행이 금융채를 발행한 경우에 지급해야 하는 것이 있다. 이렇게 이자수익에 대출이외의 예치금, 유가증권 등에서 얻는 것까지 포함시키고 이자비용에는 예금뿐만 아니라 차입금에 지급해야 하는 것까지 포함시켜서 산출한 이익을 이자마진(interest margin)이라고 한다.

이자마진은 예대마진보다 더 넓은 개념으로 은행의 이자부문 전체의 성과를 나타내는 지표라고 할 수 있다. 이자마진은 금액으로 나타내지만 이를 운용자산총액으로 나누어 표준화시킨 비율을 %로 나타내어 순이자마진(net interest margin)이라고 부른다. 이러한 비율들은 금융기관의 수익력을 나타내는 중요한 지표이기 때문에 금융당국이 은행의 수익성을 파악하는 지표로 이용하고 있다.[1)]

2. 분석 내용

이자마진분석이란 은행의 성과지표 중에서 이자마진에 초점을 두는 분석기법이다. 구체적으로 전년도의 이자마진과 올해의 이자마진을 비교해서

1) 예대마진과 순이자마진은 금액으로 측정하고 %로 측정한 것은 예대마진율, 순이자마진율로 표현하는 것이 정확하지만 구별없이 사용하는 경우가 많다.

그 변동의 내역을 분석하는 것이다. 이렇게 비교분석을 하면 올해의 성과가 전년도에 비해서 좋아졌는지 또는 나빠졌는지를 알 수 있는 것은 물론이고 어떤 요인으로 그러한 결과가 나타났는지도 알 수 있다. 따라서 이미 나타난 성과의 원인분석과 함께 향후 자금조달과 운용정책에 중요한 시사점을 얻을 수 있다.

이자마진분석을 수행하는 절차는 다음과 같이 개별 항목에 대한 분석을 하고 이들 결과를 종합하는 두 단계로 구성된다.

(1) 개별 항목에 대한 분석

이자마진분석을 하는 첫 번째 단계는 먼저 재무상태표에서 이자마진에 영향을 주는 항목들을 골라내는 것이다. 차변항목들 중에서는 대출이 이자수익이 들어오는 가장 중요한 항목이다. 대출의 종류는 차주별로 개인대출, 기업대출로 구별된다. 개인대출도 가계자금대출, 주택담보대출 등으로 구분되고 기업대출도 운영자금대출, 설비자금대출 등으로 구분할 수 있다.

대변항목들 중에서는 예금이나 차입금 등이 이자비용이 지급되는 항목이므로 이자마진에 중요한 영향을 준다. 요구불예금, 저축성예금, CD 등을 분석의 목적에 맞추어 분석단위를 정하면 될 것이다.

이자마진에 영향을 주는 항목들에 대해서 다음과 같이 이자마진(이자수익과 이자비용)의 변동을 금리(rate), 운용자산의 크기(volume), 자산과 부채

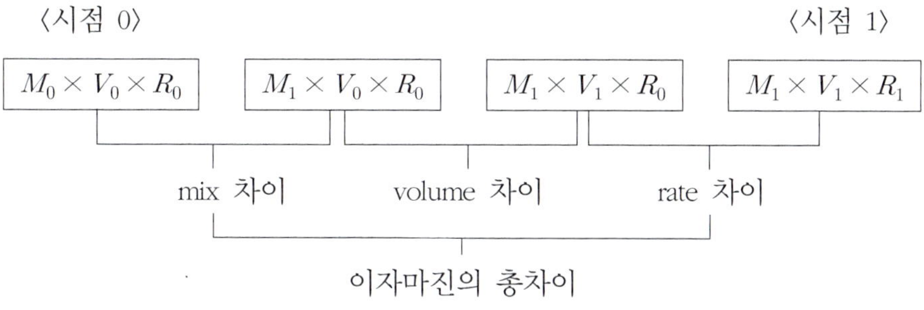

여기서 V ; 총수익자산 M ; 해당항목의 구성비율 R ; 금리

항목 구성(mix)의 변화로 분리하여 분석하는 것이다. 이때의 기본적인 분석 모형은 다음과 같다.

(2) 분석결과의 종합

1단계에서 이자마진에 영향을 주는 이자수익과 이자비용 개별 항목들에 대해 분석모형을 적용한다고 하였다. 2단계에서는 이렇게 적용한 결과를 종합해야 한다. 구체적으로 Rate, Volume, Mix의 세 가지 요인들이 어떻게 은행 전체의 이자마진변동에 영향을 미쳤는지 확인하고 금리변동에 민감한 항목에 초점을 맞추어 향후 예상되는 금리 변동에 대처한다.

3. 한계점

이자마진분석이 갖는 한계점으로는 다음과 같은 점들을 들 수 있다.

첫째, 이자마진분석은 작년 성과와 올해 성과를 비교하지만 이미 실현된 과거성과에 대한 분석에 초점을 두고 있다는 점이다. 이러한 변화가 미래에도 계속된다고 보기는 어렵기 때문에 미래 금리환경에 대한 대처능력은 미흡하다고 할 수 있다.

둘째, 이자마진분석은 장부가치를 중심으로 이루어진다는 점이다. 장부가치를 기준으로 분석하면 회계자료를 이용할 수 있어서 자료수집은 용이하다. 그렇지만 경제적 의사결정에는 장부가치보다 시장가치가 더 적합하다.

셋째, 개별항목에 대한 분석결과를 전체적인 관점으로 종합해서 통합적인 결론으로 만드는 것이 쉽지 않은 작업이다.

예제 13-1

가나은행의 주택대출에 관련된 양년도의 자료는 다음과 같다.

	당년도	전년도
주택대출	120,000 백만 원	100,000 백만 원
금리	10 %	9 %
총수익자산	240,000 백만 원	250,000 백만 원

(1) 이자마진분석을 수행하라.

(2) (1)의 원인을 살피고 향후 전략을 제시하라.

[풀이]

(1) 가나은행의 이자마진변화에 대한 분석결과를 요약하면 다음과 같다.

전년도	0.4×250,000×0.09		
	0.5×250,000×0.09	mix차이 +2,250	
	0.5×240,000×0.09	volume차이 - 450	
당년도	0.5×240,000×0.1	rate차이 +1,200	총차이 +3,000

(2) 주택대출의 이자마진은 3,000백만 원 증가하였는데 이는 주로 총수익자산 중 주택대출이 증가한 것과 적용금리가 상승한 것에 기인한 것이다. 총수익자산의 규모가 줄어들어서 이자마진이 감소하였으므로 앞으로는 자산규모를 확대하는 것을 고려할 필요가 있다.

제 2 절 자금갭 관리

1. 자금갭 관리란?

자금갭 관리(funding gap management)란 이자마진의 변화요인 volume, rate, mix 중에서 rate 와 mix, 두 가지 요소에 초점을 두고 이 중 통제가 불가능한 요소인 금리(rate)의 변화에 대응하여 자산과 부채의 구성(mix)을 조정하여 관리하는 기법이다. 즉, 이자마진의 금리변화에 대한 민감도를 갭(GAP)으로 측정하고 이를 이용해서 예상되는 금리변화에 따른 최적구성을 도출하는 전략을 말한다.[2)]

2. 자금갭의 개념

(1) 금리위험 노출도

자금갭이란 이자마진의 금리변화에 대한 민감도로서 금리변동위험에 노출되어 있는 정도라고 할 수 있다. 이는 다음과 같이 GAP으로 측정된다.

$$GAP = RSA - RSL, \quad \text{또는} \quad GAP\text{비율} = \frac{RSA}{RSL}$$

여기서 RSA는 금리변동에 민감한 자산(rate sensitive asset)으로서 변동금리 조건으로 이루어진 대출이나 곧 만기가 되어 새로운 금리를 적용할 대출 같은 것들이다. 또한 RSL은 금리변동에 민감한 부채(rate sensitive liability)로서 변동금리 조건으로 받은 예금이나 차입금과 같은 것들이 이에 해당한다. 따라서 변동금리대출이 변동금리예금보다 많으면 GAP은 0보다 크고 GAP비율은 1보다 크게 된다.

그리고 자산에서 RSA를 차감한 것을 금리둔감형 자산(non RSA), 부채에서 RSL을 차감한 것을 금리둔감형 부채(non RSA)라고 하는데 이들은 금리변동에 영향을 받지 않는 것들이다.

(2) GAP유형과 금리변동의 영향

금리가 상승할 때, 즉, $\Delta r > 0$인 경우에 GAP의 유형에 따라서 이자마진

---

2) 갭(gap)이란 일반적으로 '차이'를 의미한다. 뒤에서 소개하는 만기갭은 만기의 차이, 듀레이션갭은 듀레이션의 차이라고 이해하면 될 것이다.

표 13-1 금리변화와 자금갭, 이자마진의 관계

B/S의 구조	자금갭	이자마진의 변화
RSA>RSL	GAP>0, GAP비율>1	이자수익의 증가>이자비용의 증가 → 이자마진의 증가
RSA<RSL	GAP<0, GAP비율<1	이자수익의 증가<이자비용의 증가 → 이자마진의 감소
RSA=RSL	GAP=0, GAP비율=1	이자수익의 증가 = 이자비용의 증가 → 이자마진의 변동없음

이 어떻게 변화하는가를 살펴보자.

위의 표에서 첫 번째 경우를 살펴보자. 변동금리대출이 변동금리예금보다 더 큰 경우에 여수신금리가 똑같이 1%씩 상승하였다고 하자. 그렇다면 대출에서 늘어나는 이자수익이 예금에서 늘어나는 이자비용보다 더 크게 된다. 따라서 이자마진의 증가로 나타난다. 이때에 이자마진의 변화는 수입이자의 증가분에서 지급이자의 증가분을 차감하여 산출할 수도 있지만 GAP에 금리의 변화분 Δr을 곱하여 직접 산출할 수 있다.

위와 동일한 논리로 금리가 상승할 때 GAP<0에서는 이자마진이 감소하게 된다. 그러나 GAP = 0에서는 수입이자와 지급이자가 동일한 크기로 변화할 것이므로 이자마진의 변화가 없다. 물론 금리가 하락할 때에는 이와 반대의 결과를 가져다 줄 것이다.

(3) 유효 GAP

위에서는 분석을 단순하게 하기 위해서 자산과 부채에 적용되는 금리가 똑같이 변화한다고 가정한 것이지만 현실적으로는 각 항목에 적용되는 금리변동이 상이할 수 있다. 그러나 모든 금리는 같은 방향으로 변화하므로 회귀분석 등의 기법을 이용하면 상이한 금리민감도를 고려한 GAP을 구할 수 있다. 이때의 GAP을 유효GAP(effective GAP)이라고 한다.

예를 들어 대출금리가 1% 변화할 때에 예금금리가 0.7% 변화한다고 가정하면, 유효 $GAP = RSA - 0.7 \times RSL$이 되며 이자마진의 변화는 이같이 구한 유효GAP에 대출금리의 변화분을 곱하면 산출할 수 있다.

3. 자금갭 전략

자금갭 전략이란 미래의 금리 변화를 예상하여 이자마진이 증가되도록 자금갭을 조정해 나가는 것을 말한다. 이러한 전략은 앞서 살펴 본 금리변동에 따른 자금갭의 유형과 이자마진의 변화에서 유추할 수 있다. 그 내용을 정리하면 다음과 같다.

표 13-2 자금갭 전략

금리 예상	자금갭 전략
상승	자금갭의 확대
하락	자금갭의 축소
불확실	자금갭 = 0 (헤징)

표에서 보듯이 금리가 상승할 때 자금갭을 증대시키거나 금리가 하락할 때 자금갭을 축소시키면 이자마진의 증가효과를 얻을 수 있다. 이는 금리가 예상대로 변화해야 얻을 수 있는 레버리지전략이다. 만약 금리변동이 불확실하여 헤지효과를 얻으려면 변동금리대출과 변동금리예금을 일치시켜서 자금갭을 0으로 만들면 된다.

예제 13-2

가나은행의 재무상태표에서 금리민감형 자산과 금리민감형 부채를 비교한 결과가 다음과 같다.

B/S

자산		부채와 자본	
RSA	600	RSL	500
non RSA	400	non RSL	300
		자본	200

(1) GAP, GAP비율을 구하라.
(2) 금리가 1% 상승한 경우 이자마진의 변화액은 얼마인가?
(3) 대출금리가 1% 변화할 때 예금금리가 0.7% 변화한다고 하자. 금리가 1% 하락하면 이자마진의 변화는 어떠한가?

[풀이] ---

(1) GAP = RSA − RSL = 600 − 500 = 100억 원이다.
GAP ratio = RSA/RSL = 600/500 = 1.2이다.
(2) 이자마진의 변화액은 자금갭에 금리변화분을 곱해서 다음과 같이 산출한다.
이자마진의 변화 = GAP × Δr = 100 × 0.01 = 1억 원 (증가)
(3) 유효GAP = RSA − 0.7RSL = 600 − 0.7 × 500 = 250억 원이다.
따라서 이자마진은 여기에 금리변화분을 곱해서 다음과 같다.
이자마진의 변화 = GAP × Δr = 250 × (−0.01) = 2.5억 원 (감소)

제 3 절 만기갭 관리

1. 만기갭 관리란?

채권가치는 금리방향과 역관계에 있고 그 변화폭은 만기가 긴 채권일수록 더 크다고 배웠다. 이때 채권의 가치란 채권의 미래 현금유입(이자와 원금)을 시장금리로 할인한 현재가치로서 시장가치라고 할 수 있다. 은행이 보유하고 있는 대출포트폴리오는 커다란 채권이라고 할 수 있다. 또한 예금포트폴리오는 예정되어 있는 미래 현금유출이므로 대출포트폴리오의 음(−)의 포지션으로 볼 수 있다. 따라서 이들은 모두 만기가 얼마냐에 따라서 금리변화에 의해 가치변동폭이 결정되는 것이다.

만기갭(maturity gap)이란 대출과 예금의 만기차이를 의미하고 만기갭 관리란 이러한 개념을 이용해서 금리변화에 대한 은행가치의 변화를 측정하고 관리하는 기법이다. 그런데 만기갭 관리와 곧 뒤에서 설명할 듀레이션갭관리는 앞에서 설명한 이자마진분석이나 자금갭 관리와 큰 차이점이 있다. 이자마진분석이나 자금갭 관리는 금융기관의 가치변화와 관리를 장부가치에 기초해서 접근하는데 비해서 만기갭 관리와 듀레이션갭 관리는 시장가치로 접근한다는 것이다.

2. 만기갭과 은행가치변화

(1) 만기갭이 1년인 경우

금리변화는 대출과 예금의 가치를 변화시킨다. 만약 금리가 상승하는 경우라면 대출과 예금의 (시장)가치가 모두 하락하는데 이 중 어느 것이 더 크게 하락하느냐에 따라서 은행의 가치변화가 결정된다. 대출가치가 더 크게 하락하면 은행가치는 감소하는 것이고 예금가치가 더 크게 하락하면 은행가치는 증가한다.

시장금리가 변동하기 전 가나은행의 재무상태표가 다음과 같다고 하자.

재무상태표

자 산	부채와 자본
대 출 10,000	예 금 9,000 자 본 1,000

그리고 분석내용을 단순하게 하기 위해서 대출과 예금에 대해서 다음과 같은 조건을 가정하자.

① 대출은 만기가 2년이고 약정금리 10%이며 원리금은 모두 만기일에 상환하는 조건이다.

② 예금은 만기가 1년이고 약정금리 10%이며 원리금은 모두 만기일에 인출하는 조건이다.

이러한 상황에서 시장금리가 10%였다가 1% 상승하여 11%로 되었다면 은행가치에 어떻게 영향을 주는지 확인해보겠다. 먼저 대출의 가치는 다음과 같이 변할 것이다.

1. 현재 대출의 가치	10,000
2. 금리상승 후 대출의 가치	$\frac{10,000\times(1+0.1)^2}{(1+0.11)^2}=9,820.6$
3. 대출가치의 하락	−179.4 (−1.794 %)

그리고 예금의 가치는 다음과 같이 변할 것이다.

1. 현재 예금의 가치	9,000
2. 금리상승 후 예금의 가치	$\frac{9,000\times(1+0.1)}{(1+0.11)}=8,918.9$
3. 예금가치의 하락	−81.1 (−0.901 %)

그러면 위와 같은 자산과 부채의 변화분에서 다음과 같이 자기자본의 변화분을 구할 수 있다.

$$\triangle A-\triangle L=\triangle K$$

$$-179.4-(-81.1)=-98.3$$

그리고 이러한 변화를 반영한 재무상태표는 다음과 같게 된다.

재무상태표

자 산	부채와 자본
대 출 9,820.6	예 금 8,918.9 자 본 901.7

여기서 보면 은행의 자기자본가치는 1,000에서 901.7으로 감소하여 감소폭이 9.83%가 되는 것을 알 수 있다. 그런데 이렇게 금리가 변하는 경우 은행가치의 변화를 파악하기 위해서 개별항목의 변화를 모두 측정한다는 것은 번거로운 일이다. 실제로 은행의 자산과 부채를 구성하는 항목은 매우

많기 때문이다. 이러한 경우 만기갭(maturity gap)을 이용하면 금리변동에 따른 은행가치변화를 쉽게 파악할 수 있다. 만기갭은 자산의 만기(M_A)에서 부채의 만기(M_B)를 차감한 값이므로 여기서는 2년에서 1년을 차감하여 1년이 된다.

(2) 만기갭이 2년으로 늘어난 경우

이제 만기갭이 1년에서 2년으로 늘어난 경우를 생각해보자. 다른 조건은 위와 똑같고 대출의 만기만 2년이 아니라 3년이라고 하자. 그러면 만기갭은 2년이 된다.[3] 시장금리가 1% 상승하여 11%가 되면 이제 만기 3년의 대출 가치는 다음과 같이 변할 것이다.

1. 현재 대출의 가치	10,000
2. 금리상승 후 대출의 가치	$\frac{10,000\times(1+0.1)^3}{(1+0.11)^3}=9,732.2$
3. 대출가치의 하락	−267.8 (−2.678 %)

이때 가치하락은 만기 2년인 경우 179.4이던 것이 267.8로 훨씬 크게 나타난다. 예금의 가치하락은 앞서와 같이 81.1이므로 자산과 부채의 변화분에서 다음과 같이 자기자본의 변화분을 구할 수 있다.

$$\triangle A-\triangle L=\triangle K$$

$$-267.8-(-81.1)=-186.7$$

그리고 이러한 결과를 반영한 재무상태표는 다음과 같게 된다.

재무상태표

자 산	부채와 자본
대 출 9,732.2	예 금 8,918.9 자 본 813.3

3) 만기갭이 2년이 되는 자산과 부채의 조합은 이외에도 얼마든지 많을 것이다.

그러면 이제 자기자본은 1,000이던 것이 813.3으로 감소하므로 가치하락은 18.67%에 달하게 된다. 여기서는 만기갭이 대출만기 3년에서 예금만기 1년을 차감하여 2년이 된다. 종전에 1년이던 만기갭이 2년으로 늘어난 것이다.

이러한 결과를 만기갭의 차이에 따른 은행가치변화로 요약해서 표로 나타내면 다음과 같게 된다.

자산만기	부채만기	만기갭	금리1%상승에 따른 자본가치변화
2	1	1	9.83 % 하락
3	1	2	18.67 % 하락

3. 만기갭의 유형과 전략

(1) 만기갭의 유형

앞서 만기갭이 1년인 경우와 2년인 경우를 비교해보았다. 비교결과를 보면서 알 수 있듯이 금리가 상승할 때에 만기갭이 양(+)의 값을 가지면 자산가치가 부채가치보다 더 크게 하락한다. 그 결과 은행의 자본가치는 감소하게 된다. 그리고 만기갭이 커지면 커질수록 은행의 자본가치하락은 더 크게 나타난다. 이러한 현상은 시장금리가 상승할 때 채권가격이 하락하는 것과 같은 원리이다. 그리고 채권만기가 길수록 채권가격이 더 크게 하락한다는 것과도 일치하는 내용이다.

그런데 만기갭은 채권만기와 달리 음(−)의 값도 가질 수 있다. 부채(예금)의 만기가 자산(대출)의 만기보다 더 길 수 있기 때문이다. 이러한 경우에는 금리상승이 자기자본가치를 높이게 된다. 또 만기갭은 0의 값을 가질 수도 있다. 이러한 경우에는 금리변화가 자기자본가치에 영향을 주지 않게 된다. 따라서 금리가 상승한다고 해도 만기갭의 유형에 따라서 나타나는 효과는 달라지는데 그 내용을 요약한 것이 다음과 같다.

표 13-3 금리상승과 만기갭, 가치변화의 관계

GAP유형	만기갭 부호	자본가치의 변화
자산갭>부채갭	만기갭>0	자산가치하락>부채가치하락 → 자본가치감소
자산갭<부채갭	만기갭<0	자산가치하락<부채가치하락 → 자본가치증가
자산갭=부채갭	만기갭=0	자산가치하락 = 부채가치하락 → 자본가치 변동없음

(2) 만기갭의 전략

만기갭전략이란 미래의 금리 변화를 예상하여 은행의 자본가치가 증가되도록 자산과 부채의 만기를 관리해 나가는 것을 말한다. 이러한 전략은 앞서 살펴 본 금리변동에 따른 만기갭유형과 가치변화에서 유추할 수 있다. 그 내용을 정리하면 다음과 같다.

표 13-4 만기갭전략

금리 예상	만기갭의 전략
상승	만기갭의 축소
하락	만기갭의 확대
불확실	만기갭 = 0 (헤징)

표에서 보듯이 금리가 상승할 때에는 만기갭을 축소시키는 것이 필요하다. 만기갭을 축소하려면 자산(대출)의 평균만기를 짧게 하고 부채(예금)만기를 길게 해야 하는데 이를 위한 구체적인 방법을 예로 들면 다음의 [표 13-5]와 같다.

표 13-5 만기갭의 축소전략

목 표	구체적 전략
대출만기를 짧게 하기 위해서	- 신규대출의 만기를 짧게 한다. - 기존대출의 상환을 유도한다. - 중도상환수수료를 낮춘다.
예금만기를 길게 하기 위해서	- 장기성예금의 적용금리를 높여 신규예금의 만기를 길게 한다. - 단기성예금의 적용금리는 낮게 한다.

또한 금리가 하락할 때는 만기갭을 확대시킴으로써 은행의 자본가치를 높일 수 있는데 이는 대출만기를 길게 하고 예금만기를 짧게 하는 것이다. 이미 설명한 만기갭을 축소하는 구체적 전략과 반대의 전략을 적용하면 될 것이다.

그런데 이러한 전략은 모두 금리가 예상대로 변화해야 이익을 얻을 수 있는 레버리지전략이다. 만약 금리변동이 불확실하여 헤지효과를 목표로 한다면 자산의 만기와 부채의 만기를 일치시켜서 만기갭을 0으로 만들면 된다.

제 4 절 듀레이션갭 관리

1. 듀레이션갭 관리란?

은행의 자산과 부채는 대부분 만기가 있어서 만기갭을 이용해서 금리변동위험을 관리할 수 있다. 그렇지만 만기가 똑같다고 해도 이자지급조건, 원금상환조건에 따라서 금리변화가 미치는 효과는 달라지는 문제점이 있다. 이 때 듀레이션 개념을 이용하면 이러한 문제점을 해결할 수 있다. 듀레이션갭 관리(duration gap management)란 이러한 개념을 은행관리기법에 이용하는 것이다. 즉, 금리 변화에 따라서 은행가치를 극대화할 수 있는 전략을 자산과 부채의 듀레이션을 이용하여 전체적인 관점에서 파악하고 이를 수행할 수 있는 구체적인 방법을 모색하는 것이다.

2. 은행가치변화의 측정

(1) 듀레이션의 이용

은행의 경우도 마찬가지로 자기자본가치는 자산가치에서 부채가치를 차감하여 결정된다. 따라서 금리 변동에 따른 자기자본가치의 변화(ΔV_K)는 다음과 같이 자산가치의 변화에서 부채가치의 변화를 차감하여 산출한다고 하였다.

$$\Delta K = \Delta A - \Delta L$$

그런데 여기서 금리 변동에 의한 가치의 변화는 듀레이션을 이용하여 측정할 수 있다. 금리변동과 채권가격의 변화의 관계식을 이용하면 위 식은 다음과 같이 표현된다.

$$-\frac{\Delta r_K}{1+r_K} D_K K = -\frac{\Delta r_A}{1+r_A} D_A A + \frac{\Delta r_L}{1+r_L} D_L L$$

여기서 Δr이 모두 동일하다고 가정하면 수정듀레이션 D'을 이용해서 위 식은 다음과 같이 간단하게 정리된다.

$$D_K' K = D_A' A - D_L' L \qquad [식\ 13\text{-}1]$$

위 식의 의미는 자본의 수정듀레이션은 자산과 부채의 수정듀레이션으로부터 구할 수 있다는 것이다. 그리고 자본의 수정듀레이션을 구하면 이를 이용해서 금리의 변화에 따른 자기자본의 가치변화를 다음과 같이 직접 측정할 수 있다는 것이다.

$$\Delta K = -\Delta r \cdot D_K{}' K \qquad \text{[식 13-2]}$$

만약 여기서 금리의 변화로부터 은행가치(자기자본가치)를 헤지하려면 $D_K{}'K = 0$ 이어야 하며 이를 달성하기 위해서는 $D_A{}'A = D_L{}'L$ 이 되도록 해야 한다. 이 역시 앞서 공부한 듀레이션의 대응을 이용한 헤지전략을 나타내는 식과 동일한 것이다.

(2) 듀레이션갭의 이용

이번에는 듀레이션갭을 이용해서 은행가치 변화를 측정하는 방법을 살펴보자. 이를 위해서 [식 13-1]의 양변을 자산 A로 나눈다. 그러면 다음의 식이 된다.

$$\frac{D_K{}'K}{A} = D_A{}' - D_L{}' \frac{L}{A}$$

위 식에서 우변을 듀레이션갭(duration gap)이라고 한다. 그런데 단순히 자산의 듀레이션에서 부채의 듀레이션을 차감한 값이 아니고 부채사용정도(L/A)를 반영한 것이라고 해서 정확하게는 레버리지조정 듀레이션갭(leverage adjusted duration gap)이라고 한다.

아무튼 위 식을 다시 $D_K{}'K$ 중심으로 나타내면 다음 식이 된다.

$$D_K{}'K = \text{듀레이션갭} \times A \qquad \text{[식 13-3]}$$

그리고 이를 [식 13-2]에 대입하면 다음 식으로 정리된다.

$$\Delta K = -\Delta r \cdot D_K{}' K = -\Delta r \cdot \text{듀레이션갭} \times A \qquad \text{[식 13-4]}$$

이 식은 듀레이션갭을 이용해서 은행가치변화를 측정하는 방법을 보여주는 식이다. 이와 비교해서 앞에서 도출한 [식 13-2]는 수정듀레이션을 이용해서 은행가치변화를 측정하는 방법을 보여주는 식이다. 듀레이션을 이용할 때에는 자본금액을 기준으로 은행가치변화를 측정하고, 듀레이션갭을 이용할 때에는 자산금액을 기준으로 은행가치변화를 측정한다는 점에서 차이가 있다. 어떤 방법을 이용해도 물론 그 결과는 동일하게 된다.

3. 듀레이션 전략

(1) 전략의 의미

은행가치 변화를 자본의 수정듀레이션이나 듀레이션갭으로 측정하였지만 이 두 가지 지표는 모두 자본듀레이션에서 비롯되는 것들이다. 따라서 이들을 관리한다는 것은 곧 은행의 자기자본가치를 높이기 위해서는 금리의 변화에 따라서 자본듀레이션을 적절하게 관리해 나가야 함을 의미하는 것이다.

그런데 자본듀레이션은 자산과 부채의 듀레이션으로부터 산출되는 것이므로 자본듀레이션관리의 구체적인 실천방안은 결국 개별적인 자산 및 부채 듀레이션의 관리로 귀결된다.

이러한 관계를 고려하여 미래 금리의 변화에 대한 예상에 따라서 듀레이션을 관리하는 방법은 다음과 같이 요약할 수 있다.

표 13-6 듀레이션 전략의 실현

금리 예상	목표	실현방법
상승	D_K 감소 (<0)	D_A감소, D_L증가
하락	D_K 증가 (>0)	D_A증가, D_L감소
불확실	$D_K = 0$ (hedge)	D_A와 D_L 일치

(2) 구체적인 방법

자산과 부채 듀레이션의 구체적인 실현방법으로서 금리가 상승할 것으로 예상되는 경우에 대출의 듀레이션(D_A)을 감소시키는 방법과 예금의 듀레이션(D_L)을 증가시키는 방법을 생각해보자.

그런데 앞서 듀레이션의 결정요인을 공부하면서 만기가 짧을수록, 만기 전 현금흐름이 많을수록 듀레이션이 짧게 된다고 하였다. 이러한 원리를 고려하면 구체적인 실현방법을 찾을 수 있을 것이다.

즉, 대출의 듀레이션 D_A를 짧게 하려면 일단 장기대출을 단기대출로 대체하거나 여의치 못하면 신규대출이라도 단기로 진행한다. 그리고 만기 이전에 현금유입을 많게 하기 위해서 원리금 만기일시상환조건보다는 이자지급 후 원금상환조건을 적용하도록 하고 더 나아가 원리금분할상환조건의 대출을 도모하는 것이 필요하다.

한편, 예금의 듀레이션 D_L을 길게 하려면 만기가 긴 장기성 예금의 조건을 좋게 하여 고객들로 하여금 단기성 예금보다 장기성 예금을 선택하게 한다. 그리고 현금유출을 늦추기 위해서 만기 전에 이자를 지급하는 조건보다는 만기에 원리금을 한 번에 지급하는 예금을 유치하는 것이 필요하다.

예제 13-3

가나은행의 현재 B/S 와 각 구성항목의 듀레이션에 관련된 정보는 다음과 같다. 단, ( ) 안의 숫자는 수정듀레이션을 의미한다.

B/S

자산		부채와 자본	
현금	100	정기예금	600 (1)
일반대출	400 (1.25)	C. D.	300 (5)
주택대출	500 (7)	자본	100

금리가 2% 상승한 경우에 은행가치의 변화를 다음의 방법에 따라서 측정하라.
(1) 개별항목의 가치변화를 통해서 은행가치변화를 측정하는 방법
(2) 자본의 수정듀레이션을 이용해서 은행가치변화를 측정하는 방법
(3) 듀레이션갭을 이용해서 은행가치변화를 측정하는 방법

[풀이]

(1) 먼저 개별항목의 가치변화를 집계해서 은행가치변화를 측정하는 방법이다. 여기

서는 $\Delta V = -\Delta r \cdot D' V$을 이용한다.

① 상업대출의 가치변화	$-0.02\times1.25\times400$ =	-10
② 주택대출의 가치변화	$-0.02\times7\times500$ =	-70
자산가치변화		-80
③ 정기예금의 가치변화	$-0.02\times1\times600$ =	-12
④ CD의 가치변화	$-0.02\times5\times300$ =	-30
부채가치변화		-42

따라서 자본의 가치변화 = −80 − (−42) = −38이 된다. 이는 은행의 가치가 38만큼 감소하였음을 보여주는 것이다.

(2) 이번에는 자본의 수정듀레이션을 이용하는 방법이다. 여기서는 먼저 자산과 부채의 수정듀레이션으로부터 자본의 수정듀레이션을 구하여야 한다.

$$\text{자산}D_A' = \frac{100}{1,000}\times0+\frac{400}{1,000}\times1.25+\frac{500}{1,000}\times7=4\text{년}$$

$$\text{부채 } D_L' = \frac{600}{900}\times1+\frac{300}{900}\times5=\frac{7}{3}\text{년}$$

자산, 부채, 자본금액과 위의 듀레이션을 다음 식에 대입한다.

$$D_K'K = D_A'A - D_L'L$$

$$D_K'\times100 = 4\times1,000-\frac{7}{3}\times900 \rightarrow \quad D_K' = 19$$

이렇게 구한 자본의 수정듀레이션을 다음 식에 대입한다.

$$\begin{aligned}\Delta K &= -\Delta r \cdot D_K' K \\ &= -0.02\times19\times100=-38\end{aligned}$$

즉, 은행의 가치는 38만큼 감소하였다.

(3) 듀레이션갭을 이용하는 방법이다. 여기서는 우선 듀레이션갭 $D_K'GAP$을 다음과 같이 산출한다.

$$D_K'GAP = D_A' - D_L'\frac{L}{A} = 4-\frac{7}{3}\times\frac{900}{1,000}=1.9$$

그리고 이자율 2% 상승이 자본가치에 미치는 효과를 다음과 같이 산출한다.

$$\begin{aligned}\Delta K &= -\Delta r \cdot D_K' K = -\Delta r \cdot \text{듀레이션갭}\times A \\ &= -0.02\times1.9\times1,000=-38\end{aligned}$$

은행의 가치가 38만큼 감소한 것은 앞의 결과와 동일하다.

주요용어

- 예대마진
- 이자마진
- 순이자마진
- 이자마진분석
- 자금갭 관리
- GAP
- RSA
- RSL
- 유효갭(effective GAP)
- 만기갭 관리
- 듀레이션갭 관리

연습문제

1 ALM의 구체적 기법들을 제시하고 이들을 장부가치기준의 관리기법과 시장가치기준의 관리기법으로 구분하시오.

2 예대마진, 이자마진, 순이자마진을 비교해서 설명하시오.

3 RSA, RSL, 자금GAP의 관계식을 제시하시오.

4 만기갭 전략과 듀레이션갭 전략의 공통점과 차이점을 제시하시오

5 가나은행의 재무상태표 다음과 같다.(단위: 억 원)

B/S

자 산		부채와 자본	
현금	150	C. D.	300
일반대출	300	정기예금	250
주택대출	200	자본	100

수정듀레이션은 일반대출 1.3 주택대출 5.9 CD 1.0 정기예금 4.0이다. 이러한 자료를 이용해서 다음의 각 질문에 답하시오.

(1) 자산과 부채의 수정듀레이션을 구하고 이로부터 자본의 수정듀레이션을 구하시오.

(2) 금리가 1.2% 상승한 경우 은행가치의 변화를 (1)의 결과를 이용해서 측정하시오.

(3) 듀레이션갭을 구하고 금리 1.2% 상승에 따른 은행가치의 변화를 측정하시오.

제 14 장

금융규제와 금융변화

제 1 절 기초개념
제 2 절 금융규제
제 3 절 기타의 규제
제 4 절 금융위기와 금융규제
제 5 절 금융환경의 변화

1. 금융기관은 일반 사기업과 달리 우리 경제에 미치는 영향이 크기 때문에 공익성이 강조되어 정부당국의 규제를 많이 받는 편이다. 이러한 규제는 금융기관이 갖는 특성과 연관되어 있다.
2. 또한 금융규제는 금융위기와 밀접한 관련성을 갖는데 대공황의 금융위기, 글로벌 금융위기, 두 개의 큰 위기를 중심으로 금융규제의 변천과정을 살펴본다.
3. 최근의 금융환경은 큰 변화를 맞고 있는데 금융기관의 대형화, 금융의 증권화, 정보통신의 발달이라는 특성을 볼 수 있다.

제 1 절 기초개념

우리는 지금까지 금융기관의 경영기법으로 먼저 개별적 항목을 관리하는 방법을 공부하였다. 즉, 자산(대출)의 관리, 부채(예금)의 관리, 그리고 자본의 관리기법을 차례로 살펴보았다. 그리고 난 후 이들을 동시에 관리하는 차원으로 자산부채종합관리(ALM)를 공부하였다. ALM에서는 자산, 부채에 동시에 영향을 주는 금리변수를 중심으로 금리변동위험을 관리하는 것이 주된 내용이었다. 그런데 금융기관을 개별적 항목으로 관리하느냐 또는 종합적으로 관리하느냐와 상관없이 공통적으로 고려해야 할 요소가 있다. 다음과 같은 두 가지 요소를 들 수 있겠다.

첫 번째 요소는 금융기관에 대한 규제이다. 금융기관은 일반 기업들과는 달리 경제에 미치는 영향이 매우 큰 편이다. 따라서 다른 사기업들과는 달리 공익성이 강조되기 때문에 정부당국의 규제를 많이 받게 된다.

두 번째 요소는 금융환경의 변화이다. 최근 금융기관을 둘러싼 환경이 크게 변하고 있다. 금융기관들 업무가 겸업화되는 추세에서 경쟁이 치열해지고 있으며 금융시장에서의 M&A가 활발하게 진행되면서 금융기관들의 대형화가 이루어지고 있다. 뿐만 아니라 정보기술(IT)의 발달로 기존에 못 보던 핀테크가 등장하고 인터넷은행도 출현하는 등 새로운 환경을 맞고 있다.

제 2 절 금융규제

1. 규제의 필요성

금융규제의 필요성을 이해하기 위해서 금융산업이 갖는 특성을 다음과 같이 세 가지로 살펴보겠다.

첫 번째 특성은 금융기관은 금융중개기능을 주업으로 하기 때문에 일반 사기업과 달리 수많은 예금자들과 대출자들이 연결되어 있다. 그래서 금융기관이 파산하면 사회에 미치는 파급효과는 크다는 것이다. 금융기관의 규모가 커지게 되면 파산의 파급효과도 너무 커지기 때문에 대형금융기관은 정부당국이 구제금융으로 살려준다고 해서 대마불사(too big to fail)라는 용어까지 등장하였다.

두 번째 특성도 금융중개기능으로 인해서 나타나는 것이라고 할 수 있는데 금융기관은 일반 기업에 비해서 부채비율이 매우 높다는 것이다. 구체적인 자료를 보면 2012년 말 우리나라의 제조업 부채비율은 101%인데 비해서 4대 은행(국민은행, 신한은행, 우리은행, 하나은행)의 부채비율은 1,131% 수준으로서 10배를 넘고 있다.[1] 이렇게 부채비율인 높으면 레버리지효과를 통해서 이익을 극대화하기 위해서 위험사업에 투자할 유인이 높아지게 된다.

세 번째 특성은 금융산업에서의 정보비대칭이 심각하다는 점이다. 우선 금융시장의 정보는 일반인들이 이해하기 어려울 뿐더러 최근에는 다양한 파생금융상품까지 등장하면서 수익구조가 매우 복잡해지고 있다. 따라서 정보열등자인 금융소비자가 자칫 잘못 거래하여 피해를 볼 가능성이 높아졌다. 이러한 정보비대칭으로 역선택과 도덕적 위험의 문제가 발생하여 시장실패를 가져올 수 있는 것이다.

---

1) 제조업 평균부채비율은 지속적으로 낮아져서 2014년은 89.2%, 2016년은 79.8%의 수준이다.

2. 예금보험

(1) 뱅크런

은행이 망하면 고객들은 맡긴 예금을 은행이 청산될 때까지 찾지 못한다. 즉, 은행이 보유자산을 매각해서 현금을 마련할 때까지 기다려야 한다. 그리고 맡긴 돈의 일부만 지급받기도 한다. 이러한 상황이 반복해서 발생한다면 고객들은 은행에 예금하는 것을 꺼릴 것이다. 그리고 정보비대칭으로 은행에 대한 정확한 정보를 알 수 없기 때문에 건전한 은행에 예금을 맡긴 고객까지도 자신의 예금이 안전한지를 알 수 없으니 예금을 찾으려고 은행으로 달려갈 것이다. 이를 뱅크런(bank run)이라고 한다.

(2) 예금보험의 도입

정보비대칭으로 인한 뱅크런은 금융시스템의 기능을 마비시킬 수 있다. 정부당국은 이러한 상황을 피하기 위해서 은행이 파산해도 일정한 범위까지 예금을 전액보장해주는 보증제도를 통해서 고객이 은행에 돈을 안심하고 맡길 수 있게 할 수 있다. 이러한 보증제도가 예금보험(deposit insurance)이다.[2)]

예금보험제도는 미국이 1934년에 처음 도입하여 연방예금보험공사(Federal Deposit Insurance Corporation : FDIC)가 이 업무를 담당하고 있고 우리나라에서는 1996년에 예금보험공사(Korea Deposit Insurance Corporation : KDIC)가 설립되면서 이 업무를 시작하였다.

(3) 예금보험의 구조

예금보험이란 금융기관이 영업정지나 파산 등으로 고객의 예금을 지급하지 못하게 될 경우를 막기 위해서 보험의 원리를 이용하여 예금자를 보호하는 제도이다. 구체적으로는 예금보험공사가 금융기관들로부터 평소에

2) 2018년 현재 우리나라의 예금보험제도하에서는 원금과 이자를 합쳐 최고 5천만 원까지 보장을 하고 있다.

보험료를 받아서 기금을 적립해 놓았다가 금융기관이 예금을 지급할 수 없게 되는 경우에 금융기관을 대신해서 예금을 지급하는 것이다. 이를 그림으로 나타내면 다음과 같다.

그림 14-1 예금보험의 구조

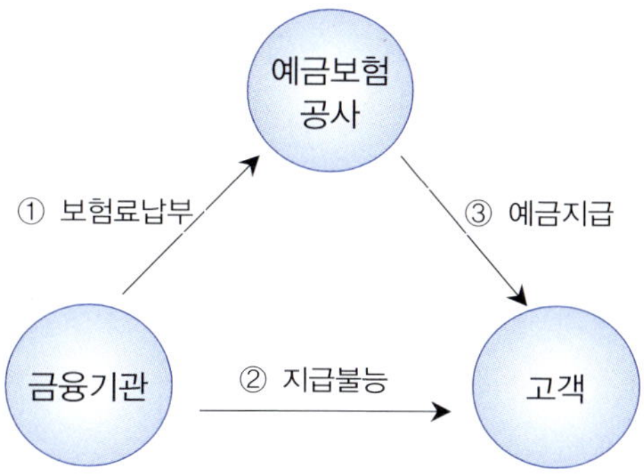

(4) 예금보험의 특성

예금보험은 예금자를 위한 정부의 안전망이다. 금융기관들은 예금자보호법에 의거해서 예금보험에 가입하고 보험료를 납부해야 한다. 따라서 이는 정부당국의 대표적인 금융규제라고 할 수 있다.

그런데 이렇게 예금자를 보호하기 위한 제도가 긍정적인 효과만 가져오는 것은 아니다. 보험시장에서와 똑같이 역선택과 도덕적 위험으로 인한 부작용이 있을 수 있다. 먼저 부실한 금융기관이 더 적극적으로 예금보험에 가입할 것이므로 역선택의 문제가 존재한다. 그리고 예금보험으로 지급이 보장되면 예금자도 금융기관에 대한 평가를 소홀히 하고 금융기관도 예금보험에 가입하지 않은 경우에 비해서 더 위험한 사업을 수행할 수 있으므로 도덕적 위험의 문제도 존재하는 것이다.

제 3 절 기타의 규제

예금보험제도는 앞서 언급한 금융기관의 세 가지 특성 중에서 주로 첫 번째 특성과 관련된 규제라고 할 수 있다. 즉, 예금지급의 보증을 통하여 금융시장의 안정성을 확보하는 것이다. 그리고 두 번째 특성은 부채비율이 높아서 위험할 수 있다는 것인데 이는 재무적 건전성을 확보하는 규제의 필요성과 관련된다. 그리고 세 번째 특성은 소비자들이 금융기관과 금융상품에 대해서 잘 알지 못하여 피해를 볼 수 있다는 것인데 이는 정보비대칭을 해소하는 규제의 필요성이 대두된다.

1. 재무건전성 규제

(1) 자산운용 규제

부채를 사용하면서 이에 대해 유한책임을 지는 경우라면 위험한 사업에 투자할 가능성이 높다. 위험사업이란 수익의 변동성이 큰 사업으로서 큰 이익이 날 수도 있고 큰 손실이 날 수도 있는 특징이 있다. 큰 이익이 나면 금융기관은 부채를 상환하고도 큰 몫을 챙길 수 있다. 그런데 큰 손실이 나서 망하게 되면 그 부담은 정부(또는 납세자들)가 떠안게 된다. 이를 과대위험유인(risk incentives)이라고 하는데 다음의 예제를 통해서 구체적인 내용을 이해해보자.

예제 14-1

가나은행은 1년 후 수익이 경기에 따라 다음과 같이 나타나는 두 가지 대출사업을 고려하고 있다. 단, 호황과 불황의 확률은 똑같아서 각각 50%이다.

경기	안전대출	위험대출
호황	100억 원	150억 원
불황	100억 원	0 원

(1) 가나은행은 둘 중 어떤 대출을 택하는 것이 유리한가?

(2) 만약 1년 후 100억 원을 상환해야 하는 부채를 안고 있다면 어떤 대출을 하는 것이 유리한가? 손실에 대해서는 유한책임을 진다고 하자.

[풀이]

(1) 안전대출의 기대값은 확정수익 100억 원이고 위험(표준편차)은 0이다. 그렇지만 위험대출은 기대값이 75억 원($=150\times\frac{1}{2}+0\times\frac{1}{2}$), 표준편차도 75억 원(150억 원과 0원은 평균값 75억 원으로부터 75억 원씩 떨어져 있으므로)이다.
따라서 기대수익은 더 크면서도 위험(표준편차)이 작은 안전대출의 가치가 더 크고 이를 택해야 가나은행의 가치가 더 커진다.

(2) 가나은행이 100억 원을 상환해야 한다면 상환 후 가나은행에 귀속되는 잔여분은 다음과 같다.

경기	안전대출	위험대출
호황	0원	50억 원
불황	0원	0 원

이러한 상황이라면 가나은행은 아무것도 생기지 않는 안전대출보다는 호황에서 50억 원이라도 생기는 위험대출을 택할 것이다. 즉, 부채를 사용하는 경우에는 안전자산보다 위험자산을 선택할 가능성이 있다는 것이다.

금융기관은 부채비율이 높은 특성을 갖고 있으므로 이러한 배경 하에서 정부당국은 금융기관의 자산운용에 대한 규제를 하고 있다. 국가마다 그 정도는 다르지만 은행이 주식이나 부동산과 같은 위험자산에 직접 투자할 수 없게 하거나 투자하더라도 일정한 한도를 정해서 엄격하게 규제하고 있는 것이다. 뿐만 아니라 특정한 개인이나 기업에게 일정한 한도를 초과해서 집중적인 대출을 하지 못하게 규제하고 하고 있는데 이것도 과대위험유인을 막기 위한 것이다.

(2) 자기자본 규제

자기자본은 손실이 발생해서 금융기관의 자산가치가 하락하는 경우 예금자를 보호하기 위한 마지막 재원이라고 할 수 있다. 따라서 정부당국은 예금자 보호 차원에서 금융기관이 자기자본을 일정수준 이상으로 유지하도록 규제를 한다. 이렇게 자기자본의 규모가 크게 하도록 강제하면 금융기관의 도덕적 위험을 줄이는 효과도 있다. 왜냐하면 위험사업에 투자해서 파산하게 되면 잃을 것이 그만큼 더 크기 때문이다. 그러므로 덜 위험한 사업에 투자할 가능성이 커지게 되는 것이다.

자기자본에 대한 규제의 필요성은 세계 모든 국가들이 공감하는 것이어서 국제결제은행이 은행의 자기자본규제를 위해 1988년에 마련한 바젤협약을 100개 이상의 국가에서 채택하고 있다. 구체적으로는 BIS 자기자본비율 8%를 기준으로 규제를 하고 있는데 앞에서 소개하였듯이 이 비율은 위험가중자산 대비 자기자본의 비율로 산출한다. 그런데 처음 제시된 바젤협약의 적용과정에서 부작용이 나타나서 이를 수정한 바젤Ⅱ(신BIS협약이라고도 함)가 2004년에 공표되었다. 그리고 2008년 글로벌 금융위기 이후에 건전성을 더 강화하는 내용으로 2010년에 새로운 협약이 도출되었는데 이를 바젤Ⅲ이라고 한다.

은행의 BIS자기자본비율과 동일한 취지로 증권회사와 보험회사에도 적용하는 규제내용이 있다. 증권회사의 영업용순자본비율과 보험회사의 지급여력비율이 그것인데 정부당국은 영업용순자본비율은 150% 이상을 유지하고 지급여력비율은 100% 이상을 유지할 것을 요구하고 있다.

표 14-1 금융기관별 건전성규제

금융기관	관리지표	규제내용
은행	BIS자기자본비율	8% 이상
증권회사	영업용순자본비율	150% 이상
보험회사	지급여력비율	100% 이상

2. 정보비대칭 규제

(1) 금융감독

금융기관에 대한 정보는 복잡하여 일반인들이 이해하기 어렵다. 따라서 예금자들이 자기가 거래하는 금융기관에 문제가 있음을 파악하고 영업정지가 되기 전에 자기 돈을 인출하는 것은 기대하기 어려운 일이다. 이렇게 예금자들과 금융기관 사이에 존재하는 정보비대칭을 정부당국이 규제를 통해서 해소할 수 있다. 정부당국은 정보열등자인 예금자를 대신해서 금융기관의 내부를 들여다보고 시정조치를 취하는데 이것이 금융감독(financial supervision)이다. 우리나라에서는 금융감독원이 이 기능을 수행하고 있다.

금융감독에서는 은행의 경영실태에 대해서 6개 분야를 평가한다. 자본적정성(capital adequacy), 자산의 질(asset quality), 경영관리능력(management), 수익성(earnings), 유동성(liquidity), 시장위험에 대한 민감도(sensitivity to market risk)이 그것인데 평가결과를 영문 첫 글자를 따서 CAMELS 등급으로 부여한다. 정부당국은 은행경영에 관한 이들 평가정보를 근거로 영업정지나 폐쇄와 같은 조치를 취할 수 있다.

(2) 적기시정조치

금융감독을 수행하여 경영실태에 대한 평가가 이루어지면 CAMELS 등급이 부여된다. 이 등급은 다섯 개의 등급으로 구분되는데 1등급 우수(strong),

2등급 양호(satisfactory), 3등급 보통(less than satisfactory), 4등급 취약(deficient), 그리고 5등급 위험(critically defecient)이 그것이다. 미국의 경우에는 자기자본을 기준으로 1등급을 우량 자본(well capitalized), 2등급 적정자본(adequately capitalized), 3등급 자본미달(undercapitalized), 4등급 상당한 자본미달(significantly undercapitalized), 5등급 심각한 자본미달(critically undercapitalized)으로 구분하여 역시 5단계로 구분하고 있다.

금융기관의 자본적정성과 경영실태를 평가한 결과가 좋지 않게 나오면 금융당국은 강제로 시정조치를 부과하는데 이를 적기시정조치(prompt corrective action : PCA)라고 한다. 적기시정조치는 평가등급별로 금융기관에 대해서 강제로 시정조치를 요구함으로써 경영상태가 악화된 금융기관이 퇴출되게 하여 소비자를 보호하고 금융시스템을 안정되게 만드는 효과가 있다.

우리나라에서는 적기시정조치로 경영개선권고, 경영개선요구, 경영개선명령의 3단계의 조치가 있다. 경영개선권고, 경영개선요구, 경영개선명령의 단계로 조치의 강도가 높아져서 경영개선명령은 금융기관을 퇴출시킬

표 14-2 적기시정조치의 내용

단계	조치가능한 내용
경영개선권고	1. 조직 및 인력운용의 개선 2. 자본금의 증액 또는 감액 3. 신규업무 진출 제한 4. 관련 임원에 대한 주의 또는 경고
경영개선요구	1. 조직의 축소 2. 점포폐쇄 및 신설제한 3. 영업의 일부 정지 4. 임원진 교체 요구
경영개선명령	1. 주식소각 2. 영업정지 및 양도 3. 외부관리인 선임 4. 계약이전 및 합병

수 있는 조치이다. 각 단계별로 금융당국이 취할 수 있는 조치의 내용은 [표 14-2]에 제시되어 있다.

(3) 공시제도

개별 예금자는 금융기관의 자산운용상태에 대한 정보를 생산할 유인이 적다. 힘들게 많은 비용을 들여서 정보를 생산해도 다른 예금자나 채권자들의 무임승차의 가능성이 높기 때문이다. 따라서 정부당국이 금융기관이 일정한 회계원칙을 지키게 하고 여러 가지 경영정보를 제공하게 함으로써 일반 투자자들이 금융기관을 쉽게 평가할 수 있도록 해야 한다. 이를 기업공시제도라고 한다.

정부당국은 금융기관을 포함한 모든 기업을 대상으로 일정 규모 이상이 되면 재무제표에 대해서 독립적인 공인회계사의 외부감사를 받게 하고 그 결과를 공개하도록 하고 있다. 이렇게 공개된 정보를 통해서 일반 투자자들은 금융기관의 자산운용상황을 파악할 수 있다. 그리고 상장기업의 경우에는 일정한 요건에 해당하는 내용을 의무적으로 증권거래소에 공시해야 한다. 또한 증권거래소는 적극적으로 시중에 떠도는 소문에 대해서 해당기업에 직접 확인하여 그 결과를 공시하기도 한다. 2004년에 공표된 바젤II에서는 은행이 자신의 신용위험, 지급준비금, 자기자본수준 등에 관한 공시를 확대하여 공시의무를 특별히 강조하고 있다. 이러한 공시는 정보비대칭이 가져올 수 있는 시장실패의 가능성을 미리 차단하기 위한 조치라고 할 수 있다.

제 4 절 금융위기와 금융규제

역사적으로 금융규제가 어떻게 변화되어 왔는지를 살펴보자. 금융규제는 금융시장이 심각한 위기를 겪고 난 후 무엇이 원인이었는지 분석하고 이를 제거하기 위한 방향으로 변화되어 왔다. 따라서 금융규제의 변천을 이해하기 위해서는 먼저 금융위기의 내용을 이해할 필요가 있다. 세계적인 금융위기로 대공황과 글로벌 금융위기, 두 개의 금융위기를 중심으로 금융규제의 변천과정을 살펴본다.

1. 대공황과 금융규제

(1) 은행법

1928년부터 유럽의 경제가 불안한 징후를 보이다가 1929년 뉴욕증시 대폭락으로 촉발되어 전 세계로 시작된 경제공황을 대공황(Great Depression)이라고 한다. 미국 정부는 이러한 대공황의 원인 중 하나는 은행들이 고객의 돈을 무분별하게 주식에 투자한 때문이라고 보고 이를 규제하기 위해서 글래스-스티걸 법안(Glass-Steagal Act)을 제정하였다.

공식명칭은 1933년 은행법(Banking Act of 1933)이지만 법안을 발의한 의원들 이름을 따서 글래스-스티걸법이라고 부른다. 이 법안은 은행을 상업은행과 투자은행으로 구분해서 상업은행은 여수신업무만 담당하고 투자은행은 주식투자를 하게 하는 등 금융기관의 업무영역을 엄격하게 분리하여 규제하는 내용을 담고 있다.

(2) 금융서비스현대화법

그러나 상업은행들이 주식투자를 하기 위한 로비가 계속되어 금융산업의 경쟁력 강화라는 명분으로 클린턴 정부에서는 1999년에 글래스-스티걸 법안을 폐지하고 그램-리치-브라일리법안(Gramm-Leach-Bliley Act)으로 대체하였다. 이 법안의 공식명칭은 금융서비스현대화법(Financial Services Modernization Act)이지만 이 역시 발의한 의원들 이름을 따서 부른다. 이로써 시티그룹, BOA 등과 같은 상업은행들도 자회사를 통해서 투자은행들처럼 주식투자의 업무를 수행할 수 있게 되었다.

2. 글로벌 금융위기와 금융규제

(1) 금융개혁법

대형 상업은행들이 본격적으로 투자은행업무를 수행하면서 리먼브러더스, 메릴린치, 골드만삭스 등과 같은 투자은행들과 치열한 경쟁이 시작되었다. 이러한 상황에서 미국에서는 주택시장의 호황이 오자 은행들은 무분별하게 주택대출을 늘리고 모기지를 기초자산으로 하는 파생금융상품까지 경쟁적으로 판매하였다. 그러나 주택경기의 후퇴로 베어스턴스, 리먼브러더스 등의 투자은행이 파산하면서 2008년 글로벌 금융위기를 맞게 되었다.

오바마 정부에서는 이러한 금융위기가 재발하지 않도록 광범위한 금융규제법을 제정하였다. 2010년에 발효된 도드-프랭크법안(Dodd-Frank Act)이 그것인데 금융감독시스템의 정비, 대형은행에 대한 자본확충 의무화, 파생금융상품에 대한 규제와 감독강화 등 세 가지 내용을 골자로 하고 있다. 공식명칭은 월가개혁과 소비자보호법(Wall Street Reform and Consumer Protection Act)인데 간단히 금융개혁법이라고 한다. 그 내용을 보고 글래스-스티걸법의 부활이라고도 한다.

(2) 금융선택법

그런데 트럼프 정부는 오바마 정부와 반대로 금융개혁법을 폐기하고 다시 규제를 완화하자는 입장이었다. 이를 위해서 금융개혁법을 대체하는 금융선택법(Financial Choice Act)을 2017년에 제출했으나 하원만 통과되었다. 결국 이보다는 다소 약화된 '경제성장, 규제완화 및 소비자보호법'(Economic Growth, Regulatory Relief and Consumer Protection Act)이 2018년에 채택되어 현재는 금융개혁법과 공존하고 있는 상황이다. 지금까지의 내용을 표로 나타내면 다음과 같다.

표 14-3 금융규제의 변천

적용시기	법안	주요 내용
1933-1998 (66년간)	글래스-스티걸 법안	상업은행과 투자은행을 구분해서 업무영역을 분리
1999-2009 (11년간)	그램-리치-브라일리법안	상업은행의 자회사를 통한 투자은행 업무 허용
2010-현재 (8년간)	도드-프랭크법안	대형은행의 규제강화와 파생상품에 대한 감독
2017 (?)	금융선택법	재무건전성이 높은 대형은행에 대한 규제완화

오랜 동안 금융규제와 금융자율화가 진행되어 온 과정을 살펴보면 비슷한 양상이 반복된다는 것을 알 수 있다. 먼저 금융위기를 겪고 나면 정부당국은 그 원인을 분석하고 이에 대응하는 강력한 금융규제가 만들어낸다. 그리고 시간이 경과하면서 금융기관들은 이익을 늘리기 위해서 규제를 완화하기 위한 로비를 진행하거나 규제를 피할 수 있는 새로운 금융상품을 만들어낸다. 새로운 환경에서 다시 금융위기가 찾아오고 다시 이에 대한 규제가 만들어지고 다시 이를 완화되는 과정이 반복되는 특징이 있다.

제 5 절 금융환경의 변화

1. 금융기관의 대형화

(1) 대형화의 시작

금융기관을 둘러싼 환경이 최근에 다양하게 변화되고 있다. 이러한 다양한 변화 중에서 우선 금융기관이 대형화되고 있는 추세를 들 수 있다. 금융기관의 대형화 추세는 1980년대 후반부터 미국에서 시작된 부실금융기관의 정리과정에서 은행 간 M&A가 발단이 되었다. 1990년대에는 대형은행들 사이의 합병도 크게 증가하여 은행들의 자산규모가 매우 커졌다. 유럽에서는 1990년대 초에 유럽통합이 이루어지면서 출현하게 될 단일의 대형금융시장에 대비해서 유럽각국의 은행들이 몸집을 불리기 위해서 M&A를 활발하게 진행하였다.

이렇게 대형화를 추진하는 주된 동기는 규모의 경제를 통해서 비용절감효과를 얻을 수 있기 때문이다. 즉, 규모가 커질수록 단위당 평균비용이 하락하여 수익성을 높일 수 있다는 것인데 금융중개업무에서는 이러한 효과가 중요하다고 평가되고 있다.

(2) 우리나라 상황

우리나라에서는 1990년대 말 외환위기를 겪으면서 부실은행을 정리하는 과정에서 대형화가 시작되었다. 동화은행, 충청은행, 대동은행, 평화은행, 동남은행, 경기은행 등과 같은 은행들이 신한은행, 하나은행, 국민은행 등에 합병되었다. 이후에는 이러한 합병은행들이 금융시장에서 선도적 위치를 확보하기 위해서 또는 외국 대형은행들의 국내시장의 진입에 대비하기 위해서 금융지주회사를 설립하는 방법으로 대형화를 추진하였다.

은행뿐만 아니라 증권회사에서도 대형화 추세가 뚜렷하다. 외환위기 당시 국내금융기관과 기업들이 인수합병되는 과정에서 글로벌 IB(investment bank)인 골드만삭스, 메릴린치 등이 막대한 수수료를 챙겼다. 이런 분야의 업무능력이 없이 위탁매매수수료 수입에만 의지하는 국내증권사들을 비판하면서 다른 한편으로는 국제 경쟁력을 갖추기 위해서 증권사 규모를 키워야 한다는 논의가 이어졌다. 이러한 연장선에서 2017년 말에 정부당국은 자기자본이 4조 원 이상인 한국투자증권, 미래에셋대우, 삼성증권, KB증권, NH투자증권, 5개 증권사를 초대형 IB로 출범시켰다. 이들은 발행어음 업무가 가능하기 때문에 그동안 수신업무를 전담해온 은행과도 경쟁할 수 있게 되었다.

2. 금융의 증권화

(1) 증권시장의 비중 확대

금융시장의 변화 추세 중 또 하나 중요한 특징은 자본시장의 비중이 커진다는 점이다. 금융시장은 금융기관이 개입하는 간접금융시장과 직접 자금공급자로부터 자금을 조달하는 직접금융시장으로 구분된다. 간접금융시장에서는 대개 만기가 짧은 자금이 거래되며 이를 자금시장이라고 하며 직접금융시장은 만기가 긴 자금이 증권을 통해서 거래되며 이를 자본시장(또는 증권시장)이라고 한다.

그런데 금융시장에서 증권시장의 비중이 점점 높아지고 있다. 우리나라의 금융시장 상황을 보면 다음의 표와 같다.

표 14-4 한국의 금융시장 구성비율 추이

(단위 : 조원, %)

시장구분	1990년		2000년		2010년		2016년	
	금액	구성비	금액	구성비	금액	구성비	금액	구성비
자금시장	44	28%	139	18%	265	10%	397	12%
증권시장	114	72%	639	82%	2,353	90%	2,997	88%
합계	158	100%	778	100%	2,618	100%	3,393	100%

표에서 보듯이 10년 사이에 금융시장의 규모가 증가하면서도 이 중 증권시장이 차지하는 비중이 크게 높아진 것을 확인할 수 있다. 이러한 현상은 우리나라에서만 국한된 현상은 아니다. 미국을 비롯한 금융선진국에서도 금융회사의 예금과 대출의 비중이 하락하고 증권의 비중이 계속 상승하고 있다.

(2) 금융기관의 증권화

위에서 설명한 금융시장에서 증권시장의 비중이 커지는 것을 넓은 의미의 증권화라고 한다면 이번에 설명하는 내용은 좁은 의미의 증권화라고 할 수 있다. 즉, 금융기관이나 기업이 자신들이 보유하고 있는 자산을 현금화시키기 위해서 유가증권을 발행하는 것이다. 금융기관이 장기 대출채권을 만기까지 기다렸다가 이를 회수하여 다시 대출영업을 해야 한다면 금융기관은 지속적인 이익을 낼 수가 없을 것이다. 따라서 만기 이전에 대출채권을 현금화시켜서 이 자금을 이용해서 계속적으로 영업을 해야 한다.

이렇게 금융기관이 운용자금을 확보하기 위해서 대출채권을 모아서 이를 기초자산으로 하는 유가증권을 발행하는 것을 증권화라고 한다. 이전에는 대출채권의 만기까지 기다리거나 대출채권을 매각하여 만기 이전에 현금을 조달하더라도 그 비중이 적었다. 그렇지만 최근에는 대출채권(자산)을 담보로 자산담보부증권(asset backed security : ABS)을 발행하여 현금화시키는 방법이 등장한 것이다. 이 방법이 큰 인기를 얻어 그 비중이 높아지는 가운데 미국 금융기관들이 장기주택대출채권(모기지)을 담보로 주택저당 담보부증권(mortgage backed securities : MBS)을 무리하게 발행한 것이 글로벌 금융위기의 시발점이 되었던 것이다.

3. 정보통신의 발달

(1) 핀테크의 등장

금융기관이 점포를 중심으로 영업을 하다가 현금지급기(automated teller machine : ATM)가 비대면 거래를 담당하면서 영업의 일부를 보조하던 시대로 바뀐 것은 이미 오래전 일이다. 이후 폰뱅킹, 인터넷뱅킹, 모바일뱅킹의 단계로 발전하면서 정보통신(IT)에 의한 금융업무의 처리가 절대적인 비중을 차지하게 되었다.

이제는 온라인의 단계를 넘어서서 핀테크의 개념이 도입되고 있다. 핀테크(fintech)란 금융(finance)과 기술(technology)이 합쳐진 단어인데 IT가 금융과 결합되어 지급결제, 상품설계 등 기존의 서비스를 대체하는 신개념의 금융서비스라고 할 수 있다. 구글, 애플, 페이팔과 같은 세계적인 IT업체는 이미 이 분야에 진출하였고 우리나라에서도 대기업들이 중심이 되어 이 분야에 적극적으로 진출하고 있다. 뿐만 아니라 증권회사에서는 인공지능(AI)이 운용하는 펀드상품도 판매하기 시작하였다.

(2) 인터넷 전문은행의 출현

인터넷 뱅킹의 이용이 일반화되면서 오프라인 점포를 두지 않고 온라인만으로 영업을 하는 인터넷 전문은행이 출현하고 있다. 1995년 세계 최초로 미국에서는 Security First Net Work라는 인터넷 전문은행이 등장한 이후 영국에서는 Eggbank, 일본에서는 Japan Net Bank가 출현하였다. 우리나라에서는 2017년에 처음으로 케이뱅크가 설립되었고 그 다음에는 카카오뱅크가 뒤를 이어서 영업을 시작하였다.

인터넷 전문은행은 기존 은행들에 비해서 영업비용이 낮기 때문에 금리면에서 경쟁력이 있다. 뿐만 아니라 대금결제 및 송금 등 금융서비스도 간편하게 이용할 수 있어서 인터넷 환경에 익숙한 젊은 층에게 인기가 많은 편이다. 그래서 향후 높은 성장이 기대된다. 인터넷 전문은행의 이러한 경쟁력은 기존 오프라인 은행들에게는 금리조건의 개선, 비용절감, 서비스 확대 등의 부담으로 이어지고 있다.

(3) 가상화폐의 등장

핀테크가 지급결제, 대출, 그리고 금융상품의 설계 및 운용과 같은 자산관리서비스로 진화하고 있는데 비해서 가상화폐(virtual money)는 금융시스템의 원리를 혁명적으로 변화시키는 것이라고 할 수 있다. 가상화폐는 전자화폐(electronic money)의 일종이다.

가상화폐에 대한 이해를 돕기 위해서 먼저 전자화폐를 간단하게 살펴보자. 전자화폐는 전자기기에 전자기호의 형태로 화폐적 가치를 저장하였다가 물건을 구입할 때 사용하는 지급수단이라고 할 수 있다. 예를 들면 카드에 내장된 IC(integrated circuit) 칩에 화폐의 가치를 담은 IC카드가 있다. 잔돈을 갖고 다닐 필요가 없을 뿐만 아니라 신용카드처럼 사전승인을 받을 필요도 없기 때문에 편리하다. 이러한 전자화폐는 정부가 발행하고 보증하는 유통방식이다.

가상화폐는 화폐의 실물형태가 없다는 점은 전자화폐와 같다. 그렇지만 전자화폐와는 달리 정부가 발행하는 법정화폐가 아니고 전세계 인터넷 네트워크로 연결된 공간에서 개인과 개인 사이의 P2P(peer to peer) 방식으로 거래된다. 가상화폐는 거래소에서 구매할 수 있지만 복잡한 수학 문제를 풀어서(이를 채굴한다고 한다) 취득할 수도 있기 때문에 암호화폐라고도 한다. 대표적인 가상화폐로는 비트코인(Bitcoin)이나 이더리움(Ethereum) 등이 있다. 가상화폐의 거래자가 많아지면 기존의 화폐 기능을 대체할 수 있겠지만 그렇지 않으면 사라질 수도 있기 때문에 가상화폐의 가격상승을 거품으로 경고하는 사람들도 적지 않다.

현재 전 세계 모든 국가의 금융시스템은 정부가 발행하는 화폐를 중심으로 하는 중앙집중형 방식이다. 그런데 가상화폐는 개인과 개인 사이에서 만들어진 네트워크상의 화폐로서 정부가 통제하기 어렵기 때문에 분산형이라고 할 수 있다.[3] 가상화폐가 본격적으로 화폐기능을 담당하기 시작하면 이러한 특성 때문에 정부의 금융정책이나 금융기관들의 경영전략은 크게 변화하게 될 것이다.

3) 이렇게 탈중앙화된 분산 데이터베이스의 방식을 블록체인(block chain)이라고 하는데 특정인에 의해서 임의조작이 불가능하다는 장점을 갖는다.

주요 용어

- 금융규제
- 과대위험유인
- 적기시정조치
- 금융개혁법
- 핀테크
- 대마불사
- 자기자본규제
- 공시제도
- 금융선택법
- 인터넷전문은행
- 뱅크런
- 금융감독
- 은행법
- 대형화
- 가상화폐
- 예금보험
- CAMELS
- 금융서비스현대화법
- 증권화

연습 문제

01 금융규제의 필요성을 금융기관의 특성과 연관시켜서 설명하시오.

02 금융기관의 자기자본규제에 대한 내용을 은행, 증권회사, 보험회사로 구분하여 비교해서 설명하시오.

03 금융감독기관이 은행의 경영실태를 평가하여 부여하는 CAMELS 등급이 어떤 부문을 평가하는 것인지 간단하게 설명하시오.

04 미국의 금융관련법안들을 금융위기와 관련해서 시대순으로 제시해보시오.

05 금융환경의 변화를 다음과 같은 세 가지 측면에서 설명하시오.

(1) 대형화
(2) 증권화
(3) 정보통신의 발달

06 비트코인과 같은 가상화폐가 기존 화폐의 기능을 담당한다면 정부당국의 금융정책이나 금융기관의 경영전략에 어떠한 변화를 가져올지 생각해보시오.

부 록

부록 1 중소기업 신용평가표
부록 2 개인신용평가표
부록 3 은행법
부록 4 자본시장법
부록 5 보험업법

부록 1 외부감사대상 건설업(공통평가 : 광 · 제조 · 건설업)

팀 원	팀 장	부점장

중소기업 신용평가표

고객번호 : 업체명 :
작성일자 : 유효기일 : 산업분류 : F4112 (NO. 38)
결산년도 : 기업분석실 부점장

구분		평가항목	평가기준	배점	영업점		본부	
업종별평가항목	안정성	자기자본비율	33.8%	6	D	2.4	D	2.4
		고정장기적합률	73.7%	3	E	0.6	E	0.6
		당좌비율	74.1%	4	D	1.6	E	0.8
		차입금의존도	15.4%	6	C	3.6	C	3.6
	수익성	총자산 경상이익률	2.3%	7	D	2.8	E	1.4
		매출액 영업이익률	1.5%	4	E	0.8	E	0.8
		금융비용/매출액	1.4%	7	D	2.8	D	2.8
	활동성	총자산회전율	2.82회	5	B	4.0	C	3.0
		영업자산회전율	5.1회	4	C	2.4	C	2.4
	생산성	총자본투자효율	100.9%	4	B	3.2	C	2.4
		부가가치율	35.8%	4	B	3.2	C	2.4
	성장성	유형자산증가율	193.2%	2	B	1.6	A	2.0
		매출액증가율	전기(음) 당기(양) %	4	C	2.4	C	2.4
공통평가항목	사업성	성 장 전 망	3.9%	2	D	0.8	E	0.4
		수 익 전 망	1.7%	2	E	0.4	E	0.4
		시 장 성	양 호	5	A	5.0	B	4.0
		미 래 현 금 흐 름	4.2%	2	C	1.2	C	1.2
		업 종 유 망 성	양 호	2	B	1.6	B	1.6
	경쟁력	인 력 개발	양 호	2	B	1.6	B	1.6
		기술개발 및 품질혁신	양 호	4	B	3.2	B	3.2
		정 보 화 기 반	매우양호	1	A	1.0	A	1.0
		가 격 경 쟁 력	불 량	2	D	0.8	E	0.4
		국 제 경 영 력	보 통	2	C	1.2	C	1.2
	경영능력	경영자의 경영능력	매우양호	4	A	4.0	A	4.0
		노 사 관 계	양 호	2	B	1.6	B	1.6
		근로조건 및 복지수준	양 호	1	B	0.8	B	0.8
	신뢰성	은행거래 신뢰도	매우양호	3	A	3.0	A	3.0
		세평	매우양호	2	A	2.0	A	2.0
	기타항목	업 력	19년	2	A	2.0	A	2.0
		규 모	83.339백만원	2	A	2.0	A	2.0
		기업군신용위험(감점)	해당사항없음	(−3)	A	0.0	A	0.0
		기타신용위험(감점)	해당사항없음	(−3)	A	0.0	A	0.0
		금 융 규 제 (감점)	해당사항없음	(−3)	A	0.0	A	0.0
신용평가표 결과					( )		(57.4)	

중소기업 건전도 평가 건전도 : 89.8%(A2급)
(결산일자 ××년 12월 31일) 건전도 가감점수(±10) : 8.0점
종 합 신 용 평 가 신용등급 : BB+ 신용평점 : 60
작성자(과장) : (인) 확인자(선임심사역) : (인)
(재심일자 : 본부(과정) :)

공통평가항목 검토표

(작성일 2004년 10월 06일)

팀 원	팀 장	지점장

고객번호 :
결산일자 :
업 체 명 :

광 · 제조 · 건설업

– 평가항목별 검토사항 : 원칙적으로 입수가능한 최근정보를 활용하고 검토내용을 구체적으로 기재할 것

구분	평가항목	검토사항	검토내용	점수	등급
사업성	1. 성장전망	① 추정매출액 증가율 (3개년 평균)	향후3개년평균 추정매출액증가율 : 3.9%		E
	2. 수익전망	① 추정매출액영업이익률 (3개년 평균)	향후3개년평균 추정매출액영업이익률 : 1.7%		E
	3. 시장성	① 안정적인 판매처를 확보하고 있는가 *건설업(F45)의 경우 추가 검토내용	유수한 고정판매처 확보 (회사명 : SK건설, 포스코건설, 대, 판매비중 : 61% 고정판매처와의 거래관계(제품우수 계열관계) 협력업체 인적관계 기타 기타일 경우 판매처 다변화 (매출액의 5% 이상 주요판매처 : 5개) 자체 판매망 (대리점 : 개, 직판장 : 개 해외판매망 : 개, 주요판매처의 거래조건 변화 (외상판매 : 60%, 결제기간 : 60일) (수주금액 : 백만원) 매출채권의 건정성 부도어음 및 장기불량매출채권 (최근 : 백만원) (당기 : 백만원) 도급순의 : 13위 면허종류 : 토공, 철콘 외 진행사업분양률 : 계획사업의 전망 (양호 보통 미흡) 도급공사의 안정도 (양호 보통 미흡) (관급공사 수주액 : 백만원)	4	B
		② 원재료 조달은 원활한가	주요원재료 조달 (국내구입 : %, 해외구입 : %) 주요원재료의 물량확보 (안정 보통 불안정) 주요원재료의 조달가격 (안정 보통 불안정)	4	
		③ 제품은 소비자(대중 및 수요처)에게 잘 알려져 있고 평판은 좋은가 자사 브랜드제품의 판매상황은 어떠한가	인지도 (높은 보통 낮음) 평판 (좋음 보통 나쁨) A/S수준 (상 중 하, 종사인원수 : 명) 반품, 클레임 발생정도 (심각함 보통 미미함) 상표등록 (유 무) (브랜드명 :) 자사 브랜드의 판매비중 (백만원, %)	4	

		④ 시장성을 평가할 수 있는 기타요인이 있는가	주요 신규판매처 확보 (회사명 :) 최근 수주금액 (내수 : 백만원) (L/C 및 ORDER 보유량 : 천미불) 기타요인 : 수주물량 유지	3	
		점 수 소 계		15	
사업성	4. 미래현금흐름	① 추정현금흐름/추정총부채(3개년 평균)	향후 3개년평균 추정현금흐름/추정총부채 4.2%		C
	5. 업종유망성(제품특성)	① 경기 및 환경변화와 업종(제품)의 Life Cycle을 고려할 때 성장가능성은 어떠한가	산업(업종)레이팅 IRC 제품의 Life Cycle (도입 성장 성숙 쇠퇴) 주력제품의 특성 ( )	3	B
		② 환경관련인증 획득여부와 환경규제 및 기타제약요인은 있는가	환경관련인증 획득여부 (ISO14001) 환경관련규제 (내용 :) 기타제약요인 (내용 :) 대응책 (내용 :)	4	
		③ 주력제품의 시장점유도와 총시장수요는 어느 정도인가	주력제품의 당기매출액 (83,339백만원) 주력제품의 당기총시장수요(백만원) 주력제품의 시장지위 (독과점 우위 보통 열위 신규진입)	4	
		점 수 소 계		11	
경쟁력	1. 인력개발	① 기술, 기능보유 전문인력을 충분히 확보하고 있는가	기사 (75명, 충분 부족) 기능사 (26명, 충분 부족)		B
		② 전문인력 개발을 위해 체계적인 교육을 실시하고 있는가	최근 2년간 해외연수실적 (회, 관리직 : 명, 생산직 : 명) 최근 2년간 국내 전문기관 교육 (회, 관리직 : 명, 생산직 : 명)		
	2. 기술개발 및 품질혁신	① 연구개발 및 신제품 개발활동(산, 학, 연, 연구활동 등)은 활발한가	R & D 투자(백만원, 매출액의 %) 최근 2년간 신제품 개발실적 (개발완료 ; 건, 개발진행중 : 건) 자체실험실, 연구실 디자인실 등의 설치 여부 (유 무), 활용도 (활발 보통 미흡) 산, 학, 연 연구활동 (관련기관 :) (내용 :)	3	B
		② 특허권이나 K.S. UL, ISO,Q마크 등 공인규격 및 품질인증 등을 보유하고 있는가	특허권 현황 (보유 출원중) (내용 : 착암기용 비트) 공인규격이나 품질인증 (내용 : ISO9002, ISO14001, OHSAS18001) 품질관리 1, 2 등급 공장 등급 실용신안권 등 기타 : 실용신안권 7개	5	
		③ 품질향상을 위한 Q.C활동 등과 제조물책임법과 관련한 대책은 어떠한가	Q.C분임조의 편성여부 (편성 미편성) 제안건수 (년 - 건 중 채택 건) Q.C관련 포상여부 (외부포상 자체포상) 생산성향상우수기업 선정(유 무) (선정 년) 100PPM 등 품질혁신활동 인증획득 추진중 (내용 :) 제조물책임법관련 직원교육, 훈련정도 (양호 보통 미흡) 제조물책임보험(생산물배상책임보험)가입 또는 대책	3	

			(유 무) (내용 :)		
		④ 기술개발이나 품질혁신을 인정할 만한 기타요인이 있는가	주생산설비의 유지관리상태(양호 보통 불량) 보유설비의 선진도 (양호 보통 노후화) (최신설비명 : JUMBO-DRILL) (보유대수 : 9) 공장자동화 정도 (양호 보통 미흡 불량) 기타요인 :	4	
		점 수 소 계		15	
경 쟁 력	3. 정보화 기반	① 정보시스템의 설비 및 지원수준은 어느 정도인가	컴퓨터시스템 및 주변장치 (설비내용 : NT SERVE, 현장간NT구축, 인터넷) 네트워크 연결상태 (내부 외부) 지원조직 체계 및 전문성 수준 (양호 보통 미흡 불량) 지원관리지침 수립 및 활용정도 (양호 보통 미흡 불량)		A
		② 정보시스템의 이용 및 정보수집능력은 어느 정도인가	정보시스템 이용수준 (인터넷 인트라넷 업무정보화 생산제조정보화 정보시스템 통합 기타 기타일 경우 :) 신제품, 고객욕구, 원자재 수급동향 등에 대한 정보수집능력 (양호 보통 미흡 불량)		
	4. 가 격 경쟁력	① 매출원가율은 어느 정도인가	동사 (93.2%) 동업계(87.5%) 감가상각비의 적정계상여부 (적정 부적정)		E
		② 주력제품의 판매가격은 어떠한가	경쟁제품(수입제품 포함)의 판매가격과 비교 (높음 보통 낮음)		
	5. 국 제 경영력	① 해외진출 및 해외시장 관심도는 어떠한가	자사브랜드 제품의 해외진출여부 (진출 미진출 기타 :) 최근 1년 이내 수출입 실적 (수출 : kjk_exprt백만원 수입 : kjk_imprt백만원) 국제전시회 출품여부 (유 무) (주요전시회명 :) 해외지사(사무소)설치 (유 무) (내용 :) 경영자의 해외시장에 대한 관심도 (전시회 관람 우수기업 견학 기타 기타일 경우 :)		C
		② 외국과의 기술제휴, 기술도입, 해외투자 등이 이루어지고 있는가	기술제휴(도입)처 ( ) (제휴년도 년) (내용 :) 해외투자 (장소 :) (금액 : 천미불) (내용 :)		
	1. 경영자의 경영능력	① 경영형태 및 방식과 사업추진력(리더십, 집념, 조직관리 능력 등)은 어떠한가	경영형태(창업주 및 소유주 창업2세) 동업 전문경영인 기타 기타일 경우 : 경영방식(합리적 독선적 기타) 기타일 경우 : 사업추진력(탁월 우수 보통 미흡)	5	
		② 경영권의 안정성 정도는 어떠한가	경영권 분쟁여부(유 무) 지분소유 및 경영권 확보 (절대적 안정적 다소불안정 불안정)	5	

항목	세부항목	평가내용	확인사항	점수	등급
			동업자와의 관계 무모한 사업확장여부 (내용 :) 회사자금 전용여부 (내용 :)		
		③ 경영자의 건강상태, 성격, 자질은 어떠한가	연령 56세 건강상태(양호 보통 허약 질병상태) 경영자의 취미, 사생활 건정성여부 ( ) 경영자의 전문경력분야(영업 기술 관리 기타) (기타일 경우) 행동성향(적극적 소극적 기타) (기타일 경우 :)	4	
		④ 동업계 경력 및 사업경력과 사업과 관련된 수 상실적은 있는가	동업계 경력 : 15년 사업 경력 : 10년 최근 5년이내 5회 (주요포상기관명 : 강남세무서, 건설협회)	5	A
경영능력		⑤ 경영자의 경영능력을 평가할 수 있는 기타 요인은 있는가	경영자의 사업외적 재력보유 및 수입 정도 (내용 :) 경영위험 극복 등 위기대처능력 보유정보 (양호 보통 미흡) 기타요인 :	4	
		점 수 소 계		23	
	2. 노사관계	① 노사간의 신뢰와 상호 협조는 잘 이루어지고 있으며 임 직원의 퇴직여부는 어떠한가	노사협력유량기업 선정(유 무)선정 년 근로자의 사용자에 대한 인식 (긍정적 보통 미온적 부정적) 최근 2년이내 노사분규 회수와 정도 회수 회(정도 : 심각함 보통임 미미함) 임, 직원의 퇴직여부 (잦다 보통임 거의없음) 경리관계자 교체빈소 (잦다 보통임 거의없음)	4	B
	3. 근로조건 및 복지수준	① 동업계와 비교하여 임금, 근무시간, 근무환경 등 근로조건은 어떠한가	동업계대비 임금수준 (양호 보통 미흡) 월평균급여액 (동사 : 2,434천원, 동업계 : 1,981천원) : (연간임금총액/상시종업원수/12) 1일 평균근무시간 0시간 작업환경 (쾌적 보통 미흡 열악)	5	
		② 동업계와 비교하여 종업원지원제도 등은 어떠한가	직장의료보험 (유 무) 주택자금지원 (유 무) 학자금지원 (유 무) 기숙사 (유 무) 구내식당 (유 무) 통근비 지원 (유 무)	4	B
		③ 재해발생 정도와 각종 보상제도 및 휴가제도 등은 어떠한가	산업재해율(산업재해자수/종업원수) % 재해보상제도 (유 무) (내용 : 산재보험) 휴가제도 (년 5일)	3	
		점 수 소 계		12	
	1. 은행거래 신뢰도	① 경영상담의 성실도, 제출자료의 신뢰도 각종 약속이행도 등은 어떠한가	경영상담의 성실도(양호 보통 미흡 불량) 제출자료의 신빙서(양호 보통 미흡 불량) 외감대상 (여 부) 외감실시 (여 부) 최근결산년도 감사의견 (적정 한정 부적정 의견거절) 각종 약속이행도 (양호 보통 미흡 불량) 최근 3개월 교환결제 연장회수 (회)	4	A

<table>
<tr><td rowspan="3">신
뢰
도</td><td></td><td>② 여신거래기간 및 조사일로부터 최근 1년이내 연체 및 대지급발생 사실은 어떠한가</td><td>여신거래기간 : 16년
조사일로부터 최근 1년이내 10일이상
계속연체 및 대지급 발생 : 회
조사일로부터 최근 1년이내 연체 및 대지급
누계일수 : 일</td><td>5</td><td></td></tr>
<tr><td></td><td colspan="2">점 수 소 계</td><td>9</td><td></td></tr>
<tr><td>2. 세 평</td><td>① 동업계 세평 및 사회기여도는 어떠한가</td><td>동업계 세평 (양호 보통 불량)
거래기업간 신용도 (양호 보통 불량)
신용상태에 대한 외부로부터의 조회
(잦다 보통임 거의없음)
지역사회 참여도 (높음 보통 낮음)
(사회복지사업 문화, 장학사업 기타)
기타일 경우 : 연수생관리모범업체(건교부)</td><td></td><td>A</td></tr>
<tr><td rowspan="6">기
타
조
정
항
목</td><td>1. 업 력</td><td>① 회사의 영업년수는 어느 정도인가</td><td>실질영업년수 : 19년(설립일 1985년 02월)
휴업기간 : 00년 00일</td><td></td><td>A</td></tr>
<tr><td>2. 규 모</td><td>① 매출액의 규모는 어느 정도인가</td><td>당 기 : 83,339백만원
직전년도 : 74,043백만원</td><td></td><td>A</td></tr>
<tr><td>3. 기업군의 신용위험</td><td>① 기업군의 신용위험은 어느 정도인가</td><td>기업군의 부실화정도 등 신용위험상태
(양호 보통 미흡 불량)
(주력기업 : 효동개발
신용등록 : 급
평가기관 :)
내부거래내역
영업의존도 (매우높음 보통 미미함)
자금의존도 (매우높음 보통 미미함)
타인자본의존도 (부채비율 : %)
기업군의 최근 3년간 계속결손 및 자본잠식 여부
(계속결손 :)
(자본잠식 :)</td><td></td><td>A</td></tr>
<tr><td rowspan="2">4. 기 타 신용위험</td><td>① 기타 소송계류, 지급보증 및 연대보증 등이 신용상태에 미치는 영향은 어떠한가</td><td>소송계류여부
채무지급보증 및 연대입보
(내용 :)
당좌교환결제액(반기)/매출액(반기) :)
주요 우발채무
(내용 :)
기타요인 (내용 :)</td><td></td><td rowspan="2">A</td></tr>
<tr><td>② 외환리스크 현황 및 관리실태 정보</td><td>전담인력의 전문성 및 보고체계
(양호 보통 미흡)
외환리스크 전산관리시스템 구축 수준
(양호 보통 미흡 불량)
외환리스트 적정한도 설정
-Open Position (외화자산과 외화부채 차액의 절대값)
비율 : %
외환리스크 헷지 노력
(내용 : 환리스크 금액 미미한 수준임)
경영자의 외환리스크 파악 및 관리능력
(탁월 우수 보통 미흡)</td><td></td></tr>
<tr><td>5. 금융규제</td><td>① 금융거래관련 규제여부와 당좌수표, 어음 및 가계수표 부도사실이 있는가(대표자 및 실질경영자 포함)</td><td>A : 그 외의 업체
B : 최근 3년 이내 금융규제나 당좌수표, 어음 및 가계수표 부도사실이 있었던 거래처
C : 최근 1년 이내 허위세금계산서 및 융통어음관련 제재사실이 있는 거래처
D : 최근 1년간 3차 이내 당좌수표, 어음 및 가계수표 부도 거래처
E : 주의 및 적색거래처
※ 규제내역</td><td></td><td>A</td></tr>
</table>

행 내 한

건설업
외부감사대상

팀 원	팀원(4급)	팀 장	부점장

중소기업 건전도평가표

(작성일 :)

고객번호 :
업 체 명 :
대 표 자 :

업 종 : F46112
결산년도 :

<table>
<tr><td>구 분</td><td colspan="3">판 정</td></tr>
<tr><td>① 인공지능모형</td><td colspan="3">건 전 도 (89.8%)</td></tr>
<tr><td rowspan="13">② Check 모형</td><td>점 검 지 표 별 실 제 값</td><td>일 반 기 준</td><td>특 별 기 준</td></tr>
<tr><td>㉠ 경상자금수지비율 (105.69%)</td><td>100% 미만 ( )</td><td>90% 미만 ( )</td></tr>
<tr><td>㉡ 영업자산 대 총자산[광·제조·건설업] (52.54%)</td><td>50% 미만 ( )</td><td>—</td></tr>
<tr><td>도·소매·기타] (%)</td><td>60% 미만 ( )</td><td>—</td></tr>
<tr><td>㉢ 기업신용기간의 변화 (0.28)</td><td>2 이상 ( )</td><td>—</td></tr>
<tr><td>㉣ 차입금 대 월매출액[광·제조·건설업] (68.12%)</td><td>500% 이상 ( )</td><td>1000% 이상 ( )</td></tr>
<tr><td>도·소매·기타] (%)</td><td>300% 이상 ( )</td><td>700% 이상 ( )</td></tr>
<tr><td>㉤ 재고자산회전기간의 변화 (0.23)</td><td>2 이상 ( )</td><td>—</td></tr>
<tr><td>㉥ 영업패턴의 변화 (0.50)</td><td>2 이상 ( )</td><td>5 이상 ( )</td></tr>
<tr><td>㉦ 총자산회전율의 차이 (−0.08)</td><td>−50 이하 ( )</td><td>−1.0 이하 ( )</td></tr>
<tr><td colspan="3">※ 영업활동후 현금흐름액 천원</td></tr>
<tr><td colspan="3">건 전(*) 주 의( )</td></tr>
<tr><td colspan="3"></td></tr>
<tr><td>③ 종합판정
(① + ②)</td><td colspan="3">건전등급(A2) 주 의( )</td></tr>
</table>

재무항목전산입력자 (인) 재무항목 확인자 (인)

※는 Check모형 적용이 불가능한 업체임.

[평가기준 운용방법]

1. 인공지능 모형 : – 건전도에 따라 A1, A2, A3, B, C, D, E의 7등급으로 분류
2. Check 모형 : – 일반기준 3개 이상 해당 주의
   – 특별기준 1개 이상 해당 주의
   – 영업활동 후 현금흐름액 부(–) 주의
3. C등급 이하 및 「주의」로 판정된 기업은 해당 점검지표에 대한 원인분석과 향후 개선 전망을 주의 깊게 검토하여 여신운용에 신중을 기할 것

부록 2 개인회원 신용평가표

(심사기준표 겸용)

(년 월 일)

팀 원	대리급팀원	팀 장	부점장

CSS관리번호		등록영업점		조회영업점	

1. 인적정보

신상	성 명		주민등록번호		생년월일		신용구분		
	자 택 주 소					전 화 번 호			
	주 거 구 분		주거형태		결혼여부		결 혼 기 념 일		
직장	직 장 주 소					전 화 번 호			
	직 업 구 분		직 장 명 (상 호)		근 무 부 서		직위		
	입사(개업)년월일		직 무 구 분		고 용 형 태		직업/ 직위코드		
	전 직 장 명		퇴 직 시 직 위 코 드		전직장재직년수	년 개월	퇴직년월	년 월	
재산	근 로 / 사 업 소 득	만원	재산/토지세납부액	만원	종 합 소 득 세 납 부 액		만원		
	주 택 소 유 구 분		자 가 용 소 유		캠 페 인 코 드				
기타	가정주부가 배우자(남편)의 신용으로 신청하는 경우 남편의 성명 및 주민등록번호								
	신청인이 사업소득자(자영업자)인 경우 당행 기업카드 발급여부 및 이용한도액								

2. 신용정보

불량등록총건수	미해제불량건수	신용개설총건수	신용조회총건수	할부판매/금융조회총건수
건	건	건	건	건
불량등록총금액	미해제불량금액	90일내 신용개설수	90일내 신용조회건수	60일내할부/금융조회건수
천원	천원	건	건	건

3. 거래정보

여·수신 평잔(전월말)		여·수신 및 보증잔액(전월말)		부수거래 및 연체상황		타행대출 및 복수카드 현황(1개월)	
총수신 6개월평잔	천원	총수신 잔액	천원	최근1년간 지로이체	천원	타행 총대출금액	천원
요구불 6개월평잔	천원	요구불 잔액	천원	최근1년간 급여이체금액	천원	타행 대출건수	건
저축성 6개월평잔	천원	저축성 잔액	천원	최근1년간 대출연체일수	일	복수카드 보유수	천원
신 탁 6개월평잔	천원	신 탁 잔액	천원	최근1년간 대출연체금액	천원	복수카드 신용구매액	천원
총여신 6개월평잔	천원	총여신 잔액	천원			복수카드 현금서비스액	천원
		총보증 잔액	천원			복수카드 연체금액	천원

※복수카드는 4매이상인 경우임

4. 평가결과(시스템 판정)

승 인 여 부		회원 및 신용등급	등급	신 용 평 점	
총 한 도 등 급	등급	총 한 도	만원	현금서비스한도	만원
카드 유효기한		심사 및 거절사유			

5. 영업점 의견

특 인 사 유
추천자　　　　　직원번호 :　　　　　　성명 :　　　　　　　(인)

※ 특인 사유는 구체적으로 기입하되, 특히 해당사유 모두 기재.

회원자격확인〈 담당책임자 또는 권유자(징구서류 생략인 경우) 〉	자격적용 : (적용내용 : 자 격 직 : 확인자 성명 :　　　(인)	본인확인〈권유자〉	직원번호 : 성명 :　　　(인)	자격확인서류 징구생략〈권유자〉	확인일시 : 확인방버 : 확인상대방 : 확인내용 : 직원번호 :　성명 :　　(인)

부록 3

은행법

[시행 2017.10.19.] [법률 제14826호, 2017.4.18., 일부개정]

제1장 총 칙

제1조(목적) 이 법은 은행의 건전한 운영을 도모하고 자금중개기능의 효율성을 높이며 예금자를 보호하고 신용질서를 유지함으로써 금융시장의 안정과 국민경제의 발전에 이바지함을 목적으로 한다.

제2조(정의) ① 이 법에서 사용하는 용어의 뜻은 다음과 같다.

1. "은행업"이란 예금을 받거나 유가증권 또는 그 밖의 채무증서를 발행하여 불특정 다수인으로부터 채무를 부담함으로써 조달한 자금을 대출하는 것을 업(業)으로 하는 것을 말한다.
2. "은행"이란 은행업을 규칙적 · 조직적으로 경영하는 한국은행 외의 모든 법인을 말한다.
3. "상업금융업무"란 대부분 요구불예금을 받아 조달한 자금을 1년 이내의 기한으로 대출하거나 금융위원회가 예금 총액을 고려하여 정하는 최고 대출한도를 초과하지 아니하는 범위에서 1년 이상 3년 이내의 기한으로 대출하는 업무를 말한다.
4. "장기금융업무"란 자본금 · 적립금 및 그 밖의 잉여금, 1년 이상의 기한부 예금 또는 사채(社債)나 그 밖의 채권을 발행하여 조달한 자금을 1년을 초과하는 기한으로 대출하는 업무를 말한다.
5. "자기자본"이란 국제결제은행의 기준에 따른 기본자본과 보완자본의 합계액을 말한다.
6. "지급보증"이란 은행이 타인의 채무를 보증하거나 인수하는 것을 말한다.
7. "신용공여"란 대출, 지급보증 및 유가증권의 매입(자금지원적 성격인 것만 해당한다), 그 밖에 금융거래상의 신용위험이 따르는 은행의 직접적 · 간접적 거래를 말한다.
8. "동일인"이란 본인 및 그와 대통령령으로 정하는 특수관계에 있는 자(이하 "특수관계인"이라 한다)를 말한다.
9. "비금융주력자"란 다음 각 목의 어느 하나에 해당하는 자를 말한다. 생략
10. "대주주(大株主)"란 다음 각 목의 어느 하나에 해당하는 자를 말한다.
    가. 은행의 주주 1인을 포함한 동일인이 은행의 의결권 있는 발행주식 총수의 100분의 10[전국을 영업구역으로 하지 아니하는 은행(이하 "지방은행"이라 한다)의 경우에는 100분의 15]을 초과하여 주식을 보유하는 경우의 그 주주 1인
    나. 은행의 주주 1인을 포함한 동일인이 은행(지방은행은 제외한다)의 의결권 있는 발행주식 총수(제16조의2제2항에 따라 의결권을 행사할 수 없는 주식은 제외한

다)의 100분의 4를 초과하여 주식을 보유하는 경우로서 그 동일인이 최대주주이거나 대통령령으로 정하는 바에 따라 임원을 임면(任免)하는 등의 방법으로 그 은행의 주요 경영사항에 대하여 사실상 영향력을 행사하고 있는 자인 경우의 그 주주 1인

② 자기자본 및 신용공여의 구체적 범위에 대하여는 대통령령으로 정하는 바에 따라 금융위원회가 정한다.

제3조(적용 법규) ① 대한민국에 있는 모든 은행은 이 법, 「한국은행법」, 「금융위원회의 설치 등에 관한 법률」, 「금융회사의 지배구조에 관한 법률」 및 이에 따른 규정 및 명령에 따라 운영되어야 한다.

② 이 법과 「한국은행법」은 「상법」이나 그 밖의 법령에 우선하여 적용한다.

제4조(법인) 법인이 아니면 은행업을 경영할 수 없다.

제5조 삭제

제6조(보험사업자 등) 보험사업자와 상호저축은행업무 또는 신탁업무만을 경영하는 회사는 은행으로 보지 아니한다.

제7조(은행 해당 여부의 결정) ① 법인이 은행에 해당하는지 여부는 금융위원회가 결정한다.

② 금융위원회는 제1항에 따른 결정을 위하여 필요하면 해당 법인에 장부와 그 밖의 서류를 제출하도록 요구할 수 있다.

제2장 은행업의 인가 등

제8조(은행업의 인가) ① 은행업을 경영하려는 자는 금융위원회의 인가를 받아야 한다.

② 제1항에 따른 은행업 인가를 받으려는 자는 다음 각 호의 요건을 모두 갖추어야 한다.

1. 자본금이 1천억원 이상일 것. 다만, 지방은행의 자본금은 250억원 이상으로 할 수 있다.
2. 은행업 경영에 드는 자금 조달방안이 적정할 것
3. 주주구성계획이 제15조, 제15조의3 및 제16조의2에 적합할 것
4. 대주주가 충분한 출자능력, 건전한 재무상태 및 사회적 신용을 갖출 것
5. 사업계획이 타당하고 건전할 것
6. 발기인(개인인 경우만 해당한다) 및 임원이 「금융회사의 지배구조에 관한 법률」 제5조에 적합할 것
7. 은행업을 경영하기에 충분한 인력, 영업시설, 전산체계 및 그 밖의 물적 설비를 갖출 것

③ 제2항에 따른 요건 등에 관하여 필요한 세부사항은 대통령령으로 정한다.

④ 금융위원회는 제1항에 따른 인가를 하는 경우에 금융시장의 안정, 은행의 건전성 확보 및 예금자 보호를 위하여 필요한 조건을 붙일 수 있다.

⑤ 제4항에 따라 조건이 붙은 은행업 인가를 받은 자는 사정의 변경, 그 밖에 정당한 사유가 있는 경우에는 금융위원회에 그 조건의 취소 또는 변경을 신청할 수 있다. 이 경우 금융위원회는 2개월 이내에 조건의 취소 또는 변경 여부를 결정하고, 그 결과를 지체 없

이 신청인에게 문서로 알려야 한다.

제9조(최저자본금) 은행은 제8조에 따른 인가를 받아 은행업을 경영할 때 같은 조 제2항제1호에 따른 자본금을 유지하여야 한다.

제10조(자본금 감소의 승인) 생략

제11조(신청서 등의 제출) 생략

제11조의2(예비인가) 생략

제12조(인가 등의 공고) 생략

제13조(국외현지법인 등의 신설) 생략

제14조(유사상호 사용 금지) 한국은행과 은행이 아닌 자는 그 상호 중에 은행이라는 문자를 사용하거나 그 업무를 표시할 때 은행업 또는 은행업무라는 문자를 사용할 수 없으며, 은행・은행업 또는 은행업무와 같은 의미를 가지는 외국어 문자로서 대통령령으로 정하는 문자를 사용할 수 없다.

제3장 은행 주식의 보유한도 등

제15조(동일인의 주식보유한도 등) ① 동일인은 은행의 의결권 있는 발행주식 총수의 100분의 10을 초과하여 은행의 주식을 보유할 수 없다. 다만, 다음 각 호의 어느 하나에 해당하는 경우와 제3항 및 제16조의2제3항의 경우에는 그러하지 아니하다.

1. 정부 또는 「예금자보호법」에 따른 예금보험공사가 은행의 주식을 보유하는 경우
2. 지방은행의 의결권 있는 발행주식 총수의 100분의 15 이내에서 보유하는 경우

② 동일인(대통령령으로 정하는 자를 제외한다)은 다음 각 호의 어느 하나에 해당하게 된 경우에는 은행 주식보유상황 또는 주식보유비율의 변동상황 확인을 위하여 필요한 사항으로서 대통령령으로 정하는 사항을 금융위원회에 보고하여야 한다.

1. 은행(지방은행은 제외한다. 이하 이 항에서 같다)의 의결권 있는 발행주식 총수의 100분의 4를 초과하여 주식을 보유하게 되었을 때
2. 제1호에 해당하는 동일인이 해당 은행의 최대주주가 되었을 때
3. 제1호에 해당하는 동일인의 주식보유비율이 해당 은행의 의결권 있는 발행주식 총수의 100분의 1 이상 변동되었을 때
4. 은행의 의결권 있는 발행주식총수의 100분의 4를 초과하여 보유한 경영참여형 사모집합투자기구의 경우 그 사원의 변동이 있을 때
5. 은행의 의결권 있는 발행주식총수의 100분의 4를 초과하여 보유한 투자목적회사의 경우 그 주주 또는 사원의 변동이 있을 때(해당 투자목적회사의 주주 또는 사원인 경영참여형 사모집합투자기구의 사원의 변동이 있을 때를 포함한다)

③~⑨ 생략

제15조의2 삭제

제15조의3(경영참여형 사모집합투자기구등의 주식보유에 대한 승인 등) 생략

제15조의4(경영참여형 사모집합투자기구등의 보고사항) 생략
제15조의5(경영참여형 사모집합투자기구등의 의무) 생략
제16조(한도초과주식의 의결권 제한 등) 생략
제16조의2(비금융주력자의 주식보유제한 등) 생략
제16조의3(전환계획에 대한 평가 및 점검 등) 생략
제16조의4(한도초과보유주주등에 대한 적격성심사 등) 생략
제16조의5(외국은행등에 대한 특례) 생략
제17조 삭제

제 4 장 지배구조

제18조~제21조 삭제

제21조의2(비공개정보 누설 등의 금지) 은행의 임직원(임직원이었던 자를 포함한다)은 업무상 알게 된 공개되지 아니한 정보 또는 자료를 외부(은행의 대주주 또는 그 대주주의 특수관계인을 포함한다)에 누설하거나 업무목적 외로 이용하여서는 아니 된다.

제22조~제26조 삭제

제 5 장 은행업무

제27조(업무범위) ① 은행은 이 법 또는 그 밖의 관계 법률의 범위에서 은행업에 관한 모든 업무(이하 "은행업무"라 한다)를 운영할 수 있다.

② 은행업무의 범위는 다음 각 호와 같다

1. 예금 · 적금의 수입 또는 유가증권, 그 밖의 채무증서의 발행
2. 자금의 대출 또는 어음의 할인
3. 내국환 · 외국환

제27조의2(부수업무의 운영) ① 은행은 은행업무에 부수하는 업무(이하 "부수업무"라 한다)를 운영할 수 있다.

② 은행이 부수업무를 운영하려는 경우에는 그 업무를 운영하려는 날의 7일 전까지 금융위원회에 신고하여야 한다. 다만, 부수업무 중 다음 각 호에서 정하는 업무는 신고를 하지 아니하고 운영할 수 있다.

1. 채무의 보증 또는 어음의 인수
2. 상호부금(相互賦金)
3. 팩토링(기업의 판매대금 채권의 매수 · 회수 및 이와 관련된 업무를 말한다)
4. 보호예수(保護預受)
5. 수납 및 지급대행

6. 지방자치단체의 금고대행
7. 전자상거래와 관련한 지급대행
8. 은행업과 관련된 전산시스템 및 소프트웨어의 판매 및 대여
9. 금융 관련 연수, 도서 및 간행물 출판업무
10. 금융 관련 조사 및 연구업무
11. 그 밖에 은행업무에 부수하는 업무로서 대통령령으로 정하는 업무

③ 은행이 제2항에 따른 신고를 하는 경우에는 업무계획 및 예상손익에 관한 서류 등 대통령령으로 정하는 서류를 첨부하여야 한다.

④ 금융위원회는 제2항에 따른 신고내용이 다음 각 호의 어느 하나에 해당하는 경우에는 그 부수업무의 운영을 제한하거나 시정할 것을 명할 수 있다.

1. 은행의 경영건전성을 해치는 경우
2. 예금자 등 은행 이용자의 보호에 지장을 가져오는 경우
3. 금융시장 등의 안정성을 해치는 경우

⑤ 금융위원회는 제2항에 따라 신고받은 부수업무 및 제4항에 따라 제한 또는 시정명령을 한 부수업무를 대통령령으로 정하는 방법 및 절차에 따라 인터넷 홈페이지 등에 공고하여야 한다.

제28조(겸영업무의 운영) ① 은행은 은행업이 아닌 업무로서 다음 각 호의 업무(이하 "겸영업무"라 한다)를 직접 운영할 수 있다.

1. 대통령령으로 정하는 금융 관련 법령에서 인가·허가 및 등록 등을 받아야 하는 업무 중 대통령령으로 정하는 금융업무
2. 대통령령으로 정하는 법령에서 정하는 금융 관련 업무로서 해당 법령에서 은행이 운영할 수 있도록 한 업무
3. 그 밖에 그 업무를 운영하여도 제27조의2제4항 각 호의 어느 하나에 해당할 우려가 없는 업무로서 대통령령으로 정하는 금융업무

② 은행이 겸영업무를 직접 운영하려는 경우에는 다음 각 호에 따라 금융위원회에 신고하여야 한다.

1. 제1항제1호에 따른 업무: 금융 관련 법령에 따라 인가·허가 및 등록 등을 신청할 때 신고
2. 제1항제2호 및 제3호에 따른 업무: 그 업무를 운영하려는 날의 7일 전까지 신고

③ 금융위원회는 제2항에 따른 신고내용이 제27조의2제4항 각 호의 어느 하나에 해당할 우려가 있는 경우에는 그 겸영업무의 운영을 제한하거나 시정할 것을 명할 수 있다.

제28조의2(이해상충의 관리) 생략

제29조 삭제

제30조(예금지급준비금과 금리 등에 관한 준수 사항) ① 은행은 「한국은행법」 제55조에 따른 지급준비금 적립대상 채무에 대한 지급준비를 위하여 「한국은행법」 제4장제2절에 따른 최저율 이상의 지급준비금과 지급준비자산을 보유하여야 한다. 다만, 제28조에 따라 운영하는 신탁업무에 대하여는 지급준비금과 지급준비자산을 보유하지 아니할 수 있다.

② 은행은 「한국은행법」에 따른 금융통화위원회가 하는 다음 각 호의 결정 및 제한 등을 준수하여야 한다.

1. 은행의 각종 예금에 대한 이자 및 그 밖의 지급금의 최고율의 결정
2. 은행의 각종 대출 등 여신업무에 대한 이자 및 그 밖의 요금의 최고율의 결정
3. 은행 대출의 최장기한 및 담보의 종류에 대한 제한
4. 극심한 통화팽창기 등 국민경제상 절실한 경우 일정한 기간 내의 은행의 대출과 투자의 최고한도 또는 분야별 최고한도의 제한
5. 극심한 통화팽창기 등 국민경제상 절실한 경우 은행의 대출에 대한 사전승인

제31조(상업금융업무 및 장기금융업무) 은행은 상업금융업무와 장기금융업무를 모두 운영할 수 있다.

제32조(당좌예금의 취급) 당좌예금은 상업금융업무를 운영하는 은행만이 취급할 수 있다.

제33조(금융채의 발행) ① 은행은 자기자본의 5배의 범위에서 대통령령으로 정하는 한도 내에서 다음 각 호의 사채(이하 "금융채"라 한다)를 발행할 수 있다. 다만, 제4호의 사채는 비상장은행(「자본시장과 금융투자업에 관한 법률」 제9조제15항제4호에 따른 주권비상장법인인 은행을 말한다. 이하 같다)만이 발행할 수 있다.

1. 「상법」에 따른 사채
2. 「자본시장과 금융투자업에 관한 법률」 제165조의11제1항에 따른 사채 중 해당 사채의 발행 당시 객관적이고 합리적인 기준에 따라 미리 정하는 사유(이하 "예정사유"라 한다)가 발생하는 경우 그 사채의 상환과 이자지급 의무가 감면된다는 조건이 붙은 사채(이하 "상각형 조건부자본증권"이라 한다)
3. 「자본시장과 금융투자업에 관한 법률」 제165조의11제1항에 따른 사채 중 해당 사채의 발행 당시 예정사유가 발생하는 경우 은행의 주식으로 전환된다는 조건이 붙은 사채(이하 "은행주식 전환형 조건부자본증권"이라 한다)
4. 「상법」 제469조제2항, 제513조 및 제516조의2에 따른 사채와 다른 종류의 사채로서 해당 사채의 발행 당시 예정사유가 발생하는 경우 비상장은행의 주식으로 전환됨과 동시에 그 전환된 주식이 상장은행지주회사(해당 사채의 발행 당시 비상장은행의 발행주식 총수를 보유한 「자본시장과 금융투자업에 관한 법률」 제9조제15항제3호에 따른 주권상장법인인 은행지주회사를 말한다. 이하 같다)의 주식과 교환된다는 조건이 붙은 사채(이하 "은행지주회사주식 전환형 조건부자본증권"이라 한다)
5. 그 밖에 제1호부터 제4호까지의 사채에 준하는 사채로서 대통령령으로 정하는 사채

②~③ 생략

제33조의2(상각형 조건부자본증권 및 은행주식 전환형 조건부자본증권의 발행절차 등) 생략

제33조의3(은행지주회사주식 전환형 조건부자본증권의 발행절차 등) 생략

제33조의4(소규모 은행지주회사주식 전환형 조건부자본증권의 발행절차 등에 관한 특례) 생략

제6장 건전경영의 유지

제34조(건전경영의 지도) ① 은행은 은행업을 경영할 때 자기자본을 충실하게 하고 적정한 유동성을 유지하는 등 경영의 건전성을 확보하여야 한다.

② 은행은 경영의 건전성을 유지하기 위하여 다음 각 호의 사항에 관하여 대통령령으로 정하는 바에 따라 금융위원회가 정하는 경영지도기준을 지켜야 한다.

1. 자본의 적정성에 관한 사항
2. 자산의 건전성에 관한 사항
3. 유동성에 관한 사항
4. 그 밖에 경영의 건전성 확보를 위하여 필요한 사항

③ 제2항에 따라 금융위원회가 경영지도기준을 정할 때에는 국제결제은행이 권고하는 은행의 건전성 감독에 관한 원칙을 충분히 반영하여야 한다.

④ 금융위원회는 은행이 제2항에 따른 경영지도기준을 충족시키지 못하는 등 경영의 건전성을 크게 해칠 우려가 있거나 경영의 건전성을 유지하기 위하여 불가피하다고 인정될 때에는 자본금의 증액, 이익배당의 제한, 유동성이 높은 자산의 확보, 일정한 규모의 조건부자본증권(제33조제1항제2호부터 제4호까지의 사채를 말한다)의 발행·보유 등 경영개선을 위하여 필요한 조치를 요구할 수 있다.

제34조의2(불건전 영업행위의 금지) 생략

제34조의3(금융사고의 예방) 생략

제35조(동일차주 등에 대한 신용공여의 한도) ① 은행은 동일한 개인·법인 및 그 개인·법인과 대통령령으로 정하는 신용위험을 공유하는 자[이하 "동일차주"(同一借主)라 한다]에 대하여 그 은행의 자기자본의 100분의 25를 초과하는 신용공여를 할 수 없다. 다만, 다음 각 호의 어느 하나에 해당하는 경우로서 대통령령으로 정하는 경우에는 그러하지 아니하다.

1. 국민경제를 위하여 또는 은행의 채권 확보의 실효성을 높이기 위하여 필요한 경우
2. 은행이 추가로 신용공여를 하지 아니하였음에도 불구하고 자기자본의 변동, 동일차주 구성의 변동 등으로 인하여 본문에 따른 한도를 초과하게 되는 경우

② 은행이 제1항제2호에 따라 제1항·제3항 및 제4항 본문에 규정된 한도를 초과하게 되는 경우에는 그 한도가 초과하게 된 날부터 1년 이내에 제1항·제3항 및 제4항 본문에 규정된 한도에 맞도록 하여야 한다. 다만, 대통령령으로 정하는 부득이한 사유에 해당하는 경우에는 금융위원회가 그 기간을 정하여 연장할 수 있다.

③ 은행은 동일한 개인이나 법인 각각에 대하여 그 은행의 자기자본의 100분의 20을 초과하는 신용공여를 할 수 없다. 다만, 제1항 단서에 해당하는 경우에는 그러하지 아니하다.

④ 동일한 개인이나 법인 또는 동일차주 각각에 대한 은행의 신용공여가 그 은행의 자기자본의 100분의 10을 초과하는 거액 신용공여인 경우 그 총합계액은 그 은행의 자기자본의 5배를 초과할 수 없다. 다만, 제1항 단서에 해당하는 경우에는 그러하지 아니하다.

제35조의2(은행의 대주주에 대한 신용공여한도 등) ① 은행이 그 은행의 대주주(국외현지법인을 제외한 특수관계인을 포함한다. 이하 이 조에서 같다)에게 할 수 있는 신용공여는 그 은행 자기자본의 100분의 25의 범위에서 대통령령으로 정하는 비율에 해당하는 금액과 그 대주주의 그 은행에 대한 출자비율에 해당하는 금액 중 적은 금액을 초과할 수 없다.

② 은행이 그 은행의 전체 대주주에게 할 수 있는 신용공여는 그 은행 자기자본의 100분의 25의 범위에서 대통령령으로 정하는 비율에 해당하는 금액을 초과할 수 없다.

③ 은행은 제1항 및 제2항에 따른 신용공여한도를 회피하기 위한 목적으로 다른 은행과 교차하여 신용공여를 하여서는 아니 된다.

④ 은행은 그 은행의 대주주에 대하여 대통령령으로 정하는 금액 이상의 신용공여(대통령령으로 정하는 거래를 포함한다. 이하 이 조에서 같다)를 하려는 경우에는 미리 이사회의 의결을 거쳐야 한다. 이 경우 이사회는 재적이사 전원의 찬성으로 의결한다.

⑤ 은행은 그 은행의 대주주에 대하여 대통령령으로 정하는 금액 이상의 신용공여를 한 경우에는 지체 없이 그 사실을 금융위원회에 보고하고 인터넷 홈페이지 등을 이용하여 공시하여야 한다.

⑥ 은행은 그 은행의 대주주에 대한 신용공여에 관한 사항을 대통령령으로 정하는 바에 따라 분기별로 인터넷 홈페이지 등을 이용하여 공시하여야 한다.

⑦ 은행은 그 은행의 대주주의 다른 회사에 대한 출자를 지원하기 위한 신용공여를 하여서는 아니 된다.

⑧ 은행은 그 은행의 대주주에게 자산을 무상으로 양도하거나 통상의 거래조건에 비추어 그 은행에게 현저하게 불리한 조건으로 매매 또는 교환하거나 신용공여를 하여서는 아니 된다.

제35조의3(대주주가 발행한 지분증권의 취득한도 등) 생략

제35조의4(대주주의 부당한 영향력 행사의 금지) 생략

제35조의5(대주주에 대한 자료 제출 요구 등) 생략

제36조(정부대행기관에 대한 대출) 「한국은행법」에 따른 정부대행기관에 대한 은행의 대출은 그 원리금의 상환에 관하여 정부가 보증한 경우에만 할 수 있다.

제37조(다른 회사 등에 대한 출자제한 등) ① 은행은 다른 회사등의 의결권 있는 지분증권의 100분의 15를 초과하는 지분증권을 소유할 수 없다.

② 은행은 제1항에도 불구하고 금융위원회가 정하는 업종에 속하는 회사 등에 출자하는 경우 또는 기업구조조정 촉진을 위하여 필요한 것으로 금융위원회의 승인을 받은 경우에는 의결권 있는 지분증권의 100분의 15를 초과하는 지분증권을 소유할 수 있다. 다만, 은행이 의결권 있는 지분증권의 100분의 15를 초과하는 지분증권을 소유하는 회사 등(이하 "자회사등"이라 한다)에 대한 출자 총액이 다음 각 호의 어느 하나의 금액을 초과하지 아니하는 경우만 해당한다.

1. 은행 자기자본의 100분의 20의 범위에서 대통령령으로 정하는 비율에 해당하는 금액
2. 은행과 그 은행의 자회사등의 경영상태 등을 고려하여 금융위원회가 정하여 고시하는 요건을 충족하는 경우에는 은행 자기자본의 100분의 40의 범위에서 대통령령으로 정

하는 비율에 해당하는 금액

③~⑧ 생략

제38조(금지업무) 은행은 다음 각 호의 어느 하나에 해당하는 업무를 하여서는 아니 된다.

1. 다음 각 목의 증권에 대한 투자의 총 합계액이 은행의 자기자본의 100분의 100의 범위에서 대통령령으로 정하는 비율에 해당하는 금액을 초과하는 투자. 이 경우 금융위원회는 필요한 경우 같은 투자한도의 범위에서 다음 각 목의 증권에 대한 투자한도를 따로 정할 수 있다.
   가. 「자본시장과 금융투자업에 관한 법률」 제4조제3항에 따른 채무증권으로서 상환기간이 3년을 초과하는 것. 다만, 국채 및 한국은행 통화안정증권, 「금융산업의 구조개선에 관한 법률」 제11조제6항제2호에 따른 채권은 제외한다.
   나. 지분증권. 다만, 「금융산업의 구조개선에 관한 법률」 제11조제6항제1호에 따른 주식은 제외한다.
   다. 「자본시장과 금융투자업에 관한 법률」 제4조제7항에 따른 파생결합증권 중 대통령령으로 정하는 것
   라. 그 밖에 「자본시장과 금융투자업에 관한 법률」 제4조제2항 각 호의 증권 중 대통령령으로 정하는 증권
2. 대통령령으로 정하는 업무용 부동산이 아닌 부동산(저당권 등 담보권의 실행으로 취득한 부동산은 제외한다)의 소유
3. 자기자본의 100분의 100의 범위에서 대통령령으로 정하는 비율에 해당하는 금액을 초과하는 업무용 부동산의 소유
4. 직접 · 간접을 불문하고 해당 은행의 주식을 담보로 하는 대출
5. 직접 · 간접을 불문하고 해당 은행의 주식을 사게 하기 위한 대출
6. 해당 은행의 임직원에 대한 대출(금융위원회가 정하는 소액대출은 제외한다)

제39조(비업무용 자산 등의 처분) 은행은 그 소유물이나 그 밖의 자산 중 이 법에 따라 그 취득 또는 보유가 금지되거나 저당권 등 담보권의 실행으로 취득한 자산이 있는 경우에는 금융위원회가 정하는 바에 따라 처분하여야 한다.

제40조(이익준비금의 적립) 은행은 적립금이 자본금의 총액이 될 때까지 결산 순이익금을 배당할 때마다 그 순이익금의 100분의 10 이상을 적립하여야 한다.

제41조(재무제표의 공고 등) ① 은행은 그 결산일 후 3개월 이내에 금융위원회가 정하는 서식에 따라 결산일 현재의 대차대조표, 그 결산기(決算期)의 손익계산서 및 금융위원회가 정하는 연결재무제표(聯結財務諸表)를 공고하여야 한다. 다만, 부득이한 사유로 3개월 이내에 공고할 수 없는 서류에 대하여는 금융위원회의 승인을 받아 그 공고를 연기할 수 있다.

② 제1항에 따른 대차대조표, 손익계산서 및 연결재무제표에는 대표자 및 담당 책임자가 서명 · 날인하여야 한다.

③ 은행의 결산일은 12월 31일로 한다. 다만, 금융위원회는 결산일의 변경을 지시할 수 있으며, 은행은 금융위원회의 승인을 받아 결산일을 변경할 수 있다.

제42조(대차대조표 등의 제출) ① 은행은 매월 말일을 기준으로 한 대차대조표를 다음 달

말일까지 한국은행이 정하는 서식에 따라 작성하여 한국은행에 제출하여야 하며, 한국은행은 이를 한국은행 통계월보(統計月報)에 게재하여야 한다.

②~③ 생략

제43조(자료 공개의 거부) 생략

제43조의2(업무보고서 등의 제출) 생략

제43조의3(경영공시) 생략

제7장 감독 · 검사

제44조(은행의 감독) 금융감독원은 금융위원회의 규정과 지시에서 정하는 바에 따라 이 법, 그 밖의 관계 법률, 금융위원회의 규정 · 명령 및 지시에 대한 은행의 준수 여부를 감독하여야 한다.

제45조 삭제

제46조(예금지급불능 등에 대한 조치) 금융위원회는 은행의 파산 또는 예금지급불능의 우려 등 예금자의 이익을 크게 해칠 우려가 있다고 인정할 때에는 예금 수입(受入) 및 여신(與信)의 제한, 예금의 전부 또는 일부의 지급정지, 그 밖에 필요한 조치를 명할 수 있다.

제47조(정관변경 등의 보고) 은행이 다음 각 호의 어느 하나에 해당하는 경우에는 대통령령으로 정하는 바에 따라 그 사실을 금융위원회에 보고하여야 한다.

1~10 생략

제48조(검사) ① 금융감독원장은 은행의 업무와 재산 상황을 검사한다.

② 금융감독원장은 제1항에 따른 검사를 하면서 필요하다고 인정할 때에는 은행에 대하여 업무 또는 재산에 관한 보고, 자료의 제출, 관계자의 출석 및 의견의 진술을 요구할 수 있다.

③ 금융감독원장은 「주식회사의 외부감사에 관한 법률」에 따라 은행이 선임한 외부감사인에게 그 은행을 감사한 결과 알게 된 정보나 그 밖에 경영의 건전성에 관련되는 자료의 제출을 요구할 수 있다.

④ 제1항에 따라 검사를 하는 사람은 그 권한을 표시하는 증표를 지니고 이를 관계자에게 내보여야 한다.

제48조의2(대주주등에 대한 검사) ① 금융위원회는 다음 각 호의 어느 하나에 해당되는 자(이하 이 조에서 "대주주등"이라 한다)가 각각 다음 각 목의 어느 하나에 해당하는 경우에는 금융감독원장으로 하여금 그 목적에 필요한 최소한의 범위에서 해당 대주주등의 업무 및 재산 상황을 검사하게 할 수 있다. 〈개정 2013.8.13.〉

1~3 생략

②~③ 생략

제49조 삭제

제50조(적립금 보유 및 손실처리의 요구) 금융감독원장은 은행의 경영건전성 유지를 위하여 필요하다고 인정할 때에는 은행에 대하여 불건전한 자산을 위한 적립금의 보유 등 대통령령으로 정하는 조치를 요구할 수 있다.

제51조 삭제

제52조(약관의 변경 등) 생략

제52조의2(불공정영업행위의 금지 등) ① 은행은 공정한 금융거래 질서를 해칠 우려가 있는 다음 각 호의 어느 하나에 해당하는 행위(이하 "불공정영업행위"라 한다)를 하여서는 아니 된다.

1. 여신거래와 관련하여 차주의 의사에 반하여 예금 가입 등을 강요하는 행위
2. 여신거래와 관련하여 차주 등에게 부당하게 담보를 요구하거나 보증을 요구하는 행위
3. 은행업무, 부수업무 또는 겸영업무와 관련하여 은행이용자에게 부당하게 편익을 요구하거나 제공받는 행위
4. 그 밖에 은행이 우월적 지위를 이용하여 은행이용자의 권익을 부당하게 침해하는 행위

② 은행은 예금자 등 은행이용자를 보호하고 금융분쟁의 발생을 방지하기 위하여 은행이용자에게 금융거래상 중요 정보를 제공하는 등 적절한 조치를 마련하여야 한다.

③ 제1항 및 제2항에 따른 구체적 내용은 대통령령으로 정한다.

④ 금융위원회는 제1항을 위반하는 행위가 있을 경우에는 해당 은행에 대하여 해당 불공정영업행위의 중지 등 시정조치를 명할 수 있다.

⑤ 금융위원회는 은행이용자의 보호 등이 필요하다고 인정하는 경우 제2항에 따른 조치에 대하여 시정 또는 보완을 명할 수 있다.

제52조의3(광고) ① 은행은 예금, 대출 등 은행이 취급하는 상품(이하 이 조에서 "은행상품"이라 한다)에 관하여 광고를 하는 경우 경우 그 은행의 명칭, 은행상품의 내용, 거래조건 등이 포함되도록 하여야 한다.

② 은행은 은행상품과 관련하여 은행이용자의 합리적 의사결정을 위하여 이자율의 범위 및 산정방법, 이자의 지급 및 부과 시기, 부수적 혜택 및 비용을 명확히 표시하여 은행이용자가 오해하지 아니하도록 하여야 한다.

③ 은행이 은행상품에 관한 광고를 할 때 「표시ㆍ광고의 공정화에 관한 법률」 제4조제1항에 따른 표시ㆍ광고 사항이 있는 경우에는 같은 법에서 정하는 바에 따른다.

④ 제1항 및 제2항에 따른 거래조건의 구체적 내용, 광고의 방법ㆍ절차 등에 관하여 필요한 사항은 대통령령으로 정한다.

제52조의4(고객응대직원에 대한 보호 조치 의무) 생략

제53조(은행에 대한 제재) 생략

제53조의2(경영참여형 사모집합투자기구등에 대한 제재 등) 생략

제54조(임직원에 대한 제재) ① 금융위원회는 은행의 임원이 이 법 또는 이 법에 따른 규정ㆍ명령 또는 지시를 고의로 위반하거나 은행의 건전한 운영을 크게 해치는 행위를 하는 경우에는 금융감독원장의 건의에 따라 해당 임원의 업무집행 정지를 명하거나 주주총회에 그 임원의 해임을 권고할 수 있으며, 금융감독원장으로 하여금 경고 등 적절한 조치를 하게 할 수 있다.

② 금융감독원장은 은행의 직원이 이 법 또는 이 법에 따른 규정 · 명령 또는 지시를 고의로 위반하거나 은행의 건전한 운영을 크게 해치는 행위를 하는 경우에는 면직 · 정직 · 감봉 · 견책 등 적절한 문책처분을 할 것을 해당 은행의 장에게 요구할 수 있다.

제54조의2(퇴임한 임원 등에 대한 조치 내용의 통보) 생략

제 8 장 합병 · 폐업 · 해산

제55조(합병 · 해산 · 폐업의 인가) ① 은행이 다음 각 호의 어느 하나에 해당하는 행위를 하려는 경우에는 대통령령으로 정하는 바에 따라 금융위원회의 인가를 받아야 한다.

1. 분할 또는 합병(분할합병을 포함한다)
2. 해산 또는 은행업의 폐업
3. 영업의 전부 또는 대통령령으로 정하는 중요한 일부의 양도 · 양수

② 금융위원회가 제1항에 따른 인가를 하는 경우에는 제8조제4항 및 제5항을 준용한다.

제56조(인가 취소에 의한 해산) ① 삭제

② 은행은 제53조에 따라 은행업의 인가가 취소된 경우에는 해산한다.

③ 법원은 은행이 제2항에 따라 해산한 경우에는 이해관계인이나 금융위원회의 청구 또는 법원의 직권으로 청산인을 선임하거나 해임할 수 있다.

제57조(청산인 등의 선임) ① 은행이 해산하거나 파산한 경우에는 금융감독원장 또는 그 소속 직원 1명이 청산인이나 파산관재인으로 선임되어야 한다.

② 제1항에 따라 청산인이나 파산관재인으로 선임된 금융감독원장 또는 그 소속 직원은 그 임무에 대하여 보수를 청구할 수 없다. 다만, 그 임무를 수행하는 데에 든 정당한 경비는 해당 재산에서 받을 수 있다.

제 9 장 외국은행의 국내지점

제58조(외국은행의 은행업 인가 등) ① 외국은행(외국 법령에 따라 설립되어 외국에서 은행업을 경영하는 자를 말한다. 이하 같다)이 대한민국에서 은행업을 경영하기 위하여 지점 · 대리점을 신설하거나 폐쇄하려는 경우에는 제8조제2항 및 제55조에도 불구하고 대통령령으로 정하는 바에 따라 금융위원회의 인가를 받아야 한다.

② 금융위원회가 제1항에 따른 인가를 하는 경우에는 제8조제4항 및 제5항을 준용한다.

③ 외국은행이 제1항에 따라 인가를 받은 지점 또는 대리점을 다른 시 · 도로 이전하거나 사무소를 신설하려는 경우에는 미리 금융위원회에 신고하여야 한다.

제59조(외국은행에 대한 법 적용) ① 제58조제1항에 따라 인가를 받은 외국은행의 지점 또는 대리점은 이 법에 따른 은행으로 보며, 외국은행의 국내 대표자는 이 법에 따른 은행의 임원으로 본다. 다만, 제4조, 제9조, 제15조, 제15조의3부터 제15조의5까지, 제16조, 제

16조의2부터 제16조의5까지, 제48조의2 및 제53조의2는 적용하지 아니한다.

② 하나의 외국은행이 대한민국에 둘 이상의 지점 또는 대리점을 두는 경우 그 지점 또는 대리점 전부를 하나의 은행으로 본다.

제60조(인가취소 등) ① 금융위원회는 외국은행의 본점이 다음 각 호의 어느 하나에 해당하게 되면 그 외국은행의 지점 또는 대리점에 관한 제58조제1항에 따른 인가를 취소할 수 있다.

1. 합병이나 영업의 양도로 인하여 소멸한 경우
2. 위법행위, 불건전한 영업행위 등의 사유로 감독기관으로부터 징계를 받은 경우
3. 휴업하거나 영업을 중지한 경우

② 외국은행의 지점 · 대리점 또는 사무소는 그 외국은행의 본점이 제1항 각 호의 어느 하나에 해당하게 되면 그 사유가 발생한 날부터 7일 이내에 그 사실을 금융위원회에 보고하여야 한다.

③ 외국은행의 본점이 해산 또는 파산하였거나 은행업을 폐업한 경우 또는 은행업의 인가가 취소된 경우에는 그 외국은행의 지점 또는 대리점에 대한 제58조제1항에 따른 인가는 그 사유가 발생한 날에 취소된 것으로 본다. 다만, 금융위원회는 예금자 등 은행이용자의 이익을 보호할 필요가 있는 경우 취소된 날을 달리 정할 수 있다.

제61조(인가취소 시의 지점폐쇄 및 청산) 생략

제62조(외국은행의 국내 자산) 생략

제63조(자본금에 관한 규정의 적용) 생략

제10장 보 칙

제64조(청문) 금융위원회는 다음 각 호의 어느 하나에 해당하는 처분을 하려면 청문을 하여야 한다.

1. 제53조에 따른 인가의 취소
2. 제60조제1항에 따른 외국은행의 지점 또는 대리점의 인가의 취소

제65조(권한의 위탁) 금융위원회는 이 법에 따른 권한의 일부를 대통령령으로 정하는 바에 따라 금융감독원장에게 위탁할 수 있다.

제65조의2(전자문서에 의한 공고 등) 은행이 제41조, 제42조 또는 제43조의2에 따라 공고를 하거나 자료를 제출할 때에는 각각 금융위원회, 한국은행 총재 또는 금융감독원장이 정하는 바에 따라 전자문서의 방법으로 할 수 있다.

제11장 과징금 등의 부과 및 징수

제65조의3(과징금) 금융위원회는 은행이 제35조, 제35조의2, 제35조의3, 제37조, 제38조 또

는 제62조를 위반하거나 대주주가 제35조의4를 위반한 경우에는 다음 각 호의 구분에 따라 과징금을 부과할 수 있다.

1~18 생략

제65조의4(과징금의 부과) ① 금융위원회는 제65조의3에 따라 과징금을 부과하는 경우에는 다음 각 호의 사항을 고려하여야 한다.

1. 위반행위의 내용 및 정도
2. 위반행위의 기간 및 횟수
3. 위반행위로 인하여 취득한 이익의 규모

② 과징금의 부과에 관하여 그 밖에 필요한 사항은 대통령령으로 정한다.

제65조의5(의견 제출) 생략

제65조의6(이의신청) 생략

제65조의7(과징금의 납부기한 연장 및 분할납부) 생략

제65조의8(과징금 징수 및 체납처분) 생략

제65조의9(이행강제금) 생략

제65조의10(과오납금의 환급) 생략

제65조의11(결손처분) 생략

제 12 장 벌 칙

제66조~제69조 생략

부칙

제1조~제5조 생략

부록 4

자본시장과 금융투자업에 관한 법률(약칭: 자본시장법)

[시행 2017.10.31.] [법률 제15021호, 2017.10.31., 일부개정]

제1편 총 칙

제1조(목적) 이 법은 자본시장에서의 금융혁신과 공정한 경쟁을 촉진하고 투자자를 보호하며 금융투자업을 건전하게 육성함으로써 자본시장의 공정성·신뢰성 및 효율성을 높여 국민경제의 발전에 이바지함을 목적으로 한다.

제2조(국외행위에 대한 적용) 이 법은 국외에서 이루어진 행위로서 그 효과가 국내에 미치는 경우에도 적용한다.

제3조(금융투자상품) ① 이 법에서 "금융투자상품"이란 이익을 얻거나 손실을 회피할 목적으로 현재 또는 장래의 특정(特定) 시점에 금전, 그 밖의 재산적 가치가 있는 것을 지급하기로 약정함으로써 취득하는 권리로서, 그 권리를 취득하기 위하여 지급하였거나 지급하여야 할 금전등의 총액이 그 권리로부터 회수하였거나 회수할 수 있는 금전등의 총액을 초과하게 될 위험(이하 "투자성"이라 한다)이 있는 것을 말한다. 다만, 다음 각 호의 어느 하나에 해당하는 것을 제외한다.

1. 원화로 표시된 양도성 예금증서
2. 「신탁법」 제78조제1항에 따른 수익증권발행신탁이 아닌 신탁으로서 다음 각 목의 어느 하나에 해당하는 신탁(제103조제1항제1호의 재산을 신탁받는 경우는 제외하고 수탁자가 「신탁법」 제46조부터 제48조까지의 규정에 따라 처분 권한을 행사하는 경우는 포함한다. 이하 "관리형신탁"이라 한다)의 수익권
   가. 위탁자(신탁계약에 따라 처분권한을 가지고 있는 수익자를 포함한다)의 지시에 따라서만 신탁재산의 처분이 이루어지는 신탁
   나. 신탁계약에 따라 신탁재산에 대하여 보존행위 또는 그 신탁재산의 성질을 변경하지 아니하는 범위에서 이용·개량 행위만을 하는 신탁
3. 그 밖에 해당 금융투자상품의 특성 등을 고려하여 금융투자상품에서 제외하더라도 투자자 보호 및 건전한 거래질서를 해할 우려가 없는 것으로서 대통령령으로 정하는 금융투자상품

② 제1항의 금융투자상품은 다음 각 호와 같이 구분한다.

1. 증권
2. 파생상품

가. 장내파생상품
나. 장외파생상품

제4조(증권) ① 이 법에서 "증권"이란 내국인 또는 외국인이 발행한 금융투자상품으로서 투자자가 취득과 동시에 지급한 금전등 외에 어떠한 명목으로든지 추가로 지급의무를 부담하지 아니하는 것을 말한다. 다만, 다음 각 호의 어느 하나에 해당하는 증권은 제2편제5장, 제3편제1장 및 제178조・제179조를 적용하는 경우에만 증권으로 본다.

1. 투자계약증권
2. 지분증권, 수익증권 또는 증권예탁증권 중 해당 증권의 유통 가능성, 이 법 또는 금융관련 법령에서의 규제 여부 등을 종합적으로 고려하여 대통령령으로 정하는 증권

② 제1항의 증권은 다음 각 호와 같이 구분한다.

1. 채무증권
2. 지분증권
3. 수익증권
4. 투자계약증권
5. 파생결합증권
6. 증권예탁증권

③ 이 법에서 "채무증권"이란 국채증권, 지방채증권, 특수채증권, 사채권, 기업어음증권, 그 밖에 이와 유사(類似)한 것으로서 지급청구권이 표시된 것을 말한다.

④ 이 법에서 "지분증권"이란 주권, 신주인수권이 표시된 것, 법률에 의하여 직접 설립된 법인이 발행한 출자증권, 「상법」에 따른 합자회사・유한책임회사・유한회사・합자조합・익명조합의 출자지분, 그 밖에 이와 유사한 것으로서 출자지분 또는 출자지분을 취득할 권리가 표시된 것을 말한다.

⑤ 이 법에서 "수익증권"이란 제110조의 수익증권, 제189조의 수익증권, 그 밖에 이와 유사한 것으로서 신탁의 수익권이 표시된 것을 말한다.

⑥ 이 법에서 "투자계약증권"이란 특정 투자자가 그 투자자와 타인 간의 공동사업에 금전등을 투자하고 주로 타인이 수행한 공동사업의 결과에 따른 손익을 귀속받는 계약상의 권리가 표시된 것을 말한다.

⑦ 이 법에서 "파생결합증권"이란 기초자산의 가격・이자율・지표・단위 또는 이를 기초로 하는 지수 등의 변동과 연계하여 미리 정하여진 방법에 따라 지급하거나 회수하는 금전등이 결정되는 권리가 표시된 것을 말한다. 다만, 다음 각 호의 어느 하나에 해당하는 것은 제외한다.

1~5 생략

⑧ 이 법에서 "증권예탁증권"이란 제2항제1호부터 제5호까지의 증권을 예탁받은 자가 그 증권이 발행된 국가 외의 국가에서 발행한 것으로서 그 예탁받은 증권에 관련된 권리가 표시된 것을 말한다.

⑨ 제2항 각 호의 어느 하나에 해당하는 증권에 표시될 수 있거나 표시되어야 할 권리는 그 증권이 발행되지 아니한 경우에도 그 증권으로 본다.

⑩ 이 법에서 "기초자산"이란 다음 각 호의 어느 하나에 해당하는 것을 말한다.

1. 금융투자상품
2. 통화(외국의 통화를 포함한다)
3. 일반상품(농산물 · 축산물 · 수산물 · 임산물 · 광산물 · 에너지에 속하는 물품 및 이 물품을 원료로 하여 제조하거나 가공한 물품, 그 밖에 이와 유사한 것을 말한다)
4. 신용위험(당사자 또는 제삼자의 신용등급의 변동, 파산 또는 채무재조정 등으로 인한 신용의 변동을 말한다)
5. 그 밖에 자연적 · 환경적 · 경제적 현상 등에 속하는 위험으로서 합리적이고 적정한 방법에 의하여 가격 · 이자율 · 지표 · 단위의 산출이나 평가가 가능한 것

제5조(파생상품) ① 이 법에서 "파생상품"이란 다음 각 호의 어느 하나에 해당하는 계약상의 권리를 말한다. 다만, 해당 금융투자상품의 유통 가능성, 계약당사자, 발행사유 등을 고려하여 증권으로 규제하는 것이 타당한 것으로서 대통령령으로 정하는 금융투자상품은 그러하지 아니하다.

1. 기초자산이나 기초자산의 가격 · 이자율 · 지표 · 단위 또는 이를 기초로 하는 지수 등에 의하여 산출된 금전등을 장래의 특정 시점에 인도할 것을 약정하는 계약
2. 당사자 어느 한쪽의 의사표시에 의하여 기초자산이나 기초자산의 가격 · 이자율 · 지표 · 단위 또는 이를 기초로 하는 지수 등에 의하여 산출된 금전등을 수수하는 거래를 성립시킬 수 있는 권리를 부여하는 것을 약정하는 계약
3. 장래의 일정기간 동안 미리 정한 가격으로 기초자산이나 기초자산의 가격 · 이자율 · 지표 · 단위 또는 이를 기초로 하는 지수 등에 의하여 산출된 금전등을 교환할 것을 약정하는 계약
4. 제1호부터 제3호까지의 규정에 따른 계약과 유사한 것으로서 대통령령으로 정하는 계약

② 이 법에서 "장내파생상품"이란 다음 각 호의 어느 하나에 해당하는 것을 말한다.

1. 파생상품시장에서 거래되는 파생상품
2. 해외 파생상품시장에서 거래되는 파생상품
3. 그 밖에 금융투자상품시장을 개설하여 운영하는 자가 정하는 기준과 방법에 따라 금융투자상품시장에서 거래되는 파생상품

③ 이 법에서 "장외파생상품"이란 파생상품으로서 장내파생상품이 아닌 것을 말한다.

④ 생략

제6조(금융투자업) ① 이 법에서 "금융투자업"이란 이익을 얻을 목적으로 계속적이거나 반복적인 방법으로 행하는 행위로서 다음 각 호의 어느 하나에 해당하는 업(業)을 말한다.

1. 투자매매업
2. 투자중개업
3. 집합투자업
4. 투자자문업
5. 투자일임업
6. 신탁업

② 이 법에서 "투자매매업"이란 누구의 명의로 하든지 자기의 계산으로 금융투자상품의 매도 · 매수, 증권의 발행 · 인수 또는 그 청약의 권유, 청약, 청약의 승낙을 영업으로 하

는 것을 말한다.

③ 이 법에서 "투자중개업"이란 누구의 명의로 하든지 타인의 계산으로 금융투자상품의 매도·매수, 그 중개나 청약의 권유, 청약, 청약의 승낙 또는 증권의 발행·인수에 대한 청약의 권유, 청약, 청약의 승낙을 영업으로 하는 것을 말한다.

④ 이 법에서 "집합투자업"이란 집합투자를 영업으로 하는 것을 말한다.

⑤ 제4항에서 "집합투자"란 2인 이상의 투자자로부터 모은 금전등 또는 「국가재정법」 제81조에 따른 여유자금을 투자자 또는 각 기금관리주체로부터 일상적인 운용지시를 받지 아니하면서 재산적 가치가 있는 투자대상자산을 취득·처분, 그 밖의 방법으로 운용하고 그 결과를 투자자 또는 각 기금관리주체에게 배분하여 귀속시키는 것을 말한다.

⑥ 이 법에서 "투자자문업"이란 금융투자상품, 그 밖에 대통령령으로 정하는 투자대상자산(이하 "금융투자상품등"이라 한다)의 가치 또는 금융투자상품등에 대한 투자판단(종류, 종목, 취득·처분, 취득·처분의 방법·수량·가격 및 시기 등에 대한 판단을 말한다. 이하 같다)에 관한 자문에 응하는 것을 영업으로 하는 것을 말한다.

⑦ 이 법에서 "투자일임업"이란 투자자로부터 금융투자상품등에 대한 투자판단의 전부 또는 일부를 일임받아 투자자별로 구분하여 그 투자자의 재산상태나 투자목적 등을 고려하여 금융투자상품등을 취득·처분, 그 밖의 방법으로 운용하는 것을 영업으로 하는 것을 말한다.

⑧ 이 법에서 "신탁업"이란 신탁을 영업으로 하는 것을 말한다.

⑨ 이 법에서 "전담중개업무"란 제9조제19항제2호에 따른 전문투자형 사모집합투자기구, 그 밖에 대통령령으로 정하는 투자자에 대하여 다음 각 호의 어느 하나에 해당하는 업무를 효율적인 신용공여와 담보관리 등을 위하여 대통령령으로 정하는 방법에 따라 연계하여 제공하는 업무를 말한다.

1. 증권의 대여 또는 그 중개·주선이나 대리업무
2. 금전의 융자, 그 밖의 신용공여
3. 전문투자형 사모집합투자기구등의 재산의 보관 및 관리
4. 그 밖에 전문투자형 사모집합투자기구등의 효율적인 업무 수행을 지원하기 위하여 필요한 업무로서 대통령령으로 정하는 업무

제7조(금융투자업의 적용배제) 생략

제8조(금융투자업자) ① 이 법에서 "금융투자업자"란 제6조제1항 각 호의 금융투자업에 대하여 금융위원회의 인가를 받거나 금융위원회에 등록하여 이를 영위하는 자를 말한다.

② 이 법에서 "투자매매업자"란 금융투자업자 중 투자매매업을 영위하는 자를 말한다.

③ 이 법에서 "투자중개업자"란 금융투자업자 중 투자중개업을 영위하는 자를 말한다.

④ 이 법에서 "집합투자업자"란 금융투자업자 중 집합투자업을 영위하는 자를 말한다.

⑤ 이 법에서 "투자자문업자"란 금융투자업자 중 투자자문업을 영위하는 자를 말한다.

⑥ 이 법에서 "투자일임업자"란 금융투자업자 중 투자일임업을 영위하는 자를 말한다.

⑦ 이 법에서 "신탁업자"란 금융투자업자 중 신탁업을 영위하는 자를 말한다.

⑧ 이 법에서 "종합금융투자사업자"란 투자매매업자 또는 투자중개업자 중 제77조의2에 따라 금융위원회의 지정을 받은 자를 말한다.

⑨ 이 법에서 "겸영금융투자업자"란 다음 각 호의 어느 하나에 해당하는 자로서 금융투자업을 겸영(兼營)하는 자를 말한다.
1. 「은행법」 제2조의 은행(이하 "은행"이라 한다)
2. 「보험업법」 제2조의 보험회사(이하 "보험회사"라 한다)
3. 그 밖에 대통령령으로 정하는 금융기관 등

제8조의2(금융투자상품시장 등) ① 이 법에서 "금융투자상품시장"이란 증권 또는 장내파생상품의 매매를 하는 시장을 말한다.
② 이 법에서 "거래소"란 증권 및 장내파생상품의 공정한 가격 형성과 그 매매, 그 밖의 거래의 안정성 및 효율성을 도모하기 위하여 제373조의2에 따른 금융위원회의 허가를 받아 금융투자상품시장을 개설하는 자를 말한다.
③ 이 법에서 "거래소시장"이란 거래소가 개설하는 금융투자상품시장을 말한다.
④ 거래소시장은 다음 각 호와 같이 구분한다.
1. 증권시장: 증권의 매매를 위하여 거래소가 개설하는 시장
2. 파생상품시장: 장내파생상품의 매매를 위하여 거래소가 개설하는 시장
⑤ 생략

제9조(그 밖의 용어의 정의) 생략

제10조(다른 법률과의 관계) ① 금융투자업에 관하여는 다른 법률에 특별한 규정이 있는 경우를 제외하고는 이 법이 정하는 바에 따른다.
②~③ 생략

제 2 편 금융투자업

제1장 금융투자업의 인가 및 등록

제1절 인가요건 및 절차

제11조(무인가 영업행위 금지) 누구든지 이 법에 따른 금융투자업인가(변경인가를 포함한다)를 받지 아니하고는 금융투자업을 영위하여서는 아니 된다.

제12조(금융투자업의 인가) ① 금융투자업을 영위하려는 자는 다음 각 호의 사항을 구성요소로 하여 대통령령으로 정하는 업무 단위의 전부나 일부를 선택하여 금융위원회로부터 하나의 금융투자업인가를 받아야 한다.
1. 금융투자업의 종류
2. 금융투자상품의 범위
3. 투자자의 유형
②~③ 생략

제13조(인가의 신청 및 심사) 생략

제14조(예비인가) 생략

제15조(인가요건의 유지) 생략

제16조(업무의 추가 및 인가의 변경) ① 금융투자업자는 제12조에 따라 인가받은 인가업무 단위 외에 다른 인가업무 단위를 추가하여 금융투자업을 영위하려는 경우에는 제12조 및 제13조에 따라 금융위원회의 변경인가를 받아야 한다.

② 생략

제2절 등록요건 및 절차

제17조(미등록 영업행위의 금지) 누구든지 이 법에 따른 금융투자업등록(변경등록을 포함한다)을 하지 아니하고는 투자자문업 또는 투자일임업을 영위하여서는 아니 된다.

제18조(투자자문업 또는 투자일임업의 등록) ① 투자자문업 또는 투자일임업을 영위하려는 자는 다음 각 호의 사항을 구성요소로 하여 대통령령으로 정하는 업무 단위의 전부나 일부를 선택하여 금융위원회에 하나의 금융투자업등록을 하여야 한다.

1. 투자자문업 또는 투자일임업
2. 금융투자상품등의 범위(증권, 장내파생상품, 장외파생상품 및 그 밖에 대통령령으로 정하는 투자대상자산을 말한다)
3. 투자자의 유형

② 제1항에 따라 금융투자업등록을 하려는 자는 다음 각 호의 요건을 모두 갖추어야 한다.

1~6 생략

제19조(등록의 신청 등) 생략

제20조(등록요건의 유지) 생략

제21조(업무의 추가 및 변경등록) 생략

제 2 장 금융투자업자의 지배구조

제22조~제28조 삭제

제28조의2(파생상품업무책임자) ① 자산규모 및 금융투자업의 종류 등을 고려하여 대통령령으로 정하는 금융투자업자(겸영금융투자업자를 포함한다)는 상근 임원(「상법」 제401조의2제1항 각 호의 자를 포함한다)으로서 대통령령으로 정하는 파생상품업무책임자를 1인 이상 두어야 한다.

② 제1항의 파생상품업무책임자는 다음 각 호의 업무를 수행한다.

1. 파생상품 투자자보호에 필요한 절차나 기준의 수립 및 집행에 관한 관리·감독업무
2. 장외파생상품 매매에 대한 승인 업무
3. 그 밖에 대통령령으로 정하는 업무

제29조 삭제

제3장 건전경영 유지

제1절 경영건전성 감독

제30조(재무건전성 유지) ① 금융투자업자(겸영금융투자업자, 그 밖에 대통령령으로 정하는 금융투자업자를 제외한다. 이하 이 조에서 같다)는 제1호의 합계액에서 제2호의 합계액을 뺀 금액(이하 "영업용순자본"이라 한다)을 금융투자업자의 자산 및 부채에 내재하거나 업무에 수반되는 위험을 금액으로 환산하여 합계한 금액(이하 "총위험액"이라 한다) 이상으로 유지하여야 한다.

1. 자본금·준비금, 그 밖에 총리령으로 정하는 금액
2. 고정자산, 그 밖에 단기간 내에 유동화가 어려운 자산으로서 총리령으로 정하는 자산

② 제1항의 영업용순자본과 총위험액의 산정에 관한 구체적인 기준 및 방법은 금융위원회가 정하여 고시한다.

③ 금융투자업자는 매 분기의 말일을 기준으로 영업용순자본에서 총위험액을 뺀 금액을 기재한 서면을 해당 분기의 말일부터 45일 이내로서 대통령령으로 정하는 기간 이내에 금융위원회에 보고하여야 하며, 보고기간 종료일부터 3개월간 본점과 지점, 그 밖의 영업소에 비치하고, 인터넷 홈페이지 등을 이용하여 공시하여야 한다.

제31조(경영건전성기준) ① 금융투자업자(겸영금융투자업자를 제외한다. 이하 이 절에서 같다)는 경영의 건전성을 유지하기 위하여 다음 각 호의 사항에 관하여 금융위원회가 정하여 고시하는 경영건전성기준을 준수하여야 하며, 이를 위한 적절한 체계를 구축·시행하여야 한다.

1. 자기자본비율, 그 밖의 자본의 적정성에 관한 사항
2. 자산의 건전성에 관한 사항
3. 유동성에 관한 사항
4. 그 밖에 경영의 건전성 확보를 위하여 필요한 사항으로서 대통령령으로 정하는 사항

②~④ 생략

제32조(회계처리) 생략

제33조(업무보고서 및 공시 등) ① 금융투자업자는 매 사업연도 개시일부터 3개월간·6개월간·9개월간 및 12개월간의 업무보고서를 작성하여 그 기간 경과 후 45일 이내로서 대통령령으로 정하는 기간 이내에 금융위원회에 제출하여야 한다.

②~⑤ 생략

제2절 대주주와의 거래제한 등

제34조(대주주와의 거래 등의 제한) ① 금융투자업자(겸영금융투자업자는 제외한다. 이하 이 절에서 같다)는 다음 각 호의 어느 하나에 해당하는 행위를 하여서는 아니 된다.

1. 그 금융투자업자의 대주주가 발행한 증권을 소유하는 행위
2. 그 금융투자업자의 특수관계인(금융투자업사의 대주주를 제외한다) 중 대통령령으로 정하는 자가 발행한 주식, 채권 및 약속어음(기업이 사업에 필요한 자금을 조달하기

위하여 발행한 것에 한한다)을 소유하는 행위. 다만, 대통령령으로 정하는 비율의 범위에서 소유하는 경우를 제외한다.

3. 그 밖에 금융투자업자의 건전한 자산운용을 해할 우려가 있는 행위로서 대통령령으로 정하는 행위

② 금융투자업자는 대주주에 대하여 신용공여를 하여서는 아니 되며, 대주주는 그 금융투자업자로부터 신용공여를 받아서는 아니 된다. 다만, 금융투자업자의 건전성을 해할 우려가 없는 신용공여로서 대통령령으로 정하는 신용공여의 경우에는 이를 할 수 있다.

③~⑦ 생략

제35조(대주주의 부당한 영향력 행사의 금지) 금융투자업자의 대주주는 금융투자업자의 이익에 반하여 대주주 자신의 이익을 얻을 목적으로 다음 각 호의 어느 하나에 해당하는 행위를 하여서는 아니 된다.

1. 부당한 영향력을 행사하기 위하여 금융투자업자에 대하여 외부에 공개되지 아니한 자료 또는 정보의 제공을 요구하는 행위. 다만, 「금융회사의 지배구조에 관한 법률」 제33조제6항 또는 「상법」 제466조에 따른 권리의 행사에 해당하는 경우를 제외한다.
2. 경제적 이익 등 반대급부의 제공을 조건으로 다른 주주와 담합하여 금융투자업자의 인사 또는 경영에 부당한 영향력을 행사하는 행위
3. 그 밖에 제1호 및 제2호에 준하는 행위로서 대통령령으로 정하는 행위

제36조(금융위원회의 자료 제출명령) 생략

제 4 장 영업행위 규칙

제1절 공통 영업행위 규칙

제1관 신의성실의무 등

제37조(신의성실의무 등) ① 금융투자업자는 신의성실의 원칙에 따라 공정하게 금융투자업을 영위하여야 한다.

② 금융투자업자는 금융투자업을 영위함에 있어서 정당한 사유 없이 투자자의 이익을 해하면서 자기가 이익을 얻거나 제삼자가 이익을 얻도록 하여서는 아니 된다.

제38조(상호) ① 금융투자업자가 아닌 자는 그 상호 중에 "금융투자"라는 문자 또는 이와 같은 의미를 가지는 외국어 문자로서 대통령령으로 정하는 문자를 사용하여서는 아니 된다.

②~⑦ 생략

제39조(명의대여의 금지) 금융투자업자는 자기의 명의를 대여하여 타인에게 금융투자업을 영위하게 하여서는 아니 된다.

제40조(금융투자업자의 다른 금융업무 영위) 생략

제41조(금융투자업자의 부수업무 영위) ① 금융투자업자는 금융투자업에 부수하는 업무를 영위하고자 하는 경우에는 그 업무를 영위하고자 하는 날의 7일 전까지 이를 금융위원

회에 신고하여야 한다.

② 금융위원회는 제1항에 따른 부수업무 신고내용이 다음 각 호의 어느 하나에 해당하는 경우에는 그 부수업무의 영위를 제한하거나 시정할 것을 명할 수 있다.

1. 금융투자업자의 경영건전성을 저해하는 경우
2. 인가를 받거나 등록한 금융투자업의 영위에 따른 투자자 보호에 지장을 초래하는 경우
3. 금융시장의 안정성을 저해하는 경우

③~④ 생략

제42조(금융투자업자의 업무위탁) 생략

제43조(검사 및 처분) 생략

제44조(이해상충의 관리) 생략

제45조(정보교류의 차단) 생략

제2관 투자권유 등

제46조(적합성 원칙 등) ① 금융투자업자는 투자자가 일반투자자인지 전문투자자인지의 여부를 확인하여야 한다.

② 금융투자업자는 일반투자자에게 투자권유를 하기 전에 면담·질문 등을 통하여 일반투자자의 투자목적·재산상황 및 투자경험 등의 정보를 파악하고, 일반투자자로부터 서명, 기명날인, 녹취, 그 밖에 대통령령으로 정하는 방법으로 확인을 받아 이를 유지·관리하여야 하며, 확인받은 내용을 투자자에게 지체 없이 제공하여야 한다.

③ 금융투자업자는 일반투자자에게 투자권유를 하는 경우에는 일반투자자의 투자목적·재산상황 및 투자경험 등에 비추어 그 일반투자자에게 적합하지 아니하다고 인정되는 투자권유를 하여서는 아니 된다.

제46조의2(적정성의 원칙 등) ① 금융투자업자는 일반투자자에게 투자권유를 하지 아니하고 파생상품, 그 밖에 대통령령으로 정하는 금융투자상품(이하 "파생상품등"이라 한다)을 판매하려는 경우에는 면담·질문 등을 통하여 그 일반투자자의 투자목적·재산상황 및 투자경험 등의 정보를 파악하여야 한다.

② 금융투자업자는 일반투자자의 투자목적·재산상황 및 투자경험 등에 비추어 해당 파생상품등이 그 일반투자자에게 적정하지 아니하다고 판단되는 경우에는 대통령령으로 정하는 바에 따라 그 사실을 알리고, 일반투자자로부터 서명, 기명날인, 녹취, 그 밖에 대통령령으로 정하는 방법으로 확인을 받아야 한다.

제47조(설명의무) ① 금융투자업자는 일반투자자를 상대로 투자권유를 하는 경우에는 금융투자상품의 내용, 투자에 따르는 위험, 그 밖에 대통령령으로 정하는 사항을 일반투자자가 이해할 수 있도록 설명하여야 한다.

②~③ 생략

제48조(손해배상책임) ① 금융투자업자는 제47조제1항 또는 제3항을 위반한 경우 이로 인하여 발생한 일반투자자의 손해를 배상할 책임이 있다.

② 생략

제49조(부당권유의 금지) 생략

제50조(투자권유준칙) 생략
제51조(투자권유대행인의 등록 등) 생략
제52조(투자권유대행인의 금지행위 등) 생략
제53조(검사 및 조치) 생략

제3관 직무관련 정보의 이용 금지 등

제54조(직무관련 정보의 이용 금지) 금융투자업자는 직무상 알게 된 정보로서 외부에 공개되지 아니한 정보를 정당한 사유 없이 자기 또는 제삼자의 이익을 위하여 이용하여서는 아니 된다.

제55조(손실보전 등의 금지) 금융투자업자는 금융투자상품의 매매, 그 밖의 거래와 관련하여 제103조제3항에 따라 손실의 보전 또는 이익의 보장을 하는 경우, 그 밖에 건전한 거래질서를 해할 우려가 없는 경우로서 정당한 사유가 있는 경우를 제외하고는 다음 각 호의 어느 하나에 해당하는 행위를 하여서는 아니 된다. 금융투자업자의 임직원이 자기의 계산으로 하는 경우에도 또한 같다.

1. 투자자가 입을 손실의 전부 또는 일부를 보전하여 줄 것을 사전에 약속하는 행위

2~4 생략

제56조(약관)~제62조(금융투자업 폐지 공고 등) 생략

제63조(임직원의 금융투자상품 매매) ① 금융투자업자의 임직원은 자기의 계산으로 대통령령으로 정하는 금융투자상품을 매매하는 경우에는 다음 각 호의 방법에 따라야 한다.

1. 자기의 명의로 매매할 것
2. 투자중개업자 중 하나의 회사를 선택하여 하나의 계좌를 통하여 매매할 것. 다만, 금융투자상품의 종류, 계좌의 성격 등을 고려하여 대통령령으로 정하는 경우에는 둘 이상의 회사 또는 둘 이상의 계좌를 통하여 매매할 수 있다.
3. 매매명세를 분기별로 소속 금융투자업자에게 통지할 것
4. 그 밖에 불공정행위의 방지 또는 투자자와의 이해상충의 방지를 위하여 대통령령으로 정하는 방법 및 절차를 준수할 것

② 금융투자업자는 그 임직원의 자기계산에 의한 금융투자상품 매매와 관련하여 불공정행위의 방지 또는 투자자와의 이해상충의 방지를 위하여 그 금융투자업자의 임직원이 따라야 할 적절한 기준 및 절차를 정하여야 한다.

③ 금융투자업자는 분기별로 임직원의 금융투자상품의 매매명세를 제2항의 기준 및 절차에 따라 확인하여야 한다.

제63조의2(고객응대직원에 대한 보호 조치 의무) 생략
제64조(손해배상책임) 생략
제65조(외국 금융투자업자의 특례) 생략

제2절 금융투자업자별 영업행위 규칙

제1관 투자매매업자 및 투자중개업자의 영업행위 규칙

제66조(매매형태의 명시) 투자매매업자 또는 투자중개업자는 투자자로부터 금융투자상품

의 매매에 관한 청약 또는 주문을 받는 경우에는 사전에 그 투자자에게 자기가 투자매매업자인지 투자중개업자인지를 밝혀야 한다.

제67조(자기계약의 금지) 투자매매업자 또는 투자중개업자는 금융투자상품에 관한 같은 매매에 있어 자신이 본인이 됨과 동시에 상대방의 투자중개업자가 되어서는 아니 된다. 다만, 다음 각 호의 어느 하나에 해당하는 경우에는 그러하지 아니하다.

1. 투자매매업자 또는 투자중개업자가 증권시장 또는 파생상품시장을 통하여 매매가 이루어지도록 한 경우
2. 그 밖에 투자자 보호 및 건전한 거래질서를 해할 우려가 없는 경우로서 대통령령으로 정하는 경우

제68조(최선집행의무) ① 투자매매업자 또는 투자중개업자는 금융투자상품의 매매에 관한 투자자의 청약 또는 주문을 처리하기 위하여 대통령령으로 정하는 바에 따라 최선의 거래조건으로 집행하기 위한 기준(이하 이 조에서 "최선집행기준"이라 한다)을 마련하고 이를 공표하여야 한다.

②~⑤ 생략

제69조(자기주식의 예외적 취득) 투자매매업자는 투자자로부터 그 투자매매업자가 발행한 자기주식으로서 증권시장의 매매 수량단위 미만의 주식에 대하여 매도의 청약을 받은 경우에는 이를 증권시장 밖에서 취득할 수 있다. 이 경우 취득한 자기주식은 대통령령으로 정하는 기간 이내에 처분하여야 한다.

제70조(임의매매의 금지) 투자매매업자 또는 투자중개업자는 투자자나 그 대리인으로부터 금융투자상품의 매매의 청약 또는 주문을 받지 아니하고는 투자자로부터 예탁받은 재산으로 금융투자상품의 매매를 하여서는 아니 된다.

제71조(불건전 영업행위의 금지) 생략

제72조(신용공여) ① 투자매매업자 또는 투자중개업자는 증권과 관련하여 금전의 융자 또는 증권의 대여의 방법으로 투자자에게 신용을 공여할 수 있다. 다만, 투자매매업자는 증권의 인수일부터 3개월 이내에 투자자에게 그 증권을 매수하게 하기 위하여 그 투자자에게 금전의 융자, 그 밖의 신용공여를 하여서는 아니 된다.

② 제1항에 따른 신용공여의 기준 및 방법에 관하여 필요한 사항은 대통령령으로 정한다.

제73조(매매명세의 통지) 투자매매업자 또는 투자중개업자는 금융투자상품의 매매가 체결된 경우에는 그 명세를 대통령령으로 정하는 방법에 따라 투자자에게 통지하여야 한다.

제74조(투자자예탁금의 별도예치) 생략

제75조(투자자 예탁증권의 예탁) 생략

제76조(집합투자증권 판매 등에 관한 특례) 생략

제77조(투자성 있는 예금·보험에 대한 특례) 생략

제77조의2(종합금융투자사업자의 지정 등) 생략

제77조의3(종합금융투자사업자에 관한 특례) 생략

제78조(다자간매매체결회사에 관한 특례) 생략

제2관 집합투자업자의 영업행위 규칙

제79조(선관의무 및 충실의무) ① 집합투자업자는 투자자에 대하여 선량한 관리자의 주의로써 집합투자재산을 운용하여야 한다.

② 집합투자업자는 투자자의 이익을 보호하기 위하여 해당 업무를 충실하게 수행하여야 한다.

제80조(자산운용의 지시 및 실행) ① 투자신탁의 집합투자업자는 투자신탁재산을 운용함에 있어서 그 투자신탁재산을 보관・관리하는 신탁업자에 대하여 대통령령으로 정하는 방법에 따라 투자신탁재산별로 투자대상자산의 취득・처분 등에 관하여 필요한 지시를 하여야 하며, 그 신탁업자는 집합투자업자의 지시에 따라 투자대상자산의 취득・처분 등을 하여야 한다. 다만, 집합투자업자는 투자신탁재산의 효율적 운용을 위하여 불가피한 경우로서 대통령령으로 정하는 경우에는 자신의 명의로 직접 투자대상자산의 취득・처분 등을 할 수 있다.

② 투자신탁의 집합투자업자는 제1항에 따라 투자대상자산의 취득・처분 등을 한 경우 그 투자신탁재산으로 그 이행 책임을 부담한다. 다만, 그 집합투자업자가 제64조제1항에 따라 손해배상책임을 지는 경우에는 그러하지 아니하다.

③ 집합투자업자는 제1항 단서에 따라 투자대상자산의 취득・처분 등의 업무를 수행하는 경우에는 투자신탁재산별로 미리 정하여진 자산배분명세에 따라 취득・처분 등의 결과를 공정하게 배분하여야 한다. 이 경우 집합투자업자는 자산배분명세, 취득・처분 등의 결과, 배분결과 등에 관한 장부 및 서류를 총리령으로 정하는 방법에 따라 작성하고 이를 유지・관리하여야 한다.

④~⑤ 생략

제81조(자산운용의 제한)~제95조(청산) 생략

제3관 투자자문업자 및 투자일임업자의 영업행위 규칙

제96조(선관의무 및 충실의무) ① 투자자문업자는 투자자에 대하여 선량한 관리자의 주의로써 투자자문에 응하여야 하며, 투자일임업자는 투자자에 대하여 선량한 관리자의 주의로써 투자일임재산을 운용하여야 한다.

② 투자자문업자 및 투자일임업자는 투자자의 이익을 보호하기 위하여 해당 업무를 충실하게 수행하여야 한다.

제97조(계약의 체결) ① 투자자문업자 또는 투자일임업자는 일반투자자와 투자자문계약 또는 투자일임계약을 체결하고자 하는 경우에는 다음 각 호의 사항을 기재한 서면자료를 미리 일반투자자에게 교부하여야 한다.

1. 투자자문의 범위 및 제공방법 또는 투자일임의 범위 및 투자대상 금융투자상품등
2. 투자자문업 또는 투자일임업의 수행에 관하여 투자자문업자 또는 투자일임업자가 정하고 있는 일반적인 기준 및 절차
3. 투자자문업 또는 투자일임업을 실제로 수행하는 임직원의 성명 및 주요경력
4. 투자자와의 이해상충방지를 위하여 투자자문업자 또는 투자일임업자가 정한 기준 및 절차
5. 투자자문계약 또는 투자일임계약과 관련하여 투자결과가 투자자에게 귀속된다는 사실

및 투자자가 부담하는 책임에 관한 사항

6. 수수료에 관한 사항
7. 투자실적의 평가 및 투자결과를 투자자에게 통보하는 방법(투자일임계약의 경우에 한한다)

7의2. 투자자는 투자일임재산의 운용방법을 변경하거나 계약의 해지를 요구할 수 있다는 사실

8. 그 밖에 투자자가 계약체결 여부를 결정하는 데에 중요한 판단기준이 되는 사항으로서 대통령령으로 정하는 사항

② 생략

제98조(불건전 영업행위의 금지) 생략

제98조의2(성과보수의 제한) ① 투자자문업자 또는 투자일임업자는 투자자문과 관련한 투자결과 또는 투자일임재산의 운용실적과 연동된 성과보수를 받아서는 아니 된다. 다만, 투자자 보호 및 건전한 거래질서를 해할 우려가 없는 경우로서 대통령령으로 정하는 경우에는 성과보수를 받을 수 있다.

② 투자자문업자 또는 투자일임업자가 제1항 단서에 따라 성과보수를 받고자 하는 경우에는 그 성과보수의 산정방식, 그 밖에 대통령령으로 정하는 사항을 해당 투자자문 또는 투자일임의 계약서류에 기재하여야 한다.

제99조(투자일임보고서의 교부)~제101조(유사투자자문업의 신고) 생략

제4관 신탁업자의 영업행위 규칙

제102조(선관의무 및 충실의무) ① 신탁업자는 수익자에 대하여 선량한 관리자의 주의로써 신탁재산을 운용하여야 한다.

② 신탁업자는 수익자의 이익을 보호하기 위하여 해당 업무를 충실하게 수행하여야 한다.

제103조(신탁재산의 제한 등) ① 신탁업자는 다음 각 호의 재산 외의 재산을 수탁할 수 없다.

1. 금전
2. 증권
3. 금전채권
4. 동산
5. 부동산
6. 지상권, 전세권, 부동산임차권, 부동산소유권 이전등기청구권, 그 밖의 부동산 관련 권리
7. 무체재산권(지식재산권을 포함한다)

②~④ 생략

제104조(신탁재산과 고유재산의 구분) 생략

제105조(신탁재산 등 운용의 제한) ① 신탁업자는 신탁재산에 속하는 금전을 다음 각 호의 방법으로 운용하여야 한다.

1. 증권(대통령령으로 정하는 증권에 한한다)의 매수
2. 장내파생상품 또는 장외파생상품의 매수
3. 대통령령으로 정하는 금융기관에의 예치

4. 금전채권의 매수
5. 대출
6. 어음의 매수
7. 실물자산의 매수
8. 무체재산권의 매수
9. 부동산의 매수 또는 개발
10. 그 밖에 신탁재산의 안전성·수익성 등을 고려하여 대통령령으로 정하는 방법

②~③ 생략

제106조(여유자금의 운용) 생략

제107조 삭제

제108조(불건전 영업행위의 금지)~제117조의2(관리형신탁에 관한 특례) 생략

제5장 온라인소액투자중개업자 등에 대한 특례

제117조의3(미등록 영업행위의 금지) 누구든지 이 법에 따라 온라인소액투자중개업자 등록을 하지 아니한 자는 온라인소액투자중개를 할 수 없다.

제117조의4(등록) ① 온라인소액투자중개업자가 되고자 하는 자는 금융위원회에 등록하는 경우 제12조에 따른 인가를 받은 것으로 본다.

② 제1항에 따라 등록을 하려는 자는 다음 각 호의 요건을 모두 갖추어야 한다.

1. 다음 각 목의 어느 하나에 해당하는 자일 것
   가. 「상법」에 따른 주식회사
   나. 외국 온라인소액투자중개업자(외국 법령에 따라 외국에서 온라인소액투자중개에 상당하는 영업을 영위하는 자를 말한다. 이하 같다)로서 온라인소액투자중개에 필요한 지점, 그 밖의 영업소를 설치한 자
2. 5억원 이상으로서 대통령령으로 정하는 금액 이상의 자기자본을 갖출 것

3~8 생략

③ 제1항에 따른 등록을 하려는 자는 등록신청서를 금융위원회에 제출하여야 한다.

④~⑨ 생략

제117조의5(유사명칭의 사용 금지 등)~제117조의16(검사 및 조치) 생략

제3편 증권의 발행 및 유통

제1장 증권신고서

제118조(적용범위) 이 장은 국채증권, 지방채증권, 대통령령으로 정하는 법률에 따라 직접

설립된 법인이 발행한 채권, 그 밖에 다른 법률에 따라 충분한 공시가 행하여지는 등 투자자 보호가 이루어지고 있다고 인정되는 증권으로서 대통령령으로 정하는 증권에 관하여는 적용하지 아니한다.

제119조(모집 또는 매출의 신고) ① 증권의 모집 또는 매출(대통령령으로 정하는 방법에 따라 산정한 모집가액 또는 매출가액 각각의 총액이 대통령령으로 정하는 금액 이상인 경우에 한한다)은 발행인이 그 모집 또는 매출에 관한 신고서를 금융위원회에 제출하여 수리되지 아니하면 이를 할 수 없다. 〈개정 2008.2.29.〉

②~⑦ 생략

제119조의2(자료요구권 등)~제122조(정정신고서) 생략

제123조(투자설명서의 작성·공시) ① 제119조에 따라 증권을 모집하거나 매출하는 경우 그 발행인은 대통령령으로 정하는 방법에 따라 작성한 투자설명서(이하 "투자설명서"라 한다) 및 제124조제2항제3호에 따른 간이투자설명서를 그 증권신고의 효력이 발생하는 날에 금융위원회에 제출하여야 하며, 이를 총리령으로 정하는 장소에 비치하고 일반인이 열람할 수 있도록 하여야 한다.

②~③ 생략

제124조(정당한 투자설명서의 사용)~제132조(위원회의 조치) 생략

제2장 기업의 인수·합병 관련제도

제1절 공개매수

제133조(공개매수의 적용대상) ① 이 절에서 "공개매수"란 불특정 다수인에 대하여 의결권 있는 주식, 그 밖에 대통령령으로 정하는 증권의 매수(다른 증권과의 교환을 포함한다)의 청약을 하거나 매도(다른 증권과의 교환을 포함한다. 이하 이 절에서 같다)의 청약을 권유하고 증권시장 및 다자간매매체결회사(이와 유사한 시장으로서 해외에 있는 시장을 포함한다. 이하 이 절에서 같다) 밖에서 그 주식등을 매수하는 것을 말한다.

②~⑤ 생략

제134조(공개매수공고 및 공개매수신고서의 제출)~제146조(조사 및 조치) 생략

제2절 주식등의 대량보유상황의 보고

제147조(주식등의 대량보유 등의 보고) ① 주권상장법인의 주식 등을 대량보유(본인과 그 특별관계자가 보유하게 되는 주식등의 수의 합계가 그 주식등의 총수의 100분의 5 이상인 경우를 말한다)하게 된 자는 그 날부터 5일 이내에 그 보유상황, 보유 목적(발행인의 경영권에 영향을 주기 위한 목적 여부를 말한다), 그 보유 주식등에 관한 주요계약내용, 그 밖에 대통령령으로 정하는 사항을 대통령령으로 정하는 방법에 따라 금융위원회와 거래소에 보고하여야 하며, 그 보유 주식등의 수의 합계가 그 주식등의 총수의 100분의 1 이상 변동된 경우에는 그 변동된 날부터 5일 이내에 그 변동내용을 대통령령으로 정하는 방법에 따라 금융위원회와 거래소에 보고하여야 한다. 이 경우 그 보유 목적이 발

행인의 경영권에 영향을 주기 위한 것이 아닌 경우와 전문투자자 중 대통령령으로 정하는 자의 경우에는 그 보고내용 및 보고시기 등을 대통령령으로 달리 정할 수 있다.
②~④ 생략

제148조(대량보유보고서 등의 발행인에 대한 송부)~제151조(조사 및 정정요구 등) 생략

제3절 의결권 대리행사의 권유 제한

제152조(의결권 대리행사의 권유)~제158조(조사 및 조치) 생략

제 3 장 상장법인의 사업보고서 등

제159조(사업보고서 등의 제출) ① 주권상장법인, 그 밖에 대통령령으로 정하는 법인은 그 사업보고서를 각 사업연도 경과 후 90일 이내에 금융위원회와 거래소에 제출하여야 한다. 다만, 파산, 그 밖의 사유로 인하여 사업보고서의 제출이 사실상 불가능하거나 실효성이 없는 경우로서 대통령령으로 정하는 경우에는 사업보고서를 제출하지 아니할 수 있다.
② 사업보고서 제출대상법인은 제1항의 사업보고서에 다음 각 호의 사항을 기재하고, 대통령령으로 정하는 서류를 첨부하여야 한다.
1. 회사의 목적, 상호, 사업내용
2. 임원보수
3. 임원 개인별 보수와 그 구체적인 산정기준 및 방법
4. 재무에 관한 사항
5. 그 밖에 대통령령으로 정하는 사항
③~⑦ 생략

제160조(반기·분기보고서의 제출) 사업보고서 제출대상법인은 그 사업연도 개시일부터 6개월간의 사업보고서(이하 "반기보고서"라 한다)와 사업연도 개시일부터 3개월간 및 9개월간의 사업보고서(이하 "분기보고서"라 한다)를 각각 그 기간 경과 후 45일 이내에 금융위원회와 거래소에 제출하여야 하되, 사업보고서 제출대상법인이 재무에 관한 사항과 그 부속명세, 그 밖에 금융위원회가 정하여 고시하는 사항을 연결재무제표를 기준으로 기재하여 작성한 반기보고서와 분기보고서를 금융위원회와 거래소에 제출하는 경우에는 그 최초의 사업연도와 그 다음 사업연도에 한하여 그 기간 경과 후 60일 이내에 제출할 수 있다. 이 경우 제159조제2항(분기보고서에 대하여는 같은 항 제3호 및 제3호의2는 제외한다)·제4항·제6항 및 제7항을 준용한다.

제161조(주요사항보고서의 제출) ① 사업보고서 제출대상법인은 다음 각 호의 어느 하나에 해당하는 사실이 발생한 경우에는 그 사실이 발생한 날의 다음 날까지(제6호의 경우에는 그 사실이 발생한 날부터 3일 이내에) 그 내용을 기재한 보고서(이하 "주요사항보고서"라 한다)를 금융위원회에 제출하여야 한다. 이 경우 제159조제6항 및 제7항을 준용한다.

1. 발행한 어음 또는 수표가 부도로 되거나 은행과의 당좌거래가 정지 또는 금지된 때
2. 영업활동의 전부 또는 중요한 일부가 정지되거나 그 정지에 관한 이사회 등의 결정이 있은 때
3. 「채무자 회생 및 파산에 관한 법률」에 따른 회생절차개시 또는 간이회생절차개시의 신청이 있은 때
4. 이 법, 「상법」, 그 밖의 법률에 따른 해산사유가 발생한 때

5~9 생략

②~⑤ 생략

제161조의2(자료요구권 등)~제165조(사업보고서 등의 제출에 관한 특례) 생략

제3장의2 주권상장법인에 대한 특례

제165조의2(적용범위) ① 이 장은 다음 각 호의 어느 하나에 해당하지 아니하는 주권상장법인에 대하여 적용한다.

1. 외국법인등. 다만, 제165조의16 및 제165조의18은 그러하지 아니하다.
2. 투자회사

② 이 장은 주권상장법인에 관하여 「상법」 제3편에 우선하여 적용한다.

제165조의3(자기주식 취득 및 처분의 특례)~제165조의19(사외이사 및 상근감사에 관한 특례) 생략

제4장 장외거래 등

제166조(장외거래) 거래소시장 또는 다자간매매체결회사 외에서 금융투자상품을 매매, 그 밖의 거래를 하는 경우 그 매매, 그 밖의 거래방법 및 결제의 방법 등 필요한 사항은 대통령령으로 정한다.

제166조의2(장외파생상품의 매매 등)~제171조(보증금 등의 대신 납부) 생략

제4편 불공정거래의 규제

제1장 내부자 거래 등

제172조(내부자의 단기매매차익 반환) ① 주권상장법인의 임원, 직원 또는 주요주주가 다음 각 호의 어느 하나에 해당하는 금융투자상품을 매수한 후 6개월 이내에 매도하거나 특정증권등을 매도한 후 6개월 이내에 매수하여 이익을 얻은 경우에는 그 법인은 그 임직

원 또는 주요주주에게 그 이익(이하 "단기매매차익"이라 한다)을 그 법인에게 반환할 것을 청구할 수 있다. 이 경우 이익의 산정기준 · 반환절차 등에 관하여 필요한 사항은 대통령령으로 정한다.

1. 그 법인이 발행한 증권(대통령령으로 정하는 증권을 제외한다)
2. 제1호의 증권과 관련된 증권예탁증권
3. 그 법인 외의 자가 발행한 것으로서 제1호 또는 제2호의 증권과 교환을 청구할 수 있는 교환사채권
4. 제1호부터 제3호까지의 증권만을 기초자산으로 하는 금융투자상품

②~⑦ 생략

제173조(임원 등의 특정증권등 소유상황 보고) ① 주권상장법인의 임원 또는 주요주주는 임원 또는 주요주주가 된 날부터 5일 이내에 누구의 명의로 하든지 자기의 계산으로 소유하고 있는 특정증권등의 소유상황을, 그 특정증권등의 소유상황에 변동이 있는 경우에는 그 변동이 있는 날부터 5일까지 그 내용을 대통령령으로 정하는 방법에 따라 각각 증권선물위원회와 거래소에 보고하여야 한다. 이 경우 대통령령으로 정하는 부득이한 사유에 따라 특정증권등의 소유상황에 변동이 있는 경우와 전문투자자 중 대통령령으로 정하는 자에 대하여는 그 보고 내용 및 시기를 대통령령으로 달리 정할 수 있다.

② 증권선물위원회와 거래소는 제1항의 보고서를 3년간 갖추어 두고, 인터넷 홈페이지 등을 이용하여 공시하여야 한다.

제173조의2(장내파생상품의 대량보유 보고 등)~제175조(미공개중요정보 이용행위의 배상책임) 생략

제 2 장 시세조종 등

제176조(시세조종행위 등의 금지) ① 누구든지 상장증권 또는 장내파생상품의 매매에 관하여 그 매매가 성황을 이루고 있는 듯이 잘못 알게 하거나, 그 밖에 타인에게 그릇된 판단을 하게 할 목적으로 다음 각 호의 어느 하나에 해당하는 행위를 하여서는 아니 된다.

1. 자기가 매도하는 것과 같은 시기에 그와 같은 가격 또는 약정수치로 타인이 그 증권 또는 장내파생상품을 매수할 것을 사전에 그 자와 서로 짠 후 매도하는 행위
2. 자기가 매수하는 것과 같은 시기에 그와 같은 가격 또는 약정수치로 타인이 그 증권 또는 장내파생상품을 매도할 것을 사전에 그 자와 서로 짠 후 매수하는 행위
3. 그 증권 또는 장내파생상품의 매매를 함에 있어서 그 권리의 이전을 목적으로 하지 아니하는 거짓으로 꾸민 매매를 하는 행위
4. 제1호부터 제3호까지의 행위를 위탁하거나 수탁하는 행위

②~④ 생략

제177조(시세조종의 배상책임) ①~② 생략

제3장 부정거래행위 등

제178조(부정거래행위 등의 금지) ① 누구든지 금융투자상품의 매매(증권의 경우 모집·사모·매출을 포함한다. 이하 이 조 및 제179조에서 같다), 그 밖의 거래와 관련하여 다음 각 호의 어느 하나에 해당하는 행위를 하여서는 아니 된다.

1. 부정한 수단, 계획 또는 기교를 사용하는 행위
2. 중요사항에 관하여 거짓의 기재 또는 표시를 하거나 타인에게 오해를 유발시키지 아니하기 위하여 필요한 중요사항의 기재 또는 표시가 누락된 문서, 그 밖의 기재 또는 표시를 사용하여 금전, 그 밖의 재산상의 이익을 얻고자 하는 행위
3. 금융투자상품의 매매, 그 밖의 거래를 유인할 목적으로 거짓의 시세를 이용하는 행위

② 누구든지 금융투자상품의 매매, 그 밖의 거래를 할 목적이나 그 시세의 변동을 도모할 목적으로 풍문의 유포, 위계(僞計)의 사용, 폭행 또는 협박을 하여서는 아니 된다.

제178조의2(시장질서 교란행위의 금지)~제179조(부정거래행위 등의 배상책임) 생략

제180조(공매도의 제한) ① 누구든지 증권시장(다자간매매체결회사에서의 증권의 매매거래를 포함한다. 이하 이 장에서 같다)에서 상장증권(대통령령으로 정하는 증권에 한한다. 이하 이 장에서 같다)에 대하여 다음 각 호의 어느 하나에 해당하는 매도(이하 "공매도"라 한다)를 하거나 그 위탁 또는 수탁을 하여서는 아니 된다. 다만, 제2호에 해당하는 경우로서(이하 "차입공매도"라 한다) 증권시장의 안정성 및 공정한 가격형성을 위하여 대통령령으로 정하는 방법에 따르는 경우에는 이를 할 수 있다.

1. 소유하지 아니한 상장증권의 매도
2. 차입한 상장증권으로 결제하고자 하는 매도

②~③ 금융위원회는 증권시장의 안정성 및 공정한 가격형성을 저해할 우려가 있는 경우에는 대통령령으로 정하는 바에 따라 차입공매도를 제한할 수 있다.

제180조의2(순보유잔고의 보고)~제180조의3(순보유잔고의 공시) 생략

제5편 집합투자기구

제1장 총칙 생략
제2장 집합투자기구의 구성 등 생략
제3장 집합투자기구의 종류 등 생략
제4장 집합투자증권의 환매 생략
제5장 평가 및 회계 생략
제6장 집합투자재산의 보관 및 관리 생략
제7장 사모집합투자기구 등에 대한 특례 생략
제8장 감독·검사 생략
제9장 집합투자기구의 관계회사 생략

제10장 삭제
제11장 외국 집합투자증권에 대한 특례 생략

제 6 편 금융투자업관계기관

제1장 한국금융투자협회 생략
제2장 한국예탁결제원 생략
제2장의2 금융투자상품거래청산회사 생략
제3장 증권금융회사 생략
제3장의2 신용평가회사 생략
제4장 종합금융회사 생략
제5장 자금중개회사 생략
제6장 단기금융회사 생략
제7장 명의개서대행회사 생략
제8장 금융투자 관계 단체 생략

제 7 편 거래소 생략
제 8 편 감독 및 처분 생략
제 9 편 보칙 생략

부록 5

보험업법

[시행 2017.10.19.] [법률 제14821호, 2017.4.18., 일부개정]

제1장 총 칙

제1조(목적) 이 법은 보험업을 경영하는 자의 건전한 경영을 도모하고 보험계약자, 피보험자, 그 밖의 이해관계인의 권익을 보호함으로써 보험업의 건전한 육성과 국민경제의 균형 있는 발전에 기여함을 목적으로 한다.

제2조(정의) 이 법에서 사용하는 용어의 뜻은 다음과 같다.

1. "보험상품"이란 위험보장을 목적으로 우연한 사건 발생에 관하여 금전 및 그 밖의 급여를 지급할 것을 약정하고 대가를 수수(授受)하는 계약(「국민건강보험법」에 따른 건강보험, 「고용보험법」에 따른 고용보험 등 보험계약자의 보호 필요성 및 금융거래 관행 등을 고려하여 대통령령으로 정하는 것은 제외한다)으로서 다음 각 목의 것을 말한다.
   가. 생명보험상품: 위험보장을 목적으로 사람의 생존 또는 사망에 관하여 약정한 금전 및 그 밖의 급여를 지급할 것을 약속하고 대가를 수수하는 계약으로서 대통령령으로 정하는 계약
   나. 손해보험상품: 위험보장을 목적으로 우연한 사건(다목에 따른 질병·상해 및 간병은 제외한다)으로 발생하는 손해(계약상 채무불이행 또는 법령상 의무불이행으로 발생하는 손해를 포함한다)에 관하여 금전 및 그 밖의 급여를 지급할 것을 약속하고 대가를 수수하는 계약으로서 대통령령으로 정하는 계약
   다. 제3보험상품: 위험보장을 목적으로 사람의 질병·상해 또는 이에 따른 간병에 관하여 금전 및 그 밖의 급여를 지급할 것을 약속하고 대가를 수수하는 계약으로서 대통령령으로 정하는 계약
2. "보험업"이란 보험상품의 취급과 관련하여 발생하는 보험의 인수(引受), 보험료 수수 및 보험금 지급 등을 영업으로 하는 것으로서 생명보험업·손해보험업 및 제3보험업을 말한다.
3. "생명보험업"이란 생명보험상품의 취급과 관련하여 발생하는 보험의 인수, 보험료 수수 및 보험금 지급 등을 영업으로 하는 것을 말한다.
4. "손해보험업"이란 손해보험상품의 취급과 관련하여 발생하는 보험의 인수, 보험료 수수 및 보험금 지급 등을 영업으로 하는 것을 말한다.
5. "제3보험업"이란 제3보험상품의 취급과 관련하여 발생하는 보험의 인수, 보험료 수수

및 보험금 지급 등을 영업으로 하는 것을 말한다.

6. "보험회사"란 제4조에 따른 허가를 받아 보험업을 경영하는 자를 말한다.
7. "상호회사"란 보험업을 경영할 목적으로 이 법에 따라 설립된 회사로서 보험계약자를 사원(社員)으로 하는 회사를 말한다.
8. "외국보험회사"란 대한민국 이외의 국가의 법령에 따라 설립되어 대한민국 이외의 국가에서 보험업을 경영하는 자를 말한다.
9. "보험설계사"란 보험회사·보험대리점 또는 보험중개사에 소속되어 보험계약의 체결을 중개하는 자[법인이 아닌 사단(社團)과 재단을 포함한다]로서 제84조에 따라 등록된 자를 말한다.
10. "보험대리점"이란 보험회사를 위하여 보험계약의 체결을 대리하는 자(법인이 아닌 사단과 재단을 포함한다)로서 제87조에 따라 등록된 자를 말한다.
11. "보험중개사"란 독립적으로 보험계약의 체결을 중개하는 자(법인이 아닌 사단과 재단을 포함한다)로서 제89조에 따라 등록된 자를 말한다.
12. "모집"이란 보험계약의 체결을 중개하거나 대리하는 것을 말한다.
13. "신용공여"란 대출 또는 유가증권의 매입(자금 지원적 성격인 것만 해당한다)이나 그 밖에 금융거래상의 신용위험이 따르는 보험회사의 직접적·간접적 거래로서 대통령령으로 정하는 바에 따라 금융위원회가 정하는 거래를 말한다.
14. "총자산"이란 대차대조표에 표시된 자산에서 미상각신계약비(未償却新契約費), 영업권 등 대통령령으로 정하는 자산을 제외한 것을 말한다.
15. "자기자본"이란 납입자본금·자본잉여금·이익잉여금, 그 밖에 이에 준하는 것(자본조정은 제외한다)으로서 대통령령으로 정하는 항목의 합계액에서 영업권, 그 밖에 이에 준하는 것으로서 대통령령으로 정하는 항목의 합계액을 뺀 것을 말한다.
16. "동일차주"란 동일한 개인 또는 법인 및 이와 신용위험을 공유하는 자로서 대통령령으로 정하는 자를 말한다.
17. "대주주"란 「금융회사의 지배구조에 관한 법률」 제2조제6호에 따른 주주를 말한다.
18. "자회사"란 보험회사가 다른 회사(「민법」 또는 특별법에 따른 조합을 포함한다)의 의결권 있는 발행주식(출자지분을 포함한다) 총수의 100분의 15를 초과하여 소유하는 경우의 그 다른 회사를 말한다.
19. "전문보험계약자"란 보험계약에 관한 전문성, 자산규모 등에 비추어 보험계약의 내용을 이해하고 이행할 능력이 있는 자로서 다음 각 목의 어느 하나에 해당하는 자를 말한다. 다만, 전문보험계약자 중 대통령령으로 정하는 자가 일반보험계약자와 같은 대우를 받겠다는 의사를 보험회사에 서면으로 통지하는 경우 보험회사는 정당한 사유가 없으면 이에 동의하여야 하며, 보험회사가 동의한 경우에는 해당 보험계약자는 일반보험계약자로 본다.
    가. 국가
    나. 한국은행
    다. 대통령령으로 정하는 금융기관
    라. 주권상장법인

마. 그 밖에 대통령령으로 정하는 자

20. "일반보험계약자"란 전문보험계약자가 아닌 보험계약자를 말한다.

제3조(보험계약의 체결) 누구든지 보험회사가 아닌 자와 보험계약을 체결하거나 중개 또는 대리하지 못한다. 다만, 대통령령으로 정하는 경우에는 그러하지 아니하다.

제2장 보험업의 허가 등

제4조(보험업의 허가) ① 보험업을 경영하려는 자는 다음 각 호에서 정하는 보험종목별로 금융위원회의 허가를 받아야 한다.

1. 생명보험업의 보험종목
   가. 생명보험
   나. 연금보험(퇴직보험을 포함한다)
   다. 그 밖에 대통령령으로 정하는 보험종목
2. 손해보험업의 보험종목
   가. 화재보험
   나. 해상보험(항공·운송보험을 포함한다)
   다. 자동차보험
   라. 보증보험
   마. 재보험(再保險)
   바. 그 밖에 대통령령으로 정하는 보험종목
3. 제3보험업의 보험종목
   가. 상해보험
   나. 질병보험
   다. 간병보험
   라. 그 밖에 대통령령으로 정하는 보험종목

② 제1항에 따른 허가를 받은 자는 해당 보험종목의 재보험에 대한 허가를 받은 것으로 본다.

③ 생명보험업이나 손해보험업에 해당하는 보험종목의 전부(제1항제2호라목에 따른 보증보험 및 같은 호 마목에 따른 재보험은 제외한다)에 관하여 제1항에 따른 허가를 받은 자는 제3보험업에 해당하는 보험종목에 대한 허가를 받은 것으로 본다.

④ 생명보험업 또는 손해보험업에 해당하는 보험종목의 전부(제1항제2호라목에 따른 보증보험 및 같은 호 마목에 따른 재보험은 제외한다)에 관하여 제1항에 따른 허가를 받은 자는 경제질서의 건전성을 해친 사실이 없으면 해당 생명보험업 또는 손해보험업의 종목으로 신설되는 보험종목에 대한 허가를 받은 것으로 본다.

⑤ 제3보험업에 관하여 제1항에 따른 허가를 받은 자는 제10조제3호에 따른 보험종목을 취급할 수 있다.

⑥ 보험업의 허가를 받을 수 있는 자는 주식회사, 상호회사 및 외국보험회사로 제한하며, 제1항에 따라 허가를 받은 외국보험회사의 국내지점(이하 "외국보험회사국내지점"이라 한다)은 이 법에 따른 보험회사로 본다.

⑦ 금융위원회는 제1항에 따른 허가에 조건을 붙일 수 있다.

제5조(허가신청서 등의 제출)~제7조(예비허가) 생략

제8조(상호 또는 명칭) ① 보험회사는 그 상호 또는 명칭 중에 주로 경영하는 보험업의 종류를 표시하여야 한다.

② 보험회사가 아닌 자는 그 상호 또는 명칭 중에 보험회사임을 표시하는 글자를 포함하여서는 아니 된다.

제9조(자본금 또는 기금) ① 보험회사는 300억원 이상의 자본금 또는 기금을 납입함으로써 보험업을 시작할 수 있다. 다만, 보험회사가 제4조제1항에 따른 보험종목의 일부만을 취급하려는 경우에는 50억원 이상의 범위에서 대통령령으로 자본금 또는 기금의 액수를 다르게 정할 수 있다.

② 제1항에도 불구하고 전화·우편·컴퓨터통신 등 통신수단을 이용하여 대통령령으로 정하는 바에 따라 모집을 하는 보험회사는 제1항에 따른 자본금 또는 기금의 3분의 2에 상당하는 금액 이상을 자본금 또는 기금으로 납입함으로써 보험업을 시작할 수 있다.

③ 외국보험회사가 대한민국에서 보험업을 경영하려는 경우에는 대통령령으로 정하는 영업기금을 제1항 또는 제2항의 자본금 또는 기금으로 본다.

제10조(보험업 겸영의 제한) 보험회사는 생명보험업과 손해보험업을 겸영(兼營)하지 못한다. 다만, 다음 각 호의 어느 하나에 해당하는 보험종목은 그러하지 아니하다.

1. 생명보험의 재보험 및 제3보험의 재보험
2. 다른 법령에 따라 겸영할 수 있는 보험종목으로서 대통령령으로 정하는 보험종목
3. 대통령령으로 정하는 기준에 따라 제3보험의 보험종목에 부가되는 보험

제11조(보험회사의 겸영업무) 보험회사는 경영건전성을 해치거나 보험계약자 보호 및 건전한 거래질서를 해칠 우려가 없는 금융업무로서 다음 각 호에 규정된 업무를 할 수 있다. 이 경우 보험회사는 그 업무를 시작하려는 날의 7일 전까지 금융위원회에 신고하여야 한다.

1. 대통령령으로 정하는 금융 관련 법령에서 정하고 있는 금융업무로서 해당 법령에서 보험회사가 할 수 있도록 한 업무
2. 대통령령으로 정하는 금융업으로서 해당 법령에 따라 인가·허가·등록 등이 필요한 금융업무
3. 그 밖에 보험회사의 경영건전성을 해치거나 보험계약자 보호 및 건전한 거래질서를 해칠 우려가 없다고 인정되는 금융업무로서 대통령령으로 정하는 금융업무

제11조의2(보험회사의 부수업무) ① 보험회사는 보험업에 부수(附隨)하는 업무를 하려면 그 업무를 하려는 날의 7일 전까지 금융위원회에 신고하여야 한다.

② 금융위원회는 제1항에 따른 부수업무에 관한 신고내용이 다음 각 호의 어느 하나에 해당하면 그 부수업무를 하는 것을 제한하거나 시정할 것을 명할 수 있다.

1. 보험회사의 경영건전성을 해치는 경우

2. 보험계약자 보호에 지장을 가져오는 경우
3. 금융시장의 안정성을 해치는 경우

③~④ 생략

제11조의3(겸영업무·부수업무의 회계처리) 보험회사가 제11조 및 제11조의2에 따라 다른 금융업 또는 부수업무를 하는 경우에는 대통령령으로 정하는 바에 따라 그 업무를 보험업과 구분하여 회계처리하여야 한다.

제12조(외국보험회사 등의 국내사무소 설치 등) 생략

제 3 장 보험회사

제1절 삭제

제13조~제17조 삭제

제2절 주식회사

제18조(자본감소) ① 보험회사인 주식회사(이하 "주식회사"라 한다)가 자본감소를 결의한 경우에는 그 결의를 한 날부터 2주 이내에 결의의 요지와 대차대조표를 공고하여야 한다.

② 제1항에 따른 자본감소를 결의할 때 대통령령으로 정하는 자본감소를 하려면 미리 금융위원회의 승인을 받아야 한다.

③ 자본감소에 관하여는 제141조제2항 · 제3항, 제149조 및 제151조제3항을 준용한다.

제19조 삭제

제20조(조직 변경) ① 주식회사는 그 조직을 변경하여 상호회사로 할 수 있다.

② 제1항에 따른 상호회사는 제9조에도 불구하고 기금의 총액을 300억원 미만으로 하거나 설정하지 아니할 수 있다.

③ 제1항의 경우에는 손실 보전(補塡)에 충당하기 위하여 금융위원회가 필요하다고 인정하는 금액을 준비금으로 적립하여야 한다.

제21조(조직 변경 결의)~제33조(예탁자산에 대한 우선변제권) 생략

제3절 상호(相互)회사

제1관 설립

제34조(정관기재사항) 상호회사의 발기인은 정관을 작성하여 다음 각 호의 사항을 적고 기명날인하여야 한다.

1. 취급하려는 보험종목과 사업의 범위
2. 명칭
3. 사무소 소재지
4. 기금의 총액

5. 기금의 갹출자가 가질 권리
6. 기금과 설립비용의 상각 방법
7. 잉여금의 분배 방법
8. 회사의 공고 방법
9. 회사 성립 후 양수할 것을 약정한 자산이 있는 경우에는 그 자산의 가격과 양도인의 성명
10. 존립시기 또는 해산사유를 정한 경우에는 그 시기 또는 사유

제35조(명칭) 상호회사는 그 명칭 중에 상호회사라는 글자를 포함하여야 한다.

제36조(기금의 납입) ① 상호회사의 기금은 금전 이외의 자산으로 납입하지 못한다.
② 기금의 납입에 관하여는 「상법」 제295조제1항, 제305조제1항 · 제2항 및 제318조를 준용한다.

제37조(사원의 수) 상호회사는 100명 이상의 사원으로써 설립한다.

제38조(입사청약서)~제45조의2(「상업등기법」의 준용) 생략

제2관 사원의 권리와 의무

제46조(간접책임)~제53조(통지와 최고) 생략

제3관 회사의 기관 등

제54조(사원총회 대행기관)~제73조(「상법」 등의 준용) 생략

제4절 외국보험회사국내지점

제74조(외국보험회사국내지점의 허가취소 등) ① 금융위원회는 외국보험회사의 본점이 다음 각 호의 어느 하나에 해당하게 되면 그 외국보험회사국내지점에 대하여 청문을 거쳐 보험업의 허가를 취소할 수 있다.
1. 합병, 영업양도 등으로 소멸한 경우
2. 위법행위, 불건전한 영업행위 등의 사유로 외국감독기관으로부터 제134조제2항에 따른 처분에 상당하는 조치를 받은 경우
3. 휴업하거나 영업을 중지한 경우

② 금융위원회는 외국보험회사국내지점이 이 법 또는 이 법에 따른 명령이나 처분을 위반하거나 외국보험회사의 본점이 그 본국의 법령을 위반하는 등의 사유로 해당 외국보험회사국내지점의 보험업 수행이 어렵다고 인정되면 공익 또는 보험계약자 보호를 위하여 영업정지 또는 그 밖에 필요한 조치를 하거나 청문을 거쳐 보험업의 허가를 취소할 수 있다.
③ 외국보험회사국내지점은 그 외국보험회사의 본점이 제1항 각 호의 어느 하나에 해당하게 되면 그 사유가 발생한 날부터 7일 이내에 그 사실을 금융위원회에 알려야 한다.

제75조(국내자산 보유의무) ① 외국보험회사국내지점은 대한민국에서 체결한 보험계약에 관하여 제120조에 따라 적립한 책임준비금 및 비상위험준비금에 상당하는 자산을 대한민국에서 보유하여야 한다.

② 제1항에 따라 대한민국에서 보유하여야 하는 자산의 종류 및 범위 등에 관하여는 대통령령으로 정한다.

제76조(국내 대표자) ① 외국보험회사국내지점에 관하여는 「상법」 제209조를 준용한다.

② 외국보험회사국내지점의 대표자는 퇴임한 후에도 후임 대표자의 이름 및 주소에 관하여 「상법」 제614조제3항에 따른 등기가 있을 때까지는 계속하여 대표자의 권리와 의무를 가진다.

③ 외국보험회사국내지점의 대표자는 이 법에 따른 보험회사의 임원으로 본다.

제77조(잔무처리자)~제82조(적용 제외) 생략

제4장 모 집

제1절 모집종사자

제83조(모집할 수 있는 자) ① 모집을 할 수 있는 자는 다음 각 호의 어느 하나에 해당하는 자이어야 한다.

1. 보험설계사
2. 보험대리점
3. 보험중개사
4. 보험회사의 임원(대표이사ㆍ사외이사ㆍ감사 및 감사위원은 제외한다. 이하 이 장에서 같다) 또는 직원

② 제91조에 따른 금융기관보험대리점등은 대통령령으로 정하는 바에 따라 그 금융기관 소속 임직원이 아닌 자로 하여금 모집을 하게 하거나, 보험계약 체결과 관련한 상담 또는 소개를 하게 하고 상담 또는 소개의 대가를 지급하여서는 아니 된다.

제84조(보험설계사의 등록)~제86조(등록의 취소 등) 생략

제87조(보험대리점의 등록)~제88조(보험대리점의 등록취소 등) 생략

제89조(보험중개사의 등록)~제90조(보험중개사의 등록취소 등) 생략

제91조(금융기관보험대리점 등의 영업기준)~제94조(등록수수료) 생략

제2절 모집 관련 준수사항

제95조(보험안내자료)~제101조(자기계약의 금지) 생략

제3절 보험계약자의 권리

제102조(모집을 위탁한 보험회사의 배상책임)~제103조(영업보증금에 대한 우선변제권) 생략

제5장 자산운용

제1절 자산운용의 원칙

제104조(자산운용의 원칙) ① 보험회사는 그 자산을 운용할 때 안정성·유동성·수익성 및 공익성이 확보되도록 하여야 한다.

② 보험회사는 선량한 관리자의 주의로써 그 자산을 운용하여야 한다.

제105조(금지 또는 제한되는 자산운용) 보험회사는 그 자산을 다음 각 호의 어느 하나에 해당하는 방법으로 운용하여서는 아니 된다.

1. 대통령령으로 정하는 업무용 부동산이 아닌 부동산(저당권 등 담보권의 실행으로 취득하는 부동산은 제외한다)의 소유
2. 제108조제1항제2호에 따라 설정된 특별계정을 통한 부동산의 소유
3. 상품이나 유가증권에 대한 투기를 목적으로 하는 자금의 대출
4. 직접·간접을 불문하고 해당 보험회사의 주식을 사도록 하기 위한 대출
5. 직접·간접을 불문하고 정치자금의 대출
6. 해당 보험회사의 임직원에 대한 대출(보험약관에 따른 대출 및 금융위원회가 정하는 소액대출은 제외한다)
7. 자산운용의 안정성을 크게 해칠 우려가 있는 행위로서 대통령령으로 정하는 행위

제106조(자산운용의 방법 및 비율)~제114조(자산평가의 방법 등) 생략

제2절 자회사

제115조(자회사의 소유)~제117조(자회사에 관한 보고의무 등) 생략

제6장 계 산

제118조(재무제표 등의 제출) ① 보험회사는 매년 대통령령으로 정하는 날에 그 장부를 폐쇄하여야 하고 장부를 폐쇄한 날부터 3개월 이내에 금융위원회가 정하는 바에 따라 재무제표(부속명세서를 포함한다) 및 사업보고서를 금융위원회에 제출하여야 한다.

② 보험회사는 매월의 업무 내용을 적은 보고서를 다음 달 말일까지 금융위원회가 정하는 바에 따라 금융위원회에 제출하여야 한다.

③ 보험회사는 제1항 및 제2항에 따른 제출서류를 대통령령으로 정하는 바에 따라 전자문서로 제출할 수 있다.

제119조(서류의 비치 등) 보험회사는 제118조제1항에 따른 재무제표 및 사업보고서를 일반인이 열람할 수 있도록 금융위원회에 제출하는 날부터 본점과 지점, 그 밖의 영업소에 비치하거나 전자문서로 제공하여야 한다.

제120조(책임준비금 등의 적립) ① 보험회사는 결산기마다 보험계약의 종류에 따라 대통령령으로 정하는 책임준비금과 비상위험준비금을 계상(計上)하고 따로 작성한 장부에 각각 기재하여야 한다.

② 제1항에 따른 책임준비금과 비상위험준비금의 계상에 관하여 필요한 사항은 총리령으로 정한다.

③ 금융위원회는 제1항에 따른 책임준비금과 비상위험준비금의 적정한 계상과 관련하여

필요한 경우에는 보험회사의 자산 및 비용, 그 밖에 대통령령으로 정하는 사항에 관한 회계처리기준을 정할 수 있다.

제121조(배당보험계약의 회계처리 등)~제122조(재평가적립금의 사용에 관한 특례) 생략

제7장 감 독

제123조(재무건전성의 유지) ① 보험회사는 보험금 지급능력과 경영건전성을 확보하기 위하여 다음 각 호의 사항에 관하여 대통령령으로 정하는 재무건전성 기준을 지켜야 한다.

1. 자본의 적정성에 관한 사항
2. 자산의 건전성에 관한 사항
3. 그 밖에 경영건전성 확보에 필요한 사항

② 금융위원회는 보험회사가 제1항에 따른 기준을 지키지 아니하여 경영건전성을 해칠 우려가 있다고 인정되는 경우에는 대통령령으로 정하는 바에 따라 자본금 또는 기금의 증액명령, 주식 등 위험자산의 소유 제한 등 필요한 조치를 할 수 있다.

제124조(공시 등) ① 보험회사는 보험계약자를 보호하기 위하여 필요한 사항으로서 대통령령으로 정하는 사항을 금융위원회가 정하는 바에 따라 즉시 공시하여야 한다.

② 보험협회는 보험료·보험금 등 보험계약에 관한 사항으로서 대통령령으로 정하는 사항을 금융위원회가 정하는 바에 따라 비교·공시할 수 있다.

③~⑥ 생략

제125조(상호협정의 인가)~제128조의4(보험약관 이해도 평가) 생략

제129조(보험요율 산출의 원칙) 보험회사는 보험요율을 산출할 때 객관적이고 합리적인 통계자료를 기초로 대수(大數)의 법칙 및 통계신뢰도를 바탕으로 하여야 하며, 다음 각 호의 사항을 지켜야 한다.

1. 보험요율이 보험금과 그 밖의 급부(給付)에 비하여 지나치게 높지 아니할 것
2. 보험요율이 보험회사의 재무건전성을 크게 해칠 정도로 낮지 아니할 것
3. 보험요율이 보험계약자 간에 부당하게 차별적이지 아니할 것
4. 자동차보험의 보험요율인 경우 보험금과 그 밖의 급부와 비교할 때 공정하고 합리적인 수준일 것

제130조(보고사항)~제136조(준용) 생략

제8장 해산·청산

제137조(해산사유 등)~제161조(해산 후의 강제관리) 생략

제 9 장 관계자에 대한 조사

제162조(조사대상 및 방법 등)~제164조(조사 관련 정보의 공표) 생략

제 10 장 손해보험계약의 제3자 보호

제165조(제3자의 보험금 지급보장)~제174조(정산) 생략

제 11 장 보험 관계 단체 등

제1절 보험협회 등

제175조(보험협회) ① 보험회사는 상호 간의 업무질서를 유지하고 보험업의 발전에 기여하기 위하여 보험협회를 설립할 수 있다.

② 보험협회는 법인으로 한다.

③ 보험협회는 정관으로 정하는 바에 따라 다음 각 호의 업무를 한다.

1. 보험회사 간의 건전한 업무질서의 유지

1의2. 제85조의3제2항에 따른 보험회사등이 지켜야 할 규약의 제정·개정

2. 보험상품의 비교·공시 업무

3. 정부로부터 위탁받은 업무

4. 제1호·제1호의2 및 제2호의 업무에 부수하는 업무

5. 그 밖에 대통령령으로 정하는 업무

제176조(보험요율 산출기관) ① 보험회사는 보험금의 지급에 충당되는 보험료(이하 “순보험료”라 한다)를 결정하기 위한 요율(이하 “순보험요율”이라 한다)을 공정하고 합리적으로 산출하고 보험과 관련된 정보를 효율적으로 관리·이용하기 위하여 금융위원회의 인가를 받아 보험요율 산출기관을 설립할 수 있다.

②~⑭ 생략

제177조(개인정보이용자의 의무) 제176조제10항에 따라 제공받은 교통법규 위반 또는 운전면허의 효력에 관한 개인정보와 그 밖에 보험계약과 관련하여 보험계약자 등으로부터 제공받은 질병에 관한 개인정보를 이용하여 순보험료의 산출 ·적용 업무 또는 보험금 지급업무에 종사하거나 종사하였던 자는 그 업무상 알게 된 개인정보를 누설하거나 타인에게 이용하도록 제공하는 등 부당한 목적을 위하여 사용하여서는 아니 된다.

제178조(그 밖의 보험 관계 단체) ① 보험설계사, 보험대리점, 보험중개사, 보험계리사, 손해사정사, 그 밖에 보험 관계 업무에 종사하는 자는 공익이나 보험계약자 및 피보험자 등을 보호하고 모집질서를 유지하기 위하여 각각 단체를 설립할 수 있다.

②~③ 생략

제179조(감독)~제180조(「민법」의 준용) 생략

제2절 보험계리 및 손해사정

제181조(보험계리) ① 보험회사는 보험계리에 관한 업무(기초서류의 내용 및 배당금 계산 등의 정당성 여부를 확인하는 것을 말한다)를 보험계리사를 고용하여 담당하게 하거나, 보험계리를 업으로 하는 자(이하 "보험계리업자"라 한다)에게 위탁하여야 한다.

② 보험회사는 제184조제1항에 따라 보험계리에 관한 업무를 검증하고 확인하는 보험계리사(이하 "선임계리사"라 한다)를 선임하여야 한다.

③ 생략

제182조(보험계리사) ① 보험계리사가 되려는 자는 금융감독원장이 실시하는 시험에 합격하고 일정 기간의 실무수습을 마친 후 금융위원회에 등록하여야 한다.

② 제1항에 따른 시험 과목 및 시험 면제와 실무수습 기간 등에 관하여 필요한 사항은 총리령으로 정한다.

제183조(보험계리업) ① 보험계리를 업으로 하려는 자는 금융위원회에 등록하여야 한다.

② 보험계리를 업으로 하려는 법인은 대통령령으로 정하는 수 이상의 보험계리사를 두어야 한다.

③~④ 생략

제184조(선임계리사의 의무 등) ① 선임계리사는 기초서류의 내용 및 보험계약에 따른 배당금의 계산 등이 정당한지 여부를 검증하고 확인하여야 한다.

②~⑥ 생략

제185조(손해사정) 대통령령으로 정하는 보험회사는 손해사정사를 고용하여 보험사고에 따른 손해액 및 보험금의 사정(이하 "손해사정"이라 한다)에 관한 업무를 담당하게 하거나 손해사정사 또는 손해사정을 업으로 하는 자(이하 "손해사정업자"라 한다)를 선임하여 그 업무를 위탁하여야 한다. 다만, 보험사고가 외국에서 발생하거나 보험계약자 등이 금융위원회가 정하는 기준에 따라 손해사정사를 따로 선임한 경우에는 그러하지 아니하다.

제186조(손해사정사) ① 손해사정사가 되려는 자는 금융감독원장이 실시하는 시험에 합격하고 일정 기간의 실무수습을 마친 후 금융위원회에 등록하여야 한다.

②~③ 생략

제187조(손해사정업) ① 손해사정을 업으로 하려는 자는 금융위원회에 등록하여야 한다.

② 손해사정을 업으로 하려는 법인은 대통령령으로 정하는 수 이상의 손해사정사를 두어야 한다.

③~④ 생략

제188조(손해사정사 등의 업무) 손해사정사 또는 손해사정업자의 업무는 다음 각 호와 같다.

1. 손해 발생 사실의 확인
2. 보험약관 및 관계 법규 적용의 적정성 판단
3. 손해액 및 보험금의 사정
4. 제1호부터 제3호까지의 업무와 관련된 서류의 작성·제출의 대행

5. 제1호부터 제3호까지의 업무 수행과 관련된 보험회사에 대한 의견의 진술
제189조(손해사정사의 의무 등)~제192조(감독) 생략

제 12 장 보 칙

제193조(공제에 대한 협의)~제196조(과징금) 생략

제 13 장 벌 칙

제197조(벌칙)~제209조(과태료) 생략
제210조 삭제

부칙 생략.

연습문제 해답

제1장

01 금융기관이 자금공급자와 자금수요자 사이에 존재하면 간접금융시장이고 자금공급자와 자금수요자가 직접 만나게 되면 직접금융시장이 된다.

02 금리는 금융시장에서 돈을 빌려주고 빌려 쓰는 대가로 지급하는 수준을 말한다. 수익률은 돈을 빌려주는 입장에서 말하는 것이고 자본비용은 돈을 빌려 쓰는 입장에서 사용하는 용어이다.

03 본문과 [그림 1-2] 참조

04 생략

05 본문과 [표 1-2] 참조

제2장

1 통화량의 증가는 금리를 하락시키고 통화량의 감소는 금리를 상승시킨다(역관계). [그림 2-1] 참조

2 ① 공개시장조작
② 지급준비제도
③ 여수신제도

3 본문과 [그림 2-3]참조

4 (1) 금리변화에 따른 수요공급의 변화
(2) 금리이외의 다른 요소변화에 따른 수요공급의 변화

5 (1000/992)-1 = 0.806% 이므로 이로부터 연 단위 수익률을 구하면 0.806×4 = 3.23%가 된다. 만약 더 정확하게 복리로 산출한다면 다음과 같이 된다.

$(1+0.00806)^4 - 1 = 3.263\%$

제3장

01 본문참조

02 (1) 시장금리변동에 만기가 긴 채권이 더 크게 변동한다.

(2) 금리가 하락하면 채권가격은 상승하므로 더 크게 상승하는 만기가 긴 채권을 구입한다.

03 자본의 한계생산성, 예상물가상승률, 채권의 만기, 채권발행주체의 채무불이행가능성

04 실질금리(r)와 명목금리(Rf), 예상물가상승률(inf)의 관계식으로서 다음 식으로 표현할 수 있다. $(1+r)(1+inf)=(1+Rf)$

05 (1) $Rf=(1+r)(1+inf)-1=1.05\times1.03-1=8.15\%$

(2) 국고채 금리는 무위험금리이므로 3년 만기 국고채 금리 10.3%에서 1년 단위 무위험금리 8.15%를 차감하면 만기위험 프리미엄이 된다. 즉, $10.3\%-8.15\%=2.15\%$

(3) 3년 만기 회사채 금리는 3년 만기 국고채 금리에 채무불이행 프리미엄을 더하여 구한다. 즉, $10.3\%+2.7\%=13.0\%$

(4) 다른 조건은 똑같고 만기만 다른 두 금리를 통해서 수익률곡선을 그릴 수 있다. 1년 만기 무위험금리는 8.15%이고 3년 만기 무위험금리는 10.3%이므로 수익률곡선은 다음과 같다.

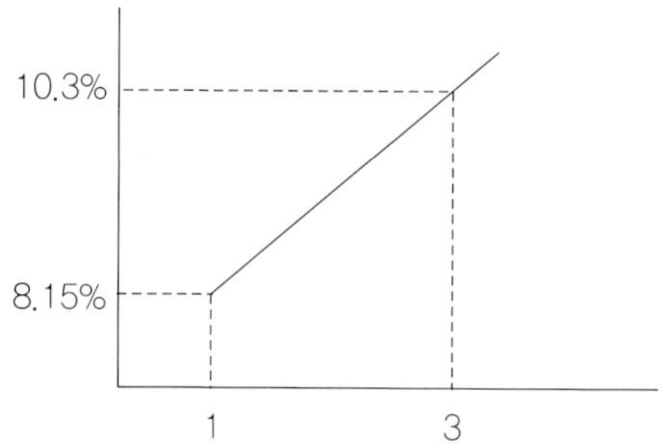

제4장

01 거래비용의 절감기능, 정보비대칭 해소기능, 자산변환기능, 지급결제기능

02 금융기관이 거래규모가 커서 거래비용을 절감하는 것이 규모의 경제이고 금융기관이 여러 유형의 관련된 서비스를 제공하면서 발생하는 거래비용의 절감을 범위의 경제라고 한다.

03 첫째, 담보는 역선택의 문제를 해결한다. 금융기관이 담보를 제공하는 차입자에게 낮은 금리를 적용해줌으로써 우량채무자들은 기꺼이 담보를 제공할 것이지만 불량채무자들은 그렇지 않을 것이기 때문이다.
둘째, 담보는 도덕적 위험의 문제를 해결한다. 차입자가 높은 가치의 담보를 내놓을수록 차입자가 잃을 수 있는 금액이 크기 때문에 무리하게 위험한 투자를 하지 않을 것이기 때문이다.

04 고객은 금융기관에 예금을 하면서 미래의 소비시점에 맞추어서 예금만기를 정할 수 있기 때문에 현재 소득을 미래로 이전시켜서 효용을 높일 수 있다.

05 현재소득만 100만 원을 가진 소비자가 있다고 가정한 경우 다음 각 경우의 무차별곡선을 나타내면 그림과 같다.

① 부의 기간 간 이전이 불가능한 경우
② 저장(storage)이 가능한 경우
③ 금리가 5%인 경우
④ 금리가 10%인 경우

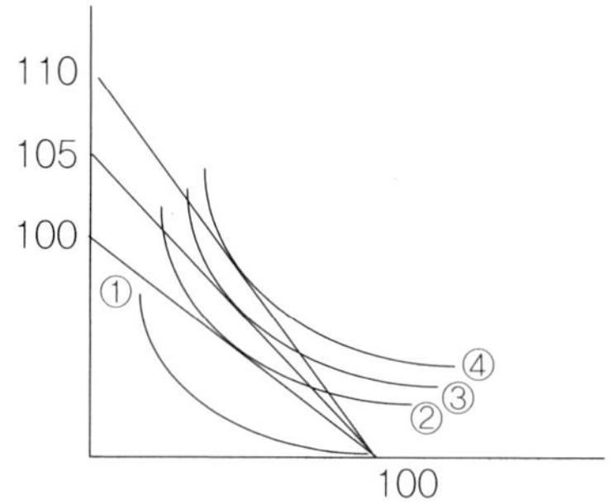

위 그림을 보면 ①→②→③→④의 순서로 효용수준이 높아지는 것을 확인할 수 있다.

6 현재소득만 100만 원을 가진 갑돌이는 금리상승으로 효용이 증가하지만 미래(1년 후) 소득만 100만원을 가진 을순이의 효용은 금리상승으로 효용이 감소하는 것을 확인할 수 있다.

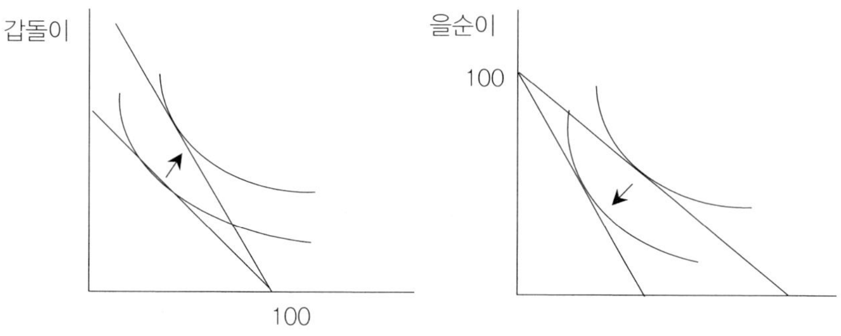

제5장

01 [표 5-1]을 중심으로 한 본문의 내용 참조

02 [표 5-2]를 중심으로 한 본문의 내용 참조

03 자산 : 원재료, 제품 등 재고자산이 없으며 수익창출이 대출채권에서 발생하는 이자이기 때문에 대출채권의 비중이 가장 크다.

부채 : 제조기업의 매입채무는 없으며 고객으로부터 받은 예금이 가장 중요한 부채이다.

자본 : 은행은 금융중개기능으로 인해서 제조기업에 비해서 총자산 중 자기자본이 매우 적어서 부채비율이 매우 높은 특징이 있다.

04 제조기업은 제품매출액이 단일 항목으로 영업수익을 구성하지만 은행은 이자수익과 수수료수익이 중요한 수익항목이다.
제조기업은 이자비용이 영업외항목이지만 은행은 영업비용이다.

05 (1) 예대마진 = 대출금리 − 예금금리 = 10 − 6 = 4%
(2) 이자수익자산의 평균 = (2,200 + 2,800)/2 = 2,500
그리고 순이자마진을 산출하는 경우에는 외화자금과 유가증권까지 포함한다. 따라서 순이자마진 = 60/2,500 = 2.4%

6 ROE = ROA × (1 + 부채비율)

가나은행의 경우에는 6.09 = 0.42 × (1 + 부채비율) → 부채비율 = 13.5(1,350%)

ABC은행의 경우에는 5.20 = 1.17 × (1+부채비율) → 부채비율 = 3.44(344%)

위 결과를 보면 가나은행은 ABC은행에 비해서 부채비율이 더 높기 때문에 ROA가 낮은데도 ROE가 더 크게 나타난 것이다.

제6장

01 ① 투자매매업 ② 투자중개업 ③ 집합투자업 ④ 투자자문업 ⑤ 투자일임업 ⑥ 신탁업

02 본문참조

03 은행의 예치금은 고객예금의 일정비율을 중앙은행에 맡겨 둔 돈이고 증권회사예치금은 고객 예수금의 일정비율을 한국증권금융회사에 맡겨 둔 돈이다.

04 증권회사의 대출채권은 고객이 증권매매와 관련해서 빌려간 것인데 비해서 은행의 대출채권은 고객의 사용범위에 제한이 없다. 즉, 사업자금이 될 수도 있고 주택구입자금이 될 수도 있고 증권매매와 관련된 것일 수도 있다.

05 영업용순자본은 유동성자기자본을 말하며 이를 총위험액으로 나눈 값을 영업용순자본비율이라고 한다. 증권회사는 영업용순자본비율을 150% 이상으로 유지할 것을 요구하며 미달하는 경우에는 정부당국으로부터 적기시정조치가 취해진다.

6 (1) 계약형은 투자자와 투자신탁회사가 간접투자계약을 맺은 것이고 회사형은 투자자가 투자회사의 주주가 되는 형태이다.

(2) 개방형은 투자회사의 주주(투자자)가 투자수익을 투자회사에 요구하여 회수하는 것이고 폐쇄형은 보유주식을 주식시장에 매각하여 투자수익을 회수하는 것이다.

제7장

01 본문참조

02 하나의 보험회사가 생명보험업과 손해보험업을 동시에 할 수 없는 것을 말한다. 생명보험과 손해보험의 겸영을 금지하는 이유는

(1) 두 보험이 담보하는 위험의 종류와 크기가 다르고

(2) 보험기간이나 판매방법에서도 큰 차이가 있어서 두가지 보험을 겸영하게 되면 한쪽에서 발생하는 손실이 다른 쪽에 파급되어 보험계약자들이 부당한 손실을 입을 가능성이 높기 때문이다.

03 [그림 7-2] 참조

04 (1) 손해보험의 보험기간은 생명보험에 비해서 짧은 편이다.

(2) 손해보험은 생명보험에 비해 사고발생확률을 추정하기 어려워 현금유출입을 예측하기 어렵다.

(3) 생명보험은 저축성 기능이 많은데 비해서 손해보험은 저축성 기능이 없다.

05 사망률이 높아지면 사망보험료는 높아지지만 생존보험료는 낮아진다.

6 (1) 손해보험회사는 대규모 사고에 대한 위험분산의 차원에서 재보험에 가입한다. 따라서 다른 손해보험회사에 재보험을 들고 납부한 보험료가 재보험자산계정을 구성한다.

(2) 부채의 가장 큰 비중을 차지하는 항목은 책임준비금이다. 이는 보험회사가 향후 보험계약자가 보험금지급을 청구하거나 보험을 해약하여 해약지급을 청구할 때에 계약상 책임이행을 위하여 회사내부에 적립하는 것을 말한다.

7 보험회사는 만기가 되거나 보험금 지급 사유가 발생하면 계약자에게 돈을 지급해야 하는데 회사가 실제 지급할 수 있는 돈이 얼마나 되는가를 나타낸 것이 지급여력이다. 이는 자산에서 부채를 차감하고 내부유보자산을 더한 값(자산－부채＋내부유보자산)으로 측정하며 위험기준 자기자본(Risk－Based Capital)이라고도 한다.

$$\text{지급여력비율}(\%) = \frac{RBC}{\text{책임준비금}} \times 100$$

지급여력비율이 100미만이 되는데 금융당국은 이러한 보험사를 퇴출시킬 수 있다. 우리나라에서는 이 비율을 150% 이상이 되도록 권고한다.

제8장

01 은행의 업무 중에서 재무상태표에 나타나지 않다가 우발적 사건의 발생으로 그 결과가 재무상태표에 나타나게 되는 업무를 부외업무라고 한다.

02 특정한 사건의 발생으로 재무상태표에 자산으로 나타나게 되는 것은 부외자산, 부채로 나타나게 되는 것은 부외부채라고 한다. 대출약정에서 고객이 대출을 사용하면 금융기관의 자산으로 나타나므로 부외자산이 되고 보증을 받은 고객이 채무를 상환하지 못하면 금융기관의 부채가 되므로 부외부채가 된다.

03 본문 참조

04

(1)

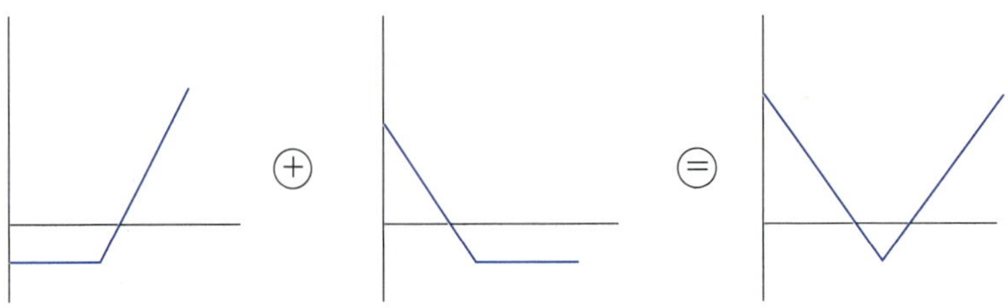

콜옵션매입 풋옵션매입 스트래들매입

(2)

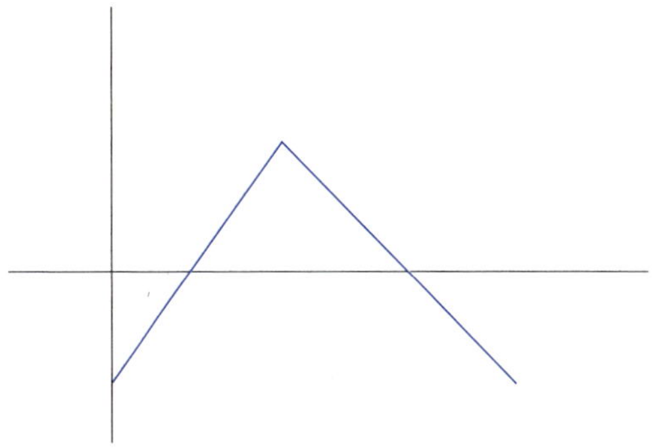

스트래들매도

(3) 닉 리슨은 일본의 주가지수인 니케이지수를 기초자산으로 하여 스트래들 매도 포지션을 취했는데 예상치 못한 고베지진으로 일본주가지수가 급락하면서 큰 손실을 입게 되었다.

제9장

01 대출과 여신은 모두 신용공여이지만 대출은 직접적인 자금유출이 수반되는 거래이고 여신은 대출은 물론 지급보증과 같이 향후 자금부담이 될 수 있는 거래까지 포함하는 더 넓은 개념이다.

02 인격(character), 상환능력(capacity), 자본력(capital), 담보능력(collateral), 여건(condition)

03 [식 9-1]을 중심으로 한 본문의 내용 참조

04 $(1+0.07)=\dfrac{(1+0.05)}{(1-d)}$ 에서 d = 1.87%

05 LTV 50% = D/7억원 이로부터 D = 3.5억원
DTI 40% = I/4천만원 이로부터 I = 1,600만원
D×5% = 1,600만원이므로 D = 3.2억원 따라서 대출가능한 최대금액은 3.2억원이다.

제10장

1 자산관리: 대출채권의 회수, 유가증권의 매각
부채관리 : 예금의 유치, 차입금의 조달
자본관리 : 주식의 발행

2 본문 [그림 10-1] 참조

3 ① 금리가 높다.
② 해약시 직접 점포에 가야 한다.
③ 만기 이전 해약은 이자손실이 크다.

4 (1) 지급준비금 요구액은 70억 원이므로 부족액 40억 원을 콜론(차입금)으로 조달한다.
(2) 예금유치액을 B라고 하면 다음 식이 성립해야 한다.

$$30 + B = (1{,}000 + B) \times 0.07 \quad \text{여기에서 } B = 43\text{억 원}$$

5 (1) 현재 BIS비율과 기본비율은 다음과 같다.

$$BIS\text{비율} = \frac{50}{600} \times 100 = 8.33\%, \qquad \text{기본자본비율} = \frac{30}{600} \times 100 = 5\%$$

(2) 20억 원의 기본자본이 증가하고 위험가중자산은 10억 원(=20×위험가중치50%)이 증가하였다. 따라서 BIS비율과 기본비율은 다음과 같이 바뀐다.

$$BIS비율 = \frac{70}{610} \times 100 = 11.48\% \qquad 기본자본비율 = \frac{50}{610} \times 100 = 8.2\%$$

(3) 후순위채권은 보완자본이므로 기본자본에는 영향을 주지 않는다. 그리고 지방채는 가중치가 20%이므로 위험가중자산은 3억 원(= 15 × 위험가중치20%) 증가한다. 따라서 BIS비율과 기본비율은 다음과 같이 바뀐다.

$$BIS비율 = \frac{65}{603} \times 100 = 10.78\% \qquad 기본자본비율 = \frac{30}{603} \times 100 = 4.98\%$$

(4) 신용대출이나 건물은 둘 다 위험가중치가 100%인 자산이므로 신용대출이 건물로 대체되었어도 위험가중자산의 값은 변동이 없다. 따라서 BIS비율과 기본비율은 변동하지 않는다.

제11장

1 [그림 11-2], [그림 11-3] 참조

2 [그림 11-4] 참조

3 [식 11-7] 참조

4 ① 만기 3년인 A와 D의 비교

액면금리가 동일한데 D의 채권수익률(시장금리)이 A보다 더 크므로 듀레이션은 D가 더 짧다. 즉, D<A

② 만기 6년인 B, C, E의 비교

채권수익률이 모두 동일한데 액면금리가 C < E < B이므로 듀레이션은 그 역순이다. 즉, B < E < C

③ 위 결과를 종합하면 듀레이션은 다음과 같은 순서가 된다.

D < A < B < E < C

5 (1) 듀레이션

액면이자율과 만기수익률이 모두 8%이므로 채권 E의 거래가격 10,000원이 채권E의 현재가치이다. 그리고 매년 현금유입의 현재가치도 8%로 할인하여 듀레이션을 구한다.

$$D = 1\times\frac{\left(\frac{800}{1.08}\right)}{10{,}000}+2\times\frac{\left(\frac{800}{1.08^2}\right)}{10{,}000}+\cdots+6\times\frac{\left(\frac{800}{1.08^6}\right)}{10{,}000}$$

$$= 5(\text{년})$$

(2) 채권가격의 변동치는 다음 식을 이용한다.

$$\triangle V = -\frac{\triangle r}{1+r}\,D \cdot V$$

$$= -\frac{0.02}{1+0.08}\times 5\times 10{,}000 = -926$$

즉, 이자율 2% 상승으로 채권가격은 926원 하락한다.

06 3년만기 할인채의 듀레이션은 만기와 같으므로 3년이다. 그리고 영구채의 듀레이션은 다음과 같이 산출한다.

$$D = \frac{1+r}{r} = \frac{1+0.1}{0.1} = 11(\text{년})$$

따라서 3년만기 할인채의 투자비율을 w라고 하면 영구채의 투자비율은 $(1-w)$가 되므로 채권포트폴리오의 듀레이션을 7년이 되도록 한다.

$$D_P = 3\times w + 11\times(1-w) = 7$$

$$\therefore\ w = 50\%$$

즉, 각 채권에 5억원씩 투자한다.

제12장

1 본문참조

2 본문과 [표 12-2] 참조

3 신용위험과 시장위험

4 (1) 신용위험 : 미국의 뉴잉글랜드은행, 한국의 제일은행
(2) 시장위험 : 영국 베어링은행, 한국의 농협, SK증권, 우리은행 등

5 (1) $D_A \cdot A = D_L \cdot L$에 각 값을 대입하면 다음과 같다.
$2.5 \times 550 = D_L \times 440$ 이로부터 D_L=3.125

(2) 자산가치의 변동은 다음과 같다.

$$dA = -\frac{dr}{1+r} D_A \cdot A$$
$$= -\frac{0.005}{1+0.1} \times 2.5 \times 550 = -6.25 \text{억 원}$$

그리고 부채가치의 변동은 다음과 같다.

$$dL = -\frac{dr}{1+r} D_L \cdot L$$

$$= -\frac{0.005}{1+0.1} \times 3.125 \times 440 = -6.25\text{억원}$$

자산가치와 부채가치의 변동이 모두 6.25억원의 감소로 나타나서 자기자본의 가치에는 영향을 주지 않는다.

(3) 예금의 조건은 고객이 정하는 것이지만 대출의 조건은 은행이 정할 수 있으므로 대출의 듀레이션을 조정하는 것이 더 현실적이다.

제13장

1 장부가치기준의 관리기법: 이자마진분석, 자금갭분석
시장가치기준의 관리기법: 만기갭분석, 듀레이션갭분석

2 본문 참조

3 자금GAP = RSA − RSL, 또는 자금GAP비율 = $\frac{RSA}{RSL}$

4 (1) 둘 다 시장가치를 기준으로 하는 관리기법이다. 둘 다 기간개념을 이용하는 관리기법이다.

(2) 만기갭전략은 만기만을 기준으로 하는 관리기법이지만 듀레이션갭전략은 만기이외에 이자지급조건, 원금상환조건 등을 함께 고려하는 방법이어서 만기갭전략보다 포괄적인 방법이라고 할 수 있다.

5 (1) 자산과 부채의 수정듀레이션을 구하면 다음과 같다.

$$D_A' = \frac{150}{650} \times 0 + \frac{300}{650} \times 1.3 + \frac{200}{650} \times 5.9 = 2.42\text{년}$$

$$D_L' = \frac{300}{550} \times 1 + \frac{250}{550} \times 4 = 2.36\text{년}$$

자산, 부채, 자본금액과 위의 듀레이션을 다음 식에 대입한다.

$$D_K{}'K = D_A{}'A - D_L{}'L$$

$$D_K{}' \times 100 = 2.42 \times 650 - 2.36 \times 550 \quad \rightarrow \quad D_K{}' = 2.75$$

(2) 이렇게 구한 자본의 수정듀레이션을 다음 식에 대입한다.

$$\begin{aligned}\Delta K &= -\Delta r \cdot D_K{}' K \\ &= -0.012 \times 2.75 \times 100 = -3.3\end{aligned}$$

즉, 은행의 가치는 3.3만큼 감소하게 된다.

(3) 듀레이션갭 $D_K{}' GAP$을 다음과 같이 산출한다.

$$D_K{}' GAP = D_A{}' - D_L{}' \frac{L}{A} = 2.42 - 2.36 \times \frac{550}{650} = 0.423$$

그리고 이자율 1.2% 상승이 자본가치에 미치는 효과를 다음과 같이 산출한다.

$$\begin{aligned}\Delta K &= -\Delta r \cdot D_K{}' K = -\Delta r \cdot \text{듀레이션갭} \times A \\ &= -0.012 \times 0.423 \times 650 = -3.3\end{aligned}$$

제14장

1 본문참조

2 본문과 [표 14-1] 참조

3 ① 자본적정성(capital adequacy)
② 자산의 질(asset quality)
③ 경영관리능력(management)
④ 수익성(earnings)
⑤ 유동성(liquidity)
⑥ 시장위험에 대한 민감도(sensitivity to market risk)

4 ① 1933년 은행법(Banking Act) : 글래스-스티걸 법안(Glass-Steagal Act)
② 1999년 금융서비스현대화법(Financial Services Modernization Act): 그램-리치-브라일리법안(Gramm-Leach-Bliley Act)
③ 2010년 월가개혁과 소비자보호법(Wall Street Reform and Consumer Protection Act): 도드-프랭크법안(Dodd-Frank Act)
④ 2017년 금융선택법(Financial Choice Act)

05 본문참조

06 생략

찾아보기

ㄱ

가상화폐 322
간접금융시장 6
감시 72
개인종합자산관리계좌 134
갭 288
거래비용 66
거래위험 268
거액결제 85
겸업주의 177
겸영업무 95
경영개선권고 314
경영개선명령 314
경영개선요구 314
계약이행보증 161
계약형 투자신탁 132
고유업무 92
고정여신 190
고정이하여신비율 190
곡선상의 움직임 26
곡선의 이동 27
공개시장조작 19
공매도 118
광의유동성 22
광의통화 21
구제금융 199
국고채 31
국고채수익률 31
국제결제은행 103, 225
규모의 경제 66
규제금리 39
그램-리치-브라이릴리 법안 178, 316
글래스-스티걸 법안 178, 316
금리 5
금리스왑 171
금융 4
금융감독원 14
금융개혁법 317
금융기관 5
금융기관 유동성 22
금융상품 5
금융서비스현대화법 316
금융선물 170
금융선택법 317
금융시장 4
금융위원회 14
금융투자회사 115
기간구조 51
기대이론 55
기본자본 227
기업신용평가표 193
기준금리 34
꺾기 39

ㄴ

나이스신용평가 60

ㄷ

단순금리 36
단순대응 257
담보 72
담보인정비율 199
대고객시장 8
대부자금설 23
대손충당금전입액 107, 130
대출 187
대출갱신 205
대출금리 31
대출약정 162
대출업무 93
대출참가 203
대출채권 99
대출채권의 매각 163
대표금리 30
도덕적 위험 71
도드-프랭크법안 178, 317
듀레이션 243
듀레이션 대응 257
듀레이션갭 299
듀레이션갭 관리 297
딜러업무 116

ㄹ

랩어카운트 134
레버리지 172, 273
레버리지조정 듀레이션갭 299
로이드 147

ㅁ

만기 49
만기갭 291
만기갭 관리 291
만기수익률 47
만기위험프리미엄 49
면역전략 255
면역효과 250
모기지 72
무디스 60
무수익여신 190
무위험금리 49
무차별곡선 78
뮤추얼펀드 133
민영보험 141

ㅂ

바젤위원회 225
바젤합의 225
방카슈랑스 96, 176
뱅크런 211, 308
범위의 경제 66
베이시스포인트 33
보상예금 39
보완자본 228
보증 160
보증신용장 168
보험계약자 140
보험금 140
보험료 140
보험료수익 153
보험상품 139
보험수리업무 143
보험수익자 140
보험회사 139
보험회사 손익계산서 152
보험회사 재무상태표 147
볼록성 254
부가보험료 140
부내업무 158

부수업무 93
부외부채 159
부외업무 158
부외자산 159
불편기대가설 55
브레튼우즈체제 266
브로커 기능 66
브로커업무 116
블록체인 323
비은행예금기관 91
비트코인 323

ㅅ

사망보험 144
사업비 153, 155
사회보험 141
상업은행 90, 114
상품선물 170
생명보험회사 144
생존보험 144
선도거래 169
선도금리 52
선물 169
소액결제 85
손해보험회사 145
수수료수익 106
수신금리 31
수익률 6
수익률곡선 51
수정듀레이션 252
순보험료 140
순이자마진 108, 284
스왑 169, 171
스탠다드앤푸어스 60
시장기회선 80
시장분할가설 57
시장실패 70
시장위험 268
시중은행 90
신용공여업무 118
신용분석 189
신용위험 268
신용장 165
신용평가표 193
신용평점제도 193
신종자본증권 227
실세금리 39
실효금리 38

ㅇ

암호화폐 323
액면가액 44
약정이자율 44
양도성예금증서 219
양적완화 20
여수신제도 20
여신 187
역선택 71
연방예금보험공사 308
연방준비제도 13
영구채 237
영구채권 45
영업용순자본비율 124
예금보험 308
예금보험공사 308
예금업무 92
예대금리차 108
예대마진 12, 108, 284
예대시장 7
예정위험율 141
예정이율 141
예탁금이용료 129
5C 191
옵션 169
외환시장 8
요주의여신 190

우발적 약정 159
원보험 146
위탁매매업무 116
위험관리 272
위험기준 자기자본 151
위험조정자산 228
위험프리미엄 49
유동성 위험 211
유동성선호이론 56
유동성프리미엄 56
유럽중앙은행 13
유통금융차입금 123
유효GAP 289
은행 손익계산서 103
은행 재무상태표 96
은행간시장 8
은행규제감독위원회 225
은행법 316
은행인수어음 167
2단계(TierⅡ) 자본 228
이더리움 323
이자마진 12, 284
이자마진분석 284
이자부채권 44
이자수익 105
이자율 5
이표채 237
인수 117
인수주선업무 117
인출위험 217
1단계(TierⅠ)자본 227
일반은행 90
입찰보증 161

ㅈ

자금갭 관리 287
자금시장 8, 9
자기매매업무 116
자기자본순이익률 109
자동차대출 담보부증권 206
자본비용 6
자본시장 8, 9
자본시장법 114
자산담보부증권 321
자산변환 73
자산부채종합관리 267
자산운용회사 131
자산유동화증권 206
재보험 146
재보험자산 149
저축형 소비 75
적기시정조치 314
전업주의 178
전자화폐 322
전통적 금융시장 8
정보경제학 70
정보비대칭 69
정보열등자 70
정보우월자 70
정상여신 190
정책금융 198
정크본드 60
조건부 부채 161
주택저당 담보부증권 206, 321
중고차시장 70
중앙은행 90
증권시장 9
증권저축업무 118
증권화 205
증권회사 재무상태표 119
지급결제 84
지급결제업무 93
지급보증 160
지급여력비율 151
지급준비예치금 98
지급준비제도 19

지방은행 90
지시금융 199
직접금융시장 6

ㅊ

차입형 소비 75
채권수익률 47
채권스왑 258
채권양도 204
채권평정 59
채무계약 72
채무불이행위험 49, 59, 196
채무불이행위험프리미엄 49
책임준비금 150
책임준비금전입액 154
총부채상환비율 199
총자산순이익률 109
추정손실여신 190

ㅋ

코리안리 147
콜금리 30
콜론 99
콜머니 100
콜옵션 170

ㅌ

통안증권수익률 31
통화량 18
통화스왑 171
통화안정증권 31
투기적 거래 174
투자신탁 131
투자신탁회사 131
투자은행 90, 114
투자일임업 133
투자자문업 133
투자자예수금 122
투자자예탁금별도예치금 121
트레이딩 164
특수목적회사 206
특수은행 90

ㅍ

파생금융상품 8, 169
88클럽 226
팩토링 94
포지션위험 268
표시금리 37
풋옵션 170
피보험자 140
피셔의 공식 49
피치 60
핀테크 321

ㅎ

한국기업평가 60
한국신용평가 60
할인금리 36
할인채 237
할인채권 44
헤지 172, 273
현물금리 52
협의통화 21
화폐시장 9
환매조건부채권 34, 219
회사채 32
회사채수익률 32
회사형 투자신탁 132
회수의문여신 190

Index

A

adverse selection 71
asset backed security : ABS 206, 321
Asset Liability Management : ALM 267
asset transformation 73

B

Bank for International Settlements : BIS 103, 225
bank run 211, 308
banker's acceptance : B.A. 167
banking 4
Banking Act of 1933 316
basis point : bp 33
bid bond 161
BIS자기자본비율 102, 225
Bitcoin 323
block chain 323
bond rating 59
bond swap 258
brokerage function 66
brokering 116

C

call loan 99
call money 100
call option 170
CAMELS 313
capital market 9
CD수익률 30
certificate of deposit : CD 219
certificates of automobile receivables : CARs 206
collateral 72
commercial bank 90, 114
commodity futures 170
compensating balance 39
contingency commitment 159
contingent liability 161
convexity 254
core capital 227
corporate bond 32
cost of capital 6
coupon bonds 44, 237
coupon rate 44
credit analysis 189
credit risk 268
credit scoring system 193
currency swap 171

D

dealing 116
debt covenant 72

default risk premium 49
default risk 49, 59, 196
deposit insurance 308
derivatives 8
discount bonds 44, 237
Dodd-Frank Act 178, 317
DTI(Debt to Income) 200
DTI비율 199
duration gap 299
duration gap management 298
duration 243

E

economies of scale 66
economies of scope 66
effective GAP 289
effective interest rate 38
Eggbank 322
electronic money 322
endowment 144
Ethereum 323
European Central Bank 13

F

Face Value 44
factoring 94
Federal Deposit Insurance Corporation : FDIC 308
Federal Reserve System 13
finance 4
Financial Choice Act 317
financial derivatives 169
financial futures 170
financial instruments 5
financial institutions 5
financial market 4
Financial Services Modernization Act 316
fintech 321
Fisher's formula 49
Fitch 60
foreign exchange market 8
forward rate 52
forwards 169
funding gap management 287
futures 169

G

GAP 288
Glass-Steagal Act 178, 316
government bond 31
Gramm-Leach-Bliley Act 178, 316
guarantees 160

H

hedge 172, 273

I

immunization effect 250
indifference curve : IC 78
individual savings account : ISA 134
information asymmetry 69
information economics 70
interest margin 108, 284
interest rate 5
interest spread 108
interest swap 171
investment bank 90, 114

J

J.P.Morgan 270
Japan Net Bank 322
junk bond 60

K

Korea Deposit Insurance Corporation : KDIC 308
Korean Re 147

L

L (광의유동성) 22
lemon car market 70
Letter of Credit 165
leverage adjusted duration gap 299
leverage 172, 273
Lf (금융기관유동성) 22
liquidity premium 56
liquidity risk 211
Lloyd 147
loan assignments 204
loan commitment 162
loan participation 203
loan sale 163
loan－deposit margin 284
LTV(Loan to Value) 199
LTV비율 199

M

M1 (협의통화) 21
M2 (광의통화) 21
market failure 70
market opportunity line : MOL 80
market risk 268
maturity gap 291
maturity risk premium 49
maturity 49
modified duration 252
monetary stabilization bond 31
money market 9
money supply, money stock 18
monitoring 72
Moody's 60
moral hazard 71
mortgage backed securities : MBS 206, 321
mortgage 72
movement along the curve 26
mutual fund 133

N

negotiable order of withdrawal 218
net capital ratio : NCR 124
net interest margin : NIM 108, 284
non performing loan : NPL 190
novation 205
NOW 218

O

off－balance sheet activity 158
off－balance sheet asset 159
off－balance sheet liability 159
on－balance sheet activity 158
open market operation 19
options 169

P

performance bond 161
perpetuty bonds 45, 237
position risk 268
prompt corrective action : PCA 314
put option 170

Q

quantitative easing 20

R

rate of return 6
RBC비율 151

Regulation Q 265
Repurchase Agreements : RP 34, 219
reserve requirement system 19
return on asset : ROA 109
return on equity : ROE 109
risk management 272
risk premium 49
risk weighted asset : RWA 228
Risk－Based Capital : RBC 151
RBC비율 151
risk－free interest rate 49
RiskMetrics 271
RP금리 34
RSA(rate sensitive asset) 288
RSL(rate sensitive liability) 288

S

securitization 205
Security First Net Work 322
security market 9
shift in the curve 27
sound banking system 178
special purpose company : SPC 206
speculation 174
spot rate 52
Standard and Poor's 60
standby L/C 168
stated interest rate 37
supplementary capital 228
swap 169, 171

T

term insurance 144
term structure 51
trading cost 66
trading risk 268
trading 164

U

underwriting 117
universal banking system 177

V

VaR 270
virtual money 322

W

Wrap Account 134

Y

yield curve 51
yield to maturity : YTM 47

■ 저자 소개

• 이의경(李義景)

[약력]
성균관대학교 경제학과
서울대학교 대학원 경영학석사 (재무관리)
서울대학교 대학원 경영학박사 (재무관리)
공인회계사 (삼일회계법인)
전주대학교 교수
공인회계사시험 출제위원
University of Illinois at Urbana-Champaign, Visiting Scholar
한국금융연수원 기업가치평가과정 담당교수
대진대학교 사회과학대학장
Prestige BioPharma Ltd. 사외이사
현재, 대진대학교 경영학과 교수

[주요 저서와 논문]
선물과 옵션, 제4판 (명경사, 2022)
재무관리-이론과 응용, 제7판 (북넷, 2021)
경영수학 통계학 (명경사, 2016)
증권강의, 제6판 (신론사, 2015)
기업가치평가 (경문사, 2013)
이기적인 대리인들 (명경사, 2011)
한국기업의 임원근속기간과 설비투자수준에 관한 연구 (한국재무관리학회, 1998)
Hamda모형의 사용에 대한 이의제기 (한국경영학회, 1999)
우리나라에서 대리계약기간이 갖는 경제적 의미 (한국재무관리학회, 2000)
How to Teach M&M's Capital Structure Irrelevance Theory: A Simple Arbitrage Approach (*Journal of Financial Education*, 2006)
세법의 주가설명력과 주가결정력 (한국세무학회, 2007)
경영학 교수의 연구성과에 영향을 미치는 요인 (한국경영학회, 2020)
위험을 고려한 공공투자사업의 사회적 할인율에 대한 개선방안(국토연구원, 2021)

금융기관론 –제2판–

2018년 7월 10일 제1판 1쇄 발행
2022년 1월 20일 제2판 1쇄 인쇄
2022년 1월 25일 제2판 1쇄 발행

저 자 이 의 경
발행인 한 의 명
발행처 명 경 사
(본사) 서울특별시 강남구 선릉로 120
우성 B/D 3-102
전화: 010-6211-8981 팩스: 0504-338-2135
(지사) 경기도 파주시 맥금동 557-24
Home Page : www.mkspub.com
E-mail : mkspub@daum.net
등록 2000년 8월 9일 제10-2024(倫)

저자와의
협의하에
인지생략

• 정가 30,000원

ISBN 979-11-88052-39-4